Christophe Bigot

PRATIQUE DU DROIT DE LA PRESSE

Presse écrite – Audiovisuel – Internet

VICTOIRES ÉDITIONS

2013

À Lili, Valentin et Flora

« Si l'homme échoue à concilier la justice
et la liberté alors il échoue à tout »
Albert Camus, Carnets

Point de vente : 38, rue Croix-des-Petits-Champs — 75001 Paris
Tél. : +33 (01) 53 45 89 04 - Fax : +33 (01) 53 45 91 89
vente@victoires-editions.fr - www.victoires-editions.fr

Sommaire

DU MÊME AUTEUR

• *Droit de la création publicitaire*
LGDJ 1997, collection « Droit des affaires »

• *La loi de 1881 sur la presse*
Victoires Éditions 2004, collection « Guide Légipresse »

• *Médias et vie privée*
La Documentation française, septembre 2007,
Collection « Problèmes politiques et sociaux »

Introduction

La loi du 29 juillet 1881 : une loi emblématique

La loi du 29 juillet 1881 sur la liberté de la presse est emblématique. Elle a représenté, et représente encore, l'approche d'un compromis idéal entre l'exercice de la liberté fondamentale de l'information et la protection des droits des personnes. Pour autant, il ne faut pas oublier que cette loi est loin d'être intangible. Elle a été remaniée à de nombreuses reprises sans que sa cohérence et son équilibre soient pour l'instant remis en cause même si, à plusieurs époques, la tentation de remettre en question ce qui est parfois présenté comme un privilège des milieux de la presse a pu exister. C'est qu'en effet, cette loi est fondée sur une philosophie générale bien particulière.

La philosophie générale de la loi sur la presse : un principe de liberté encadré d'incriminations précises

La philosophie générale de la loi du 29 juillet 1881 consiste à poser un principe de liberté rappelé par l'article 1er de la loi selon lequel « *l'imprimerie et la librairie sont libres* ». Mais cette liberté d'expression, n'en déplaise à certains, n'est pas et ne peut pas être absolue. Elle doit inévitablement contenir des dispositions de nature à éviter les abus, comme le prévoit d'ailleurs expressément l'article 11 de la Déclaration des droits de l'homme et du citoyen de 1789, ayant valeur constitutionnelle. C'est la raison pour laquelle la loi sur la presse contient une série d'incriminations très précises dans ses articles 23 et suivants. Ainsi, sur le plan conceptuel, le principe de la liberté d'information s'appliquera toujours à titre résiduel, chaque fois que tous les éléments d'une infraction à la loi sur la presse ne sont pas réunis, à défaut de quoi le principe de liberté reprendra son empire.

Cette philosophie se situe à l'opposé de celle du droit de la responsabilité civile qui, au contraire, constitue un instrument général d'indemnisation des comportements préjudiciables à autrui. Cette approche est également bien différente de celle des lois plus récentes comme celles du 17 juillet 1970, relative à la vie privée (instituant l'article 9 du Code civil), ou du 4 janvier 1993 instituant l'article 9-1 du Code civil destiné à protéger la présomption d'innocence. Dans le cadre de ces deux dernières lois, le législateur a au contraire opté pour un régime qui laisse au juge une grande latitude de qualification, en se bornant à poser un principe de non-intrusion dans la vie privée (loi du 17 juillet 1970), ou de respect de la présomption d'innocence (loi du 4 janvier 1993). Toutefois, l'incrimination prévue par l'article 9-1 a été plusieurs fois remaniée, et contient pour sa part des dispositions très précises relatives à ces éléments constitutifs, signe que le parti pris adopté en 1970 pour la protection de la vie privée qui a effectivement entraîné une appréciation extensive de la protection, n'a pas été jugé adéquat pour la recherche de l'équilibre entre la liberté de l'information et les droits des personnes. Les tâtonnements du droit à l'image ou de la vie privée pour sortir de l'orbite d'un droit absolu en sont la preuve.

C'est pourquoi les milieux de la presse sont très attachés à la loi du 29 juillet 1881, car ce texte ne participe pas à l'origine d'un parti pris idéologique de sanction, mais au contraire d'une philosophie d'équilibre. Cette opinion n'est pas partagée par tous. Certains observateurs considèrent que la loi du 29 juillet 1881 constitue un privilège exorbitant réservé aux médias[1]. C'est à notre sens oublier que si cette loi ménage des moyens de défense très efficaces sur le plan procédural, ceux-ci sont contrebalancés par une présomption de mauvaise foi, spécialement en matière de diffamation, infraction principale prévue par la loi sur la presse. Cette présomption est tout à fait singulière dans le droit pénal français, car le citoyen n'est par principe jamais présumé de mauvaise foi. Le professeur Michel Véron résume parfaitement cette philosophie que certains prétendent aujourd'hui occulter : « *le rôle et l'importance des règles de procédure dans la garantie des libertés fondamentales et l'exercice des droits de la défense. Valable en tous les domaines, cette observation vaut encore plus lorsqu'il s'agit d'apprécier l'ensemble du dispositif d'une loi sur la "liberté de la presse".* (...) *À qui profite l'ensemble de ce dispositif procédural ?* (...) *Contrairement à bien des idées reçues, les plateaux de la balance ne sont pas inégalement chargés et les règles de procédure n'avantagent pas systématiquement le prévenu* ». Ainsi, pour cet auteur « *on peut considérer que l'ensemble constitué par les dispositions législatives en leur interprétation jurisprudentielle assurent un équilibre assez harmonieux entre la nécessité de garantir la liberté de la presse et l'obligation d'en réprimer les abus*[2] ». Et d'ailleurs, paradoxalement, ceux-là mêmes qui sont aujourd'hui à l'avant-garde de la remise en cause de la loi sur la presse admettent que « *le fond et la forme sont ici indissociables, car ce que les incriminations peuvent avoir de sévère est compensé par des mécanismes propres à tenir en échec les actions, publiques et civiles*[3] ». Ainsi, pour le professeur Dreyer, « *il est inexact de prétendre que cette complexité jouerait dans le seul intérêt des médias*[4] ». Pourquoi, dans ces conditions, si ce n'est par pure idéologie, vouloir mettre à néant cet équilibre ?

Une loi sur l'expression publique et non pas seulement une loi sur la presse

La loi du 29 juillet 1881 est improprement nommée. Il ne s'agit plus aujourd'hui d'une loi « sur la liberté de la presse », mais d'une grande loi sur la liberté d'expression publique qui s'applique à tous les médias en vertu de l'article 23 de la loi du 29 juillet 1881. S'il est bien évident qu'à l'origine, le législateur n'avait entendu régir

---

1 Derrière les arguments juridiques, ce combat teinté d'idéologie procède d'une dénonciation sans merci des turpitudes des médias en général. Pour un tableau de tous les arguments utilisés, d'inégale valeur, le lecteur se référera aux écrits du professeur E. Dreyer, qui est aujourd'hui le fer de lance de ce combat, et notamment à l'introduction de son livre *Responsabilités civile et pénale des médias*, Litec 3e éd. 2011. Pour lui, les médias « *revendiquent* », une « *inégalité du procès de presse en leur faveur* »... , note sous Civ. 1, 26 septembre 2012, *D.* 2012, p. 2636.

2 M. Véron, « Le parcours procédural en matière d'injures et de diffamation envers les particuliers », in *Liberté de la presse et droit pénal*, PUAM 1994, p. 67 et suiv.

3 B. Beignier, B. de Lamy, E. Dreyer (ss dir.), *Traité du droit de la presse et des médias*, Litec 2009, § 714.

4 E. Dreyer, *Responsabilités civiles et pénales des médias*, Litec 2011, § 2, p. 2.

que les modes d'expression existants, c'est-à-dire pour l'essentiel le média écrit et la parole proférée en public, la loi sur la presse a intégré depuis lors des ajouts et s'applique incontestablement à tous les moyens d'expression publics qu'il s'agisse de l'écrit, de l'audiovisuel, ou désormais de l'Internet, ce principe ne souffre pas la moindre discussion. Après avoir visé expressément « *tout moyen de communication audiovisuelle* », l'article 23 de la loi du 29 juillet 1881 vise depuis l'entrée en vigueur de la loi dite LCEN du 21 juin 2004 « *tout moyen de communication au public par voie électronique* », et les règles de responsabilité sur ce point sont édictées par une partie de la loi du 29 juillet 1982 sur la communication audiovisuelle (articles 93-2 et suivants), restée en vigueur. Bien plus qu'une loi sur la presse, la loi du 29 juillet 1881 est en réalité une loi sur la liberté des médias. Dans l'idéal, il faudrait donc rapatrier dans cette loi tous les textes épars susceptibles de régir l'information qui n'y figurent pas, et les soumettre au régime général prévu par la loi du 29 juillet 1881. Nous aurions ainsi une vraie loi sur la liberté de communication. Mais cette suggestion de bon sens, à peine provocatrice, ferait hurler ceux qui ont engagé un combat dogmatique, vaguement paré de vertus savantes, contre un texte qui institue des garanties au profit de la presse.

En attendant un Code de la communication ?

Ce code est une arlésienne. L'idée de réunir l'ensemble des textes relatifs à la communication dans un seul et même code a été plusieurs fois évoquée[5], et des projets précis ont été préparés en ce sens, sous l'égide notamment du Conseil d'État[6]. À chaque fois, ces projets sont restés lettre morte, sans raison apparente. L'attachement des médias à la loi du 29 juillet 1881 n'y est certainement pas totalement étranger. En effet, les milieux de la presse craignent, à tort ou à raison, que cette codification, même à droit constant, soit l'occasion de diluer à la fois la lettre et l'esprit de la loi du 29 juillet 1881 dans un ensemble hétéroclite faisant perdre, au fur et à mesure du temps, la mémoire des spécificités qui s'attachent à une loi tout entière dédiée à la recherche d'un équilibre entre les droits des personnes et la liberté d'informer[7].

Le spectre de la dépénalisation

Il a récemment été proposé de dépénaliser en grande partie les infractions à la loi sur la presse. En effet, le rapport dit « Guinchard », en date du 30 juin 2008, préconisait notamment « *la dépénalisation de la diffamation à l'exception des diffamations présentant un caractère discriminant (raciste, sexiste...)* ». Cette suggestion était justifiée, selon le rapport, par la volonté de « *donner un signal fort de la France au Conseil de l'Europe qui, régulièrement, nous épingle sur ce sujet dans ses rapports et autres recommandations. Surtout, le temps est venu de conforter la liberté de la*

5 Cf. : J.-P. Albertini, « Vers un Code de la communication », *Légipresse* juin 1993 ; E. Derieux, « Code de la communication et du cinéma », *Légipresse* janvier 1997, n° 138-II-p 15.

6 Voir Numéro spécial *Légicom* 2007 n° 40 : « Convergence numérique, convergence juridique ?».

7 Sur ce sujet : C. Bigot, « Les principes de la codification et la loi de 1881 », in *Légicom* n° 40 précité, p. 71.

presse et de protéger néanmoins les personnes victimes de diffamations ou d'injures autrement que par le recours au droit répressif, dont les pièges procéduraux ont été mis en place précisément pour éviter que l'on aboutisse trop aisément à la condamnation des journalistes. » Cette proposition aux allures d'enterrement de première classe de la loi sur la presse a suscité une forte opposition pour diverses raisons[8]. Elle a pourtant été réactivée quelques mois plus tard par le président Sarkozy, mais les États généraux de la presse écrite tenus à l'automne 2009 se sont prononcés contre la dépénalisation[9]. Ce projet est actuellement en sommeil, au moins temporairement[10]. En réalité, ni le Conseil de l'Europe, ni la Cour européenne des droits de l'homme ne préconisent la « dépénalisation ». Ces deux institutions se bornent seulement à appeler de leurs vœux la suppression des peines de prison pour les infractions de presse[11].

La loi sur la presse confrontée à l'article 10 de la Convention européenne des droits de l'homme[12]

La loi sur la presse ne peut plus être appréciée indépendamment de l'article 10 de la Convention européenne de sauvegarde des droits de l'homme et des libertés fondamentales qui a, dans l'ordre juridique interne, valeur supérieure aux lois françaises et qui prévoit expressément les conditions de protection de la liberté d'expression.

Le texte de l'article 10 de la Convention européenne des droits de l'homme est ainsi rédigé : « *1. Toute personne a droit à la liberté d'expression. Ce droit comprend la liberté d'opinion et la liberté de recevoir et de communiquer des informations ou des idées sans*

---

8 Voir en particulier sur ce sujet : B. Ader, N. Bonnal, et autres, « Il ne faut pas dépénaliser la diffamation », *Le Monde*, 27 janvier 2009 ; C. Bigot, « Contentieux de presse : les errements de la Commission Guinchard », *Légipresse* 2008, n° 254, p. 109 ; E. Derieux, « Dépénalisation de la diffamation. Proposition de la commission Guinchard », *Petites Affiches* 8 août 2008, p. 4 ; Ph. Malaurie, « Ne dépénalisons pas la diffamation et l'injure », *JCP* 2008, Act. p. 566. Voir également sur ce sujet : B. de Lamy, « Vers une dépénalisation de la diffamation et de l'injure », *JCP* 2008, I, 209.

9 Sur le résultat de ces États généraux : voir les réactions publiées in *Légipresse* n° 258, janv.-févr. 2009- I - 1.

10 Pour une bibliographie exhaustive sur cette proposition de dépénalisation : voir E. Derieux et A. Granchet, *Droit des médias*, 6e éd. LGDJ 2010, n° 1454 note 2.

11 Résolution 1577 du Conseil de l'Europe du 4 octobre 2007 ; CEDH, 8 juillet 2008, n° 24261/05, *Backes c/ Luxembourg*, § 51. *Adde* : CEDH, 11 octobre 2007, n° 28504/05 *Kanelloupoulou c/ Grèce*. – CEDH, 6 décembre 2007, n° 19331/05, *Katrami c/ Grèce*. Voir cependant la solution ambiguë dégagée par CEDH, 5 avril 2011, *Fatih Tas c/ Turquie*, req. n° 36635/08.

12 La bibliographie sur cette question est considérable. Le lecteur trouvera une excellente bibliographie très complète dans l'ouvrage d'E. Derieux et A. Granchet, *Droit des médias*, LGDJ, 6e éd. 2010, n° 3520. Pour notre part, nous signalons ci-après quelques études qui nous semblent parmi les plus marquantes. Cette sélection est très subjective : P. Auvret, « Le journalisme d'investigation et la Convention EDH », *Légipresse* 1997, n° 140-II- p. 33 ; C. Cohen-Jonathan, « La liberté d'expression dans la Convention européenne des droits de l'homme », *Légipresse* 1994, n° 108-VI p. 1, et n° 110-VI p. 13 ; E. Derieux, « Les principes du droit de la communication en droit européen et international », *Légipresse* 2000, n° 172-II-p. 63 ; L. François, « Preuve de la vérité des faits diffamatoires et CEDH », *D.* 2005 chr. p. 1388 ; L. François, « Le conflit entre la liberté d'expression et la protection de la réputation et des droits d'autrui : la recherche d'un juste équilibre », *D.* 2006 chr. 2953 ; L. François, « Liberté d'expression et convictions religieuses dans la jurisprudence européenne », *Légipresse* 2006, n° 235-II-p. 109 ; L. François, « La déontologie journalistique dans la jurisprudence de la Cour EDH », *Légipresse* 2008, n° 255-II-148 ; H. Leclerc, « Les principes de la liberté d'expression et la Cour EDH », *Légipresse* 1999, n° 167-II-p. 145.

qu'il puisse y avoir ingérence d'autorité publique et sans considération de frontière. Le présent article n'empêche pas les États de soumettre les entreprises de radiodiffusion, de cinéma ou de télévision à un régime d'autorisations.

2. L'exercice de ces libertés comportant des devoirs et des responsabilités peut être soumis à certaines formalités, conditions, restrictions ou sanctions prévues par la loi, qui constituent des mesures nécessaires dans une société démocratique, à la sécurité nationale, à l'intégrité territoriale ou à la sûreté publique, à la défense de l'ordre et à la prévention du crime, à la protection de la santé ou de la morale, à la protection de la réputation ou des droits d'autrui, pour empêcher la divulgation d'informations confidentielles ou pour garantir l'autorité et l'impartialité du pouvoir judiciaire ».

L'architecture de ce texte est donc simple. Le premier alinéa pose le grand principe de la liberté d'expression en rappelant sa dualité, fondamentale dans la philosophie de la Convention : il s'agit à la fois d'une liberté de celui qui s'exprime, notamment de l'organe de presse concerné au premier chef par cette liberté, mais également d'un droit du citoyen à recevoir des « *informations et des idées* »[13], ce qui consacre un droit collectif particulièrement riche.

Mais naturellement, la liberté absolue n'étant pas envisageable, l'alinéa second de l'article 10 prévoit les conditions dans lesquelles cette liberté peut être restreinte. Il faut pour ce faire que trois conditions soient remplies :
- La restriction ou la sanction doit être prévue par la loi[14] ;
- Elle doit être « *strictement nécessaire dans une société démocratique* » ;
- Elle doit tendre vers l'un des buts limitativement énumérés par l'article 10 alinéa 2 de la Convention.

C'est sur le terrain de la seconde condition que se situe l'essentiel du débat. Il convient, pour chaque infraction à la loi sur la presse, de s'interroger afin de déterminer si elle est bien « *strictement nécessaire dans une société démocratique* ». Cette notion de stricte nécessité a très tôt été caractérisée par la Cour européenne des droits de l'homme, siégeant à Strasbourg. Cette juridiction considère qu'une limitation de la liberté de l'information doit procéder d'un « besoin social impérieux[15] », et dans de nombreuses espèces, concernant tous les pays signataires de cette

13 C'est là l'expression d'un droit de savoir du public, qui s'insère dans un mouvement général touchant de multiples domaines du droit : voir l'étude collective « Le droit de savoir », publiée au rapport annuel de la Cour de cassation 2010, sous la direction de Mme le professeur Agathe Lepage, disponible en ligne sur www.courdecassation.fr. Et sur l'accès à l'internet, voir CEDH 18 décembre 2012 Yildirim/Turquie, req. n° 3111/10.

14 Le moyen tiré de l'imprévisibilité d'un texte est quasi systématiquement rejeté par la Cour de Strasbourg. Voir en ce sens CEDH *Tourancheau et July c/ France* 24 novembre 2005, req.n° 53886/00, *Légipresse* n° 230 – III – page 50 note B. Ader ; *Lindon c/ France* 22 octobre 2007, req. n° 21279/02 et 36448/02 ; *Kayasu c/ Turquie,* 13 novembre 2008, req. n° 64119/00 et 76292/01 ; *Hachette Filipacchi c/ France,* 23 juillet 2009, req. n° 12268/03, *Légipresse* n° 264 – septembre 2009 – III – page 179 note Laure Marino ; *Flinkkila et autres c/ Finlande,* 6 avril 2010, req. n° 25576/04.

15 CEDH, 26 avril 1979, *Sunday Times c/ R.U.,* req. n° 6538/74.

Convention, c'est-à-dire ceux de l'Europe entière membre du Conseil de l'Europe, la Cour de Strasbourg a été amenée à rappeler de nombreuses fois combien la liberté de l'information était une valeur essentielle. Elle procède aujourd'hui, systématiquement, à un contrôle de la proportionnalité entre la sanction prononcée et les intérêts que cette sanction est censée protéger[16]. Cette juridiction a élevé la presse au rang de « chien de garde de la démocratie » dans plusieurs décisions[17].

Pour un pays qui se targue d'être la mère patrie des droits de l'homme et des libertés fondamentales, le nombre de condamnations prononcées contre la France pour des violations de la liberté d'expression peut passer pour un sérieux désaveu et devrait nous inciter à l'humilité. Car en effet, la France voisine avec quelques autres pays pas spécialement réputés pour leur respect des droits de l'homme, dans le peloton de tête des pays du Conseil de l'Europe les plus condamnés en cette matière[18].

La plupart du temps, les décisions judiciaires françaises déférées à la Cour de Strasbourg sont critiquées par les juges européens sur le terrain de la proportionnalité de la décision rendue. Mais il existe aussi d'autres hypothèses dans lesquelles ce sont les dispositions internes elles-mêmes qui sont considérées comme contraires *per se* à l'article 10 de la Convention. Si certaines de ces décisions de la Cour EDH concernent des incriminations ne relevant pas de la loi sur la presse qui sortent de l'objet de notre étude, par exemple les décisions condamnant la France relatives aux infractions de recel[19], ou de révélation de constitutions de partie civile[20], d'autres ont d'ores et déjà stigmatisé la non-conformité d'infractions prévues par la loi sur la presse avec la Convention européenne. C'est ainsi que dans une décision du 23 septembre 1998 la Cour de Strasbourg a considéré que l'infraction d'apologie de crimes de collaboration prévue par l'article 24 de la loi sur la presse était contraire au texte européen[21]. Le délit d'offense à chef d'État étranger prévu par l'article 36 de la loi sur la presse a subi le même sort à la suite d'un arrêt rendu le 25 juin 2002[22]. On peut encore relever que la Cour de Strasbourg a été la première à considérer que l'interdiction de rapporter la preuve de la vérité des faits datant de plus de 10 ans en matière de diffamation était

---

16 Pour un survol rapide des décisions rendues chaque année par la Cour de Strasbourg sur le fondement de l'article 10 de la Convention, le lecteur peut se référer à notre chronique de synthèse annuelle sur ce sujet, publiée chaque année, au mois de septembre, dans *Légipresse.*

17 Voir en particulier : *Observer et Guardian c/ Royaume-Uni,* 26 novembre 1991, § 59, *Rec.* Series A no. 216. Ce qualificatif est repris depuis avec constance par la Cour : cf. par exemple : CEDH, 26 avril 1995, *Prager et Oberschlick c. Autriche* § 34 ; Cour EDH, 27 mars 1996, *Goodwin c. Royaume-Uni,* req. n° 17488/90, § 39.

18 Voir la liste des principales décisions de la Cour européenne concernant la France en annexe. Un recensement sur la base de données HUDOC fait apparaître 42 décisions au fond concernant la France fondées sur l'article 10 de la Convention EDH. Les deux tiers de ces décisions ont conduit la Cour de Strasbourg à prononcer des constats de violation.

19 CEDH, 21 janvier 1999, *Fressoz et Roire c/ France, Légipresse* 1999-III, p. 41.

20 CEDH, 3 octobre 2000 *du Roy et Malaurie c/ France,* 2000-III, p. 195.

21 CEDH, 23 septembre 1998, *Lehideux et Isorni c/ France, Légipresse,* 1999-III, p. 161.

22 CEDH, 25 juin 2002, *Colombani c/ France, Légipresse* 2002-III-159, note H. Leclerc.

contraire à la liberté de l'information[23]. Et ces exemples risquent de ne pas rester isolés, car on peut à bien des égards s'interroger sur la compatibilité d'autres dispositions de la loi française avec cet article 10 de la Convention européenne[24].

On a pu dans le passé douter de l'aptitude de cette convention à faire évoluer significativement le droit positif en raison des résistances des juges français. Ainsi, tant pour le délit prévu par l'article 2 de la loi du 2 juillet 1931 (révélation de constitutions de parties civiles) que pour celui prévu par l'article 36 de la loi sur la presse (offense envers un chef d'État étranger), la cour d'appel de Paris a dans un premier temps résisté à la Cour européenne[25], avant que le législateur décide de les abroger, prenant ainsi acte de la position de la Cour européenne.

Mais ce temps de la méfiance du juge français peut sembler révolu. C'est ainsi que dans le cadre de l'appréciation de la bonne foi du diffamateur, les multiples condamnations de la Cour de Strasbourg sur le terrain de la proportionnalité ont fait évoluer la Cour de cassation en faisant émerger le critère de l'intérêt général, pour se conformer aux méthodes d'appréciation strasbourgeoises. Ainsi, sous l'influence de l'article 10 de la Convention, les notions de « *proportionnalité* », et d'« intérêt général » sont aujourd'hui devenues l'*alpha* et l'*oméga* du droit de la presse, alors qu'elles étaient inutilisées il y a vingt ans. Il faut en outre tenir compte de l'intervention du Conseil constitutionnel qui semble lui aussi procéder, tant dans son contrôle *a priori* des lois que dans le cadre de l'examen des questions prioritaires de constitutionnalité, à des raisonnements très inspirés de ceux de la Cour européenne des droits de l'homme[26].

Le contrôle de constitutionnalité de la loi du 29 juillet 1881

Par hypothèse, la loi du 29 juillet 1881, dans sa version d'origine, n'avait pas été soumise à un contrôle de constitutionnalité au regard de l'actuelle Constitution du 4 octobre 1958, pas davantage que les textes l'ayant modifiée ensuite jusqu'à l'avènement de la Ve République. Depuis lors, les quelques modifications intervenues dans la loi n'avaient pas non plus été, pour la plupart, soumises au Conseil constitutionnel. La mise en place de la procédure de question prioritaire de constitutionnalité (QPC) a donc été l'occasion de soumettre la loi du 29 juillet 1881 à un contrôle de constitutionnalité, au regard essentiellement de l'article 11 de la Déclaration des droits de l'homme et du citoyen de 1789, qui est, comme chacun le sait, intégrée au bloc de constitutionnalité.

---

23 CEDH, 7 novembre 2006, n° 12697/03, *Mamère c/ France*.

24 Cf. en ce sens, H. Leclerc, « La loi de 1881 et la Convention européenne des droits de l'homme », *Légicom* n° 28, 2002/3 p. 85.

25 Voir par exemple : CA Paris, 11e chambre, 3 juillet 2002, *Légipresse* 2002-III, p. 163, note H. Leclerc.

26 Cette position dépasse largement le droit des médias et s'inscrit dans un mouvement d'européanisation du droit constitutionnel initié notamment sous l'impulsion de Robert Badinter. Voir P. Cassia, *Robert Badinter : Un juriste en politique*, Fayard 2009, p. 403 et suiv. *Adde*, sur ce point : B. Genevois, « L'inspiration réciproque des jurisprudences des juridictions suprêmes nationales et internationales en matière de droits fondamentaux », *Petites Affiches* juin 2008, n° 112, p. 15.

Sur le principe, le Conseil place très haut la liberté d'expression et de communication dans l'échelle des libertés et la considère comme « *d'autant plus précieuse que son exercice est une condition de la démocratie et l'une des garanties du respect des autres droits et libertés* », de sorte « *que les atteintes portées à l'exercice de cette liberté doivent être nécessaires, adaptées et proportionnées à l'objectif poursuivi*[27] ».

Le filtre de la QPC étant mis en œuvre par les juridictions judiciaires qui déterminent les questions ayant un caractère sérieux, ce sont finalement ces juridictions qui ont dû apprécier au premier chef la compatibilité de la loi sur la presse avec les exigences résultant de l'article 11 de la Déclaration des droits de l'homme et du citoyen. Et, pour l'essentiel, la Cour de cassation a considéré qu'il ne fallait pas toucher aux grands équilibres de la loi sur la presse. C'est ainsi qu'elle a refusé d'admettre le caractère sérieux du moyen tenant à l'inconstitutionnalité de la présomption de mauvaise foi en matière de diffamation, ou de la courte prescription de trois mois prévue en matière de presse, notamment. On peut donc considérer qu'au-delà de la remise en cause ponctuelle de certaines infractions ou mécanismes procéduraux secondaires, les piliers de la loi du 29 juillet 1881 ne vacilleront pas sous l'effet de la QPC[28].

Présentation de l'ouvrage

Ce livre n'a nullement l'ambition de constituer un ouvrage général et doctrinal sur le droit de la presse[29]. Il est essentiellement destiné aux praticiens du droit – avocats, magistrats, juristes d'entreprise – et professionnels des médias, pour qui la loi sur la presse du 29 juillet 1881 reste sinon un outil de travail quotidien, au moins un instrument dont la prise en considération est indispensable, tant la tendance de la société à la judiciarisation est forte. La presse, l'édition et le monde de la communication en général n'échappent pas à cette tendance, tant s'en faut. Nous avions

27 Décision n° 2009-580 DC du 10 juin 2009, considérant 15. Motivation reprise par la décision n° 2012-467 DC du 28 février 2012, cons. 5. Voir aussi la liste des décisions du Conseil statuant sur le fondement de l'article 11 Droits de l'homme et du citoyen, dressée par G. Lecuyer, « Les enseignements constitutionnels de la décision n° 2011-131 QPC », *Légipresse* n° 285, p. 412. De manière générale sur la protection constitutionnelle de la liberté d'expression : *Les Nouveaux Cahiers du Conseil constitutionnel*, n° 36, juin 2012, Dossier spécial « La liberté d'expression et de communication » ; J. Chevallier, « Constitution et communication », *D.* 1991, p. 247 ; E. Derieux, « Les principes du droit de la communication dans la jurisprudence du Conseil constitutionnel. De la liberté de communication au droit de la communication », *Légipresse* 1997, n° 141, II, page 49 ; L. Favoreu, « La protection constitutionnelle de la liberté de la presse », in *Liberté de la presse et droit pénal*, éd. PUAM 1994, p. 220.

28 De manière générale sur la QPC dans le domaine de la liberté d'expression : C. Bigot, « QPC et loi du 29 juillet 1881, bilan et perspectives », *Légipresse* 2012, p. 147 ; J. Boyer, « La 17e chambre du TGI de Paris et la question prioritaire de constitutionnalité », *Légicom* n° 48 – 2012/1 p. 19 ; P. Cassia, « L'incidence des protections conventionnelles de la liberté d'expression sur le contrôle de constitutionnalité », intervention colloque de la Cour de cassation, 27 mai 2011, *Légipresse* 2012 p. 154 ; D. Guérin, « Question prioritaire de constitutionnalité et loi sur la presse », *Légicom* n° 48 – 2012/1 p. 27 ; P. Mbongo, « Droit des médias et Question prioritaire de constitutionnalité », *Légipresse* 2011, n° 283, p. 281 et s ; P. de Montalivet, « Les droits et libertés constitutionnels invocables en matière de communication », *Légicom* n° 48, 2012/1, p. 5.

29 Une bibliographie, subjective, figure sur ce point en fin d'ouvrage. Nous avons notamment, par souci d'éviter pour le lecteur des pertes de temps inutiles, délibérément sélectionné à de nombreuses reprises les références aussi bien doctrinales que jurisprudentielles, pour nous limiter à celles qui ont selon nous un réel intérêt. Nous admettons volontiers qu ce parti pris injuste est tout à fait critiquable et peu orthodoxe.

pris le parti, dans la première édition de 2004, de ne pas faire crouler le lecteur sous l'examen des questions de procédure, qui pouvait polluer la présentation des mécanismes de régulation de l'information prévus par la loi sur la presse. Ce choix n'a pas été repris pour cette nouvelle édition très significativement augmentée et complétée par un volet concernant les mécanismes procéduraux prévus de la loi du 29 juillet 1881, afin de disposer d'un instrument complet concernant la loi sur la presse. Les praticiens de la chose judiciaire y trouveront en partie leur compte, même si le tableau dressé n'est pas exhaustif[30] ; les autres passeront leur chemin et n'y verront aucun intérêt.

La loi sur la presse ne contient pas que des dispositions visant à la régulation des contenus rédactionnels. Elle comprend également des règles visant à organiser le secteur de la presse, telles que les obligations de dépôts, ou les mentions à porter sur les publications de presse (directeur de la publication notamment). Ces dispositions sont étudiées sommairement.

Enfin, le lecteur ne trouvera pas dans cet ouvrage de développements concernant d'autres textes qui peuvent restreindre la liberté de l'information, mais qui n'ont pas été intégrés dans la loi sur la presse. Ainsi, le droit à l'image, la protection de la vie privée, la protection de la présomption d'innocence, pour ne citer que les règles les plus souvent invoquées en dehors de la loi sur la presse, ne sont pas traités ici.

30 Pour plus d'exhaustivité, on pourra se reporter sur ce point à nos trois fascicules du jurisclasseur pénal annexes, v° Presse, n°s 130, 140, et 150, exclusivement consacrés à la procédure et entièrement refondus en 2011. Et chaque année *a minima*, aux chroniques annuelles de procédure publiées au mois de mars par notre confrère Basile Ader dans la revue *Légipresse*, et par nous-même dans la revue *Communication Commerce électronique* (*CCE*).

TITRE I

Les éléments d'un statut de la presse édictés par la loi du 29 juillet 1881

Chapitre 1
La protection du secret des sources

SECTION 1. L'ÉMERGENCE D'UN DROIT AU SECRET DES SOURCES

Une protection prenant racine dans l'article 10 de la Convention européenne des droits de l'homme

C'est par un arrêt fondamental rendu le 27 mars 1996 dans une affaire *Goodwin c/Royaume-Uni*, que la Cour européenne des droits de l'homme a ancré la nécessité de protéger les sources de la presse dans l'article 10 de la Convention européenne en des termes particulièrement solennels. Selon cette décision « (...) *La protection des sources journalistiques est l'une des pierres angulaires de la liberté de la presse* (...). *L'absence d'une telle protection pourrait dissuader les sources journalistiques d'aider la presse à informer le public sur des questions d'intérêt général. En conséquence, la presse pourrait être moins à même de jouer son rôle indispensable de "chien de garde" et son aptitude à fournir des informations précises et fiables pourrait s'en trouver amoindrie. Eu égard à l'importance que revêt la protection des sources journalistiques pour la liberté de la presse dans une société démocratique et à l'effet négatif sur l'exercice de cette liberté que risque de produire une ordonnance de divulgation, pareille mesure ne saurait se concilier avec l'article 10 de la Convention que si elle se justifie par un impératif prépondérant d'intérêt public (...)* [1] ». Tout est dit ou presque. La Cour ne se départira pas de cette position de principe lors des arrêts postérieurs, qui rappelleront périodiquement l'importance de ce secret. En effet, il est fondamental d'avoir à l'esprit un syllogisme de base qu'on peut énoncer de la manière suivante : « *sans secret des sources, pas de sources ; et sans sources, pas d'information* ». Ainsi, le secret des sources est, plus encore qu'une protection de la personne du journaliste, une garantie de l'accès effectif du public à l'information. C'est ce qu'exprime parfaitement la Cour de Strasbourg dans ces termes : « *Le droit des journalistes de taire leurs sources ne saurait être considéré comme un simple privilège qui leur serait accordé ou retiré en fonction de la licéité ou de l'illicéité des sources, mais un véritable attribut du droit à l'information, à traiter avec la plus grande circonspection*[2]. »

D'autres arrêts importants méritent d'être signalés. Ainsi dans un arrêt *Roemen et autres c/Luxembourg* du 25 février 2003, relatif à une perquisition, la Cour EDH a considéré que « *des perquisitions ayant pour objet de découvrir la source du journaliste – même si elles restent sans résultat – constituent un acte plus grave qu'une sommation de divulgation de l'identité de la source. En effet, les enquêteurs qui, munis d'un mandat de perquisition, surprennent un journaliste à son lieu de travail, ont des pouvoirs d'investigation très larges du fait qu'ils ont, par définition, accès à toute la documentation détenue par le journaliste. La*

---

1 Req. n° 17488/90, §39, *AJDA* 1996. 1005, chron. J.-F. Flauss ; *D.* 1997. 211, obs. N. Fricero ; *RTD civ.* 1996. 1026, obs. J.-P. Marguénaud.

2 CEDH, 4e sect., 25 février 2003, *Tillack c/Belgique*, n° 20477/05, § 65 ; CEDH 28 juin 2012, *Ressiot et autres c/France*, req. 15054/07 et 15066/07 § 124.

Cour, qui ne peut que rappeler que "les limitations apportées à la confidentialité des sources journalistiques appellent de la part de la Cour l'examen le plus scrupuleux" (Goodwin *précité), estime ainsi que les perquisitions effectuées auprès du premier requérant avaient un effet encore plus conséquent sur la protection des sources que dans l'affaire* Goodwin[3]. »

Assurément, la Cour de Strasbourg ne fléchit pas sur le sujet comme en témoignent l'arrêt encore rendu le 15 décembre 2009 relatif à la protection générale, directe et indirecte, du secret des sources[4], ou celui de grande chambre rendu le 14 septembre 2010[5]. La France a elle-même été condamnée sur ce terrain au sujet de différentes perquisitions dans les locaux du journal *Midi-Libre* par une décision du 12 avril 2012[6], et dans ceux de *L'Équipe* et du *Point*, le 28 juin 2012[7].

Un secret contesté qui peine à s'imposer

Le nombre d'arrêts rendus par la Cour de Strasbourg depuis le fameux arrêt *Goodwin* en 1996 témoigne à l'évidence d'une certaine difficulté partagée par plusieurs pays à admettre la protection du secret des sources. Il y a là une alliance objective entre certains magistrats ou policiers qui n'admettent pas que leurs pouvoirs puissent s'arrêter à la porte des rédactions et le vivent comme une sorte d'affront à l'*impérium* du juge ou à la puissance publique ; des gouvernants qui se méfient par principe d'un contre-pouvoir qui pourrait les gêner ; et de certains observateurs qui mènent un combat idéologique contre la presse. Ces réticences ont amené le Conseil de l'Europe à édicter une nouvelle recommandation sur ce point en 2011. Le constat qui y est dressé est clair : *« l'Assemblée exprime son inquiétude face au nombre élevé de cas, en Europe, où les pouvoirs publics ont contraint, ou tenté de contraindre, les journalistes à divulguer leurs sources, malgré les règles claires énoncées par la Cour européenne des droits de l'homme et le Comité des ministres. Ces violations sont plus répandues dans les États membres dépourvus d'une législation claire. En ce qui concerne le journalisme d'investigation, la protection des sources revêt encore plus d'importance, comme l'énonce la Déclaration du Comité des ministres du 26 septembre 2007 sur la protection et la promotion du journalisme d'investigation*[8]. »

La France n'est pas le dernier pays où s'expriment de telles résistances, loin s'en faut[9], et la reconnaissance du secret des sources dans la législation et la jurisprudence française s'effectue de manière chaotique.

---

3 Req. n° 51772/99. Voir également dans le même sens et la même année, concernant une autre perquisition : *Ernst, et autres c/ Belgique*, 15 juillet 2003, req. n° 33400/96.

4 *Financial Times Ltd & autres c/ Royaume-Uni*, 15 décembre 2009, req. n° 821/03.

5 *Sanoma Uitgevers BV c/ Pays-Bas*, req. : 38224/03.

6 CEDH 12 avril 2012, *Martin et autres c/ France*, req. n° 30002/08.

7 CEDH 28 juin 2012, *Ressiot et autres c/ France*, req. 15054/07 et 15066/07 §124 ; *D.* 2012, p. 2282, note E. Dreyer ; *RSC* 2012, p. 603, obs. J. Francillon.

8 Recommandation n° 1950 adoptée le 25 janvier 2011, n° 3. Et un nouvel arrêt concernant les Pays-Bas a encore été rendu le 22 novembre 2012 : CEDH 22 novembre 2012, *Media Nederland c/ Pays-Bas*, n° 39315/06.

9 Voir par exemple : E. Derieux, « Droit à l'information et droit au secret : pour un équilibre des droits », *Légipresse* n° 279, p. 3.

La protection limitée édictée par la loi du 4 janvier 1993

Parallèlement au développement de la jurisprudence de la Cour EDH affirmant au fil des espèces le secret des sources, une timide protection a été instituée par une disposition de pur droit processuel, introduite par la loi dite *Vauzelle* du 4 janvier 1993 à l'article 109 du Code de procédure pénale. Mais il s'agissait seulement d'édicter un droit au silence du journaliste, lorsqu'il est entendu comme témoin. Cette protection indirecte, très partielle, était naturellement insuffisante.

■ SECTION 2. LA LOI DU 4 JANVIER 2010 RELATIVE À LA PROTECTION DU SECRET DES SOURCES DES JOURNALISTES

Les raisons de l'intervention du législateur[10]

La mise en chantier d'un nouveau texte de protection des sources journalistiques trouve son origine dans l'émotion suscitée par les arrêts rendus dans les affaires dites *Cofidis*[11]. À l'occasion de ces affaires, la chambre criminelle de la Cour de cassation avait en effet refusé d'annuler les perquisitions et saisies effectuées aux sièges des journaux *Le Point* et *l'Équipe*, dans le cadre d'une procédure fondée sur la violation du secret professionnel. Ces décisions ont été déférées devant la Cour européenne des droits de l'homme qui a finalement condamné la France en juin 2012[12].

Malheureusement, s'il a été nécessaire d'introduire dans la loi française de nouvelles dispositions législatives destinées à protéger le secret des sources, c'est bien parce que certains juges ont refusé de suivre les règles posées en cette matière par la Cour européenne des droits de l'homme, qui considère pourtant le secret des sources comme « *la pierre angulaire de la liberté de la presse* ». En effet, il n'est pas d'années au cours desquelles un juge d'instruction ou un service de police n'a pas cherché à forcer la porte d'une rédaction pour tenter de mettre à jour les sources d'un journaliste. La loi du 4 janvier 2010 est censée non seulement encadrer ces pratiques en les limitant à des hypothèses très exceptionnelles, mais également tenir lieu de code de conduite de la justice à l'égard d'un organe de presse à l'occasion des procédures pénales. Dans un premier temps, cette loi n'a pas atteint son objectif, certains magistrats ou services de police s'en étant délibérément affranchis pour se procurer les « fadettes » de journalistes enquêtant sur des dossiers qui inquiétaient en haut lieu. On peut espérer qu'après la mise au point opérée par la chambre criminelle en décembre 2011[13], la loi sera mieux respectée à l'avenir.

---

10 Cette loi a été abondamment commentée : voir not. P. Auvret, « Commentaire de la loi n° 2010-1 », *CCE* 2010, Étude 8 ; A. Guedj, « Sentiments mitigés autour de la loi du 4 janvier 2010 », *Légipresse* 2010-II-19 ; E. Derieux, « Protection des sources des journalistes : conflit de secrets », *Légipresse* 2010, p. 280.

11 Cass. Crim. 30 octobre 2006, *Bull.* n° 258 ; *Légipresse* janvier 2007, n° 238 p. 11, note C. Bigot ; *D.* 2007, p. 1240, note A. Guedj ; *JCP* 2007-II-10054, note Fourment, Michalski et Piot ; *Rev. Sc. Crim.* 2007. 106, obs. J. Francillon. La France a depuis lors été condamnée par la Cour de Strasbourg concernant les perquisitions au sein des rédactions du *Point* et de *L'Équipe* menées dans cette affaire. Voir : Cour EDH, 28 juin 2012 précité.

12 CEDH 28 juin 2012, précité.

13 Voir pp. 20-21.

Désormais, ce secret est formellement proclamé et inséré, c'est un symbole, dans l'article 2 de la loi du 29 juillet 1881 sur la liberté de la presse. Par ailleurs, la loi du 4 janvier 2010 prévoit également toute une série d'aménagements du Code de procédure pénale. Il reste qu'en l'absence de sanction directe en cas de violation du secret des sources, on peut craindre que cette loi reste indéfiniment un tigre de papier. C'est pourquoi un renforcement de ce secret est à l'étude à la Chancellerie, conformément aux engagements de campagne du président Hollande[14].

Champ d'application général de la protection

Le nouveau texte définit tout d'abord les bénéficiaires de ce secret. Il s'agit de toute personne qui exerce sa profession dans une entreprise de presse, de communication au public en ligne, de communication audiovisuelle ou dans une agence de presse et pratique régulièrement et de façon rétribuée le recueil d'informations et la diffusion au public. On relèvera deux grandes catégories exclues de la protection : d'une part, les auteurs et éditeurs de livres et, d'autre part, de manière générale ceux qui recueillent ou diffusent des informations de manière occasionnelle et/ou non rétribuée. Le web « citoyen » a ainsi été exclu du bénéfice de la loi.

Pour le reste, la protection des sources a un champ d'application vaste et concerne à la fois les atteintes directes et indirectes définies par le législateur comme « *le fait de chercher à découvrir les sources d'un journaliste aux moyens d'investigations portant sur toute personne qui, en raison de relations habituelles avec un journaliste, peut détenir des renseignements permettant d'identifier ses sources* ».

Exceptions

Tout principe a ses exceptions, la protection du secret des sources n'y échappe pas... Le nouvel article 2 de la loi sur la presse[15] précise les conditions dans lesquelles il peut y être porté atteinte. Ces conditions cumulatives sont au nombre de trois :

En premier lieu, l'atteinte doit être justifiée par un « *impératif prépondérant d'intérêt public* ». Ce concept un peu flou est hérité de la jurisprudence de la Cour de Strasbourg et laisse au juge le soin de le définir. Et il est bien évident que si toutes les poursuites pénales devaient relever par nature d'un tel impératif, ce que certains tentent de soutenir, cela paralyserait tout le dispositif de protection. Fort heureusement, allant au-delà de la position plus circonspecte retenue par la chambre de l'instruction de la cour d'appel de Bordeaux[16], la chambre criminelle de la Cour de cassation a d'emblée, dès le premier arrêt rendu en la matière, condamné ferme-

14 Voir : « Mme Taubira souhaite rompre avec le "flou" sur le secret des sources des journalistes », *Le Monde*, 13 juin 2012, p. 14. Selon les premières indications fournies par le cabinet du garde des Sceaux, cette modification législative devrait inclure une incrimination pénale de violation du secret des sources : cf. intervention de P. Rancé, Forum Légipresse, 4 octobre 2012, in *Légicom* n° 50.

15 Dans lequel est logé le secret des sources.

16 CA Bordeaux, chambre instr., 5 mai 2011, *Légipresse* 2011, p. 424, note Henri Leclerc ; *JCP* 2011. II. 1099, note J.-H. Robert.

ment cette interprétation. Elle a en effet admis que l'éventualité d'une violation du secret professionnel, délit prévu par l'article 226-13 du Code pénal, n'entrait pas dans le champ de cette notion[17]. Il en résulte donc que l'impératif prépondérant d'intérêt public ne peut être simplement caractérisé par la nécessité de rechercher les auteurs d'une infraction pénale. Il appartiendra donc au juge dans l'avenir de trouver une autre voie pour définir un concept qui comporte assurément une part d'insécurité juridique, et on peut regretter à cet égard que le législateur français n'ait pas retenu une autre méthodologie, à l'image de son homologue belge, visant à énumérer des catégories d'infractions précises permettant de passer outre au secret des sources[18].

En second lieu, les mesures envisagées doivent être strictement nécessaires et proportionnées au but légitime poursuivi. Le législateur a estimé opportun de préciser son interprétation de la proportionnalité en indiquant : « *Au cours d'une procédure pénale, il est tenu compte, pour apprécier la nécessité de l'atteinte de la gravité du crime ou du délit, de l'importance de l'information recherchée pour la répression et la prévention de cette infraction et du fait que les mesures d'investigation envisagées sont indispensables à la manifestation de la vérité.* » Ainsi, dans l'affaire *Bettencourt* ayant donné lieu aux décisions déjà citées, cette deuxième condition de nécessité et de proportionnalité a été déclarée non remplie, selon la cour de Bordeaux, car « *les investigations, conduites sur une simple plainte d'un particulier du chef de violation du secret professionnel, ont consisté exclusivement, pour identifier la source des journalistes, à adresser directement des réquisitions aux opérateurs téléphoniques pour obtenir leurs relevés d'appels aux fins d'exploitation, sans même avoir procédé à la moindre audition ou à un quelconque autre acte d'enquête*[19]. »

Enfin, l'atteinte ne doit pas consister en une obligation pour le journaliste de révéler ses sources.

C'est seulement à la condition de respecter cumulativement ces trois exigences que le secret des sources des journalistes pourrait céder devant un impératif supérieur. Par ailleurs, certains actes de procédure font l'objet de dispositions particulières.

Perquisitions et saisies

Le législateur de 1993, de bonne volonté, avait introduit dans le Code de procédure pénale un article 56-2 exigeant que les perquisitions dans les entreprises de presse et d'audiovisuel soient réalisées par un magistrat ayant la charge de veiller « *à ce que*

---

17 Cass. Crim. 6 décembre 2011, pourvoi n° 11-83970, *Légipresse* n° 291, p. 105, note A. Guedj et T. Fourrey ; *D.* 2012. 765, obs. E. Dreyer ; *Gaz. Pal.* 1er-2 févr. 2012. 23, obs. P. Piot ; cf. également l'interview du Pr Bernard Bouloc, « À l'écoute de la presse », *D.* 2010. Entretien. 2216.

18 Sur la loi belge : F. Jongen, « La Belgique, modèle pour la protection du secret des sources ? », *Légipresse* 2005, n° 222-II-71.

19 CA Bordeaux, 5 mai 2011, précité. Voir également, pour l'annulation de réquisitions non indispensables à la manifestation de la vérité : CA Paris, Pôle 7-ch. 4, 24 février 2012, *Légipresse* 2012, n° 293, p. 215, n° 293-23.

les investigations conduites ne portent pas atteinte au libre exercice de la profession de journaliste et ne constituent pas un obstacle ou n'entraînent pas un retard injustifiés à la diffusion de l'information ». Là encore, parquets et juges d'instruction n'ont guère été freinés par ce texte qui n'a pas empêché quelques perquisitions retentissantes, approuvées sèchement par la chambre criminelle qui semblait, jusqu'à l'arrêt du 6 décembre 2011 évoqué plus haut, très réticente à protéger le secret des sources. Les arrêts rendus les 5 décembre 2000[20], et 30 octobre 2006[21] en sont la preuve. Ils traduisaient une vraie résistance judiciaire du juge pénal français à la prise en considération de l'article 10 de la Convention EDH.

Il a donc fallu, là encore, que la loi du 4 janvier 2010 renforce les protections, en aménageant les conditions dans lesquelles doivent être effectuées les perquisitions visant les journalistes (nouvel article 56-2 du Code de procédure pénale). L'une des innovations majeures de la loi consiste ainsi à permettre de demander le placement sous scellés des documents saisis et de solliciter le juge des libertés qui appréciera si la mesure porte atteinte au secret des sources. La procédure prévue est très largement calquée sur celle qui concerne les perquisitions dans les cabinets d'avocats.

En outre, le champ d'application de l'article 56-2 du Code de procédure pénale est élargi aux locaux « *d'une entreprise de communication au public en ligne, d'une agence de presse* », et « *dans les véhicules professionnels de ces entreprises ou agences ou au domicile d'un journaliste lorsque les investigations sont liées à son activité professionnelle* ».

Les pratiques judiciaires antérieures à la loi du 4 janvier 2010 devront donc nécessairement évoluer à l'avenir, d'autant plus que la France vient, coup sur coup, d'être condamnée à deux reprises par la Cour européenne[22]. Un premier arrêt rendu le 12 avril 2012 vise une perquisition dans les locaux d'une rédaction de la presse quotidienne régionale. À cette occasion, la Cour de Strasbourg a d'ailleurs précisé que l'absence de résultat de la perquisition n'enlevait rien à l'atteinte portée au secret des sources en violation de l'article 10 de la Conv EDH[23]. Et un second arrêt, longtemps attendu, sanctionne la France à l'unanimité pour les perquisitions dans les locaux du *Point* et de *L'Équipe* déjà évoquées, ayant donné lieu à un arrêt de la chambre criminelle de la Cour de cassation le 30 octobre 2006[24].

20 Cass. Crim. 5 décembre 2000, pourvoi n° 00-85695, *JCP* 2001. II. 10615, obs. Ph. Conte ; *D.* 2002. 2769, Pan. obs. J.-Y. Dupeux ; *RSC* 2001. 604, obs. J. Francillon ; *CCE* 2001, comm. 84, obs. A. Lepage.

21 Précité.

22 Pour une étude générale de la position de la Cour EDH en la matière, voir : L. François, « La stigmatisation européenne des perquisitions dans les locaux d'entreprises de presse », *Légipresse* 2012, p. 421.

23 CEDH 12 avril 2012, précité, § 85.

24 CEDH 28 juin 2012, précité.

Réquisitions judiciaires

La loi du 4 janvier 2010 a ajouté à l'article 60-1 du Code de procédure pénale (CPP) sur les réquisitions judiciaires une disposition prévoyant la nullité des éléments obtenus en violation du droit au respect des sources. Elle a également prévu que les réquisitions adressées aux tiers doivent respecter le secret des sources, comme celles qui visent directement les journalistes, ce qui était bien entendu un complément indispensable[25].

Interceptions téléphoniques

La nouvelle loi du 4 janvier 2010 complète également le dispositif relatif aux interceptions de conversations téléphoniques figurant dans le Code de procédure pénale, en prévoyant là encore la nullité de la transcription de toute correspondance avec un journaliste qui permettrait d'identifier une source en violation de l'article 2 de la loi du 29 juillet 1881 sur la liberté de la presse[26].

Les droits du journaliste témoin

Enfin, lorsqu'un journaliste a la qualité de témoin, tant les dispositions générales de l'article 109, que les articles 326 et 437 du Code de procédure pénale rappellent que devant le tribunal correctionnel comme devant la cour d'assises « *tout journaliste entendu comme témoin sur des informations recueillies dans l'exercice de son activité, est libre de ne pas en révéler l'origine* ».

Le secret des sources en dehors des procédures pénales

Les procédures pénales ne sont pas les seules dans lesquelles des mesures coercitives visant à révéler les sources d'un journaliste peuvent être imaginées, et il est regrettable que la loi du 4 janvier 2010 n'ait pas envisagé les autres hypothèses. Il reste que l'exigence d'un « *impératif prépondérant d'intérêt public* » devrait permettre dans la grande majorité des cas de dégager une solution. Il n'est pas inutile de rappeler par ailleurs que, selon la Cour de Strasbourg, le secret s'applique à toute « *remise de matériaux journalistiques* » qui comporterait « *des informations propres à permettre l'identification de sources journalistiques*[27] ».

Ainsi, dans les procédures civiles, certains demandeurs cherchent parfois à obtenir du tribunal, d'un juge des référés, d'un juge des requêtes ou d'un magistrat de la mise en état, qu'il enjoigne à un organe de presse de communiquer ou de produire certains éléments permettant d'identifier les sources de l'information. Ces tentatives qui prennent appui sur des textes de pure procédure civile devraient de manière générale se heurter à la nécessité d'un impératif prépondérant d'intérêt public, dès l'instant que ces procédures sont par nature des instances entre parties ne mettant en jeu que leurs intérêts privés. Bien qu'il n'existe qu'une jurisprudence sporadique

---

25 Nouveaux articles 77-1-1 CPP pour les réquisitions du parquet, et 99-3 CPP pour les réquisitions émanant d'un juge d'instruction.

26 Nouvel article 100-5 CPP.

27 CEDH ,14 septembre 2010, *Sanoma Utivers BV c/ Pays Bas*, précité.

sur ce sujet, généralement à l'occasion de demandes visant à connaître l'origine de clichés de paparazzis dans le cadre de procédures engagées sur le terrain de l'article 9 du Code civil, il semble que de telles demandes fassent l'objet d'un refus systématique. Ainsi, bien avant l'entrée en vigueur de la loi du 4 janvier 2010, le TGI de Paris avait estimé en 1997 qu'il ne lui appartenait pas d'enjoindre à un organe de presse de fournir l'origine de photos de paparazzis[28]. Le tribunal de commerce de Paris, saisi en référé, a adopté une position identique en s'appuyant lui aussi sur le secret des sources[29]. Plus récemment, de nouvelles demandes ont été réactivées, et les juridictions saisies ont maintenu cette position, au moins implicitement.

Les procédures poursuivies devant les Autorités administratives indépendantes peuvent aussi donner lieu à des difficultés concernant la protection du secret des sources. De manière générale, les textes de procédure en vigueur devant l'Autorité de la concurrence ou l'Autorité des marchés financiers sont muets sur ce sujet et on peut se demander quels sont les pouvoirs des enquêteurs, qui mènent des investigations sur des ententes, ou des manquements d'initiés, par exemple. Il serait assez incompréhensible que ces enquêteurs puissent avoir plus de pouvoirs que les autorités d'enquête ou d'instruction en matière délictuelle ou criminelle, et il serait sage de leur appliquer les articles 2 de la loi du 29 juillet 1881 et 10 de la Convention EDH en s'inspirant des limitations de pouvoirs existant en procédure pénale. Mais la sagesse ne prévaut pas toujours, comme le montre un arrêt rendu par la Cour de cassation le 11 janvier 2012 en matière de pratiques anticoncurrentielles. En effet, alors que le juge du second degré avait considéré que des mesures de saisies dans une entreprise de presse devaient être proportionnées et respecter le secret des sources[30], cette décision est sèchement cassée au motif qu'il s'agit là de conditions ajoutées à tort à celles de l'article L 450-4 du Code de commerce[31]. Comment justifier pareille solution alors que tout juge, quel qu'il soit, doit respecter l'article 10 de la Convention EDH tout au long d'une procédure ? C'est encore une fois la démonstration de la très grande réticence demeurant dans de nombreux esprits à admettre pleinement le secret des sources.

---

28 TGI Paris, 1re ch. 1re sect., 25 juin 1997, *Brad Pitt c/ Prisma Presse, Légipresse* n° 146-novembre 1997-II-140, note C. Bigot.

29 T. Com. Paris, ord. réf. 6 mars 2007, *Légipresse* 2007-I-69.

30 CA Paris, 17 juin 2010, *Légipresse* 2010, p. 285, note Ch. Bigot.

31 Cass. Crim. 11 janvier 2012, pourvoi n° 10-85446, *Légipresse* n° 294, p. 301, note H. Leclerc ; *AJ Pénal* 2012. 350, obs. J. Lasserre Capdeville ; CCE 2012, comm. 40, note M. Chagny.

Chapitre 2
Les obligations

■ SECTION 1. DÉPÔTS ET DÉCLARATIONS À LA CHARGE DES TITRES DE PRESSE PÉRIODIQUE

La simplification opérée par la loi n° 2012-387 du 22 mars 2012

La loi du 22 mars 2012 a abrogé les articles 7 et 8 de la loi sur la presse et a simplifié son article 10[32]. Cette simplification heureuse a pour effet de mettre – quasiment – un terme à un maquis de déclarations et dépôts, notamment auprès des parquets, qui faisaient non seulement doublons, mais renvoyaient aussi à une forme de police de la presse quelque peu désuète, peu compatible avec le droit moderne de la liberté de l'information. C'est pourquoi le nouvel article 5 de la loi sur la presse pose désormais un principe simple de liberté, selon lequel : « *tout journal ou écrit périodique peut être publié sans déclaration ni autorisation préalable, ni dépôt de cautionnement* », sans distinction de provenance ou de nationalité de l'organe de presse en cause, depuis l'abrogation par un décret du 4 octobre 2004[33] de l'article 14 de la loi sur la presse qui édictait un régime administratif spécifique des publications étrangères. Mais bien entendu, comme tout principe, il n'est pas absolu et comporte des limites et des exceptions.

L'obligation de dépôt administratif des organes de presse nationaux (article 10)

À la suite de la loi du 22 mars 2012 déjà citée, seule a été maintenue dans la loi du 29 juillet 1881 une obligation de dépôt des périodiques à diffusion nationale. Selon l'article 10 de la loi : « *sont soumis à l'obligation de dépôt auprès du ministre chargé de la Communication à la parution de chaque numéro les journaux et écrits périodiques à diffusion nationale* ». Ainsi, les dépôts de chaque numéro aux parquets sont supprimés et le dépôt administratif, qui était auparavant général, ne s'adresse plus qu'aux organes de presse nationaux. Cette obligation pèse personnellement sur le directeur de publication et est sanctionnée pénalement par une contravention de 4e classe.

Les obligations relevant du dépôt légal

Selon la définition donnée par le site internet de la Bibliothèque nationale de France, « *le dépôt légal est l'obligation pour tout éditeur, imprimeur, producteur, distributeur, importateur de déposer chaque document qu'il édite, imprime, produit, distribue ou importe en France à la BnF ou auprès de l'organisme habilité à recevoir le dépôt en fonction de la nature du document*[34] ». Les modalités de ce dépôt aujourd'hui réglementé

---

32 Sur ce texte : « *Loi dite "Warsmann" du 22 mars 2012 : simplification supposée du droit des médias* », par E. Derieux et F. Gras, *Légipresse* n° 294, p. 322.

33 Voir le commentaire de ce décret par E. Derieux, *Légipresse* 2004-IV-81.

34 http://www.bnf.fr/fr/professionnels/depot_legal.html

par les articles L. 131-1 et suivants du Code du patrimoine[35], diffèrent selon le type de support. S'agissant des périodiques, il concerne les écrits de toute nature diffusés à titre gratuit ou onéreux et pèse cumulativement sur les éditeurs et les imprimeurs, selon des modalités différentes[36], au moyen de formulaires disponibles en ligne sur le site internet de la Bnf[37]. Cette obligation n'est pas à prendre à la légère, car elle est assortie de sanctions pénales, prévues par l'article L. 133-1 du Code du patrimoine, qui punit le fait « *de se soustraire volontairement à l'obligation de dépôt légal* » d'une amende de 75 000 euros.

En pratique, les éditeurs de presse sont astreints, d'une part, à une déclaration initiale du titre accompagnant la sortie du premier numéro et, d'autre part, à une déclaration globale annuelle des numéros publiés au cours de l'année. Parallèlement, chaque numéro doit être adressé au service du dépôt légal en deux exemplaires[38], lors de sa mise en circulation.

Les imprimeurs, pour leur part, doivent également déposer un exemplaire de tous les documents imprimés destinés à une diffusion publique au moment de l'achèvement du tirage. Ce dépôt est organisé par régions, et est réalisé à la BnF pour l'Île-de-France.

Les formalités spécifiques concernant les publications destinées à la jeunesse

Une loi n° 49-956 du 16 juillet 1946 sur les publications destinées à la jeunesse, complétée par un décret du 1er février 1950 fixe des obligations particulières pour ce type de publications. À l'heure ou des dangers multiples guettent les mineurs sur internet, cette loi paraît bien désuète[39]. Le champ d'application de cette loi est défini par son article 1er. Il vise « *toutes les publications périodiques ou non qui, par leur caractère, leur présentation ou leur objet, apparaissent comme principalement destinées aux enfants et adolescents, ainsi que tous les supports et produits complémentaires qui leur sont directement associés* ».

L'étude détaillée de ce régime dépasse le cadre de cet ouvrage[40]. Aussi, nous bornerons-nous à rappeler pour mémoire que ce type de publication doit faire l'objet,

---

35 Voir annexe n° 9. Ces textes législatifs sont complétés par des textes règlementaires figurant aux articles R. 131-1 et suivants du même code.

36 Pour mémoire, il existe aussi un dépôt dit « importateur » pour les publications étrangères.

37 Adresse internet mentionnée plus haut. On y trouve également un guide du dépôt légal imprimeur, qui rassemble toutes les informations pratiques.

38 Un seul exemplaire pour un tirage inférieur à 300 exemplaires.

39 Elle porte encore aujourd'hui les signatures de Vincent Auriol et d'Henri Queuille...

40 Le lecteur trouvera toutes les informations juridiques et pratiques à ce sujet sur le site très complet de la CSCPJ intégré dans le site du ministère de la Justice à l'adresse suivante : http://www.justice.gouv.fr/justice-des-mineurs-10042/commission-cscpj-12129/
Adde. : E. Derieux et A. Granchet : *Droit des médias*, LGDJ 6e éd. 2010, n° 482 et suiv. ; E. Dreyer, *Jurisclasseur Communication*, fasc. 2200 (2007) ; E. Saulnier-Cassia, « La protection de la jeunesse : limite à la liberté d'expression ? », *RDP* 2006, p. 401.

en plus des dépôts et déclarations généraux, d'une part, d'une déclaration spécifique d'intention de parution du titre à la Commission de surveillance et de contrôle des publications destinées à l'enfance et à l'adolescence (CSCPJ) dépendant du ministère de la Justice ; et d'autre part d'un dépôt spécifique à parution portant sur deux exemplaires de chaque publication auprès de cette même commission, qui en contrôle le contenu et peut exercer des pouvoirs de signalement divers, notamment auprès du ministre de l'Intérieur.

■ SECTION 2. MENTIONS OBLIGATOIRES

Qu'est-ce qu'un « ours » ?

C'est un mammifère plantigrade certes, mais pas seulement ! En droit de la presse, c'est un encadré très précieux où l'on trouve les informations juridiques qui permettent d'identifier les responsables de la publication qui répondront d'un délit de presse. Le glossaire du ministère de la Culture le définit de la manière suivante : « *au XIXe siècle, surnom donné au patron d'une imprimerie. Ce dernier, juridiquement responsable de ce qu'il publiait, était tenu de mentionner son nom et son adresse sur livres et journaux. Par extension, l'ours désigne aujourd'hui l'endroit où, dans une publication, sont répertoriés les noms et fonctions des collaborateurs (rédaction, services commerciaux et administratifs) avec, toujours, celui de l'imprimeur*[41]. » Ainsi, chaque organe de presse comporte obligatoirement un « ours » dans lequel figurent les mentions requises par la loi sur la presse et par certains textes annexes.

Les mentions à faire figurer dans l'ours en application de la loi du 29 juillet 1881

En application de l'article 3 de la loi sur la presse applicable à tous les imprimés, quels qu'ils soient, « *tout écrit rendu public, à l'exception des ouvrages de ville ou bilboquets, portera l'indication du nom et du domicile de l'imprimeur, à peine, contre celui-ci, de 3 750 euros d'amende* ». La presse est donc concernée par cette première obligation, mise à la charge de l'imprimeur.

Mais l'obligation la plus connue est celle qui est visée par les articles 6 et 11 concernant la mention du directeur de la publication dont doit être dotée « toute publication de presse », en application de l'article 6 alinéa 1 de la loi du 29 juillet 1881. Selon l'article 11 de la loi sur la presse, « *le nom du directeur de la publication sera imprimé au bas de tous les exemplaires, à peine contre l'imprimeur de l'amende prévue pour les contraventions de la 4e classe par chaque numéro publié en contravention de la présente disposition* ». Ici encore, c'est l'imprimeur qui est débiteur de cette obligation d'impression. Mais, celui qui aurait dû se déclarer directeur de publication sur l'ours encourt lui aussi une amende d'un montant de 30 000 euros en cas d'omission, en vertu de l'article 13 de la loi du 1er août 1986 évoquée plus bas.

---

41 http://www.culture.gouv.fr/culture/dglf/clemi/definitions.htm

Les mentions obligatoires en application de la loi du 1er août 1986

Les principales mentions obligatoires additionnelles devant figurer dans l'ours des publications de presse sont prévues par la loi n° 86-897 du 1er août 1986 portant réforme de régime juridique de la presse[42]. Cette loi est l'expression d'un droit économique de la presse, dont l'étude d'ensemble dépasse l'objet de cet ouvrage. Il paraît cependant nécessaire de préciser que selon l'article 5 de cette loi, chaque numéro doit porter à la connaissance des lecteurs les informations suivantes :

- Si l'entreprise éditrice n'est pas dotée de la personnalité morale, les nom et prénom du propriétaire ou du principal copropriétaire ;
- Si l'entreprise éditrice est une personne morale, sa dénomination ou sa raison sociale, son siège social, sa forme juridique ainsi que le nom de son représentant légal et des personnes physiques ou morales détenant au moins 10 % de son capital ;
- Le nom du directeur de la publication et celui du responsable de la rédaction.

L'omission de ces mentions est punie de 6 000 euros d'amende, en application de l'article 14 de la loi du 1er août 1986.

Les mentions obligatoires résultant du dépôt légal

Outre les obligations de déclarations et dépôts déjà étudiées, le dépôt légal implique aussi la publication de différentes mentions devant figurer sur les périodiques, et fixées par des arrêtés du ministre chargé de la Culture, pris en application de l'article R. 132-8 du Code du patrimoine. Ces mentions sont : la date de parution, la mention « Dépôt légal » suivie du mois et de l'année du dépôt, le prix, et le numéro dit ISSN[43].

Les mentions spécifiques exigées pour les publications destinées à la jeunesse

Toute publication, périodique ou non, relevant du champ d'application de la loi du 16 juillet 1949 déjà évoquée, doit en outre porter la mention spécifique, imprimée sur la première ou la dernière page en caractères gras et apparents : « *loi n° 49-956 du 16 juillet 1949 sur les publications destinées à la jeunesse, modifiée par la loi n° 2011-525 du 17 mai 2011* », suivie du mois et de l'année du dépôt[44].

Les informations obligatoires devant être fournies par les services de communication au public en ligne

Les services en ligne obéissent à des règles propres prévues par l'article 6 de la loi dite LCEN du 21 juin 2004. La particularité de cette loi est de distinguer les obligations pesant sur les professionnels et les non-professionnels. Dans tous les cas de

---

42 Ci-après reproduite, annexe n° 5. Il est à noter que cette loi a été sensiblement modifiée par une loi n° 2011-525 du 17 mai 2011.

43 Pour tout savoir sur ce sigle, il y a lieu de se reporter au site de la BnF, à l'URL suivante : http://www.bnf.fr/fr/professionnels/s_informer_obtenir_issn/s.qu_est_ce_que_issn.html

44 Article 20 du décret n° 50-143 du décret du 1er février 1950.

figure, le non-respect de ces obligations est pénalement sanctionné[45], et il peut donner lieu à une procédure de référé engagée par toute personne ayant intérêt à agir, notamment à la requête de celui qui s'est vu privé de la possibilité d'exercer un droit de réponse, du fait de l'omission des mentions obligatoires[46].

S'agissant des professionnels, il faut se reporter à l'article 6-III-1 de la loi LCEN qui impose des obligations assez classiques, consistant à mettre à disposition du public des informations suivantes :
- S'il s'agit de personnes physiques, leurs nom, prénoms, domicile et numéro de téléphone et, si elles sont assujetties aux formalités d'inscription au registre du commerce et des sociétés ou au répertoire des métiers, le numéro de leur inscription ;
- S'il s'agit de personnes morales, leur dénomination ou leur raison sociale et leur siège social, leur numéro de téléphone et, s'il s'agit d'entreprises assujetties aux formalités d'inscription au registre du commerce et des sociétés ou au répertoire des métiers, le numéro de leur inscription, leur capital social, l'adresse de leur siège social ;
- Le nom du directeur ou du codirecteur de la publication et, le cas échéant, celui du responsable de la rédaction ;
- Le nom, la dénomination ou la raison sociale et l'adresse et le numéro de téléphone du prestataire d'hébergement.

En revanche, aux termes de l'article 6-III-2, les non-professionnels disposent d'un droit à la préservation de leur anonymat, et peuvent se borner à tenir à la disposition du public les coordonnées du prestataire d'hébergement. Mais cette possibilité est soumise à une condition. Il faut que le particulier qui entend ainsi rester anonyme ait communiqué ses éléments d'identification personnelle à son hébergeur. Ce dernier sera alors tenu au secret professionnel concernant les données d'identification dont il dispose. Ce secret n'étant pas opposable à l'autorité judiciaire, il est ainsi possible d'obtenir, en vertu d'une simple ordonnance sur requête, la communication de ces informations pour engager le cas échéant une procédure.

45 Les sanctions sont lourdes : un an d'emprisonnement et 75 000 euros d'amende : article 6-VI-2 de la LCEN.

46 CA Paris, 9 octobre 2009, *Légipresse* 2010-III-24, note B. Ader.

TITRE II

Les droits de réponse et de rectification

Généralités

L'institution du droit de réponse, qui constitue une ingérence directe dans l'exercice de la liberté de l'information, a donné lieu à plusieurs dispositions dont la plus ancienne est l'instauration par la loi du 29 septembre 1919 d'un droit de réponse général dans la presse périodique, figurant désormais à l'article 13 de la loi du 29 juillet 1881. Par ailleurs, au-delà de ce droit de réponse général, deux types de droits de réponse ou de rectifications spécifiques figurent, pour l'un, à l'article 12 de la loi du 29 juillet 1881 au profit des autorités publiques et, pour l'autre, à l'article 13-1 de la loi du 29 juillet 1881 au profit de certaines associations se proposant de lutter contre le racisme et l'antisémitisme.

En matière audiovisuelle, dans le cadre des services de communication relevant de la loi du 30 septembre 1986, le droit de réponse est régi actuellement par l'article 6 de la loi n° 82-652 du 29 juillet 1982 sur l'audiovisuel, demeuré en vigueur malgré l'abrogation de la majeure partie des autres dispositions de cette loi, et complété par un décret n° 87-246 du 6 avril 1987[1]. Ces dispositions ont elles-mêmes été réformées notamment par les lois n° 93-2 du 4 janvier 1993 et n° 2000-516 du 15 juin 2000. Ce droit de réponse en matière audiovisuelle diffère fondamentalement de son homologue dans la presse écrite, car il n'est ouvert que si la personne mise en cause a été l'objet à l'antenne d'une « *atteinte à son honneur et à sa réputation* ».

Quant à l'internet, le droit de réponse n'y a longtemps été régi par aucun texte spécial. Ponctuellement, certaines juridictions ont ordonné la publication de mises au point sur des sites internet en utilisant pour ce faire les textes généraux du Code de procédure civile (CPC) relatifs aux procédures d'urgence dites de référé, et spécialement l'article 809 du CPC[2]. Ces "quasi-droits de réponse" en dehors de tout texte spécial étaient fort critiquables, car ils ne s'appuyaient pas sur une disposition légale permettant de circonscrire précisément leur application. Finalement, la loi dite LCEN du 21 juin 2004 a prévu l'instauration du droit de réponse pour les supports de communication électronique, renvoyant à un décret ultérieur la détermination de ses modalités d'application. Il fallut ensuite attendre la promulgation du décret du 24 octobre 2007[3], pour disposer réellement d'un outil praticable permettant d'exercer un droit de réponse pour les contenus en ligne. Mais cet instrument est d'une portée limitée. La situation concernant l'internet s'est par ailleurs complexifiée avec l'utilisation, dans certains cas, des instruments d'opposition et rectification prévus par les articles 38 et suivants de la loi du 6 janvier 1978 sur la protection des données personnelles, qui ont trouvé à cette occasion un terrain d'application sur lequel il y a beaucoup à dire.

---

1 Voir en annexes.

2 Voir notamment, TGI Paris, ord. réf. 5 juin 2002, *Légipresse* 2002-III, p. 146 note C. Rojinski.

3 Texte reproduit en annexe.

Cette différenciation entre les règles du droit de réponse selon les supports n'a plus aujourd'hui aucun sens. En effet, à l'heure où les images sont diffusées par les chaînes à la fois par diffusion audiovisuelle et sur leurs sites internet, sous plusieurs formes, y compris en mode linéaire ; où les radios peuvent être écoutées sur plusieurs supports et disponibles en *podcasts* sur le Net ; et où tous les organes de presse papier ou presque mettent leurs contenus en ligne, il ne serait pas absurde d'uniformiser les régimes du droit de réponse, afin de tenir compte de la convergence des supports.

Chapitre 1
Les droits de réponse dans la presse écrite

■ SECTION 1. LE DROIT DE RÉPONSE GÉNÉRAL DANS LA PRESSE ÉCRITE : L'ARTICLE 13 DE LA LOI DU 29 JUILLET 1881

L'ensemble du régime du droit de réponse dans la presse écrite figure à l'article 13 de la loi du 29 juillet 1881, complété par une abondante jurisprudence. Un seul article de loi régit donc l'ensemble de cette matière.

§ 1. Les conditions du droit de réponse

A. PREMIÈRE CONDITION : UN JOURNAL OU ÉCRIT PÉRIODIQUE

La première condition du droit de réponse tient à la nature du support auquel la personne prétend répondre. Il faut, selon l'article 13 de la loi du 29 juillet 1881, que ce support ait le caractère d'un « *journal ou écrit périodique* ». Qu'entend-on par là ?

Pour se guider dans l'interprétation de cette notion d'écrit périodique, il faut d'emblée rappeler que l'article 13 étant soumis à des sanctions pénales, il est *a priori* d'interprétation restrictive. Cette règle de base étant rappelée, il faudra donc que le support de la mise en cause remplisse deux conditions : la première est celle d'être qualifiée d'écrit ou de journal, et la seconde est une parution ayant une périodicité. On considère généralement que la notion d'écrit ou de journal renvoie essentiellement, au regard de la place de l'article 13 dans la loi, à la presse périodique c'est-à-dire à tous les écrits qui sont, en application de l'article 6 de la loi du 29 juillet 1881, soumis à l'obligation d'avoir un directeur de la publication, sur les épaules duquel pèse l'obligation d'insertion de la réponse. Quant à la condition de périodicité, il est évident qu'elle exclut d'emblée tout le domaine de l'édition de livres. Elle exclut aussi l'affichage et les écrits ponctuels, quels qu'ils soient. Dans ces derniers domaines, le droit de réponse est évidemment impraticable.

En revanche, dès l'instant qu'il y a périodicité, même trimestrielle voire semestrielle, on peut admettre que l'article 13 a une vocation de principe à s'appliquer. Selon une jurisprudence ancienne, le droit de réponse serait également ouvert sur des revues dont la périodicité serait irrégulière, mais pas dans une collection de volumes indépendants[4].

4 Voir sur ce point les indications de P. Auvret, in *Jurisclasseur Communication*, fasc. 3110, Droit de réponse dans la presse périodique.

B. DEUXIÈME CONDITION : UNE PERSONNE NOMMÉE OU DÉSIGNÉE

Pour exercer un droit de réponse, il faut selon le premier alinéa de l'article 13 de la loi sur la presse :
- d'une part, être une personne au sens juridique du terme ;
- d'autre part, être nommée ou désignée.

La notion de personne

La notion de personne a, en droit, une acception bien définie. Elle s'oppose par exemple à la notion de "chose". Ainsi, on ne pourrait exercer un droit de réponse au nom d'un animal assimilé par le Code civil à une chose et non à une personne !

Par ailleurs, pour bénéficier d'un droit de réponse, il faut être doté de la personnalité juridique[5]. La formulation de l'article 13 de la loi sur la presse s'applique à cet égard, indistinctement, aux personnes dites physiques et aux personnes dites morales. Au titre de cette dernière catégorie, sont visées les structures de droit privé, comme une société, un groupement d'intérêt économique, une coopérative, une association, pourvu que le groupement en question ait rempli toutes les formalités nécessaires à l'acquisition de cette personnalité morale, ce dont il doit justifier. Ce groupement devra donc être valablement inscrit dans les registres officiels, registre du commerce pour une société, préfecture pour une association, et cette condition devra être remplie au moment de la publication de l'information qui entraîne la mise en œuvre du droit de réponse.

L'expression utilisée par l'article 13 de la loi sur la presse bénéficie également aux personnes morales dites "de droit public", telles qu'une commune, une région, un établissement public, par exemple, à la condition de respecter la procédure qui peut être inscrite dans le texte constitutif, voire dans les statuts, pour l'exercice d'un tel droit. Il pourra ainsi, selon les cas, être nécessaire de réunir un organe délibérant. Il y a là autant d'hypothèses distinctes que de statuts. En toute hypothèse, la personne qui exerce son droit de réponse devra justifier qu'elle a bien respecté ses formalités statutaires internes.

En dehors de ces hypothèses visant des personnes, physiques ou morales, le droit de réponse n'est ouvert ni aux marques, ni aux produits, ni aux services qui ne sont pas dotés d'une personnalité juridique. Ainsi, il a été jugé que la société éditrice d'un journal n'était pas recevable à exercer le droit de réponse en cas de mise en cause de son journal. Il faut donc que la personne elle-même soit formellement mise en cause[6]. Il en est de même pour les marques. Faute de mise en cause de la société titulaire de la marque, l'évocation de celle-ci ne peut en principe permettre d'utili-

---

5 Voir par exemple : Cass. Crim. 7 avril 1994, *Bull. Crim.* n° 144, rejetant un droit demandé au nom d'un "groupe d'opposition".

6 CA Paris, 16 décembre 1997, *Minute c/ L'Express,* inédit, RG n° 96/14911.

ser le régime contraignant de l'article 13 de la loi sur la presse car, rappelons-le, ce texte est d'interprétation restrictive. Pour autant, il faudra toujours, au cas par cas, se demander s'il n'est pas opportun de publier une mise au point qui permet d'éviter des contentieux inutiles et souvent coûteux.

La notion de personne « *nommée ou désignée* »

Pour exercer un droit de réponse dans la presse écrite, il suffit que la personne soit « *nommée ou désignée* ». Cette expression est très large et permet donc *a priori*, sous réserve d'un éventuel abus (voir plus loin), l'exercice de ce droit alors même que la mise en cause aurait été réalisée en des termes flatteurs. C'est une différence fondamentale avec le droit de réponse dans l'audiovisuel, réservé aux seules hypothèses d'atteintes à l'honneur ou à la réputation. Cette divergence de régime entre les deux médias est difficilement explicable.

Quoi qu'il en soit, il est inutile de s'appesantir sur la notion de personne « *nommée* ». L'expression parle d'elle-même. En revanche, la notion de personne « *désignée* », est plus incertaine. On peut considérer *a priori* qu'il s'agit des mises en cause de personnes non expressément nommées, mais aisément identifiables. La Cour de cassation considère qu'il s'agit là d'une question de fait qui échappe à son contrôle. Il faut, en tout cas, que la désignation soit personnelle. Cette question a pu rebondir récemment s'agissant des "désignations" par l'image. Dessins, photographies, peuvent être de nature à permettre l'identification d'une personne. Sont-ils en eux-mêmes susceptibles de générer un droit de réponse ? La jurisprudence ne l'a pas admis, vraisemblablement en raison de la règle d'interprétation restrictive du droit de réponse. C'est ainsi qu'après avoir rejeté le principe selon lequel une photographie peut constituer une désignation suffisante pour ouvrir le droit de réponse[7], les juridictions parisiennes ont formellement rejeté l'application de l'article 13 au profit d'une personne mise en cause dans un dessin car, selon les tribunaux, le législateur a limité cette possibilité à la personne désignée dans un article. Ce principe a été retenu à la fois par le tribunal de grande instance de Paris dans un jugement du 10 mars 1997[8] et dans un arrêt de la cour d'appel de Paris en date du 11 septembre 1997[9]. La Cour de cassation a statué également de manière implicite en ce sens dans un arrêt du 12 mai 2009[10].

Enfin, il faut que le demandeur lui-même soit nommé ou désigné. Le droit de réponse ne peut être exercé par un tiers, car il s'agit d'un droit personnel. Il convient toutefois de réserver les hypothèses d'une demande effectuée au nom d'un mineur ou d'un incapable majeur, qui suivra les règles d'exercice des droits extrapatrimoniaux, ainsi qu'au nom d'une personne morale le droit de réponse devant en ce

7 Cass. Crim. 27 mai 1972, *Bull. Crim.* n° 176, *RSC* 1973, page 907, obs. Levasseur.

8 *JCP* 1997-II- 22864, note B. Beignier.

9 *Droit pénal*, 1997, n° 153, note Véron, *JCP* 1998-II-10034, note B. Beignier, *Légipresse* 1997-I, p. 150.

10 Cass. Crim. 12 mai 2009, pourvoi n° 08-85218.

cas être exercé par le représentant légal. Il est par ailleurs nécessaire d'évoquer le cas spécifique des droits des héritiers.

Les droits des héritiers

Par exception à la règle selon laquelle la personne nommée ou désignée est la seule à pouvoir exercer un droit de réponse, la loi du 29 juillet 1881 prévoit, dans son article 34 alinéa 2, la possibilité pour les héritiers et pour les légataires universels vivants d'user du droit de réponse prévu par l'article 13 lorsque la mise en cause est de nature à constituer une diffamation ou une injure dirigée contre la mémoire des morts. Cette qualification est une condition d'exercice du droit. Cette possibilité accordée aux héritiers est de nature à rééquilibrer l'impossibilité pour eux d'engager une procédure en diffamation ou injure à la suite de la mise en cause d'une personne décédée, en vertu de l'article 34 premier alinéa de la loi sur la presse[11]. Cette disposition très peu utilisée suppose, pour son exercice, d'expliciter le caractère diffamatoire ou injurieux de la mise en cause comme cela est nécessaire sur le terrain du droit de réponse dans l'audiovisuel.

Pour le reste, c'est essentiellement le régime général de l'article 13 qui s'applique puisque l'article 34 deuxième alinéa de la loi sur la presse y renvoie expressément.

C. TROISIÈME CONDITION : LA NATURE DE LA MISE EN CAUSE

Sous réserve de ce qui a été indiqué plus haut s'agissant des mises en cause dans le cadre de dessins et de photographies, le droit de réponse peut en principe s'appliquer à tout le contenu d'un écrit périodique, qu'il s'agisse des articles de presse ou des informations, critiques, voire pourquoi pas une publicité ou des petites annonces. C'est en tout cas ce que la Cour de cassation avait jugé, depuis longtemps, dans un arrêt de 1932[12]. On peut toutefois douter de la pertinence de cette solution dans sa généralité, puisqu'il faut en principe une mise en cause résultant d'un "article". Dans ces conditions, un droit de réponse exercé à la suite d'un texte qui n'a pas une telle nature pourrait être contestable[13]. L'hypothèse n'est pas d'école et on pourrait également déduire de cette condition figurant au troisième alinéa de l'article 13 de la loi sur la presse qu'il ne peut y avoir de droit de réponse à la suite d'un titre de une qui ne constitue pas un "article", ce pour couper court à une velléité qui pourrait consister à tenter de faire publier une réponse sur la couverture d'un journal. Par ailleurs, l'article L 121-13 du Code de la consommation écarte expressément l'application du droit de réponse à la suite de la publication d'une publicité comparative relevant des articles L 121-8 et L 121-9 de ce même code.

11 Voir plus loin, p. 104 et suiv.

12 Cass. Crim, 28 avril 1932, *Bull. Crim.* n° 117, *Droit pénal*, 1932-I-68, note Nast.

13 Voir notamment, pour un tel raisonnement : un arrêt rendu par la cour d'appel de Lyon le 26 janvier 1979 – *JCP* 1980-II-19264, note Chavanne ; et CA Paris 11 septembre 1997, précité.

Pour le reste, la nature de la mise en cause importe peu sauf à faire état de la distinction effectuée par la jurisprudence à la suite de divers droits de réponse exercés par des partis politiques pour faire valoir leurs opinions. La jurisprudence a en effet considéré, en application de la théorie dite de l'abus de droit, que le droit de réponse s'appliquait à des faits, et non à des opinions, et ne pouvait être utilisé pour intervenir dans un simple débat d'idées. Les tribunaux ont ainsi rejeté le recours abusif aux dispositions de l'article 13 de la loi du 29 juillet 1881 « *au bénéfice d'une tribune libre et ouverte à laquelle ne pourraient se soustraire les organes de presse* »[14].

§ 2. L'exercice du droit de réponse

A. LA FORME

Les formes admissibles

L'article 13 de la loi du 29 juillet 1881 est muet sur la forme de l'envoi du droit de réponse. Dès l'instant que l'ensemble du régime, notamment le délai d'insertion, est organisé autour de la date de réception, il importe au premier chef que la personne exerçant ce droit se réserve la preuve de cette réception qui doit avoir une date certaine. Dans ces conditions, la forme à retenir doit permettre d'établir sans contestation possible une date de réception. On devra donc privilégier la lettre recommandée avec accusé de réception, ou la notification par voie d'huissier, et bannir définitivement la lettre simple ou la lettre recommandée sans accusé de réception. Qu'en est-il de l'exercice d'un droit de réponse par télécopie, ou par e-mail ? On aura beau gloser sans fin sur ces modes de transmission, ils ne sont pas infaillibles dès l'instant qu'ils ne sont pas imperméables à toute critique de la date y figurant. Une horloge de télécopie ou d'ordinateur n'est pas toujours exacte et se modifie sans difficulté. Dès lors, au regard de cette seule possibilité de contestation, il convient d'exclure ce type de transmission, même si la jurisprudence a déjà admis qu'un droit de réponse soit adressé par fax, lorsqu'il n'y a pas de contestation sur la date de sa réception[15].

L'exercice du droit de réponse par un mandataire

La Cour de cassation a eu l'occasion, à plusieurs reprises, de refuser l'exercice d'un droit de réponse par un mandataire dès l'instant que celui-ci ne justifiait pas d'un mandat "spécial" pour ce faire[16]. La jurisprudence considère ainsi que le droit de réponse est un droit de la personnalité, attaché à la personne même, et si ce droit est exercé par un mandataire, celui-ci doit justifier de son mandat spécial au moment de

14 Voir plus loin, p. 45.

15 CA Versailles, 27 janvier 2000, *Légipresse*, 2000-III, p. 79.

16 Voir par exemple : Cass. Crim. 22 février 2000, pourvoi n° 98-82011, Cass. Civ. 2, 14 décembre 2000, pourvoi n° 98-14949, *Légipresse*, 2000-I, p. 81, n° 176-19 ; CA Paris 14e chambre, 9 octobre 2002, *Légipresse*, 2002-I, p. 80. Solution constamment admise depuis, tant en référé qu'au fond. Voir encore CA Lyon, 23 octobre 2012, *Légipresse* 2012, p. 671, n° 300-09.

l'envoi. À défaut, et quand bien même il serait avocat, le directeur de la publication n'est tenu à aucune obligation d'insertion. Il faut toutefois réserver le cas où le texte de la réponse est signé de la personne même qui exerce le droit, le mandataire se bornant simplement à le transmettre. En ce cas, dès l'instant que le texte est bien signé du titulaire, il semble être valablement adressé par un mandataire.

Le destinataire de la demande de droit de réponse

Le droit de réponse doit être adressé au directeur de la publication et à lui seul. Toute demande envoyée à un autre destinataire, quand bien même celui-ci aurait d'importantes responsabilités au sein du journal, soit sur le plan de la gestion, soit à la rédaction, ne génère aucune obligation d'insertion. Ce sera le cas des réponses adressées à un directeur général, à un directeur de rédaction, à un rédacteur en chef, à un chef de service, voire au journaliste lui-même. Ce type de démarche, qui n'est pas forcément à rejeter purement et simplement par le journal, n'entraîne sur le plan juridique aucune obligation légale d'insertion. Le droit de réponse est ainsi une obligation personnelle qui pèse sur le directeur de la publication. C'est d'ailleurs pour cette raison que le régime du droit de réponse est largement impraticable dès l'instant que l'écrit concerné n'a pas de directeur de la publication au sens de l'article 6 de la loi du 29 juillet 1881[17].

B. LE DÉLAI D'EXERCICE DU DROIT DE RÉPONSE

Le délai ordinaire d'exercice

Jusqu'à l'entrée en vigueur de la loi du 15 juin 2000, le droit de réponse pouvait être exercé dans un délai d'un an à compter de la mise en cause. Ce délai était à l'évidence exorbitant et sans aucun intérêt pour les titulaires du droit eux-mêmes, car le public n'avait plus le moindre souvenir des termes exacts de la mise en cause au moment de la publication de la réponse. C'est pourquoi la loi du 15 juin 2000 a modifié ce délai d'exercice pour le ramener à trois mois et l'a uniformisé avec le délai dans l'audiovisuel porté quant à lui de huit jours à trois mois.

Ce délai part de la date de la mise en cause. On peut toutefois s'interroger sur le point de savoir si, dans les trois mois, la réponse doit être envoyée ou reçue par le directeur de la publication. Bien que la jurisprudence n'ait jamais édicté le principe de manière claire, l'analyse factuelle des décisions rendues laisse penser que le demandeur à l'insertion doit avoir envoyé sa demande de manière certaine dans le délai de trois mois, sans qu'on puisse ensuite lui opposer les délais de poste, dans l'hypothèse où le courrier arrive à destination postérieurement au délai[18].

---

17 Encore que l'insertion forcée a pu être ordonnée dans le *Bulletin du Bâtonnier de l'Ordre de Paris* à une époque où il n'avait pas de directeur de publication : TGI Paris, 17ᵉ chambre, 10 mars 2003, *Légipresse* n° 201, mai 2003-I, n° 201-12.

18 En ce sens, assez clair malgré tout : Crim. 7 septembre 1999, pourvoi n° 99-80772. D'ailleurs, classiquement, les notifications par voie postale prennent date au jour de leur expédition à l'égard de celui qui y procède, en vertu de l'article 668 du Code de procédure civile.

La réouverture du délai de droit de réponse pour les personnes mises en cause à l'occasion de poursuites pénales

Selon la loi du 4 janvier 1993 destinée à protéger la présomption d'innocence, lorsque la personne est nommée ou désignée dans un journal ou un écrit périodique à l'occasion de poursuites pénales, l'exercice du droit de réponse peut également intervenir dans un délai de trois mois à compter du jour « *où la décision de non-lieu dont elle fait l'objet est intervenue ou celle de relaxe ou d'acquittement la mettant expressément ou non hors de cause est devenue définitive* ». Au-delà de cette formulation complexe, on retiendra que le délai doit se compter de la date à laquelle la décision pénale de mise hors de cause devient définitive et non pas à compter de la date de la décision elle-même. Il conviendra donc de tenir compte de l'expiration des délais de recours éventuels pour la computation du délai. L'utilisation de cette faculté peut donc permettre de solliciter l'exercice d'un droit de réponse plusieurs années après une mise en cause. Cette possibilité peut de prime abord présenter un intérêt, car on fait souvent le reproche aux organes de presse d'évoquer promptement les mises en examen sans accorder par parallélisme une grande place aux non-lieux et aux relaxes. Mais, en réalité cette innovation n'a jamais eu une grande portée pratique, car bien souvent les personnes définitivement mises hors de cause n'ont pas le souhait de raviver la mémoire publique des accusations un moment retenues contre elles. Celui qui demande un droit de réponse dans de telles circonstances doit en toute hypothèse justifier, lors de sa demande, de la décision de non-lieu, de relaxe ou d'acquittement invoquée, et de son caractère définitif[19].

C. LA DIMENSION DE LA RÉPONSE

L'article 13 de la loi du 29 juillet 1881 n'est pas paré d'une vertu simplificatrice concernant les règles de dimension de la réponse dont l'insertion est demandée. Le texte distingue en effet trois cas de figure différents. Dans le cas général, qui constitue en quelque sorte le droit commun, la réponse « *sera limitée à la longueur de l'article qui l'aura provoquée* ». Et lorsqu'on est en présence d'un très long article sur des sujets différents, il a été admis dans quelques décisions qu'il fallait s'attacher à la partie de l'article concernant la mise en cause de la personne. Cette jurisprudence éparse n'est pas facile à manier[20].

Au-delà de ce droit commun, le texte lui-même comporte deux règles de sauvegarde : l'une au profit de la personne mise en cause, l'autre au profit du journal. Au titre de la première règle de sauvegarde, lorsque l'article est inférieur à 50 lignes, la réponse peut toujours être d'une longueur de 50 lignes ce qui constitue ainsi le minimum légal intangible auquel toute personne a droit, quelle que soit la longueur de la mise en cause. La seconde règle profite à l'organe de presse. Il est prévu qu'en

19 Cass. Crim. 21 janvier 1997, *Légipresse* n° 140, avril 1997, p. 33.

20 Cass. Crim. 3 février 1976. *Bull. Crim.* n° 43 ; *RSC* 1976, page 977, obs. Levasseur ; CA Paris 18 juin 1997 ; *Droit pénal* 1997, n° 140, note Véron, *Légipresse* 1999-I, p. 20.

toute hypothèse aucune réponse ne pourra avoir plus de 200 lignes, ce qui constitue donc une limite maximale légale même lorsque l'article excède cette longueur. Qu'entend-on par ligne ? Par parallélisme des formes, il faut prendre une unité de valeur équivalente aux lignes de l'article, mais il peut bien entendu survenir des difficultés de frontière, inhérentes à la matière, qui peuvent générer des contentieux.

Lorsqu'une réponse trop longue a été adressée à un directeur de la publication, celui-ci est en droit de la refuser en bloc et ne doit en aucune manière procéder à des coupes unilatérales pour la ramener dans la limite légale, sauf si cela est effectué en accord avec la personne exerçant son droit de réponse. En effet, toute publication de droit de réponse tronquée équivaut juridiquement à un refus d'insertion et pourrait exposer le directeur de la publication à une action judiciaire. Il importe donc que toute amputation d'une partie du texte soit bien effectuée en accord avec le demandeur. Enfin, il se déduit de ce décompte en lignes qu'il n'est pas possible de demander la publication d'une photographie au titre du droit de réponse[21].

D. LE CONTENU DE LA RÉPONSE

Un principe de liberté

Une jurisprudence fournie et ancienne considère que « *le droit de réponse institué par l'article 13 de la loi du 29 juillet 1881 est général et absolu* », et que « *celui qui l'exerce est seul juge de la teneur, de l'étendue, de l'utilité et de la forme de la réponse dont il requiert l'insertion*[22] ». Ainsi, en théorie l'intéressé peut mentir, même grossièrement, et cela ne justifie pas que l'on puisse rejeter, pour cette seule raison, son droit de réponse. Tout au plus le journaliste pourra-t-il maintenir ses informations dans une réplique qui, dans certaines hypothèses, est elle-même de nature à générer une nouvelle réponse.

Pour autant, après avoir posé ce principe, la jurisprudence a aussi de longue date considéré que le refus d'insertion pouvait se justifier « *si la réponse est contraire aux lois, aux bonnes mœurs, à un intérêt légitime des tiers ou à l'honneur du journaliste* ». Plus récemment, de nouvelles exceptions sont venues s'ajouter, de sorte que le caractère absolu du droit de réponse relève aujourd'hui d'un mythe dépassé. Il convient donc d'évoquer ces restrictions à la liberté du contenu de la réponse qui constituent autant de contraintes qu'il n'est plus possible d'ignorer.

Première exception : les réponses dont le contenu est attentatoire à la loi, aux bonnes mœurs ou à l'ordre public

Le premier niveau de contrôle à opérer est celui d'une conformité du contenu du droit de réponse à la loi, à l'ordre public et aux bonnes mœurs. Que signifie ce

21 Cass. Crim. 12 mai 2009, pourvoi n° 08-85218, implicitement.

22 Voir par exemple parmi de nombreuses décisions : Cass. Crim. 15 avril 1982, *Bull.* n° 89 ; Cass. Crim. 20 janvier 1987, *Bull.* n° 28, p. 67 ; Cass. Crim. 19 décembre 1989, *Bull. Crim.* n° 493.

contrôle ? Il consiste à vérifier tout d'abord que, dans ses termes mêmes, le texte de la réponse ne tombe pas sous le coup d'une disposition légale quelconque : publicité clandestine, diffamation, apologies de toutes sortes, provocation, etc. En effet, on ne saurait exiger d'un directeur de la publication qu'il se rende auteur ou complice d'une action contraire à la loi, voire susceptible d'être pénalement sanctionnée. Ce contrôle est direct, mais également indirect, puisqu'il s'agit de vérifier que le texte de la réponse ne comporte pas d'incitation d'une quelconque manière à commettre un acte qui serait prohibé. Il consiste également à vérifier que le texte de la réponse ne porte pas atteinte aux bonnes mœurs. Qu'entend-on par là ? Là encore, l'expression est floue et pourra conduire un directeur de la publication à refuser tout droit de réponse qui prônerait un comportement contraire à la morale. Il s'agit de motifs de refus soumis à un certain arbitraire puisque la notion de morale est particulièrement contingente et dépend de la subjectivité de chaque personne. C'est une difficulté qu'on retrouve de manière générale dans le droit de la presse, par exemple lorsqu'il s'agit de définir en matière de diffamation ce qu'est un comportement contraire à l'honneur. Enfin, le contrôle de la conformité à l'ordre public ne suscite pas de difficulté particulière, il s'agira essentiellement de vérifier que la publication du droit de réponse ne met pas le directeur de la publication sous le coup d'une disposition pénale ou ne le conduit pas à un comportement qui pourrait porter atteinte à des intérêts généraux protégés par des dispositions d'ordre public[23].

Deuxième exception : l'atteinte aux intérêts d'un tiers

La personne qui exerce son droit de réponse se trouve dans une situation paradoxale. Il est possible que l'article auquel elle répond serve – volontairement ou non – les intérêts d'un tiers, mais elle ne peut dans sa réponse porter elle-même atteinte aux intérêts légitimes de ce tiers. En effet, si le directeur de la publication a pu prendre initialement la décision de publier une information et d'assumer cette responsabilité, on ne peut le contraindre à encourir une responsabilité quelconque à l'égard d'un tiers à l'occasion de l'exercice du droit de réponse. Cette règle, pour frustrante qu'elle soit parfois pour les demandeurs, est une règle de bon sens à laquelle on ne voit pas comment il serait possible de déroger. C'est pourquoi il a toujours été admis que le directeur de la publication est en droit de refuser l'insertion de toute réponse qui serait « *contraire à l'intérêt légitime d'un tiers* ».

Ce motif de refus de réponse a pu être ponctuellement relativisé. En effet, s'il est toujours maintenu fermement lorsque la réponse contient « *des appréciations blessantes et des insinuations malveillantes à l'égard de personnes étrangères à la publication et à la rédaction de l'article auquel il est répondu*[24] », la Cour de cassation a toutefois eu l'occasion de considérer que ce motif de refus d'insertion supposait que la réponse contienne « *d'autres éléments que ceux déjà exposés dans l'article*

23 Voir par exemple, pour un refus d'insertion justifié par le fait que les propos pourraient constituer le délit de contestation de crimes contre l'humanité : Civ. 1, 11 juin 2009, pourvoi n° 08-12295.

24 Cass. Crim. 7 avril 1994, *Bull. Crim.* n° 144.

de mise en cause », lorsque le demandeur s'exprime sans malveillance ni appréciations blessantes à l'égard des tiers, et que la désignation de ces tiers pouvait être nécessitée par la défense à l'attaque dont il avait été l'objet [25]. Ainsi, au regard de cette jurisprudence, il serait possible, dans une certaine mesure, de porter atteinte à l'intérêt légitime d'un tiers dans un droit de réponse si trois conditions sont remplies :
- les éléments de l'atteinte figurent déjà dans l'article de mise en cause ;
- le demandeur à l'insertion s'exprime sans malveillance, ni appréciations blessantes ;
- la désignation du tiers est nécessaire à la réplique et aux attaques dont il a été l'objet.

Mais il est clair que la plus grande prudence doit être de mise, car la limite est très vite atteinte, spécialement quand le tiers est étranger à la publication ou à la rédaction de l'article auquel il est répondu[26]. Ainsi, il suffit qu'un droit de réponse attribue à un tiers des propos "mensongers" pour que le refus d'insertion soit justifié[27].

Troisième exception : l'atteinte à la réputation du journal ou des journalistes

Il faut bien comprendre ce qu'est l'institution du droit de réponse. Ce n'est pas un droit de vengeance, mais un droit de rectification portant sur des faits relatés dans des conditions supposées erronées. Or bon nombre de personnes cherchent à utiliser le droit de réponse pour se faire en quelque sorte justice elles-mêmes. Ce n'est pas le but de cette institution juridique. C'est pourquoi la jurisprudence considère qu'il y a matière à refus d'insertion lorsque le texte sollicité porte atteinte à la réputation du journal ou des journalistes[28]. On ne peut pas davantage obliger le directeur de la publication à diffamer son journaliste qu'à diffamer un tiers, car ce serait de la même manière le contraindre à commettre un délit. Ainsi, hypothèse classique en pratique, une réponse qui qualifie l'article de diffamatoire et/ou mensonger n'engendre pas d'obligation d'insertion. La Cour de cassation a ainsi approuvé les juges du fond d'avoir estimé qu'un refus d'insertion *« n'est pas punissable, dès lors qu'en qualifiant de mensongères et diffamatoires les allégations ou affirmations contenues dans l'article incriminé, la réponse portait atteinte à l'honneur et à la considération du journaliste, dans des conditions que ne justifiait pas la mise en cause*[29] ».

Toutefois, sporadiquement, des réponses d'une particulière vivacité à l'égard des journalistes ont été considérées comme justifiées au motif que la mise en cause était elle-même vive. C'est une version moderne de la loi du talion qui pourrait paraître un peu trop simpliste pour constituer une directive jurisprudentielle... Quoi qu'il en soit,

25 Cass. Crim. 20 janvier 1987, *Bull. Crim.* n° 28.
26 Cass. Civ. I, 10 avril 2008, Légipresse 2008-I-100.
27 CA Paris, 14e ch., 12 juillet 2006, *Légipresse* 2006-III-222 ; Cass. Civ. 1, 3 avril 2007 pourvoi n° 06-19225.
28 Voir par exemple : CA Versailles 27 janvier 2000, *Caballero c/ Nouvel Observateur, Légipresse* 2000-III, p. 79.
29 Crim. 4 septembre 1996, pourvoi n° 93-83764, *Bull.* n° 313.

certaines décisions isolées existent et admettent d'une certaine manière le parallélisme des formes[30]. Il ne faut pas accorder à ces décisions plus de valeur qu'elles en ont et il est bien certain qu'en cherchant à utiliser cette jurisprudence clairsemée, le demandeur s'expose au risque réel de voir un juge des référés considérer qu'il existe là une difficulté sérieuse conduisant à un renvoi au fond. Pour avoir cherché à se faire plaisir, le demandeur au droit de réponse peut ainsi se retrouver purement et simplement privé du droit dont il cherchait la mise en œuvre...

Quatrième exception : l'application de la théorie de l'abus de droit

Cette théorie de l'abus de droit est un correctif récemment admis par les tribunaux pour rejeter des textes, notamment en matière politique, utilisant l'institution du droit de réponse pour faire prévaloir des thèses de toutes sortes[31]. La jurisprudence estime que constitue un abus de droit le fait de requérir, sur le fondement de l'article 13 de la loi du 29 juillet 1881, l'insertion d'un texte qui a « *pour objet d'assurer une présentation générale et de promouvoir les thèses d'un parti politique*[32] ». En d'autres termes, les tribunaux ont également dénoncé le dévoiement qui consiste utiliser le mécanisme pour requérir une « *tribune libre et ouverte à laquelle ne pourraient se soustraire les organes de presse* ». Cette position, que les tribunaux ont mis du temps à adopter, est aujourd'hui bien assise et la théorie de l'abus de droit a permis, de fait, l'instauration d'une exception au droit de réponse dans le domaine de l'opinion. Cette théorie a aussi pu être utilisée pour refuser l'insertion de textes totalement stéréotypés ne contenant aucune réfutation véritable[33].

Cinquième exception : le contrôle de la pertinence

Il ne faut pas se tromper de sens sur cette dernière exception. Il n'est pas ici question de la pertinence "au fond" du droit de réponse qui constitue un contrôle interdit au directeur de la publication. Le contrôle autorisé s'applique à l'adéquation, ou à la "corrélation" entre le texte de la réponse et la mise en cause. On ne peut pas saisir l'occasion d'une simple citation dans la presse pour répondre et utiliser une place prévue par la loi à d'autres fins que celles d'une rectification liée au contenu de l'article. C'est pourquoi, les directeurs de la publication sont fondés à refuser des droits de réponse qui comporteraient des digressions sans aucune relation avec le contenu de la mise en cause, tels que des tribunes, mais aussi des textes quasi promotionnels destinés à faire sa propre publicité. Ainsi, doit être refusé un texte qui « *se contente*

---

30 Voir par exemple, CA Paris, 11e chambre, 14 avril 1999, *Légipresse* 1999-I, p. 102. ; TGI Paris, ord. réf. 20 octobre 2008, *Montgolfier c/ Nouvel Obs.*, *Légipresse* 2008-I-154 ; Cass. Crim. 8 novembre 2005, pourvoi n° 05-80344.

31 Voir sur l'émergence de ce contrôle : C. Bigot, note sous TGI Paris, 5 janvier 1994, *Légipresse* juillet 1994 n° 113-II-97 ; et note sous Cass. Crim. 16 janvier 1996, *D.* 1996, p. 462 ; Y. Mayaud, « L'abus de droit en matière de droit de réponse », in *Liberté de la presse et droits de la personne*, éd. Dalloz, 1997, p. 5.

32 CA Paris, 17 avril 1996, *D.* 1997, somm., p. 75, obs. C. Bigot ; Cass. Crim. 3 novembre 1999, *Bull. Crim.* n° 241 ; *D.* 2000, IR, p. 29. Voir également Versailles, 3 juillet 1996, *D.* 1997, somm., p. 75 obs. C. Bigot, *JCP* 1996-II-22732 note Derieux, et Cass. Crim. 16 juin 1996, pourvoi n° 94-85575, *Légipresse* 1998-III, p. 129, *D.* 1996, p. 462, note C. Bigot, et Cass. Civ. 2e chambre, 24 juin 1998, *Bull. Civ.* II n° 218.

33 TGI Paris 17e, 1er avril 2005, *Gaydamak c/ July*, *Légipresse* 2006-I-8.

de généralités vantant les mérites de l'association partie civile[34] ». Cette jurisprudence est logique, et tient d'une approche identique à celle de l'abus de droit. Elle consiste à rejeter le détournement d'une institution pour servir d'autres fins. L'une de ses applications les plus connues concerne un contentieux entre le Front national et le journal *Le Monde*. À cette occasion, la jurisprudence a considéré qu'on ne pouvait utiliser le droit de réponse pour exposer sa doctrine, car cela méconnaît « *la nécessité d'une adaptation de la réponse à la mise en cause*[35] ». Cette exigence de corrélation concerne l'ensemble de la réponse qui est toujours indivisible, ni le directeur de la publication, ni le juge ne pouvant opérer un quelconque retranchement. Il en résulte que lorsqu'une réponse est seulement « *en partie dépourvue de corrélation* » avec l'article, le directeur de publication est fondé à opposer un refus[36].

§ 3. Les modalités de la publication du droit de réponse

A. LE DÉLAI D'INSERTION

Le texte de l'article 13 de la loi du 29 juillet 1881 contient des dispositions très précises s'agissant du délai d'insertion de la réponse. Ce délai est différent selon la périodicité du support. Pour les quotidiens, l'insertion doit être effectuée « *dans les trois jours de la réception de la réponse* ». Cela signifie que la réponse devra être publiée au plus tard 72 heures après sa réception par le directeur de la publication. C'est pourquoi il est particulièrement important de dater très précisément la réception en cette matière.

S'agissant des non-quotidiens, le second alinéa de l'article 13 de la loi sur la presse précise que la réponse devra être insérée « *dans le numéro qui suivra le surlendemain de la réception* ». Cette formule ne pose pas de difficulté pratique en général, puisque la réponse doit donc être publiée dans le premier numéro à paraître 48 heures après la réception. Toutefois, ces dispositions peuvent susciter des complications lorsque les périodiques en question font l'objet d'un bouclage avancé. C'est le cas systématiquement pour les mensuels, qui peuvent se trouver confrontés à une difficulté insoluble du fait que la réponse a été reçue alors même que le numéro est déjà bouclé, mais paraîtra plus de 48 heures après la réception de la réponse. En ce cas, à suivre à la lettre l'article 13, la réponse devrait tout de même être insérée dans le numéro d'ores et déjà bouclé. Cette situation est toutefois inextricable puisque par hypothèse, si le numéro bouclé est imprimé, il n'y a plus aucune possibilité d'intervenir dans son contenu.

---

34 TGI Paris 17e ch., 18 janvier 2008, *Témoins de Jéhovah c/ Le Figaro*, *Légipresse* 2008-I-81.

35 Cass. Civ. 2e chambre, 24 juin 1998, *Légipresse*, 1998-III, p. 115.

36 CA Paris, 11e ch. A, 7 mars 2007, *Légipresse* 2007-I-102 ; Cass. Crim. 14 octobre 2008, pourvoi n° 07-82157.

Il convient de préciser enfin que toute publication effectuée hors délai équivaut à un refus pur et simple d'insertion et rend le directeur de la publication passible du délit de refus d'insertion aujourd'hui sanctionné par des peines correctionnelles (voir plus loin).

B. L'EMPLACEMENT DE LA RÉPONSE

L'article 13 de la loi sur la presse prévoit dans son troisième alinéa que l'insertion du droit de réponse « *devra être faite à la même place et en mêmes caractères que l'article qui l'aura provoquée et sans aucune intercalation* ».

La principale interrogation suscitée par cette expression consiste à déterminer si l'article 13 prévoit un principe de stricte identité de place – même page, même emplacement sur la page – ou s'il suffit d'une équivalence laissant quelque latitude aux journaux. Bien évidemment, les demandeurs en insertion n'ont de cesse d'exiger une identité parfaite, dans une vision souvent archaïque du droit de réponse au nom de laquelle l'exercice de ce droit devrait gêner le plus possible le journal.

Mais la jurisprudence rechigne à les suivre sur ce terrain. C'est ainsi que dès 1921, soit deux ans après l'entrée en vigueur de l'article 13, la chambre criminelle considérait déjà que l'insertion d'une réponse à la page 9 d'un périodique pour répondre à un article figurant en page 6 n'était pas contraire aux prescriptions de l'article 13 alinéa 3 de la loi sur la presse « *s'il résulte des constatations de fait que la réponse a été reproduite à une place où les lecteurs devaient fatalement en prendre connaissance, et qu'elle a reçu une publicité telle que l'esprit de l'article 13 a été largement respecté*[37] ». Cette position a pu être reprise sporadiquement, comme en témoigne par un exemple un jugement rendu en 1991 par le tribunal de grande instance de Paris ayant également admis cette équivalence[38]. On peut donc admettre que, sauf malveillance ou intention délibérée de nuire à la visibilité de la réponse, le directeur de la publication peut avoir une latitude minimale s'il peut démontrer que la place exacte de la réponse est équivalente en termes de lectorat à celle de l'article qui l'a provoquée. On pourra ainsi s'attacher à vérifier qu'il s'agit de la même séquence, ou de la même rubrique, plutôt qu'exiger une identité parfaite de pages et d'emplacements. Cette jurisprudence est, de notre point de vue, intelligente et de bon sens.

C. LE PROBLÈME DE LA PUBLICATION DANS LE COURRIER DES LECTEURS

Il n'y a pas besoin d'être un fin connaisseur de la presse pour constater que, bien souvent, les droits de réponse sont publiés dans des rubriques de courrier des lecteurs, spécialement dans la presse magazine. À s'en tenir à la lettre de l'article 13 de la loi, ces publications sont critiquables. Toutefois, elles ne procèdent généralement pas

---

37 Cass. Crim, 8 janvier 1921, *Dalloz Périodique* 1921-I -223.

38 TGI Paris, 20 mars 1991, *JCP* 1991-II-21728, note J.M. Souchet, *Jurisdata* 1991-604415.

d'une intention malveillante et ces rubriques sont parfois très lues. Dès lors, si un directeur de la publication parvient à démontrer qu'en termes de lectorat cette rubrique est plus consultée que celle qui résulterait d'une identité parfaite avec l'article initial, ne pourrait-on pas l'absoudre du délit de refus d'insertion ? En toute hypothèse, dès l'instant que cette publication est effectuée, même si l'emplacement n'est pas strictement conforme à la loi, il paraît excessif d'exiger une nouvelle insertion, *a fortiori* en référé. Il convient en effet de mettre en balance la publication effectuée et le préjudice éventuellement subi par le demandeur du fait de cet emplacement prenant quelque liberté avec la loi. Cette analyse de tous les intérêts en présence ne peut être effectuée sérieusement que par le juge du fond. C'est pourquoi, sauf opposition formelle de la personne déclarée au moment où elle exerce son droit de réponse, il n'apparaît pas qu'il faille rejeter en bloc une publication au courrier des lecteurs, si elle est clairement annoncée comme un droit de réponse et si cette rubrique est lue et régulière. Il n'en demeure pas moins qu'une telle publication est formellement contraire à la lettre de l'article 13 troisième alinéa de la loi sur la presse.

D. LES RÉPLIQUES

Les répliques des journaux ou des journalistes aux droits de réponse sont fréquentes, voire systématiques dans certains journaux bien connus pour cela. Elles exaspèrent ou découragent souvent les demandeurs. Mais elles sont les seuls moyens à la disposition d'une rédaction pour maintenir son point de vue lorsque le journal considère que l'information fournie est exacte. Toutefois, ces répliques sont souvent utilisées par les organes de presse pour avoir en toutes circonstances le dernier mot, les journalistes acceptant parfois très mal d'être déjugés au sein même de leur propre titre, par la publication d'un droit de réponse. Une telle réaction n'est pas saine, le journaliste devrait, à notre sens, accepter comme tout un chacun la contradiction. Il faut donc dédramatiser ces droits de réponse de part et d'autre, ne pas en faire un instrument de vengeance pour le demandeur, et ne pas en faire un *casus belli* du côté du journaliste qui exige trop souvent, pour de simples raisons de susceptibilité personnelle, que la direction de la rédaction lui accorde un droit de réplique.

Quoi qu'il en soit, ces répliques sont légales, mais elles sont susceptibles de générer un nouveau droit de réponse si elles nomment ou désignent une seconde fois la personne en cause. Encore que l'on pourrait se demander si, n'étant pas constitutives "d'articles" au sens strict, ces répliques sont vraiment susceptibles de générer elles-mêmes un droit de réponse au regard des termes de l'article 13 de la loi sur la presse[39].

E. LES PUBLICATIONS PARTIELLES

Comme nous l'avons déjà indiqué, la difficulté née de coupes effectuées par un directeur de la publication dans un droit de réponse est résolu en jurisprudence

39 Ce point précis n'a jamais été jugé à notre connaissance.

de manière très claire. La publication partielle d'un droit de réponse équivaut à un refus pur et simple d'insertion au regard de la loi. Le délit étant constitué par une publication partielle, il apparaît évidemment nécessaire que toute coupe soit réalisée avec l'assentiment du demandeur ou de son conseil. Précisons toutefois qu'une publication partielle pourrait le cas échéant créer une situation de fait suffisante pour conduire un juge des référés à renvoyer l'examen de l'affaire au fond, mais il s'agit là d'une question d'espèce dépendant de différents paramètres.

§ 4. Les sanctions

A. LE DÉLIT DE REFUS D'INSERTION D'UN DROIT DE RÉPONSE

Depuis l'entrée en vigueur de la loi du 4 janvier 1993, le refus d'insertion n'est plus une contravention, mais un délit dit "contraventionnel" pour lequel il n'est théoriquement pas exigé la démonstration d'une intention coupable, et relevant du tribunal correctionnel. Il est à noter que, dans l'audiovisuel, le législateur n'a pas retenu cette pénalisation du refus de droit de réponse. Pour les médias audiovisuels, la loi du 29 juillet 1982 ne prévoit en effet que l'intervention du président du tribunal de grande instance statuant en matière de référé, introduisant ainsi une discrimination injustifiable entre les médias.

Comme toutes les actions qui dérivent de la loi du 29 juillet 1881, l'action visant à obtenir la réparation de ce délit se prescrit par trois mois, en vertu de l'article 65 de la loi sur la presse. Le point de départ de cette prescription est la date à laquelle le refus d'insertion va se figer en tous ces éléments, c'est-à-dire la date de publication du numéro dans lequel devait figurer la réponse. C'est donc dans les trois mois de cette date que l'action en refus d'insertion devra avoir été valablement engagée[40].

Il y a donc deux prescriptions distinctes de trois mois en matière de droit de réponse. Le demandeur a tout d'abord trois mois pour exercer son droit de réponse à compter de la publication de l'article qui le met en cause. Il a ensuite trois mois à compter de la date du refus d'insertion, c'est-à-dire de la date de publication du numéro qui devait contenir sa réponse, pour exercer une action en justice afin de faire sanctionner ce refus. Ce mécanisme d'une prescription à double détente n'a pas toujours été bien compris et a donné lieu à certains amalgames en jurisprudence avant que celle-ci distingue bien ces deux périodes de trois mois.

Enfin, la peine encourue ne mérite pas de grandes explications. Une amende de 3 750 euros est encourue par le directeur de la publication lorsqu'il s'abstient de publier une réponse conforme à l'article 13 de la loi du 29 juillet 1881.

40 Voir plus loin, dans le chapitre général sur la prescription.

B. LA SAISINE DU JUGE DES RÉFÉRÉS

En réalité, rares sont les refus d'insertion qui se soldent par des instances au fond, soit devant le tribunal correctionnel, soit devant le tribunal de grande instance, car l'obtention d'une condamnation pour refus d'insertion plusieurs mois, voire plusieurs années après la publication de l'article, n'a pas grand intérêt pour le demandeur, tout comme l'insertion forcée d'un droit de réponse dans de telles conditions de délai.

C'est pourquoi de nombreux demandeurs préfèrent user d'une voie juridictionnelle rapide, en saisissant le juge des référés compétent, en vertu de l'article 809 du Code de procédure civile, en présence d'un trouble « *manifestement illicite* ». Il en résulte que, bien souvent, le juge des référés est saisi en urgence pour ordonner sous astreinte la publication du droit de réponse qui n'a pas été valablement publié. La juridiction des référés a quasiment, dans certains cas, été érigée en juge de droit commun du refus d'insertion. C'est une dérive juridictionnelle, et le juge des référés devrait se cantonner en toute hypothèse dans son rôle du juge de l'évidence et ne statuer que si le refus d'insertion est manifestement contraire à la loi.

■ SECTION 2. LES DROITS DE RÉPONSE SPÉCIAUX

Aux côtés du régime général de l'article 13, cohabitent deux droits de réponse spécifiques dont l'exercice est réservé à certaines catégories de personnes. Il s'agit tout d'abord d'un droit de rectification prévu par l'article 12 de la loi du 29 juillet 1881, réservé aux « *dépositaires de l'autorité publique* ». Il existe ensuite un droit de réponse aménagé au profit des associations ayant pour objet de lutter contre le racisme, institué par la loi n° 90-615 du 13 juillet 1990, et figurant à l'article 13-1 de la loi du 29 juillet 1881.

§ 1. Le droit de rectification prévu par l'article 12 de la loi du 29 juillet 1881

Le texte de l'article 12

« Le directeur de la publication est tenu d'insérer gratuitement, en tête du plus prochain numéro du journal ou écrit périodique, toutes les rectifications qui lui seront adressées par un dépositaire de l'autorité publique, au sujet des actes de sa fonction qui auraient été inexactement rapportés par ledit journal ou écrit périodique. »
Toutefois, ces dispositions ne dépasseront pas le double de l'article auquel elles répondront.
En cas de contravention, le directeur de la publication sera puni d'une amende de 3 750 euros ».

On pourrait s'interroger sur la compatibilité de ce droit avec l'article 10 de la Convention européenne des droits de l'homme dès l'instant qu'il s'agit d'une sorte de privilège exorbitant du droit commun réservé aux « *dépositaires de l'autorité publique* », concernant précisément les actes de leurs fonctions, alors même que la critique de la chose publique au sens large relève de la liberté d'information la plus grande. Ce texte a ainsi une logique inverse de celle qui devrait animer un droit moderne de la presse, en renforçant les moyens de l'autorité publique visant à influencer le contenu d'un organe de presse, ce qui constitue une ingérence manifeste dans l'exercice de la liberté de l'information. L'article 12 de la loi sur la presse devrait donc, à notre sens, être mis à l'épreuve de l'article 10 de la Convention européenne des droits de l'homme, ou de l'article 11 de la Déclaration des droits de l'homme et du citoyen de 1789 à l'occasion d'une QPC.

A. LES CONDITIONS DU DROIT DE RECTIFICATION PRÉVUES PAR L'ARTICLE 12 DU 29 JUILLET 1881

Première condition : un journal ou écrit périodique

Cette condition, déjà évoquée pour le droit de réponse général de l'article 13, n'a fait l'objet d'aucune interprétation spécifique sur le terrain de l'article 12 de la loi du 29 juillet 1881 et il y a par conséquent lieu de se reporter aux développements figurant plus haut[41] concernant cette condition commune aux droits prévus par les articles 12 et 13 de la loi sur la presse.

Un dépositaire de l'autorité publique

Ce droit de rectification prévu est réservé aux dépositaires de l'autorité publique. Que recouvre cette notion ? Si la pratique des tribunaux, quasiment inexistante sur le terrain de l'article 12, n'a pas eu l'occasion de la préciser, on peut se reporter à la jurisprudence relative à une question analogue, développée sur le terrain de la diffamation. En effet, les dépositaires de l'autorité publique relèvent, s'ils engagent une procédure de diffamation, d'un texte spécifique : l'article 31 de la loi du 29 juillet 1881 qui a donné lieu à une jurisprudence pléthorique. Relèvent de cette catégorie les personnes disposant, à titre personnel, de prérogatives d'autorité ou de puissance publique[42]. En revanche, Il est insuffisant que la personne soit simplement chargée d'un service public ou même fonctionnaire, à défaut d'une titularité personnelle de prérogatives de puissance publique. Les mêmes critères peuvent s'appliquer par analogie pour délimiter le champ d'application de l'article 12.

Un acte de la fonction inexactement rapporté dans un journal ou écrit périodique

Alors que le droit de réponse prévu par l'article 13 de la loi sur la presse est ouvert si la personne est nommée ou désignée, sans égard pour le caractère exact des faits rapportés, il en va différemment de l'article 12. Pour l'application de ce texte, il faut que le journal ait « *inexactement rapporté* » un acte de la fonction de l'intéressé. Cela signifie d'abord que tous les actes relevant de la vie privée, ou, même s'il s'agit de la vie professionnelle, les actes étrangers à la fonction d'autorité, ne peuvent donner

41 Voir plus haut, page 35.

42 Voir plus loin, page 154.

lieu à application de l'article 12. Il faut ensuite que l'acte soit inexactement rapporté. Il s'agit là d'une question de fait. Et un acte rapporté dans des conditions désagréables ne devrait pas pouvoir donner lieu à rectification dès l'instant que le récit ne comporte pas d'inexactitudes factuelles. À notre sens, c'est à l'autorité publique qui exerce le droit de rectification de démontrer cette inexactitude, ce qui complique considérablement sa situation.

B. L'EXERCICE DU DROIT DE RECTIFICATION

Principe : renvoi à l'article 13 de la loi sur la presse

De manière générale, il y a lieu sur ce point de renvoyer à l'article 13 de la loi du 29 juillet 1881 qui pourra s'appliquer pour l'essentiel.

Réserve : le droit prévu par l'article 12 est-il attaché à la personne ou à l'autorité ?

On a vu que la jurisprudence considère le droit de réponse de l'article 13 comme un droit de la personnalité spécifiquement attaché à la personne, et ne pouvant être exercé par un tiers que si celui-ci est muni d'un mandat spécial. Cette solution doit-elle également s'appliquer au droit de rectification prévu par l'article 12 de la loi du 29 juillet 1881 ? La question ne s'est jamais posée, mais on pourrait s'interroger sur le point de savoir si ce droit de rectification, lié à l'exercice de prérogatives d'autorité publique, doit encore être considéré comme un droit strictement attaché à la personne, ou s'il est plutôt attaché à l'autorité publique elle-même d'un point de vue organique.

C. DÉLAI DE PUBLICATION DE LA RECTIFICATION

Le délai diffère de celui qui est prévu par l'article 13. Pour le droit de rectification de l'article 12, le directeur de la publication doit insérer dans le « *plus prochain numéro du journal ou écrit périodique* ». La publication devra donc être effectuée dans le numéro qui suit la réception de la rectification, à condition toutefois que celle-ci contienne tous les éléments nécessaires à sa validité. Et il nous semble sur ce point que le contenu de la rectification doit comporter certaines précisions indispensables.

D. CONTENU DE LA RECTIFICATION

La démonstration de l'inexactitude commise par le journal

Dès lors que l'inexactitude commise par le journal constitue une condition d'exercice du droit de rectification, celui qui exerce ce droit doit non seulement alléguer clairement cette inexactitude et l'expliciter, mais encore la démontrer. En effet, c'est seulement si la fausseté des faits relatés est formellement démontrée et objectivement constatable qu'il y aurait matière à rectification. On ne voit pas comment cette preuve pourrait peser sur un autre que le demandeur. Dans ces conditions, le droit de rectification doit contenir lui-même les éléments de nature à démontrer cette inexactitude.

La notion de rectification

L'objet de l'article 12 n'est pas un droit de "réponse", mais bien un droit de "rectification". Il s'agit donc exclusivement de rectifier des faits inexactement rapportés. Le dépositaire de l'autorité publique qui exerce son droit ne peut donc ni entrer dans la polémique avec le journal ou le journaliste, ni même s'écarter de la stricte rectification de faits. Tout ce qui excéderait cette rectification serait à notre sens contraire à l'article 12 de la loi du 29 juillet 1881 dont la portée doit être strictement cantonnée. Dans ces conditions, la théorie de l'abus de droit ou le contrôle de la pertinence exercé sur le terrain de l'article 13 doivent être remplacés, sur le fondement de l'article 12 de la loi sur la presse, par un contrôle strict de l'adéquation du texte à l'objectif du droit de rectification. Il s'agit de rectifier, mais il ne s'agit bien évidemment pas de donner une tribune aux dépositaires d'autorité publique.

E. DIMENSIONS DE LA RECTIFICATION

L'article 12 ne distingue pas comme le fait l'article 13 de la loi sur la presse en fonction du nombre de lignes de l'article. Il prévoit simplement que la rectification ne pourra excéder le double de l'article auquel il est répondu. Cette taille peut donc être considérablement supérieure à celle allouée au titre du droit de réponse général. Si une rectification excède cette taille, le directeur de la publication devrait à notre sens refuser en bloc le texte. On peut également se demander quel est le texte à prendre en considération pour déterminer cette taille lorsqu'un article contient des propos concernant différents sujets. *A priori,* ce sera l'article lui-même mais, sur le terrain de l'article 13, il a parfois été admis que devait être seulement prise en compte la partie de l'article visant la personne. Par conséquent, cette solution devrait également être admise par analogie sur le terrain de l'article 12 de la loi sur la presse. Ce défaut de corrélation institué par la loi elle-même entre la surface de l'article et celle de la rectification est-il conforme au principe de proportionnalité ? La question mérite d'être posée.

F. MODALITÉS DE LA PUBLICATION

Gratuité

L'article 12 de la loi du 29 juillet 1881 prévoit expressément que l'insertion sera gratuite. C'est le principe même de toute insertion de droit de réponse.

Place de la publication

L'article 12 prévoit que la publication doit être effectuée en tête du numéro. Cette notion est imprécise. Il ne peut être question de prévoir une publication en couverture, ni même en sommaire du journal qui paraîtrait peu conforme au principe de proportionnalité. On pourrait donc considérer que cette expression renvoie à la première page réelle de texte informationnel, excluant à notre sens la réquisition d'une surface publicitaire telle que la deuxième page de couverture dans les magazines. Toutefois, la jurisprudence n'a jamais précisé à notre connaissance les conditions dans lesquelles il fallait interpréter cette notion.

G. DÉLAI D'EXERCICE DU DROIT DE RECTIFICATION

Curieusement, l'article 12 de la loi sur la presse est muet sur le délai d'exercice du droit de rectification. Est-ce à dire qu'il peut être exercé de manière perpétuelle ? Ce serait évidemment exorbitant. Mais il y a là une inconnue. Doit-on appliquer la prescription spéciale de trois mois généralement prévue par l'article 65 de la loi du 29 juillet 1881, ou bien une prescription de droit commun qui serait alors de cinq, dix ou trente ans ? Cette dernière solution paraît évidemment surréaliste, mais à l'inverse, on ne peut pas non plus faire dire à l'article 65 de la loi sur la presse ce qu'il ne dit pas. Or il est bien certain que la prescription trimestrielle de l'article 65 ne vise que « *l'action publique et l'action civile résultant des crimes, délits et contraventions* » prévue par la loi du 29 juillet 1881. Mais le droit de rectification, lorsqu'il est exercé, n'est à l'évidence ni un crime ni un délit ni une contravention. Toutefois, par analogie avec le délai de l'article 13, et au regard du caractère excessif d'un délai de prescription trentenaire, on serait tenté d'appliquer un délai de trois mois. On pourrait d'ailleurs imaginer, dans le silence de la loi, d'utiliser l'abus de droit comme correctif pour rejeter les droits de rectification tardifs.

H. SANCTIONS

Saisine du tribunal correctionnel

Le défaut de publication constitue tout d'abord un délit puni d'une amende de 3 750 euros, passible du tribunal correctionnel dans des conditions équivalentes à celles du délit de refus d'insertion du droit de réponse sur le terrain de l'article 13 de la loi du 29 juillet 1881.

Saisine du juge des référés

Comme sur le terrain de l'article 13, le juge des référés pourra également être saisi le cas échéant pour un droit de rectification relevant de l'article 12. Il faut toutefois émettre une réserve importante, car le juge des référés est simplement le juge de l'évidence. Si cette évidence peut être assez facilement constituée sur le terrain de l'article 13, car il suffit à la personne mise en cause de démontrer qu'elle a été « *nommée ou désignée* », il en va différemment sur le terrain de l'article 12, car le demandeur doit démontrer qu'un acte de sa fonction a été « *inexactement rapporté* ». Dans l'hypothèse où surgirait un débat de preuves, le journal soutenant éléments à l'appui que son compte rendu est exact, il ne nous semble pas que le juge des référés puisse trancher la difficulté. En effet, ce dernier n'a pas été institué juge de droit commun de tous les droits de réponse prévus par la loi du 29 juillet 1881, mais seulement en matière audiovisuelle, aux termes d'un texte spécifique[43].

---

43 Voir plus bas, p. 59 et suiv.

§ 2. Le droit de réponse des associations antiracistes

Le texte

Jusqu'en 1990, le droit de réponse n'était réservé qu'à la personne mise en cause. Dans le but de lutter contre le racisme et l'antisémitisme, la loi du 13 juillet 1990 a inséré dans la loi sur la presse un nouvel article 13-1 qui permet aux associations antiracistes d'exercer le droit de réponse prévu par l'article 13 lorsqu'a été commis le délit de diffamation raciale prévu par l'article 32 alinéa 2 de la loi du 29 juillet 1881. L'article 13-1 est rédigé dans les termes suivants :

« *Le droit de réponse prévu par l'article 13 pourra être exercé par les associations remplissant les conditions prévues par l'article 48-1, lorsqu'une personne ou un groupe de personnes ont, dans un journal ou un écrit périodique, fait l'objet d'imputations susceptibles de porter atteinte à leur honneur ou à leur réputation à raison de leur origine ou de leur appartenance ou de leur non-appartenance à une ethnie, une nation, une race ou une religion déterminée. Toutefois quand la mise en cause concernera des personnes considérées individuellement, l'association ne pourra exercer le droit de réponse que si elle justifie avoir reçu leur accord. Aucune association ne pourra requérir l'insertion d'une réponse en application du présent article dès lors qu'aura été publiée une réponse à la demande d'une des associations remplissant les conditions prévues par l'article 48-1.* »

A. CONDITIONS DU DROIT DE RÉPONSE DES ASSOCIATIONS AYANT POUR OBJET DE LUTTER CONTRE LE RACISME

Première condition : un écrit périodique

Ici encore, le droit de réponse ne s'applique que dans le cadre des écrits périodiques pour des raisons techniques évidemment compréhensibles. Il y a lieu de renvoyer sur ce point aux développements figurant plus haut concernant l'article 13[44].

Deuxième condition : un texte constitutif d'une diffamation raciale à l'encontre d'une personne ou d'un groupe de personnes

Le droit de réponse de l'article 13-1 est clairement destiné à lutter contre le racisme et l'antisémitisme. Une association ne peut donc exercer ce droit que si les propos en cause sont constitutifs d'une diffamation raciale relevant de l'article 32 alinéa 2 de la loi du 29 juillet 1881. L'exercice du droit de réponse est donc subordonné à la démonstration de l'existence d'imputations susceptibles de porter atteinte à l'honneur ou à la réputation d'une personne ou d'un groupe de personnes à raison de leur origine ou de leur appartenance ou de leur non-appartenance à une ethnie, une nation, une race ou une religion déterminée.

Cette définition renvoie sensiblement à celle du délit de diffamation raciale encore que l'article 13-1 parle de la « réputation », alors que la diffamation se réfère à la

---

44 Voir plus haut, p. 35.

« considération » en vertu de l'article 29 alinéa 1er de la loi sur la presse. La nuance est toutefois bien théorique et on peut estimer sans risque qu'il y a adéquation entre les deux concepts. On pourrait s'étonner évidemment que ce droit de réponse n'ait pas été ouvert en cas d'injure raciale ou d'incitation à la discrimination ou à la haine raciale, délits prévus par les articles 33 alinéa 3 et 24 alinéa 8 de la loi du 29 juillet 1881, et soit réservé aux seuls cas de diffamation raciale.

Troisième condition : une association remplissant les conditions de l'article 48-1 de la loi du 29 juillet 1881

L'association qui met en œuvre le droit de réponse de l'article 13-1 doit remplir les conditions de l'article 48-1 de la loi du 29 juillet 1881, c'est-à-dire les conditions générales applicables à l'exercice par ces associations des prérogatives qui leur sont réservées par la loi du 29 juillet 1881 en matière de lutte contre le racisme et l'antisémitisme. Ce sera naturellement à l'association elle-même de démontrer qu'elle remplit les conditions prévues par ce texte étudié plus bas. Elle devra donc justifier à la fois d'une ancienneté suffisante (cinq ans à la date des faits), et de l'exigence tenant à l'objet même de l'association qui doit se proposer de lutter contre le racisme conformément aux dispositions de l'article 48-1 de la loi du 29 juillet 1881.

B. EXERCICE DU DROIT DE RÉPONSE

Généralités

De manière générale, les conditions d'exercice de ce droit de réponse renvoient à l'article 13 de la loi du 29 juillet 1881. Toutefois, ce type de réponse sera plus souvent destiné à protester contre des propos racistes qu'à rectifier des faits. Il a été jugé qu'il appartenait à l'association usant de cette faculté de démontrer, lors de l'envoi de la réponse, que toutes les conditions d'application de l'article 13-1 de la loi du 29 juillet 1881 étaient réunies[45].

Il convient en outre d'évoquer deux conditions supplémentaires, la première tenant à l'accord de la personne mise en cause, la deuxième tenant au défaut de réponse préalablement publiée.

La nécessité de l'accord de la personne mise en cause

Le droit de réponse prévu par l'article 13-1 s'applique soit lorsqu'une personne est mise en cause à titre individuel, soit lorsqu'il s'agit d'un groupe de personnes. Dans le second cas, l'association n'a aucun accord à fournir. En revanche dans la première hypothèse, l'association ne peut agir que si elle justifie avoir reçu l'accord de la personne. Le texte est clair, c'est à l'association, lorsqu'elle exerce le droit de réponse, de justifier de cet accord. Faute de le faire, le directeur de la publication ne saurait être tenu d'insérer. À notre sens, c'est seulement l'exercice du droit qui doit faire l'objet d'un accord exprès de la personne, et non son contenu.

---

45 TGI Paris 29 mars 2000, *Légipresse* 2000-I, p. 120, n° 172-35.

Le défaut de réponse préalablement publiée à la demande d'une autre association

Selon le dernier alinéa de l'article 13-1, l'exercice de ce droit est subordonné à la condition qu'aucune autre association n'ait d'ores et déjà exercé son droit à requérir une réponse. Cette disposition de sauvegarde permet d'éviter une stratégie qui consisterait à exproprier purement et simplement le contenu d'un organe de presse pour faire publier une multitude de réponses. Dès l'instant qu'il s'agit de protester contre des propos racistes, la protestation elle-même suffit, peu importe qu'elle émane de l'association X, Y ou Z. Il est bien certain toutefois que les associations se proposant de lutter contre le racisme n'ont pas toutes la même sensibilité et poursuivent des buts parfois très différents. On peut tout à fait imaginer, en pratique, que le texte d'une réponse publiée par une association ne corresponde pas du tout à celui que souhaiterait faire publier une autre association. Quoi qu'il en soit, la plus rapide aura l'exclusivité. Premier arrivé, seul servi.

En revanche, à lire le texte de l'article 13-1, rien ne semble s'opposer à ce que la personne diffamée exerce elle-même, de son côté, le droit de réponse prévu par l'article 13 de la loi du 29 juillet 1881 même si cette double réponse pour une seule mise en cause peut paraître choquante. Selon le dernier alinéa de l'article 13-1 de la loi sur la presse, l'exercice d'un tel droit ne paraît pas, *a contrario*, interdit.

C. CONDITIONS DE LA PUBLICATION

Pour l'essentiel, la publication devra être effectuée conformément aux dispositions de l'article 13 de la loi du 29 juillet 1881 qui s'applique de manière résiduelle. Le lecteur est donc invité à se reporter aux développements relatifs à ce texte.

D. SANCTIONS

L'article 13-1 renvoyant expressément à l'article 13 de la loi du 29 juillet 1881, la sanction est la même. Il s'agit donc d'une amende de 3 750 euros susceptible d'être prononcée par le tribunal correctionnel. Assurément, le droit de réponse de l'article 13-1 donnera moins de latitude pour saisir un juge des référés, car ce mécanisme légal est techniquement beaucoup plus élaboré que celui de l'article 13, et on peut imaginer que certaines contestations échappent à la compétence du juge de l'évidence. C'est là une question d'espèce.

Chapitre 2
Le droit de réponse dans l'audiovisuel

Le cadre général

Le droit de réponse dans l'audiovisuel est régi par une partie de la loi du 29 juillet 1982 restée en vigueur (article 6), et par un décret du 6 avril 1987[46]. Jusqu'en 2000, l'exercice de ce droit était soumis à un délai extrêmement bref de huit jours conduisant à une application rarissime. Mais l'allongement du délai à trois mois, et la meilleure connaissance des conditions d'exercice de ce droit lui donnent depuis quelques années plus de portée, ce qui ne va pas sans poser de sérieuses difficultés. En effet, la généralisation de l'utilisation du droit de réponse pourrait vite devenir ingérable pour les services de radio et télévision. Imagine-t-on un journal télévisé ou radiophonique qui consacrerait ne serait-ce qu'un dixième de son temps à la diffusion de réponses ? Or il suffit de deux réponses de deux minutes pour aboutir à ce résultat ! Par comparaison, c'est comme si un quotidien consacrait deux pleines pages à la publication de réponses... Il ne s'agit pas de contester ici la légitimité même du droit de réponse, mais il devrait certainement être mieux encadré et davantage contrôlé par le juge afin d'être réduit au strict nécessaire, au regard des contraintes techniques de la diffusion linéaire en radio et télévision, de manière à assurer le respect du principe de proportionnalité.

■ SECTION 1 : LE DROIT DE RÉPONSE GÉNÉRAL

§ 1. Les conditions du droit de réponse

A. PREMIÈRE CONDITION : UN SERVICE DE COMMUNICATION AUDIOVISUELLE

Quels sont les médias concernés par le droit de réponse dans l'audiovisuel ? Ce droit s'applique aux services de communication audiovisuelle, soit ceux qui sont susceptibles de relever de la loi n° 86-1067 du 30 septembre 1986. L'article 2 de ladite loi donne les définitions suivantes :

On entend par communication audiovisuelle toute communication au public de services de radio ou de télévision, quelles que soient les modalités de mise à disposition auprès du public, toute communication au public par voie électronique de services autres que de radio et de télévision et ne relevant pas de la communication au public en ligne telle que définie à l'article 1er de la loi n° 2004-575 du 21 juin 2004 pour la confiance dans l'économie numérique, ainsi que toute communication au public de services de médias audiovisuels à la demande.

---

46 Ces textes sont annexés en fin d'ouvrage. Sur ce droit de réponse : P. Auvret, « Droit de réponse dans les services de communication audiovisuelle », *JClasseur Communication*, fasc. 3115 ; M. Coisne et J. Collin, « Le droit de réponse dans la communication audiovisuelle », in *Liberté de la presse et droits de la personne*, Dalloz 1997, p. 17 et s.

Est considéré comme service de télévision tout service de communication au public par voie électronique destiné à être reçu simultanément par l'ensemble du public ou par une catégorie de public et dont le programme principal est composé d'une suite ordonnée d'émissions comportant des images et des sons.

Est considéré comme service de radio tout service de communication au public par voie électronique destiné à être reçu simultanément par l'ensemble du public ou par une catégorie de public et dont le programme principal est composé d'une suite ordonnée d'émissions comportant des sons.

Dans le domaine de la télévision, il s'agit bien évidemment de l'ensemble des chaînes de télévision auparavant hertziennes et désormais accessibles *via* la TNT, qui sont obligatoirement pourvues d'une autorisation du CSA. Pour les chaînes diffusées sur le câble et le satellite, la situation est plus complexe. Si une chaîne française conventionnée par le CSA est soumise d'évidence au droit de réponse, la situation des chaînes éditées par des sociétés étrangères est plus délicate à apprécier.

S'agissant de la radio, le droit de réponse s'applique à l'ensemble des radios diffusées sur la bande FM, mais ne vise pas en principe les "webradios" disponibles en ligne qui relèvent à notre sens du régime du droit de réponse en ligne.

B. DEUXIÈME CONDITION : UNE PERSONNE AYANT SUBI UNE ATTEINTE À SON HONNEUR OU À SA RÉPUTATION

C'est la différence fondamentale entre la presse écrite et l'audiovisuel. Dans la presse papier, on a vu qu'il suffisait d'être nommé ou désigné pour exercer un droit de réponse. Tel est également le cas pour les services en ligne (voir plus bas). Mais ce n'est pas le parti retenu par le législateur dans le domaine de l'audiovisuel. Dans ce type de médias, le droit de réponse n'est ouvert à une personne, physique ou morale (avec les limites que cela implique évoquées plus haut pour l'article 13 de la loi du 29 juillet 1881), que si ont été diffusées à l'antenne « *des imputations susceptibles de porter atteinte à son honneur ou à sa réputation* ». La notion de « *réputation* » diffère-t-elle de celle de la « *considération* » figurant dans l'article 29 alinéa 1er de la loi sur la presse pour la définition de la diffamation ? On s'accorde à y voir une équivalence de sorte que pour déterminer si les conditions d'exercice du droit de réponse sur un service de communication audiovisuel sont remplies, il faut vérifier si les conditions de la diffamation sont réunies.

Comme en matière de presse écrite, en cas de décès de la personne mise en cause, le droit de réponse pourra être exercé par les héritiers en ligne directe, les légataires universels ou par le conjoint de la personne dont l'honneur ou la réputation est atteint, en application de l'article 1 du décret n° 87-246 du 6 avril 1987.

C. LES MODALITÉS DE LA MISE EN CAUSE

Les textes sont muets s'agissant de la nature de la mise en cause. Il serait illogique de considérer pour ce type de média qu'une simple image ne permette pas l'exercice du droit de réponse, règle déduite en matière de presse de la rédaction même de l'article 13 de la loi du 29 juillet 1881. Dès lors, des images devraient en principe pouvoir susciter un droit de réponse si elles ont été diffusées « *dans le cadre d'une activité de communication audiovisuelle* ».

§ 2. Les modalités d'exercice du droit de réponse

A. LA FORME

Les conditions d'exercice édictées par l'article 6 de la loi du 29 juillet 1982 et les dispositions du décret du 6 avril 1987 sont bien plus contraignantes, dans la forme et dans le fond, que celles résultant de l'article 13 de la loi du 29 juillet 1881.

Tout d'abord, un procédé d'envoi est expressément prévu. Il s'agit uniquement de la lettre recommandée avec demande d'avis de réception. Surtout, en matière audiovisuelle, la procédure de demande de droit de réponse est réglementée de manière très détaillée par le décret du 6 avril 1987. La demande devra indiquer les références précises du message auquel il est répondu et mentionner les imputations sur lesquelles le demandeur souhaite répondre, en indiquant en quoi ces imputations sont contraires à son honneur et à sa réputation[47]. Le respect de ces exigences suppose de connaître le *verbatim* exact des propos tenus à l'antenne, ce qui pourra nécessiter le cas échéant de formuler une demande à la chaîne ou d'introduire une demande préalable de remise de l'enregistrement, sur le fondement de l'article 145 du Code de procédure civile, avant toute autre initiative. Enfin, la demande devra contenir la teneur de la réponse souhaitée.

Sur deux points en revanche, les solutions sont calquées sur le droit de réponse dans la presse écrite. Tout d'abord, s'agissant de l'exercice du droit par un mandataire, les règles déjà décrites pour la presse écrite s'appliqueront et le mandataire devra justifier d'un pouvoir spécial.

Quant au destinataire de la demande, il s'agit également du directeur de la publication, et toute lettre adressée à un autre que celui-ci ne peut générer aucun effet de droit. Mais, s'il est très facile de connaître le nom du directeur de publication d'un organe de presse écrite puisqu'il figure nécessairement dans l'« ours » du journal, en vertu de l'article 11 de la loi du 1er août 1986 évoquée plus haut, la chose est beaucoup plus délicate pour les services audiovisuels. Il existe bien un article 43-1 dans la loi du 30 septembre 1986 selon lequel :

---

47 Mais le demandeur n'est pas obligé de répondre à toutes les imputations attentatoires à sa réputation : Civ. I, 8 octobre 2009, pourvoi n° 08-15134, *CCE* 2009, comm. 116, obs. A. Lepage.

Tout éditeur d'un service de communication audiovisuelle tient en permanence à la disposition du public :
1° Sa dénomination ou sa raison sociale, son siège social, le nom de son représentant légal et de ses trois principaux associés ;
2° Le nom du directeur de la publication et celui du responsable de la rédaction ;
3° La liste des publications éditées par la personne morale et la liste des autres services de communication audiovisuelle qu'elle assure.

Mais, obtenir de telles informations relève parfois du jeu de pistes, entre le CSA, le registre du commerce et des sociétés, les sites des chaînes, etc.

B. LE DÉLAI D'EXERCICE

Comme pour les organes de presse papier, il existe un délai ordinaire et un délai spécial. Alors qu'avant la loi du 15 juin 2000, l'exercice du droit de réponse était enfermé dans un délai quasi ingérable de huit jours, ce délai a été porté à trois mois et est désormais calqué sur celui qui s'applique pour la presse écrite[48]. Cela contribue à une forme d'équité entre les supports, même si d'évidence, les contraintes applicables à l'audiovisuel sur le terrain du droit de réponse sont sans commune mesure avec celles qui s'appliquent aux médias papier.

Ce délai peut également être réouvert dans les mêmes conditions que celles qui s'appliquent pour la presse écrite, en cas de mise en cause à l'occasion de poursuites pénales.

C. LA LONGUEUR DE LA RÉPONSE

C'est l'article 6 du décret du 6 avril 1987 qui précise la longueur autorisée. Cette dimension est limitée de deux façons. D'une part, quant à la longueur du texte dactylographié, qui est de 30 lignes maximum, ce qui peut susciter des difficultés : selon quel corps de texte ? Quelle marge ? etc., le décret ne le dit pas, et ces questions devront un jour être tranchées. D'autre part, la réponse est aussi limitée dans sa durée s'il s'agit d'un texte qui doit être lu à l'antenne. Cette durée totale du message ne peut excéder deux minutes. Là encore, tout dépend du débit de paroles, et il peut y avoir matière à contestation lorsqu'on cherche à s'approcher des limites.

D. LE CONTENU DE LA RÉPONSE

Alors qu'on dispose d'une jurisprudence abondante en presse écrite, elle est quasi inexistante en audiovisuel. La complexité du régime du droit du droit de réponse, et les restrictions à son utilisation sont les principales raisons de cette situation. Pour autant, on peut sans grand risque de se tromper considérer que toutes les règles

48 Ramené quant à lui, par la même loi, d'un an à trois mois.

élaborées par les tribunaux sur le fondement de l'article 13 de la loi sur la presse peuvent être transposées à l'audiovisuel. On ne voit pas en effet pourquoi il en serait autrement et ce qui justifierait de permettre à un demandeur d'obtenir la diffusion d'une réponse abusive, non pertinente, ou attentatoire aux intérêts d'un tiers, sur un service audiovisuel. À notre sens, l'analogie sur ce point devrait être parfaite, et la grille de vérification du contenu du droit de réponse évoquée plus haut a donc vocation à être utilisée dans l'audiovisuel.

§ 3. Modalités de diffusion de la réponse

A. OBLIGATION DE RÉPONSE DU DIRECTEUR DE LA PUBLICATION

En presse écrite, le directeur de la publication peut "faire le mort" et ne donner aucune suite à une demande ; il n'a pas l'obligation de répondre au demandeur pour lui signifier son refus, ni *a fortiori* lui en donner les raisons. En matière audiovisuelle, le directeur de la publication est en revanche tenu de répondre et faire connaître la suite qu'il entend donner à la demande. Il existe même un délai pour satisfaire à cette obligation : huit jours. Assurément, le texte n'exige pas que soient communiquées les raisons qui ont guidé le directeur de la publication dans sa décision. S'il refuse, la réponse pourra donc être laconique, l'explication étant réservée au juge des référés, s'il est saisi. Là encore, la façon dont le directeur de publication répond procède généralement d'un certain nombre de choix tactiques.

B. MODALITÉS PRATIQUES DE DIFFUSION

L'article 6-1 de la loi du 29 juillet 1982 comporte une directive générale précisant que la réponse doit être « *diffusée de manière que lui soit assurée une audience équivalente à celle du message* » auquel il est répondu. Les articles 5 et 6 du décret du 6 avril 1987 donnent d'utiles précisions sur ce point. La réponse est en principe mise à la disposition du public dans un délai maximal de trente jours à compter de la date du message contesté, délai qui peut être prolongé avec l'accord du demandeur. La réponse doit par ailleurs être annoncée comme s'inscrivant dans le cadre de l'exercice du droit de réponse et donner les références du message auquel il est répondu. Dans bien des cas, ces modalités pratiques sont négociées entre l'avocat du demandeur et celui de la chaîne concernée.

Il va de soi que le texte du droit de réponse ne saurait être amputé unilatéralement par le service audiovisuel concerné, et que rien ne paraît devoir s'opposer à une réplique de ce dernier.

§ 4. Les sanctions

Aux termes d'une incohérence que rien ne peut justifier, le refus du droit de réponse est sanctionné pénalement par un délit correctionnel dans la presse écrite et pour les services en ligne, mais pas en matière audiovisuelle[49]. Si certaines différences peuvent s'expliquer par une situation technique non comparable, la sanction en cas de refus injustifié devrait en bonne logique être la même, et on ne voit pas très bien pourquoi l'ordre public serait atteint dans certains cas et pas dans l'autre. Mais cette originalité – pour ne pas dire cette absurdité – n'a guère de conséquence pratique, car la voie pénale en matière de refus d'insertion n'est suivie à notre sens que par moins de 5 % des demandeurs, de sorte que le juge des référés a été institué de fait comme juge du droit de réponse en presse écrite. Dans l'audiovisuel, cela va même plus loin puisque le président du tribunal de grande instance statuant en matière de référé a été érigé en juridiction chargée de trancher définitivement toutes les contestations concernant l'exercice du droit de réponse. Cette attribution de compétence paraît de bon sens, car la réponse n'a d'intérêt que si elle est diffusée rapidement. Dans le cadre d'une telle instance, les dispositions de la loi du 29 juillet 1881 ne s'appliquent pas[50].

■ **SECTION 2.** LE DROIT DE RÉPONSE SPÉCIAL DES ASSOCIATIONS DE LUTTE CONTRE LE RACISME ET L'ANTISÉMITISME

La loi du 13 juillet 1990 qui a institué l'article 13-1 de la loi sur la presse ouvrant un droit de réponse au profit des associations de lutte contre le racisme et l'antisémitisme dans la presse écrite a étendu ce droit à l'audiovisuel, en vertu de l'article 6-II de la loi du 29 juillet 1982. Ce droit de réponse est essentiellement conditionné, comme en matière de presse écrite, à la diffusion de propos caractérisant une diffamation raciale à l'égard d'une personne ou d'un groupe de personnes. Comme dans la presse papier, l'accord de la personne mise en cause devra être recueilli si la diffamation vise une personne envisagée individuellement, et la loi prévoit qu'une seule association puisse exercer ce droit. Pour le reste, techniquement, ce sont les règles d'exercice du droit de réponse dans l'audiovisuel qui doivent s'appliquer, c'est-à-dire celles évoquées plus haut qui résultent du décret du 6 avril 1987. À la vérité, ce droit de réponse ne semble pas utilisé en pratique.

---

49 Aux termes du décret du 6 avril 1987, seule la violation des dispositions concernant la conservation des émissions est passible d'amende.

50 Cass. Civ. 1re, 29 novembre 2005, *Bessy c/ France 2, Légipresse* n° 228, comm. T. Hassler, *CCE* 2006 comm. 14 obs. A. Lepage.

Chapitre 3
Le droit de réponse dans les services en ligne

Depuis l'entrée en vigueur du décret n° 2007-1527 du 24 octobre 2007, le droit de réponse sur internet est encadré par un arsenal juridique précis[51]. Son régime emprunte certains éléments du droit de réponse dans la presse écrite, mais il reste original à plus d'un titre et est en réalité une forme d'hybride.

§ 1. Les conditions du droit de réponse

A. PREMIÈRE CONDITION : UN SERVICE DE COMMUNICATION AU PUBLIC EN LIGNE

Ce type de droit de réponse ne s'applique qu'aux services dits "de communication au public". En effet, selon l'article 6-IV de la loi dite LCEN du 21 juin 2004 : « *Toute personne nommée ou désignée dans un service de communication au public en ligne dispose d'un droit de réponse, sans préjudice des demandes de correction ou de suppression du message qu'elle peut adresser au service.* » Ce terme de « *service de communication au public en ligne* » peut prêter à confusion quand on lit les définitions des services figurant à l'article 1er de la LCEN. Par ailleurs, il semble logique d'écarter du champ du droit de réponse les services internet relevant non pas du titre I de la LCEN, mais du titre II, relatif aux services de commerce électronique. Ces derniers sont définis par l'article 14 de la loi LCEN selon lequel : « *Le commerce électronique est l'activité économique par laquelle une personne propose ou assure à distance et par voie électronique la fourniture de biens ou de services. Entrent également dans le champ du commerce électronique les services tels que ceux consistant à fournir des informations en ligne, des communications commerciales et des outils de recherche, d'accès et de récupération de données…* » Cette catégorie est donc beaucoup plus large qu'on pourrait le penser. En outre, l'hypothèse d'une personne mise en cause sur un site de commerce électronique n'est nullement d'école, ce type de site s'enrichissant de plus en plus de critiques, de comparatifs, de commentaires d'internautes, etc.

Pour le reste, le droit de réponse est naturellement exclu pour tous les services en ligne ayant le caractère de correspondance privée tels que courriels adressés à des personnes liées par une communauté d'intérêts, par exemple. Cela conduit de la même manière à exclure le droit de réponse dans le cadre des intranets propres à des

---

51 Sur les incertitudes avant l'entrée en vigueur de la loi LCEN : P. Auvret, « L'évolution des droits de réponse : de la presse écrite à l'internet », *Gaz. Pal.* 2001 p. 974 ; C. Bigot, « *L'exercice d'un droit de réponse et l'internet* », *Gaz. Pal.* 2002 doctr. 734 ; E. Derieux, « Droit de réponse : incertitudes et diversité des régimes actuels », *Légipresse* 2001 n° 184-II-99 ; A. Lepage, *Libertés et droits fondamentaux à l'épreuve de l'Internet*, Litec 2002, p. 239 et s. Sur le régime résultant de la loi LCEN : P. Auvret, « Le droit de réponse en ligne : jeu de miroirs », *Gaz. Pal.* 3 décembre 2006 ; Th. Verbiest et P. Reynaud : « Le régime juridique du droit de réponse sur internet », *Légipresse* n° 236 novembre 2006-II-133. Sur le décret du 24 octobre 2007 : Jacques Louvier et A. Hovine : « Un décret pour le e-droit de réponse », *Légipresse* 2007 n° 246-IV-34 ; B. Ader, « Interrogations et incertitudes sur la mise en œuvre du droit de réponse en ligne », *Légipresse* 2007 n° 247-I-165 ; P. Auvret, « Commentaire du décret n° 2007-1527 du 24 octobre 2007 », *CCE* 2008, Étude n° 4.

collectivités ou des entreprises. Doit-on également exclure cette procédure pour les services tels que les forums non ouverts au public, et pour lesquels l'accès est soumis à des conditions restrictives, visant à sélectionner les destinataires des messages ? Il peut en être ainsi des pages « Facebook » pour lesquelles ont été paramétrées des restrictions d'accès, et la question mérite à notre sens d'être posée.

B. DEUXIÈME CONDITION : UNE PERSONNE NOMMÉE OU DÉSIGNÉE

L'article 6-IV de la loi LCEN du 21 juin 2004 comporte une référence expresse à l'article 13 de la loi sur la presse. Cela implique donc que le droit de réponse soit ouvert à une personne simplement nommée ou désignée sur un site de communication au public en ligne. La parenté entre le droit de réponse en ligne et son homologue de la presse écrite est en ce domaine évidente. Pour le reste, le droit est ouvert à toutes personnes physiques ou morales pour les faits les mettant en cause, et est exclu pour les communautés informelles non dotées de la personnalité morale, ou en cas de simple mise en cause de marques, produits ou services. La jurisprudence développée sur ce point pour l'application de l'article 13 de la loi sur la presse est entièrement transposable.

C. TROISIÈME CONDITION : L'IMPOSSIBILITÉ DE FORMULER DIRECTEMENT SUR LE SITE LES OBSERVATIONS QU'APPELLE LA MISE EN CAUSE

L'article 1er du décret du 24 octobre 2007 prévoit une restriction considérable à l'application du droit de réponse en ligne, que rien dans l'article 6-IV de la loi LCEN ne pouvait laisser prévoir. En effet, selon l'alinéa 2 de ce texte : « *La procédure prévue par le présent décret ne peut être engagée lorsque les utilisateurs sont en mesure, du fait de la nature du service de communication au public en ligne, de formuler directement les observations qu'appelle de leur part un message qui les met en cause.* » Ainsi, il semble se déduire de ce texte que le droit de réponse est exclu dès l'instant que la personne mise en cause est à même, par une procédure appropriée, de réagir personnellement et directement en ligne, et sans filtrage préalable. La portée de cette restriction mériterait assurément d'être précisée. Une première décision judiciaire a considéré qu'il y avait lieu d'interpréter « *de façon étroite cette restriction apportée par voie réglementaire à l'exercice d'un droit que l'article 6-IV de la LCEN ouvre largement et sans condition* ». Il en résulte que les observations de la personne mise en cause doivent pouvoir être formulées à la suite même du message incriminé et non sur un autre compartiment du site[52].

§ 2. Modalités d'exercice du droit de réponse

A. LA FORME

Les formes prévues sont plus nombreuses qu'en matière audiovisuelle. La demande doit être adressée par une lettre recommandée avec accusé de réception ou « *par*

52 TGI Paris (ord. réf.), 19 novembre 2007, *Légipresse* n° 247-III-265 note B. Ader ; *CCE* 2008 comm. 12 obs. A. Lepage.

tout autre moyen garantissant l'identité du demandeur et apportant la preuve de la réception de la demande ». La portée de cette exigence d'un moyen « *garantissant l'identité du demandeur* » paraît incertaine. Faut-il exiger une justification de cette identité au moment de la demande de droit de réponse ? Les tribunaux n'ont jamais été saisis de cette question à notre connaissance. Quoi qu'il en soit, cette formulation doit certainement exclure par principe la demande de droit de réponse par voie de courriel, sauf à disposer d'un moyen technique permettant d'exclure toute incertitude quant à sa date et quant à la réception effective du texte, ce qui n'est pas le cas actuellement, sans des investigations techniques hors de proportion.

Le contenu de la demande est lui aussi très strictement réglementé. La demande doit comporter les éléments suivants :

- Les références du message
- Les conditions d'accès sur le service de communication au public en ligne
- Le nom de l'auteur du message, s'il est connu
- La nature du message, écrit, son ou image
- La mention des passages contestés
- La teneur de la réponse sollicitée

Le droit de réponse en ligne reprend ainsi le parti rigoriste du droit de réponse audiovisuel.

S'agissant du destinataire de la demande, il faut distinguer entre professionnels et non-professionnels. Pour les professionnels, qui sont tenus de désigner un directeur de la publication en application de l'article 6-III-1 de la loi LCEN, la réponse doit être adressée à ce dernier, ce qui est classique. En revanche, pour les non-professionnels qui ont conservé l'anonymat, ceux-ci sont tenus de mentionner les coordonnées de leur hébergeur qui doit être destinataire du droit de réponse. Ce dernier doit en principe le transmettre ensuite sans délai au directeur de la publication du service de communication en ligne édité à titre non professionnel. Si l'hébergeur ne transmet pas le droit de réponse à l'éditeur du service à titre non professionnel dans un délai de 24 heures de la demande, il encourt une contravention de 4e classe.

B. LE DÉLAI

Le droit de réponse doit être exercé dans un délai de trois mois à compter de la première mise en ligne du message justifiant la demande[53]. Il n'est *a priori* prévu aucune réouverture de ce délai de droit de réponse pour les personnes mises en cause à l'occasion de poursuites pénales, ce qui tranche avec la solution retenue en

53 La loi prévoyait initialement un délai de trois mois à compter du retrait, mais elle a été censurée par le Conseil constitutionnel dans sa décision n° 2004-494 DC du 10 juin 2004.

matière de presse écrite et d'audiovisuel. C'est pourtant pour le support internet que cette réouverture eut été la plus opportune.

C. LA DIMENSION DE LA RÉPONSE

Quelle que soit la nature du message initial, la réponse aura toujours lieu sous forme de texte. La longueur de la réponse autorisée est équivalente au message auquel elle se rapporte sans la limite minimale de 50 lignes prévue en matière de presse écrite, mais en revanche avec une limite maximale de 200 lignes, reprenant à cet égard la limite prévue par l'article 13 de la loi sur la presse. L'absence de longueur minimale n'est pas très réaliste. En effet, comment répondre à une mise en cause d'une ligne, qui pourrait tout à fait appeler un droit de réponse, lequel devient de fait impraticable ?

Le décret du 24 octobre 2007 a aussi prévu opportunément de prévenir les difficultés susceptibles de surgir lorsque le message auquel il est répondu ne se présenterait pas sous une forme alphanumérique. En ce cas, la transcription de ce message en un texte détermine la longueur de la réponse à laquelle le demandeur a droit. Cette disposition est adaptée aux messages parlés ou aux commentaires qui peuvent effectivement faire l'objet d'une transcription, mais totalement inadaptée pour les images. Comment pourraient-elles en effet être transcrites sous forme de texte afin de déterminer la longueur de la réponse autorisée ? Cette difficulté n'a jamais été tranchée en jurisprudence.

D. LE CONTENU DE LA RÉPONSE

On appliquera sur ce point les mêmes règles qu'en matière de presse écrite auxquelles nous renvoyons[54]. Il conviendra donc de proscrire l'atteinte à l'intérêt légitime des tiers, à la réputation de l'auteur de l'article, ou à l'ordre public, et de refuser toute demande abusive ou tout texte dépourvu de pertinence.

§ 3. Les modalités de publication du droit de réponse

A. OBLIGATION DE RÉPONSE DU DIRECTEUR DE LA PUBLICATION

Comme en matière audiovisuelle, le directeur de la publication ne peut pas rester purement passif et doit lui-même répondre au demandeur (ce qui n'est pas le cas en presse écrite), mais cette obligation n'est assortie d'aucune sanction. Selon l'article 4 dernier alinéa du décret, le directeur de la publication doit en principe faire connaître au demandeur la suite qu'il entend donner à sa demande dans un délai de trois

54 Cette analogie a déjà été admise par la jurisprudence. Cf. par exemple, CA Paris 14e ch. 12 juillet 2006, *Légipresse* n° 236-III-222 selon lequel *« l'exigence du respect des droits des tiers est à l'évidence applicable à la diffusion du droit de réponse en ligne »*.

jours à compter de la réception. En outre, le directeur de publication doit informer le demandeur des modalités selon lesquelles il sera procédé à la mise en ligne.

B. LES MODALITÉS PRATIQUES DE PUBLICATION DE LA RÉPONSE

Le délai général d'insertion est le même que pour les quotidiens dans le domaine de la presse écrite, à savoir trois jours à compter de la réception de la demande. Mais il existe également un délai particulier concernant les messages mis à la disposition du public par le biais de courriers électroniques périodiques non quotidiens tels que les newsletters. En ce cas, le directeur de la publication doit publier la réponse dans la parution qui suit la réception de la demande.

Le texte devra être formellement identifié comme résultant de l'exercice du droit de réponse et devra être mis à disposition dans des « *conditions similaires à celles du message en cause* ». Il semble, sur ce point, que le directeur de la publication dispose à son choix d'une option : soit publier la réponse à la suite du message initial, soit la rendre accessible à partir de celui-ci, en principe par un lien hypertexte. Enfin, on relèvera que si le texte auquel il est répondu n'est plus en ligne, la réponse devra porter les références de la mise en ligne en mentionnant sa date et la durée de sa mise à disposition au public.

Les règles concernant la durée de mise en ligne auraient pu gagner en clarté. Il faut sur ce sujet distinguer plusieurs cas de figure. Lorsque le message à l'origine de la réponse est toujours en ligne, celle-ci doit demeurer accessible tant que l'article est mis à disposition du public. Il existe par ailleurs un délai minimal d'un jour quelle que soit la durée de la mise en ligne initiale. Mais le décret ne tranche pas expressément la question de la durée lorsque le texte d'origine n'est plus accessible. Il semble bien qu'en pareil cas, la durée minimale obligatoire de mise en ligne soit en toute hypothèse de vingt-quatre heures, quelle que soit la durée de mise à disposition d'origine. En l'état du texte du décret, on voit mal qu'il puisse être imposé une autre durée. Afin de parer à toutes difficultés de preuve de l'effectivité de la publication au cours de cette période, il pourrait être sage de la faire constater par un huissier ou un autre constatant habilité.

C. LA PROCÉDURE D'OPTION PRÉVUE PAR L'ARTICLE 5 DU DÉCRET DU 24 OCTOBRE 2007

Ce texte prévoit une procédure particulière d'option. La personne qui exerce son droit de réponse peut offrir l'alternative au directeur de la publication de supprimer ou de rectifier tout ou partie du message à l'origine du droit de réponse, à la place de la publication du texte de réponse qui deviendra alors sans objet s'il est fait droit à cette alternative. Cette offre doit être expresse. La demande doit préciser les passages du message dont la suppression est sollicitée ou la teneur de la rectification envisagée. En ce cas, le directeur de la publication dispose de la faculté de procéder dans le délai de trois jours à la suppression ou à la rectification sollicitée, ce qui l'exonère de l'obligation d'insérer la réponse. L'option ainsi offerte au directeur de la publication semble discrétionnaire.

§ 4. Sanctions

Le refus d'insertion d'un droit de réponse en ligne est une infraction punie d'une amende de 3 750 euros. Le système du recours exclusif au juge des référés prévu en matière audiovisuelle, qui paraissait pourtant mieux adapté, n'a donc pas été retenu pour lui préférer la voie pénale, le *quantum* de la peine en cas de refus d'insertion étant aligné sur celui en vigueur pour la presse écrite. On relèvera par ailleurs que si ce droit de réponse n'est pas prévu par la loi du 29 juillet 1881 elle-même, l'article 6-IV de la loi LCEN y fait expressément référence, ce qui a conduit les tribunaux à exiger le respect des dispositions procédurales de la loi sur la presse en matière de refus d'insertion de droit de réponse en ligne[55], y compris en principe devant le juge des référés, contrairement à ce qui a été admis dans le domaine de l'audiovisuel par la 1re chambre civile de la Cour de cassation[56].

§ 5. La question de la concurrence des droits d'opposition et de rectification prévus par la loi du 6 janvier 1978 sur la protection des données personnelles

Problématique

Il faut évoquer en quelques mots les velléités d'utilisation des instruments d'opposition et de rectification prévus par la loi du 6 janvier 1978 sur la protection des données personnelles, car sous l'œil bienveillant de la CNIL, certains ont imaginé d'utiliser ces textes en lieu et place du droit de réponse, partant du postulat qu'un nom patronymique figurant sur un site internet était une donnée personnelle faisant l'objet d'un traitement automatisé entrant dans le champ de cette loi. En soi, sur le plan strictement technique, cette position est discutable, mais peut se concevoir. Cependant il s'agit là, à l'évidence, d'un détournement de la finalité de textes qui n'étaient pas destinés à une telle utilisation, et n'ont en aucune manière été édictés par le législateur dans la recherche d'une proportionnalité entre la protection des personnes et la liberté de l'information. Il en est tout particulièrement ainsi lorsqu'est utilisé le droit dit « d'opposition » auquel d'aucuns voudraient donner une portée telle qu'elle permettrait à toute personne citée de faire supprimer du web les informations la concernant. Un tel droit de suppression de l'information heurte frontalement les principes qui résultent de l'application de l'article 10 de la Convention EDH.

---

55 CA Dijon, 11 mai 2006, *CCE* 2007, n° 3, p. 20 et nos obs.

56 Cass. Civ. I, 29 novembre 2005, précité.

Droits d'opposition et droits de rectification

Selon nous, il se pratique un amalgame permanent entre deux droits qui n'ont ni la même portée, ni le même objet. Le droit d'opposition de l'article 38 de la loi du 6 janvier 1978 est un droit de s'opposer à la "collecte" d'une donnée personnelle, alors que le droit de rectification de l'article 40 de cette même loi, vise la rectification de données déjà traitées. C'est en tout cas ce qui est admis par une doctrine autorisée[57] et ce qui est induit de certains travaux préparatoires du législateur lui-même[58]. Dans ces conditions, le droit d'opposition de l'article 38 doit jouer son rôle bien en amont, au moment de la collecte des données, et ne devrait avoir aucune vocation à intervenir au titre de la rectification ou de la suppression, lesquelles ne devraient relever que du texte spécial édicté dans ce but, c'est-à-dire l'article 40.

Mais la CNIL ne retient pas cette distinction et fait valoir une interprétation maximaliste des prérogatives accordées par la loi du 6 janvier 1978, d'une part en donnant une interprétation élargie du droit d'opposition et, d'autre part, en poussant les frontières du droit des données personnelles de telle sorte qu'il pourrait absorber tout le corpus des droits de la personnalité régis par l'article 9 du Code civil, et balayer au passage la jurisprudence très subtile élaborée par la Cour de cassation depuis les années 2000 pour trouver le juste équilibre entre les droits des personnes et la liberté de l'information. Ainsi, selon la doctrine officielle figurant sur le site internet de la CNIL, « *le droit d'opposition s'exerce au moment de la collecte d'informations ou plus tard en s'adressant au responsable du fichier* »[59]. Et à titre d'exemple, elle indique qu'« *une personne qui contesterait, par exemple, la diffusion de son image par un site web pourrait s'adresser* (...) *à la CNIL, après avoir, en application du droit d'opposition, demandé sans succès l'arrêt de cette diffusion au responsable du site. Enfin, on doit relever que la diffusion à partir d'un site web ouvert au public de données à caractère personnel (le nom d'une personne ou son image) constitue un traitement automatisé de données à caractère personnel*[60] ». Cette position nous paraît très contestable.

La conciliation des droits prévus aux articles 38 et suivants de la loi du 6 janvier 1978 avec la liberté d'expression

Ce sujet mérite à lui seul une réflexion très approfondie qui commence tout juste à être entreprise, tant il est vrai qu'il existe deux blocs juridiques traversés par des vents contraires. Certaines études ont toutefois déjà exploré ce champ d'investigation et concluent tantôt à une vraie contradiction, tantôt à une complémenta-

57 Voir N. Mallet-Poujol, note sous TGI Paris, ord. réf. 25 juin 2009, *Légipresse* 2009-III-p. 215 et suiv. Cet auteur rappelle (p. 219) que le droit d'opposition de l'article 38 « *s'exerce au moment de la collecte et avant que tout traitement ait été mis en œuvre* ».

58 Voir rapport n° 1537 de M. Francis Delattre à l'Assemblée nationale

59 http://www.cnil.fr/vos-libertes/vos-droits/le-droit-dopposition

60 http://www.cnil.fr/en-savoir-plus/fiches-pratiques/fiche/article/lutilisation-de-limage-des-personnes rité[61]. Pour le professeur Jean Frayssinet, grand spécialiste du droit des données personnelles, *« on réalise immédiatement l'incompatibilité des règles de la protection des données personnelles avec la liberté dont doit disposer la presse pour accomplir sa mission d'information*[62] *»*.

La jurisprudence est de son côté très indécise. À des décisions écartant très clairement l'application de la loi du 6 janvier 1978 au profit du seul droit spécial de la presse issu soit de la loi du 29 juillet 1881 complété par la loi LCEN, soit de l'article 9 du Code civil[63], répondent d'autres décisions admettant une intrusion du droit des données personnelles dans les mécanismes légaux de rectification de l'information publiée sur internet[64]. Il en résulte une grande incertitude juridique, d'autant que certaines juridictions se sont engagées ponctuellement dans une troisième voie originale consistant à créer de manière prétorienne une forme de droit de suite[65], qui nous paraît heurter un principe fondamental selon lequel le juge n'a aucun pouvoir créateur de droit dans le domaine de la liberté d'expression, en vertu de l'impératif de prévisibilité résultant de l'article 10 de la Convention EDH.

Nous pensons pour notre part que l'utilisation du droit des données personnelles est un vrai détournement. À l'instar de l'utilisation de l'article 1382 du Code civil pour contourner les contraintes du délit de diffamation prévues par la loi du 29 juillet 1881, cela revient à permettre à un demandeur d'éluder les protections spécifiques de la liberté d'expression prévues par le législateur, grâce à l'utilisation d'un instrument juridique général qui ne prend aucunement en compte l'exigence de proportionnalité découlant de l'article 10 de la Convention EDH. En outre, c'est un abus permettant de paralyser les délais stricts et d'ordre public d'exercice des droits de réponse et de rectification sur internet[66], alors même que le Conseil constitutionnel, lors de son examen de la loi LCEN, avait rappelé que des délais stricts en ce domaine étaient indispensables à la protection de la liberté fondamentale de l'information[67]. Il a en effet considéré que *« par elle-même, la prise en compte de différences dans les*

61 Voir sur le sujet : L. Marino, « Les nouveaux territoires des droits de la personnalité », *Gaz. Pal.* 2007, doctr. p. 1477 ; J. Boyer, « Droit à l'oubli, droit de suppression, droit de suite : la loi informatique et libertés doit-elle arbitrer la liberté d'expression ? », *Légicom* n° 46, 2011/1 p. 77 et suiv. ; J. Frayssinet, « L'articulation de la liberté d'expression avec l'article 7 de la loi "informatique et libertés" en cas de violation de la vie privée n'est pas un fusil à deux coups », *RLDI* déc. 2009, n° 55, n° 1814, p. 14 et s. ; J. Le Clainche, « Droit des données personnelles et libertés d'expression : hiérarchisation ou conciliation ? », *RLDI* janv. 2010, n° 56, n° 1843, p. 17 et s. ; A. Lucas-Schloetter, « Droit à la vie privée et protection des données personnelles *versus* liberté d'expression », *Légipresse* n° 282, p. 217 ; N. Mallet-Poujol, note sous TGI Paris, 9 mai 2012, *Légipresse* 2012, p. 504.

62 J. Frayssinet, « Le pseudo-droit à l'oubli appliqué à la presse », *Légipresse* octobre 2010, p. 175.

63 En ce sens : TGI Paris, réf. 23 juin 2008, n° 08/55130, disponible sur juriscom.net ; TGI Paris, réf. 12 octobre 2009, *CCE* févr. 2010, comm. 17 obs. A. Lepage.

64 TGI Montpellier, ord. réf. 28 octobre 2010, *CCE* mai 2011, comm. 47 obs. A Lepage ; CA Montpellier, 15 décembre 2011, *CCE* avril 2012 comm. 41 obs. A. Debet ; TGI Paris, 17e ch., *Dokhan c/ Les Échos,* 9 mai 2012, rejetant la demande, *Légipresse* 2012, p. 504, note Mallet-Poujol.

65 TGI Paris, ord. réf., 25 juin 2009, *Légipresse* 2009-III-215, note N. Mallet-Poujol.

66 Trois mois à compter de la première mise en ligne selon l'article 6 de la loi LCEN.

67 C. Constit., décision n° 2004-496 DC en date du 10 juin 2004. *Légipresse* 2004, n° 213, p. 53, note B. Tabaka.

conditions d'accessibilité d'un message dans le temps, selon qu'il est publié sur un support papier ou qu'il est disponible sur un support informatique, n'est pas contraire au principe d'égalité ; que, toutefois, la différence de régime instaurée, en matière de droit de réponse et de prescription, par les dispositions critiquées dépasse manifestement ce qui serait nécessaire pour prendre en compte la situation particulière des messages exclusivement disponibles sur un support informatique » (cons. 14).

Les exceptions prévues par la loi du 6 janvier 1978 pour les traitements de données à des fins de journalisme

Enfin, il ne faut pas oublier que le législateur a entendu fixer des règles particulières pour les traitements de données à des fins de journalisme et d'expression littéraire et artistique[68]. S'agissant du "journalisme", il est à noter que seul le journalisme de profession est concerné. On retrouve la distinction entre professionnels et non-professionnels déjà observée en matière de protection du secret des sources. Par ailleurs, la loi vise le respect de la déontologie, ce qui n'a guère de sens, dès l'instant qu'il n'y a aucun texte déontologique général moderne dans lequel se reconnaît la profession dans son entier, malgré quelques tentatives peu fructueuses. Quoi qu'il en soit, pour ce type de traitement, donc *a minima* pour les sites internet de presse employant au moins un journaliste professionnel[69], l'article 67 de la loi du 6 janvier 1978 écarte expressément l'application du droit de modification et de suppression de données mentionné à l'article 40. Comment imaginer, dans un tel contexte que l'application du droit d'opposition de l'article 38 puisse demeurer ? Il est évident que cela n'aurait strictement aucun sens. C'est la démonstration que dans l'esprit du législateur, l'article 38 n'est pas destiné à obtenir la suppression de données déjà traitées, mais un droit qui s'exerce au moment de la collecte. De ce fait, si le législateur n'a pas introduit de dérogation à l'article 38 dans son article 67, c'est pour la simple et bonne raison que les traitements de données aux fins de journalisme prévoient des règles dérogatoires en matière de collecte, qui rendent sans objet l'article 38. Toute autre lecture nous semble vider totalement de son sens l'article 67 de la loi de 1978, destiné à appréhender la spécificité des traitements de données à des fins journalistiques.

Le projet de Règlement européen relatif au traitement de données personnelles

Un projet de Règlement européen rendu public le 25 janvier 2012 visant à remplacer à terme la directive 95/46/CE est actuellement en cours d'élaboration à un stade très avancé. Ce texte, lorsqu'il entrera en vigueur, sera directement applicable en

---

68 Pour un exposé complet de ce régime : N. Mallet-Poujol, « Les traitements de données personnelles aux fins de journalisme », *Légicom* n° 43, 2009/2 p. 69. Voir aussi la Délibération CNIL n° 95-012 du 24 janvier 1995.

69 On peut se référer sur ce point à la définition donnée l'article 1er alinéa 2 de la loi du 1er août 1986 modifiée selon lequel : « *On entend par service de presse en ligne tout service de communication au public en ligne édité à titre professionnel par une personne physique ou morale qui a la maîtrise éditoriale de son contenu, consistant en la production et la mise à disposition du public d'un contenu original, d'intérêt général, renouvelé régulièrement, composé d'informations présentant un lien avec l'actualité et ayant fait l'objet d'un traitement à caractère journalistique, qui ne constitue pas un outil de promotion ou un accessoire d'une activité industrielle ou commerciale.* »

France. Dans le cadre de la mise en place de ce nouvel environnement juridique, l'UE rappelle au point 3.3 de sa note d'explication que le texte impacte la liberté d'expression, elle aussi garantie par la Charte des droits fondamentaux. Ce projet entérine formellement la nécessité d'un « droit à l'oubli numérique », sorte de serpent de mer ayant fait l'objet d'une proposition de loi française toujours en cours d'adoption, tout en précisant que la conservation des données devrait être autorisée *« lorsqu'elle est nécessaire à des fins statistiques ou de recherche historique ou scientifique, (...) ou à l'exercice du droit à la liberté d'expression »* (considérant 53 de l'exposé des motifs). Cette réserve est traduite dans l'article 17-3-a par une exception à l'obligation d'effacer sans délai les données personnelles en cas de demande de rectification, lorsque la conservation est nécessaire *« à l'exercice de la liberté d'expression »*.

Surtout, outre la possibilité générale pour les États membres de limiter les droits de rectification et d'opposition en vue d'assurer le respect des droits et liberté d'autrui (art. 21-1-f), la liberté de l'information fait spécifiquement l'objet d'un article 80 intitulé « *traitements de données à caractère personnel et liberté d'expression* », selon lequel « *les États membres prévoient, pour les traitements de données à caractère personnel effectués aux seules fins de journalisme ou d'expression artistique ou littéraire, des exemptions et dérogations aux dispositions sur les principes généraux... pour concilier le droit à la protection des données à caractère personnel avec les règles régissant la liberté d'expression* ». Il conviendra de mesurer précisément l'impact de ce Règlement lorsqu'il entrera en vigueur, mais on peut d'ores et déjà observer que dans ses grandes lignes, la philosophie du texte européen sera très proche du droit français actuel.

***

Ces différents droits de réponse et de rectification prévus par les lois du 29 juillet 1881, du 29 juillet 1982 et du 21 juin 2004 constituent l'expression d'un droit de la presse précontentieux qui permet de résoudre harmonieusement bien des situations conflictuelles si le demandeur n'en fait pas une revendication destinée à nuire à l'organe de presse, et si ce dernier l'envisage positivement comme une contribution à un débat qu'il a lui-même initié. Malheureusement, cette vision idéaliste est rarement vérifiée, le droit de réponse étant le plus souvent l'occasion d'un rapport de force bien éloigné de la mise en œuvre d'une volonté commune d'apaisement. En outre, cette phase de rectification n'exclut jamais le passage à un stade contentieux qui se traduit la plupart du temps par l'engagement d'une procédure fondée sur l'une des nombreuses infractions prévues par la loi du 29 juillet 1881.

TITRE III

Les infractions prévues par la loi sur la presse

Observations générales sur le rigorisme procédural de la loi sur la presse

Comme on l'a déjà indiqué, la loi sur la presse est très largement dérogatoire au droit commun, tant en ce qui concerne les moyens de défense du prévenu, que s'agissant des formalités à accomplir par la partie poursuivante. Celle-ci doit remplir plusieurs formalités originales, suivre des règles de forme particulières, qui peuvent se transformer en chausse-trapes si l'on n'y prend pas garde. Ces particularités de procédure ne sont pas insurmontables, comme certains croient pouvoir trop rapidement l'affirmer, et la statistique montre que la proportion d'affaires qui échouent sur une question de procédure est généralement surévaluée[1]. Ce formalisme a un but précis, il est destiné à protéger une liberté fondamentale. Mais il est bien vrai qu'au final, lorsqu'il est correctement défendu, les médias trouvent souvent sur le terrain de la procédure matière à discussion, sinon à obtenir gain de cause en justice. Ces joutes procédurales peuvent paraître artificielles aux nobles esprits. Elles sont pourtant l'application stricte de la loi sur la presse et, par conséquent, l'expression de l'état de droit. La complexification du droit étant aujourd'hui un phénomène fréquent et général, la seule particularité de la loi sur la presse ne serait-elle pas finalement d'avoir été en avance sur son temps ?

1 Voir sur ce point, page 212.

Chapitre préliminaire
Les relations entre la loi du 29 juillet 1881 et les autres textes susceptibles de régir l'expression publique

Loi spéciale et lois générales

Il existe bien d'autres textes que la loi sur la presse susceptibles de régir l'expression publique et l'information. Les plus utilisés concernent la protection de la vie privée, en particulier l'article 9 du Code civil complété par les articles 226-1 et suivants du Code pénal. Il en résulte qu'un important contentieux de l'information échappe à l'emprise de la loi du 29 juillet 1881. Lorsqu'il y a concurrence entre deux textes spéciaux, le demandeur peut en théorie choisir son fondement et il n'y a pas de prééminence de la loi sur la presse.

Mais au-delà de l'application de textes spéciaux, il existe une question récurrente consistant à déterminer dans quelle mesure ou selon quelles conditions l'application de la loi sur la presse peut être évincée, en utilisant des textes généraux et en particulier la responsabilité civile de droit commun, prévue par les articles 1382 et 1383 du Code civil. C'est une des questions les plus controversées du droit de la presse, dans laquelle la Cour de cassation a mis bon ordre depuis 2000, même si certaines espèces laissent entrevoir une conception encore hésitante de la portée de l'éviction du droit de la responsabilité civile.

Le débat

Pour les uns, admettre l'application de l'article 1382 du Code civil dans le champ de la loi du 29 juillet 1881 revient, d'une part, à permettre au demandeur de priver le défendeur des garanties que prévoit une loi pourtant d'ordre public et destinée à garantir une liberté fondamentale et, d'autre part, à permettre au juge de combler de façon prétorienne les espaces de liberté délibérément laissés par le législateur qui a entendu sanctionner seulement certains comportements prédéterminés, en dehors desquels la liberté d'expression est absolue[2].

Pour les autres, la responsabilité civile s'applique à toutes les situations, et rien n'interdit de sanctionner une faute causant un dommage à autrui si les conditions de la responsabilité civile sont remplies. La loi sur la presse, essentiellement pénale, ne contenant aucune disposition écartant l'application du droit commun de la responsabilité civile, celle-ci devrait s'appliquer aux journalistes comme à tout autre citoyen, sauf à leur accorder un brevet de nuire excessif[3].

2 Voir sur ce débat, notre article : C. Bigot, « Le champ d'application de l'article 1382 du Code civil en matière de presse », in *Liberté de la presse et droits de la personne*, éd. Dalloz 1997, p. 63. Et l'ensemble des références citées plus bas.

3 Voir notamment : E. Derieux, *CCE* 2006, étude n° 4.

Ce débat a donné lieu à certaines des plus belles pages de la doctrine juridique française. En particulier, le doyen Carbonnier lui a consacré un article passé à la postérité, intitulé « *Le silence et la gloire*[4] ». Dans cet article, il se demandait si la loi de 1881 « *n'avait pas entendu instituer, pour toutes les manifestations de la pensée, un système juridique clos, se suffisant à lui-même, arbitrant une fois pour toutes tous les intérêts en présence, y compris les intérêts civils et enlevant du même coup à l'article 1382 une portion de sa compétence diffuse* ».

Un autre maître du droit civil, Henri Mazeaud, a lui aussi donné un point de vue très éclairant sur la combinaison du droit spécial et du droit général en matière de responsabilité civile, dans un article intitulé « *L'absorption des règles par le principe de responsabilité civile*[5] ». Selon cet auteur : « *Nous pouvons demander réparation du préjudice qui nous a été causé fautivement, mais à la condition que le législateur n'ait pas spécialement prévu le dommage que nous subissons, soit pour nous contraindre à le supporter sans indemnité, auquel cas nous ne pouvons rien réclamer, soit pour soumettre à certaines conditions plus ou moins strictes sa réparation ou le* quantum *de l'indemnité, auquel cas nous sommes tenus de nous incliner devant cette réglementation. Les articles 1382 et suiv. ne peuvent servir à tourner la loi. Principe évident, si évident qu'il n'a pas souvent été dégagé ! Son application ne fait pas difficulté dans les situations où le législateur, en réglementant une institution particulière, a nettement marqué sa volonté de soumettre à cette réglementation et à elle seule tous les conflits susceptibles de s'élever en ce domaine.* » Comment ne pas être frappé par la justesse du propos, et son évidente adéquation à la problématique de l'application de l'article 1382 du Code civil en matière de presse ? Il reste que, sur ce sujet, la messe n'a jamais été dite, et plusieurs thèses ont encore été rédigées récemment sur ce thème sensible, dont l'arrière-fond idéologique opposant partisans et pourfendeurs de la liberté de la presse est évident[6].

La question de la conformité de l'utilisation de la responsabilité civile de droit commun avec l'article 10 de la Convention EDH

Le caractère particulièrement vague et laconique de l'article 1382 du Code civil fait d'emblée douter qu'il soit suffisamment précis pour remplir les conditions de prévisibilité résultant de l'application de l'article 10 de la convention EDH. Mais la Cour de Strasbourg, saisie de cette question dans une espèce relative à l'article 1382 du Code

---

4 *D.* 1951, chr. 159.

5 *DH* 1935 chr. 5.

6 Pour une vue d'ensemble de la question : G. Lecuyer, *Liberté d'expression et responsabilité,* Th. Paris I 2004, éd. Dalloz 2006 ; et du même auteur : *Traité de droit de la presse et des médias,* sous la dir. de MM. Beignier, de Lamy et Dreyer, précité, p. 697 et s. *Adde*, notamment : B. de Lamy, « Les tribulations de l'article 1382 du Code civil au pays de la liberté d'expression », in *Mélanges Le Tourneau* : Dalloz, 2008, p. 275 ; E. Dreyer, « Disparition de la responsabilité civile en matière de presse », *D.* 2006 chr. 1337 ; N. Mallet-Poujol, « De la cohabitation entre la loi du 29 juillet 1881 et l'article 1382 du Code civil », *Légipresse* 2006-II-93 ; S. Martin-Valente, « La place de l'article 1382 du Code civil en matière de presse », *Légipresse* 2003-II- p. 71. Voir aussi, contenant d'intéressants développements sur cette question : L. Marino, « Responsabilité civile, activité d'information et médias », PUAM - Economica 1997 ; J. Traullé, « L'éviction de l'article 1382 du Code civil en matière extra-contractuelle », LGDJ 2007 ; G. Viney, « Le particularisme des relations entre le civil et le pénal en cas d'abus de la liberté d'expression », *Mélanges Bouloc*, éd. Dalloz 2006, p. 1180.

civil luxembourgeois, conçu en des termes équivalents à son homologue français, a jugé suffisant que les articles 1382 et 1383 du code luxembourgeois posent les principes de la responsabilité pour faute déclinés ensuite par la jurisprudence aux journalistes pour que ces derniers puissent prévoir, à un degré raisonnable, le caractère fautif des propos tenus[7]. Toutefois, dans une autre affaire plus récente, la Cour européenne a été amenée à nuancer sa position en considérant que l'article 1382 du Code civil (belge cette fois-ci) était insuffisamment précis pour fonder des mesures d'interdiction préventive[8]. Le sujet n'est donc certainement pas épuisé.

La responsabilité civile ne peut avoir une fonction substitutive à la loi sur la presse

Au cours des années 1990, la controverse s'est focalisée autour de la question de l'utilisation de l'article 1382 du Code civil par les héritiers d'une personne diffamée afin de contourner l'interdiction d'agir en diffamation édictée à l'article 34 alinéa 1er de la loi sur la presse. Alors que la 2e chambre civile avait admis cette possibilité en 1994[9], se rangeant ainsi du côté de ceux qui prônaient la possibilité de recourir à l'article 1382 en matière de presse, l'assemblée plénière de la Cour de cassation a statué en sens contraire, par deux arrêts du 12 juillet 2000, selon lesquels : « *Les abus de la liberté d'expression prévus et réprimés par la loi du 29 juillet 1881 ne peuvent être réparés sur le fondement de l'article 1382 du Code civil*[10] ». La Cour de cassation ne s'est plus départie de cette position depuis lors, sanctionnant de manière drastique toutes les tentatives d'appliquer l'article 1382 du Code civil dans des hypothèses prévues par la loi du 29 juillet 1881[11]. Ce rejet de la fonction substitutive qui peut conduire à priver de l'accès à un tribunal est l'objet d'une jurisprudence absolument constante et claire. Il est également admis que cette règle n'est pas contraire à l'article 6 de la Convention EDH[12]. En revanche une autre fonction de l'article 1382 du Code civil, la fonction dite complétive, est quant à elle l'objet d'une jurisprudence plus contrastée.

La fonction complétive de la responsabilité civile donne lieu à des solutions plus incertaines

Si les arrêts d'assemblée plénière du 12 juillet 2000 refusaient clairement l'incursion de l'article 1382 du Code civil dans le domaine de la loi sur la presse, le point de savoir s'il était possible de compléter l'arsenal répressif de la loi spéciale par le

7 CEDH, *Thoma c/ Luxembourg*, 29 mars 2001, req. n° 38432/97, § 53.

8 CEDH, *RTBF c/ Belgique*, 29 mars 2011, req. n° 50084/06.

9 Cass. Civ. 2e, 22 juin 1994, pourvoi n° 92-14.371, *Bull. Civ.* n° 167.

10 Cass. AP, 12 juillet 2000, pourvoi n° 98-10.160 et pourvoi n° 98-11.155, *D.*, 2000, IR p. 218, *D.*, 2000, somm. p. 463, obs. P. Jourdain, *Comm. Com. Électr.*, 2000, comm. n° 108, note L. Grynbaum, *Pet. Aff.*, 14 août 2000, p. 4, note E. Derieux.

11 Les décisions sont nombreuses. Voir notamment : Cass. Civ. 2, 8 mars 2001, *Bull. Civ.* II, n° 47 ; Cass. Civ. 2, 14 mars 2002, *Bull.* II n° 45 et 46, *Gaz. Pal.* 2003 p. 3830, note P. Guerder ; Cass. Civ. 2, 18 décembre 2003, pourvoi n° 01-02524 ; Cass. Civ. 2, 7 octobre 2004, pourvoi n° 02-21265 ; Cass. Civ. 1, 29 novembre 2005, pourvoi n° 04-16508 ; Cass. Civ. 1, 11 février 2010, pourvoi n° 08-22111 ; Cass. Civ. 1, 6 mai 2010, pourvoi n° 09-67624 ; Civ. 1, 25 novembre 2010, pourvoi n° 10-10732 ; Civ. 2, 16 décembre 2010, pourvoi n° 10-11469 ; Cass. Civ. 1, 3 février 2011, pourvoi n° 10-13698 ; Cass. Civ. 1, 28 septembre 2011, pourvoi n° 10-11547.

12 Cass. Civ. 1re, 12 décembre 2006, *JCP* 2007, II, 10010 et *Bull. Civ.* 2006, n° 551.

recours au droit commun de la responsabilité civile restait entier. Or, s'agissant de cette fonction dite complétive, il se dessine deux tendances dans les décisions de la Cour de cassation.

La tendance majoritaire admet que la responsabilité civile retrouve son empire en complément de la loi sur la presse pour appréhender les comportements non prévus par cette loi. Dans cette série de décisions, la Cour de cassation reprend sa motivation qui prohibe l'utilisation de l'article 1382 du Code civil dans le champ de la loi sur la presse, mais admet son application quand les faits ne caractérisent pas une infraction à la loi du 29 juillet 1881[13].

L'abus du droit de critique envers les produits et services d'une entreprise est l'exemple le plus topique de cette jurisprudence appliquant l'article 1382 du Code civil. C'est ce fondement qui est utilisé pour sanctionner le dénigrement de produits[14]. Selon une formule reprise d'arrêt en arrêt, « *les appréciations même excessives, touchant les produits, les services ou les prestations d'une entreprise industrielle ou commerciale n'entrent pas dans les prévisions de l'article 29 de la loi du 29 juillet 1881, dès lors qu'elles ne concernent pas la personne physique ou morale*[15] ». Mais les frontières du dénigrement fautif sont bien difficiles à définir. La faute a ainsi été retenue en cas d'appréciation générale très négative, au moyen d'un détournement du sens d'une étude, caractérisant un « *manquement à son devoir de prudence et d'objectivité*[16] ». De même, l'intention de nuire pourra délégitimer la critique, mais celle-ci est d'une certaine manière présumée légitime et nécessaire[17]. Toutefois, certains secteurs bénéficient d'une liberté de critique qui ne semble laisser aucune place à l'admission de ce type de dénigrement. Ainsi en est-il pour la critique gastronomique[18]. Selon la Cour de cassation, celle-ci est « *libre et permet la libre appréciation de la qualité ou de la préparation des produits servis dans un restaurant*[19] ». De même, dans une affaire remarquée concernant les vins du Beaujolais abruptement qualifiés de « *sorte de jus de fruit légèrement fermenté et alcoolisé* », la Cour de cassation a considéré que « *la publication de critiques, même sévères, concernant un vin ne pouvait constituer une faute dans le contexte d'un débat public*[20] ». Toutefois, dans une autre affaire concernant des vins qualifiés de « *picrates* », « *imbuvables* », le dénigrement

---

13 Voir par exemple : Civ. 1, 6 décembre 2007, pourvoi n° 06-15290, *Bull.* n° 382 ; Civ.1, 31 janvier 2008, pourvoi n° 07-12643, Civ. 1, 30 octobre 2008, *Bull.* n° 244 ; Civ. 1, 6 mai 2010, pourvoi n° 09-67.624 ; Civ. 1, 20 septembre 2012, pourvoi n° 11-20963.

14 Cf. par exemple : Civ. 2, 5 juillet 2000, pourvoi n° 98-14255 ; Cass. Civ. 2, 8 avril 2004, pourvoi n° 02-17588 ; Cass. Civ. 2, 16 juin 2005, pourvoi n° 03-18622 ; Civ. 1, 27 septembre 2005, pourvoi n° 04-12148 ; Civ. 1, 30 mai 2006, pourvoi n° 05-16437 ; Civ. 1, 5 juillet 2006, pourvoi n° 05-16614.

15 *Ibid.* V. récemment encore Civ. 1, 20 septembre 2012, pourvoi n° 11-20963.

16 Cass. Civ. 2, 8 avril 2004 précité.

17 Voir par exemple : TGI Paris, 2 mars 2011, *Légipresse* 2011, n° 283-08 p. 271.

18 La critique littéraire et artistique obéit aux mêmes principes.

19 Cass. Civ. 2, 23 janvier 2003, pourvoi n° 01-12848, *Bull.* II n° 15. Voir également sur la liberté de la critique gastronomique : CA Dijon 27 janvier 2004, *Légipresse* 2004-III-115, note B. Ader.

20 Cass. Civ. 2, 16 juin 2005 précité, *Légipresse* 2006-III-12, note B. Ader.

fautif a été reconnu[21]. Ces appréciations fluctuantes montrent selon nous combien l'article 1382 C. civ. manque de prévisibilité et n'est pas adapté à la régulation des activités de l'esprit.

On voit également trace de cette admission de l'article 1382 du Code civil pour compléter la loi sur la presse dans les décisions sanctionnant le dénigrement d'une profession. Ainsi, deux espèces opposant la profession d'avocat à des syndicats de policiers ont été particulièrement retentissantes. Elles ont conduit le tribunal de grande instance de Paris à admettre que la responsabilité de droit commun devait s'appliquer à l'hypothèse du dénigrement d'une profession, mais de manière restrictive, en étant expressément limitée « *aux seuls cas de manquements particulièrement graves ou de fautes intentionnelles*[22] ». Dans ce type de cas de figure, l'application de l'article 1382 du Code civil souffre singulièrement d'un déficit de prévisibilité, et il est fort difficile de tracer une limite claire entre le droit de critique autorisé et l'abus du droit de critique. On manque à l'évidence de critères objectifs pour déterminer exactement où commence l'abus, au-delà des attaques personnelles ou systématiques généralement caractéristiques d'une conduite abusive.

Enfin, on rattachera à cette tendance majoritaire une application singulière de l'article 1382 du Code civil dans le domaine historique, liée à la négation du génocide arménien. En effet, dans un jugement du 6 juillet 2005, le TGI de Paris, saisi par des associations arméniennes, a admis l'application de la responsabilité civile pour « *une présentation mensongère, dénaturée, fallacieuse ou gravement négligente de faits historiquement établis*[23] ». La cour d'appel de Paris a approuvé cette condamnation en retenant à son tour qu'une faute au sens de l'article 1382 du Code civil peut être constituée lorsque « *la présentation des thèses soutenues manifeste, par dénaturation, falsification ou négligence grave, un mépris flagrant pour la recherche de la vérité excluant toute vérification minimum des sources, constitutif d'une faute lourde, voire intentionnelle*[24] ».

Mais, d'autres arrêts restreignent de manière drastique l'usage de l'article 1382 du Code civil en remettant en cause son aptitude même à régir le champ de l'information en général. Ainsi, dans un arrêt du 24 avril 2003, la Cour de cassation a-t-elle affirmé avec une certaine solennité que « *les appréciations, même excessives, touchant les produits, les services ou les prestations d'une entreprise industrielle ou commerciale sont libres, dès lors qu'elles ne concernent pas la personne physique ou morale*[25] ». Puis, deux arrêts rendus l'un par la première chambre de la Cour de cassation le 27 sep-

21 Cass. Civ. 1, 5 juillet 2006, pourvoi n° 05-16614.

22 TGI Paris, 17e ch. civile, 19 mai 2010, définitif : RG : 10/00042 et 10/00043, *Légipresse* 2010, n° 276, p. 290, note F. Masure.

23 TGI Paris, 17e ch., 6 juillet 2005, *Légipresse* 2005-I-161, et 163.

24 CA Paris, 11e ch., 7 mars 2007, RG 05/15800, *Légipresse* n° 241-I-68, *D.* 2007 p. 2513, note E. Dreyer et J.B. Racine. Cette jurisprudence se situe dans la lointaine filiation d'un arrêt rendu par la 1re chambre de la Cour de cassation le 15 juin 1994 : Civ. I, 15 juin 1994, pourvoi n° 92-16471.

25 Cass. Civ. 2, 24 avril 2003, pourvoi n° 00-16895, *Bull.* II n° 112.

tembre 2005[26], l'autre par la deuxième chambre le 25 janvier 2007[27] ont paru à nouveau remettre en cause le principe même de l'application des textes généraux de la responsabilité civile dans le domaine de la presse et de l'édition. Prises à la lettre, les motivations de ces deux arrêts aboutissent à écarter radicalement l'application de l'article 1382 pour toutes les atteintes aux personnes dans le domaine de l'information. Alors qu'on pouvait penser, avec le recul de quelques années, que ces deux décisions étaient des épiphonèmes sans suite[28], la 1re chambre civile a de nouveau utilisé une formulation similaire en 2011, suscitant à nouveau des interrogations sur la signification exacte du changement de vocabulaire. En effet, dans un arrêt du 6 octobre 2011 dont la publication au *Bulletin* a été ordonnée, la Cour de cassation affirme que « *Les abus de la liberté d'expression ne peuvent être réprimés que par la loi du 29 juillet 1881*[29] ». Comme l'a relevé un commentateur, cette rédaction « *consacre un monopole de la loi sur la liberté de la presse pour sanctionner les abus de la liberté d'expression*[30] », mais la portée de cette décision reste incertaine et il serait aventureux d'en tirer une conclusion définitive sur l'éviction totale de l'article 1382 du Code civil du champ des abus de la liberté d'expression car plusieurs arrêts postérieurs reviennent à une motivation orthodoxe s'inscrivant dans le courant majoritaire[31]. Cette éviction totale pourrait à notre sens être circonscrite, par référence à l'article 1er de la loi du 29 juillet 1881, aux médias d'information.

26 Cass. Civ. 1re, 27 septembre 2005, pourvoi n° 03-13.622, *D.* 2006, p. 485, note Hassler et p. 768, note Lécuyer ; *RTDCiv.* 2006, p. 126, obs. P. Joudain.

27 Civ. 2, 25 janvier 2007, pourvoi n° 03-20506, *Gaz. Pal.* 6 oct. 2007, obs. P. Guerder ; *RTDCiv.* 2007, p. 354, obs. P. Jourdain.

28 La Cour de cassation va en effet changer son vocabulaire très vite : voir notamment: Cass. Civ. 1, 30 octobre 2008, *Bull.* I n° 244, *JCP* 2009-II-10006 note E. Dreyer ; Cass. Civ. 1, 19 mars 2009, pourvoi n° 07-19667 ; Cass. Civ. I, 11 février 2010, pourvoi n° 08-22111 ; 25 novembre 2010, pourvoi n° 10-10732 ; 3 février 2011, pourvoi n° 10-13698 ; 28 septembre 2011, pourvoi n° 10-11547.

29 Cass. Civ. 1, 6 octobre 2011, pourvoi n° 10-18142, *Légipresse* 2012, p. 31, note G. Lécuyer ; *CCE* 2012 comm. 18 obs. A. Lepage.

30 G. Lécuyer, note précitée.

31 Voir par exemple, Cass. Com. 18 octobre 2011, pourvoi n° 10-24808, appliquant l'art. 1382 C. civ. à un dénigrement dans le domaine commercial, et surtout Civ. 1, 20 septembre 2012, précité, Gaz Pal, 6 février 2013, p. 12, note Fourment et Michalski.

Chapitre 1
La publicité, condition commune à l'ensemble des infractions à la loi sur la presse

L'article 23 de la loi du 29 juillet 1881

Le critère de publicité est très mal logé dans l'architecture de la loi sur la presse, puisqu'il est intégré dans l'article 23 qui vise également la provocation publique à commettre des crimes ou délits. Il n'en demeure pas moins que les moyens de publicité énumérés à l'article 23 constituent un tronc commun à l'ensemble des infractions à la loi sur la presse qui sont de manière générale des infractions commises publiquement. Les moyens de publicité sont constitués, selon la loi, *« soit par des discours, cris ou menaces proférés dans des lieux ou réunions publics, soit par des écrits, imprimés, dessins, gravures, peintures, emblèmes, images ou tout autre support de l'écrit, de la parole ou de l'image vendus ou distribués, mis en vente ou exposés dans des lieux ou réunions publics, soit par des placards ou des affiches exposés au regard du public, soit par tout moyen de communication au public par voie électronique »*. Cette énumération est suffisamment large pour viser tous les moyens d'expression en public et tous les médias, sans difficultés majeures, même si certains moyens d'expression sur le Net peuvent soulever des interrogations ponctuelles[32]. La difficulté est en réalité ailleurs. Elle consiste à apprécier le point de basculement dans le champ de la publicité en dehors du domaine des médias proprement dits, qui sont quasiment publics par nature. Et il existe désormais sur ce point un critère unique, de création prétorienne, dit de la « *communauté d'intérêts* ». L'objet de ce critère est double. Pour les diffamations et injures, son application permet de distinguer ce qui relève des délits prévus par la loi sur la presse, et ce qui entre dans le champ des simples contraventions des articles R. 621-1 à 621-4 du Code pénal. Pour les autres infractions, la vérification de ce critère conditionne tout simplement la répression.

Le critère du groupement lié par une communauté d'intérêts

Il existe une jurisprudence pléthorique sur l'élément de publicité, lequel suppose pour être constitué que les personnes ayant eu accès au message litigieux ne constituent pas un groupement lié par une « *communauté d'intérêts* ». Depuis les années 1980, c'est ce critère qui est désormais retenu systématiquement par la Cour de cassation pour déterminer si l'infraction commise a un caractère public[33]. Cette diffusion à des personnes étrangères à la communauté d'intérêts doit être effective, une simple volonté non suivie d'effet étant insuffisante à caractériser la publicité[34]. Par-delà les nombreux arrêts d'espèce rendus, la Cour de cassation a édicté la règle

---

32 Par exemple pour les forums de discussion ou les profils de réseaux sociaux en fonction des moyens d'accès à ces supports. Voir sur ce sujet, p. 85.

33 Une interrogation *Legifrance* avec les items « communauté d'intérêts » et « diffamation » donne un résultat de 60 réponses en limitant la recherche à la période 1990-2012.

34 Cass. Crim. 11 octobre 2011, pourvoi n° 10-88657.

dans des décisions de principe telles que les arrêts rendus les 29 janvier 1998 (chambre criminelle) et 23 septembre 1999 (chambre civile) selon lesquels « *la distribution d'un écrit non confidentiel à divers destinataires qui ne constituent pas entre eux un groupement de personnes liées par une communauté d'intérêts caractérise la publicité prévue par l'article 23 de la loi du 29 juillet 1881*[35] ».

Il en résulte que le critère tenant au nombre de destinataires d'un écrit est sans pertinence. C'est l'appartenance ou non à cette communauté d'intérêts qui déterminera l'existence d'une publicité. Ainsi, un écrit adressé à des centaines de personnes ne sera pas public si ces personnes sont toutes parties à une communauté d'intérêts, telle qu'un syndicat de copropriétaires, une association[36], ou le personnel d'une entreprise[37] ; alors qu'un écrit transmis à une seule personne en dehors d'une communauté d'intérêts peut caractériser la publicité[38]. L'exemple topique à cet égard est celui de la transmission d'un écrit diffamatoire interne à une entreprise à un inspecteur du travail, qui suffit à caractériser la publicité[39], tout comme la transmission à un journaliste[40].

De même, le critère de la correspondance dite privée ou non, ou le point de savoir si l'écrit était ou non sous pli fermé, sont là encore dénués de pertinence, car on doit s'attacher aux liens existant entre les différents destinataires, et non aux modalités de l'envoi ou à la présentation matérielle du message[41].

S'agissant des tracts ou autres écrits distribués, ou des paroles proférées en réunion, la nature intrinsèque publique ou privée du lieu où les faits ont été commis importe peu, et il faut là encore apprécier si le lieu était accessible à des personnes étrangères à la communauté d'intérêts[42]. Dans une affaire qui a défrayé la chronique, concernant un ministre en exercice confondant dans un moment d'égarement les Arabes et les Auvergnats, la chambre criminelle a écarté la publicité aux motifs « *qu'un propos injurieux, même tenu dans une réunion ou un lieu publics, ne constitue le délit d'injure que s'il a été "proféré", au sens de l'article 23 de la loi sur la presse, c'est-à-dire tenu à haute voix dans des circonstances traduisant une volonté de le rendre public*[43] ». Il est donc bien clair que le caractère public du lieu n'est pas un critère pertinent.

---

35 Cass. Crim. 29 janvier 1998, pourvoi n° 95-82091 ; Cass. Civ. 2, 23 septembre 1999, pourvoi n° 97-18784, *Bull.* II n° 140.

36 Voir par exemple Crim. 30 mai 2007, pourvoi n° 06-86326 pour un envoi interne à une obédience maçonnique, en l'occurrence la GLNF.

37 Voir par exemple : Cass. Crim. 27 septembre 2011, pourvoi n° 11-80325. Peu importe le fait qu'ensuite les salariés de l'entreprise peuvent transmettre l'écrit à des personnes extérieures à l'entreprise : Cass. Crim. 4 janvier 1990, pourvoi n° 85-94880, *Bull. Crim.* n° 10.

38 Cass. Crim. 5 octobre 1993, pourvoi n° 92-81749, *Bull. Crim.* n° 273 ; Cass. Crim. 30 janvier 2001, pourvoi n° 00-82810.

39 Cass. Civ. 2, 14 novembre 2002, pourvoi n° 00-15549.

40 Cass. Crim. 26 février 2008, pourvoi n° 07-84846, *CCE* 2008 comm. 71, obs. A. Lepage.

41 Cass. Crim. 22 juin 2010, pourvoi n° 10-80994 ; 9 novembre 2010, pourvoi n° 10-84345.

42 Cass. Crim. 7 avril 1994, pourvoi n° 92-82879 ; Cass. Crim. 3 avril 2007, pourvoi n° 06-82063.

43 Cass. Crim. 27 novembre 2012, pourvoi n° 11-86982.

Qu'est-ce qu'un groupement de personnes liées par une communauté d'intérêts ?

Si la Cour de cassation a rendu des dizaines d'arrêts utilisant la notion de communauté d'intérêts, il est regrettable qu'elle n'ait pas pris la peine de la définir. Selon Mme A. Lepage, la notion « *présente l'inconvénient d'être un peu fuyante*[44] ». Il faut effectivement scruter la jurisprudence pour y déceler des indices qui semblent bien fragiles, et conduisent à avancer de manière empirique. Ainsi, quand la Cour de cassation considère que la communauté des conseillers municipaux n'est pas un « *groupement de personnes liées par une communauté d'intérêts* », elle n'en explique pas les raisons[45], pas plus que lorsqu'elle estime que les parents d'élèves d'une classe de l'école publique ne forment pas une telle communauté[46]. Il est en revanche clair que la notion ne s'étend pas à une simple communauté unie par une convergence de pensée politique ou idéologique[47]. Il semble donc que l'existence d'une communauté d'intérêts suppose d'une manière ou d'une autre la démonstration d'un ciment juridique ou contractuel, soit que les membres sont liés contractuellement entre eux, soit qu'ils sont membres d'un groupement institué par un texte légal ou réglementaire, ou par un instrument juridique s'apparentant à un contrat. Cette analyse peut être confortée par un arrêt rendu par la chambre criminelle de la Cour de cassation le 5 octobre 1999, cassant un arrêt ayant reconnu l'existence d'une communauté d'intérêts entre les différents locataires d'un office HLM, sans rechercher si les intéressés « *s'étaient réunis en groupement ou en association de défense de leurs intérêts communs*[48] ». Ainsi, distinction subtile, « *le groupement de personnes liées par une communauté d'intérêts* », n'est pas une communauté de personnes partageant des intérêts communs. Mais à l'inverse, il peut y avoir une composante juridique sans pour autant y avoir de communauté d'intérêts ! Ainsi, les abonnés à un journal, qui ont tous contracté avec la société éditrice ne forment évidemment pas entre eux une communauté d'intérêts en l'absence d'une condition particulière les unissant[49].

Communauté d'intérêts et réseaux sociaux

Groupes de discussion, forums, profils, pages personnelles, murs virtuels, et toutes ces sortes d'objets juridiques non identifiés ayant émergé avec l'explosion des réseaux sociaux, constituent des situations aux contours multiples pour lesquelles l'application du critère de la communauté d'intérêts n'est pas simple. La jurisprudence sur ce point est encore quasi vierge. Il semble que chaque situation génère sa propre problématique. S'il semble évident qu'un texte accessible sur le Net par le biais d'une simple inscription unilatérale ouverte à tous ait un caractère public au sens de l'article 23 de la loi sur la presse, le raisonnement se complique lorsqu'il faut être accepté dans le cercle des personnes ayant accès à l'information.

44 Obs. sous Crim. 28 avril 2009, *CCE* 2009 comm. 102.

45 Cass. Crim. 16 mars 2010, pourvoi n° 09-84160, voir déjà dans le même sens : Cass. Crim. 29 mars 1994, pourvoi n° 92-80728 ; Cass. Crim. 3 juin 1997, pourvoi n° 96-81706.

46 Cass. Crim. 3 juillet 2003, pourvoi n° 00-15468.

47 Cass. Crim. 28 avril 2009, pourvoi n° 08-85249, *CCE* 2009 comm. 102, obs. A. Lepage.

48 Cass. Crim. 5 octobre 1999, pourvoi n° 97-85701, *Bull. Crim.* n° 203.

49 Cass. Crim. 5 mars 2006, pourvoi n° 05-86567.

Si l'on raisonne par exemple sur l'hypothèse d'un profil Facebook, les informations figurant sur le « mur » accessible à tous sont certainement publiques, mais les informations diffusées dans le cercle des « amis » supposent une analyse particulière. Faut-il considérer que la nécessité d'un échange des consentements pour être dans la liste des « amis » crée un groupement lié par une communauté d'intérêts, ou au contraire admettre qu'une communauté reposant sur de simples affinités, des convictions ou des goûts communs est insuffisante ? La réponse à cette question n'a pas été donnée à notre connaissance en jurisprudence sur le terrain du droit de la presse, mais il faudra tôt ou tard la trancher compte tenu de l'ampleur prise par le phénomène. En revanche, le statut public ou privé du « mur » Facebook a déjà été l'objet de décisions judiciaires en matière de droit du travail, et les solutions retenues sont assez disparates[50].

50 La décision la plus remarquée à cet égard est un jugement du Conseil de Prud'hommes de Boulogne-Billancourt : Cons. prud'h. Boulogne-Billancourt, 19 nov. 2010, n° 10/00853, *Dalloz actualité,* 26 nov. 2010, obs. A. Astaix. De manière générale sur cette question, voir la synthèse réalisée par A. Astaix en date du 4 décembre 2012: http://www.dalloz-actualite.fr/essentiel/qualification-des-propos-tenus-sur-facebook-flou-predomine

Chapitre 2
Les différentes infractions prévues par la loi sur la presse

SECTION 1. LA DIFFAMATION

Généralités

Bien qu'il n'y ait pas de statistique officielle, on peut sans risque de se tromper affirmer que la diffamation est l'infraction relevant de la loi sur la presse le plus souvent poursuivie. Elle représente vraisemblablement plus des trois quarts du contentieux issu de la loi du 29 juillet 1881.

Il ne s'agit pas d'une seule infraction, mais en réalité d'un groupe de cinq délits dont les éléments constitutifs et les peines sont différents. Les distinctions portent soit sur la qualité de la victime, soit sur l'objet de l'atteinte. Au titre de la qualité de la victime, on distingue trois catégories selon que l'infraction vise une personne morale de droit public ou assimilée telle (article 30), une personne physique exerçant certaines fonctions d'intérêt public (article 31), ou enfin un simple particulier (article 32). Au sein même de cette dernière catégorie, deux autres types de diffamation sont prévus, le premier lorsque la victime est diffamée à raison de sa race, de sa religion, de son origine ou de son ethnie (article 32 alinéa 2), et le second lorsque la victime est mise en cause au sujet de son orientation sexuelle, de son sexe ou de son handicap (article 32 alinéa 3). Conformément à une règle de procédure que nous verrons plus loin, un même fait ne peut être poursuivi alternativement ou cumulativement au titre de deux diffamations différentes, et l'infraction précisément poursuivie doit ressortir sans équivoque de l'acte introductif de l'instance, faute de quoi celui-ci peut être annulé.

SOUS-SECTION 1. LES ÉLÉMENTS CONSTITUTIFS DU DÉLIT DE DIFFAMATION

Rappel du texte

La définition de la diffamation est donnée par l'article 29 de la loi du 29 juillet 1881. Ce texte est rédigé comme suit :

« Toute allégation ou imputation d'un fait qui porte atteinte à l'honneur ou à la considération de la personne ou du corps auquel le fait est imputé est une diffamation. La publication directe ou par voie de reproduction de cette allégation ou de cette imputation est punissable, même si elle est faite sous forme dubitative ou si elle vise une personne ou un corps non expressément nommés, mais dont l'identification est rendue possible par les termes des discours, cris, menaces, écrits ou imprimés, placards ou affiches incriminés. »

Aux termes de cette définition, la diffamation peut être commise par le texte ou par l'image[51] et « *le caractère diffamatoire d'un propos s'apprécie au jour où il est tenu, l'exactitude de celui-ci ne faisant pas disparaître l'atteinte portée à l'honneur et à la considération et ne pouvant être prise en compte qu'au titre du débat sur la preuve de la vérité des faits imputés, ou sur la bonne foi de l'auteur des propos*[52] ».

§1. Premier élément de la diffamation : l'allégation ou l'imputation d'un fait précis

A. LA NOTION DE FAIT PRÉCIS : LA POSSIBILITÉ D'UN DÉBAT PROBATOIRE

Pour qu'il y ait diffamation, il faut tout d'abord qu'il y ait imputation ou allégation d'un fait précis. Qu'entend-on par là ? La « *précision* » au sens de l'article 29 de la loi du 29 juillet 1881 consiste à vérifier que le fait dont la victime est accusée peut faire l'objet d'un débat probatoire, contradictoire, et soit donc susceptible d'une offre de preuves faite en vertu de l'article 55 de la loi (voir *infra*), et d'une offre de preuves contraires notifiée selon l'article 56 (voir *infra*). Dès l'instant que, par sa nature, ce fait n'est pas susceptible d'une preuve, l'un des éléments de la diffamation disparaît. Classiquement, la jurisprudence considère que « *pour être diffamatoire, une allégation ou une imputation doit se présenter sous la forme d'une articulation précise de faits de nature à être, sans difficulté, l'objet d'une preuve et d'un débat contradictoire*[53] ». Ou encore que « *pour constituer une diffamation, l'allégation ou l'imputation qui porte atteinte à l'honneur ou à la considération de la victime doit se présenter sous la forme d'une articulation précise de faits de nature à être sans difficulté l'objet d'une preuve et d'un débat contradictoire*[54] ». À défaut, c'est vers la qualification d'injure que le demandeur pourrait, le cas échéant, se tourner.

On peut illustrer ce propos par plusieurs exemples. Ainsi, à l'occasion d'une affaire dans laquelle une journaliste se plaignait d'avoir été présentée comme « *l'illettrée la plus célèbre du* Monde », la Cour de cassation a considéré que cette expression ne comportait pas l'imputation d'un fait précis situé et daté susceptible de faire l'objet d'une preuve et d'un débat contradictoire, de sorte qu'il s'agissait d'une injure et non d'une diffamation[55]. La même solution est retenue s'agissant d'un juge accusé d'être « *irresponsable* »[56]. Dans un domaine voisin, les propos tenus par le premier secrétaire du Parti socialiste selon lesquels « *le seul candidat qui était*

51 Ce dernier cas est rare. Voir par exemple, pour une image portant atteinte à la réputation d'une société : Civ. 1, 30 mai 2006, pourvoi n° 04-18520. Dans le sens contraire, ne retenant pas la diffamation : Cass. Civ. 1, 16 janvier 2013, pourvoi n° 12-15547.

52 Cass. Crim. 20 novembre 2007, pourvoi n° 07-80022.

53 Voir par exemple, Cass. Crim. 17 février 1981, *Bull. Crim.* n° 64.

54 Crim. 28 mars 2006, pourvoi n° 05-80.634, *Bull. Crim.* 2006, n° 90 ; Crim. 13 avril 2010, pourvoi n° 09-82389, *Bull. Crim.* n° 70.

55 Cass. Civ. II, 16 décembre 1999, *Légipresse* 2000-I, p. 85, n° 169-26.

56 Crim. 13 avril 2010 précité.

vraiment connu comme intègre, honnête et capable de faire les réformes nécessaires en matière de morale publique, c'était Lionel A... Cela ne lui a pas donné les suffrages qu'il espérait. Et le candidat sans doute le plus corrompu de tous, c'était Jean-Marie Le Y... », ne sont pas diffamatoires, car insuffisamment précis pour être l'objet d'une preuve et d'un débat contradictoire[57]. En l'occurrence, ce sont les termes « *sans doute* » qui permettent d'éviter la qualification. Dans le même ordre d'idées, l'affirmation selon laquelle un préfet de Corse, passé à la postérité pour son action dans le domaine des "paillottes", « *a disjoncté* » est une injure et non une diffamation, car cette expression ne renferme pas de référence à un événement précis susceptible d'être prouvé [58]. Dans un autre registre, l'accusation « *de ne pas aimer les enfants* » n'a pas été considérée comme diffamatoire, car il s'agit de « *l'expression d'un sentiment* » et non d'un fait précis susceptible d'être prouvé [59].

L'assemblée plénière de la Cour de cassation a rappelé, dans un arrêt du 25 juin 2010[60], que l'exigence tenant à la possibilité d'un débat probatoire est très rigoureuse et ne souffre pas l'approximation, tout en soulignant à son corps défendant la part d'arbitraire que cette recherche peut parfois engendrer. Il s'agissait d'une procédure au long cours pour diffamation envers la police, engagée contre un groupe de rapeurs à raison des expressions suivantes :

« Les rapports du ministre de l'Intérieur ne feront jamais état des centaines de nos frères abattus par les forces de police sans qu'aucun des assassins n'ait été inquiété » ;
« La justice pour les jeunes assassinés par la police disparaît sous le colosse slogan médiatique "Touche pas à mon pote" » ;
« La réalité est que vivre aujourd'hui dans nos quartiers, c'est avoir plus de chance de vivre des situations (...) d'humiliations policières régulières. »

Suite à un arrêt de la cour de Versailles estimant que ces expressions avaient un caractère injurieux, et non diffamatoire, le pourvoi soutenait que de tels propos contenaient « *l'imputation faite aux forces de police de la commission, en toute impunité, de centaines de meurtres de jeunes des banlieues* », ce qui constitue l'allégation de faits précis. Mais l'assemblée plénière a rejeté ce pourvoi en considérant à cette occasion « *qu'ayant exactement retenu que les écrits incriminés n'imputaient aucun fait précis, de nature à être, sans difficulté, l'objet d'une preuve ou d'un débat contradictoire, la cour d'appel en a déduit à bon droit que ces écrits, s'ils revêtaient un caractère injurieux, ne constituaient pas le délit de diffamation* ». Il faut insister sur cette expression « *sans difficulté* » qui n'est ni nouvelle, ni utilisée par hasard, et est d'ailleurs quasi sys-

---

57 Cass. Civ. 1, 4 avril 2006, pourvoi n° 05-14404, naturellement personne n'a reconnu les protagonistes...

58 TGI Paris 17e, 3 octobre 2000, *Légipresse* 2000-I, p. 85, n° 177-21.

59 TGI paris 17e, 3 mars 2000, *Légipresse* 2000-I, p. 47, n° 173-05.

60 Cass. AP, 25 juin 2010, pourvoi n° 08-86891, *Légipresse* 2010 p. 240 note B. Ader ; *CCE* 2010 comm. 127, obs. A. Lepage ; *D.* 2011. 780, obs. E. Dreyer; *JCP* 2010. 1258, obs. B. de Lamy ; *Gaz. Pal.* 29-30 sept. 2010, p. 15, obs. F. Fourment ; *RSC* 2011 p. 130 obs. J. Francillon.

tématiquement employée depuis lors[61]. Elle pose une exigence forte et imprime sa rigueur à la définition de cet élément constitutif de la diffamation, mais il ne faut pas se méprendre sur sa portée. Il ne s'agit pas d'apprécier à ce stade le résultat du débat probatoire, mais la possibilité technique de tenir un débat de preuves ; d'apprécier si, abstraitement, des moyens de preuve pouvaient être de nature à établir la vérité ou la fausseté de l'allégation. En l'espèce, au-delà de la règle parfaitement posée, l'arrêt rendu par l'assemblée plénière le 25 juin 2010 laisse perplexe. On pourrait même considérer qu'il existe une vraie contradiction entre le principe rappelé qui ne souffre aucune discussion et l'application qui en est faite au cas d'espèce, bien peu rigoureuse selon nous.

Il résulte de ces principes qu'il y a lieu de distinguer l'imputation d'un fait précis, d'un certain nombre d'autres expressions critiques telles que le débat d'opinion, le débat d'idées ou le jugement de valeur, qui ne sont pas constitutifs de diffamation.

B. LA DISTINCTION ENTRE LES FAITS ET LES OPINIONS OU JUGEMENTS DE VALEUR

Par hypothèse, une opinion ou un jugement de valeur n'est pas susceptible de preuve. C'est une appréciation subjective. Or le délit de diffamation n'a pas vocation à appréhender des expressions subjectives. C'est le signe que le législateur a entendu ménager un équilibre destiné à protéger le droit de critique. Dans ces conditions, une opinion, même très critique[62], un débat d'idées ou un jugement de valeur, ne seront jamais constitutifs d'une diffamation faute de pouvoir faire l'objet d'un débat probatoire[63]. En revanche, si un jugement de valeur ou une opinion est émis à l'occasion d'un contexte factuel, comme la conséquence de celui-ci, les faits incriminés, s'ils sont susceptibles d'un débat probatoire, pourront porter en eux-mêmes atteinte à l'honneur et à la considération et caractériser une diffamation, car le jugement de valeur qui y est attaché n'intervient plus que comme élément de contexte.

On se trouve souvent dans des situations limites, où la qualification est sur le fil du rasoir. Trois affaires récentes jugées par la Cour de cassation permettent d'en prendre la mesure. Ainsi, l'accusation d'être un révisionniste est-elle une accusation d'enfreindre la loi ou un jugement de valeur porté sur un discours ? Pour la Cour de cassation, « *l'affirmation consistant à dire de M. Y... qu'il est un vrai et dangereux révisionniste en raison du jugement de valeur qu'il porte sur les événements vécus en France lors de la Seconde*

---

61 Cass. Crim. 7 décembre 2010, pourvoi n° 10-81984 ; Cass. Crim. 25 octobre 2011, pourvoi n° 10-87655 ; Cass. Crim. 11 avril 2012, pourvoi n° 11-84619 ; Cass. Crim. 5 juin 2012, pourvoi n° 11-85804 ; Cass. Crim. 18 septembre 2012, pourvoi n° 11-83345. Voir également, avant l'arrêt d'assemblée plénière : Cass. Crim. 28 mars 2006, pourvoi n° 05-80634 ; Cass. Crim. 13 avril 2010, pourvoi n° 09-82389, *CCE* 2010 comm. 76, obs. A. Lepage.

62 Même si cette opinion est « *extrêmement critique* », et exprimée de façon « *violente et provocante* » : TGI Paris, 17e, 29 mai 2008, *Légipresse* n° 254, septembre 2008-I-115.

63 Voir par exemple : Crim. 14 février 2006, *Légipresse* n° 232, I, 79; Cass. 1re, 12 juillet 2006, *Le Monde c/ Morin*, *Légipresse* n° 237, I, 171 ; Crim. 20 janvier 2009, n° 07-88.122 ; Civ. 1, 14 mai 2009, pourvoi n° 08-15903 ; CA Paris, ch. 2-7, 10 novembre 2010, *Tauziat*, *Légipresse* n° 280-04 p. 76.

Guerre mondiale, ne comportait pas l'imputation d'un fait susceptible de preuve de nature à porter atteinte à l'honneur ou à la considération de celui-ci, mais était l'expression d'une opinion qui relève du seul débat d'idées fût-il polémique[64] ». De même, l'accusation de « *délation* », avait été jugée diffamatoire, car se « *rapportant à une dénonciation secrète en vue d'une récompense* » par la cour d'appel de Bastia. Or son arrêt a été cassé par la chambre criminelle, laquelle n'y a vu que « *l'expression d'une opinion et d'un jugement de valeur*[65] ». Enfin, qualifier d'« *irresponsable* » l'initiative d'un juge d'instruction est une opinion, mais ne relève pas de l'imputation d'un fait précis[66].

C'était une problématique identique qu'avait à trancher le tribunal de Paris dans son affaire *Siné*, accusé d'avoir commis un écrit antisémite. Le tribunal a estimé que cela relevait d'un débat d'idées nécessairement subjectif ne caractérisant pas une diffamation[67]. Mais, à l'inverse, accuser un responsable politique de tenir des propos précis consistant à exalter le rôle de la Gestapo a pu être jugé diffamatoire, car il s'agit de propos non compatibles avec les valeurs de la démocratie et des droits de l'homme[68]. Cela montre combien il est périlleux de fixer une ligne objective de démarcation.

On pourrait multiplier les exemples : affirmer que tel homme politique n'est pas digne d'être nommé ministre ne peut constituer une diffamation, car c'est une appréciation subjective purement personnelle. En revanche, soutenir qu'il n'est pas digne d'être nommé ministre parce qu'il a enfreint la loi ou parce qu'il a commis des faits dénotant une moralité douteuse, constitue une diffamation, car il y a là matière à un débat probatoire sur le comportement de la personne. De même, l'imputation d'être un « *ancien KGBiste en mal de carrière* » n'est pas diffamatoire[69], pas plus que l'allégation selon laquelle un avocat fait faire fausse route à son client par un choix de système de défense[70], ou le qualificatif « *peu scrupuleux* » qui peut qualifier soit une gestion malhonnête, soit une gestion indolente[71]. On peut relever encore que dénoncer la familiarité des agents de la PAF avec les « *idées racistes* » et leurs méthodes brutales visant en priorité les Noirs et les Arabes est une opinion injurieuse et non une diffamation[72].

---

64 Cass. Civ. 1, 5 juillet 2005, pourvoi n° 04-11834, Bull. I n° 294. Voir aussi, dans le domaine du débat d'idées, Civ. 1, 30 octobre 2008, pourvoi n° 07-19223, selon lequel l'imputation de la paternité d'une publication, ne relève pas de la diffamation ; Crim. 11 avril 2012, pourvoi n° 11-84619 pour des accusations de xénophobie ; et Crim. 18 septembre 2012, pourvoi n° 11-83345 pour la critique d'un commentaire journalistique.

65 Cass. Crim. 1er septembre 2010, pourvoi n° 09-88465.

66 Cass. Crim. 13 avril 2010, pourvoi n° 09-82389, *CCE* 2010 comm. 76, obs. A. Lepage.

67 TGI Paris 17e ch., 3 mars 2009, *Légipresse* n° 260 avril 2009-I-n° 260-06. Dans le même sens : TGI Paris, 17e, 2 juin 2005 *Club de l'Horloge, Légipresse* 2005-I-118 ; TGI Paris 17e, 27 juin 2006, *Finkielkraut, Légipresse* 2006-I-134. En sens contraire : TGI Paris 17e, 25 mai 2004, *Légipresse* 2004-I-152.

68 TGI Paris, 20 juin 2006, *Légipresse* 2006-I-134.

69 TGI Paris, 17e chambre, *Jirinovski c/ Courrier International, Légipresse* 1996-I, p. 131, voir encore, CA Versailles, 19 septembre 2002, *Légipresse* n° 198, janvier-février 2003-I, p. 4.

70 TGI Paris, 20 octobre 1999, *Collard c/ de Chaisemartin, Légipresse* 2000-I, p. 40.

71 CA Paris, 11e ch. B, 7 octobre 2004, *Légipresse* 2005-I-26.

72 Cass. Crim. 7 décembre 2010, pourvoi n° 10-81984.

Sur le fondement de l'article 10 de la Convention, la Cour européenne opère la même distinction entre les faits et les opinions. Cette distinction semble même de plus en plus présente au fil des espèces. Dans l'affaire *Lindon*, les juges strasbourgeois ont précisé que la distinction entre déclaration factuelle et jugement de valeur est indispensable à la sauvegarde de la liberté d'opinion elle-même considérée par la Cour comme un « *élément fondamental du droit garanti par l'article 10* ». Il en résulte que, « *l'exigence voulant que soit établie la vérité de jugement de valeur est irréalisable*[73] ».

C. L'INSINUATION ET LA FORME DUBITATIVE

Selon la définition de la diffamation donnée plus haut, l'article 29 de la loi du 29 juillet 1881 précise expressément que l'imputation est punissable « *même si elle est faite sous forme dubitative* ». Le mode dubitatif est celui qui, selon le dictionnaire, « *exprime le doute, l'incertitude ou le scepticisme* » (source : *Petit Robert*). Encore faut-il qu'il y ait imputation selon la loi. Et là encore, le dictionnaire nous enseigne que l'action d'imputer est celle d'attribuer à quelqu'un une chose digne de blâme, de l'accuser, de l'incriminer, de la charger (source : *Petit Robert*).

Ainsi, les accusations portées, même avec précaution, même en utilisant des conditionnels, pourront constituer le délit de diffamation. Il en va ainsi même si la prudence de ton employée par le journaliste peut, le cas échéant, lui bénéficier pour démontrer sa bonne foi (voir *infra*). En termes de qualification juridique, une accusation portée sous forme d'insinuation ou sous forme dubitative relève en principe de la définition de la diffamation. La Cour de cassation a eu l'occasion de le rappeler à plusieurs reprises en y ajoutant que la diffamation est également caractérisée lorsque l'allégation est effectuée « *sous une forme déguisée*[74] ». Il reste que même sous forme dubitative, l'allégation doit toujours viser un fait précis objectivement susceptible d'une preuve. Tel n'est pas le cas lorsqu'est simplement exprimée une crainte, ou quand les propos relèvent du « procès d'intention ». En ce cas, il existe une composante subjective qui conduit à écarter la diffamation[75].

Dans une récente décision, la Cour européenne a entendu recadrer ce type de diffamation et semble exiger ainsi, dans le domaine de la diffamation par voie dubitative ou sous forme d'insinuation, que les juridictions internes motivent tout particulièrement leurs décisions de condamnation afin de contrôler le sens donné aux termes

73 CEDH *Lindon, Otchakovsky - Laurens et July c/ France,* requêtes n° 21279/02 et 36448/02, notamment § 55.

74 Voir par exemple : Cass. Crim. 17 juillet 1985, *Bull. Crim.* n° 267 ; Cass. Crim. 11 décembre 1990, *Bull. Crim.* n° 427 ; Cass. Crim. 19 mars 1991, *Bull. Crim.* n° 132 ; Cass. Crim. 23 mai 1991, *Bull. Crim.* n° 219 ; Cass. Crim. 3 décembre 1991, *Droit pénal* 1992 – 142 ; Cass. Crim. 12 octobre 1993, *Bull. Crim.* n° 289 ; Cass. Crim. 23 novembre 1993, *Bull. Crim.* n° 350 ; Cass. Crim. 30 mai 1996, *Bull. Crim.* n° 228 ; Cass. Civ. 2e chambre, 10 juin 1999, *Bull. Civ.* II n° 114, et Cass. Crim. 19 décembre 2000, *Droit pénal* 2001- commentaires p. 56, obs. Véron ; Cass. Civ. 2, 22 janvier 2004, pourvoi n° 01-14.665 ; Cass. Civ. 1, 27 septembre 2005, pourvoi n° 04-12148.

75 TGI Paris, 17e, 7 avril 2009, *Légipresse* n° 262 juin 2009-I, p. 83.

poursuivis et d'éviter qu'il soit accordé une trop large portée à la répression de la diffamation par insinuation[76].

Finalement, sur ce terrain de la qualification, la seule question qui pourrait être véritablement débattue concerne la portée d'une simple interrogation. Peut-elle valoir diffamation ? À notre sens, une telle assimilation à la forme dubitative constituerait une interprétation extensive qui n'est pas admissible en droit pénal français, en vertu d'un principe général d'interprétation restrictive. Pour autant, les tribunaux se réservent le droit de vérifier, pour apprécier la qualification légale à donner au propos argué de diffamation, dans quel contexte il a été tenu. C'est pourquoi, classiquement, les tribunaux considèrent qu'il y a lieu de tenir compte des « *éléments extrinsèques de nature à donner à l'expression incriminée son véritable sens et à caractériser l'infraction poursuivie* » (voir *infra*). C'est généralement en tenant compte de ce contexte qu'une interrogation pourra éventuellement caractériser une diffamation. En revanche, l'interrogation seule, détachée d'un contexte extérieur communiquant au public la conviction d'une atteinte à l'honneur ou à la considération, ne devrait pas pouvoir être appréhendée comme diffamatoire.

D. LA REPRODUCTION D'UNE PRÉCÉDENTE IMPUTATION

L'article 29 prévoit expressément que la simple reproduction d'une allégation ou imputation diffamatoire constitue le délit. C'est un principe constant. Un journaliste ne peut jamais se réfugier derrière l'infraction commise par un tiers pour prétendre être exonéré de toute responsabilité. Dès l'instant qu'il reproduit une accusation diffamatoire, il commet lui-même une diffamation quand bien même la première publication dont il s'inspire n'aurait pas été poursuivie et ne pourrait plus l'être.

§2. Deuxième élément de la diffamation : une atteinte à l'honneur ou à la considération

Principes

Toute information désagréable ou critique ne constitue pas nécessairement une diffamation. Pour constituer le délit, les propos doivent contenir des faits précis portant « *atteinte à l'honneur ou à la considération* » du plaignant. Faute d'une telle atteinte, l'infraction n'est pas caractérisée. C'est donc une erreur de penser que toute expression péjorative serait *ipso facto* diffamatoire. La tentation de ce glissement existe parfois, mais il constituerait une interprétation extensive de la loi qui ne peut être admise. On retrouve encore une fois le souci d'équilibre du législateur de 1881.

76 CEDH, 10 juillet 2012, *ERLA Hlynsdottir c/ Islande*, n° 43380/10.

A. L'ATTEINTE À L'HONNEUR OU À LA CONSIDÉRATION S'APPRÉCIE OBJECTIVEMENT

Cette règle d'appréciation objective de l'atteinte à l'honneur ou à la considération est essentielle pour comprendre le fonctionnement de l'infraction. Elle signifie que les tribunaux ne tiennent pas compte de la propre subjectivité de la victime pour apprécier si les faits dont elle est accusée sont attentatoires à l'honneur ou à la considération. La Cour de cassation l'a dit de manière très claire dans une affaire emblématique qui a opposé Jean-Marie Le Pen au quotidien *Libération* dans les années 1980, à l'occasion d'un article l'accusant d'avoir commis des actes de torture quand il était officier durant la guerre d'Algérie. En première instance, le journal avait obtenu gain de cause. Selon le tribunal, dès l'instant que la victime s'était exprimée dans la presse pour justifier le recours à la torture dans certaines hypothèses, elle ne pouvait plus arguer d'une quelconque atteinte à son honneur ou à sa considération[77]. Mais ce jugement a été infirmé par la cour d'appel de Paris et le pourvoi introduit contre cet arrêt a ensuite été rejeté[78]. À cette occasion, la Cour de cassation a clairement jugé que l'appréciation de l'atteinte à l'honneur ou à la considération devait être effectuée de manière objective, sans qu'il y ait lieu de tenir compte de la subjectivité de la victime de sorte que le quotidien a finalement été condamné pour diffamation. Il s'agissait donc de déterminer si, objectivement, le fait de se livrer à des actes de torture était attentatoire à l'honneur ou à la considération. C'est la réponse à cette question qui devait déterminer si l'accusation était ou non attentatoire à l'honneur. Cette directive d'interprétation n'a pas été remise en cause depuis lors, le tribunal de Paris continuant à rappeler que « *c'est en se référant à des considérations objectives, indifférentes à la sensibilité particulière de la personne visée, qu'il convient d'examiner le caractère diffamatoire d'un propos*[79] ».

B. L'INDIFFÉRENCE DES MOBILES DU DIFFAMATEUR

De même qu'il convient de ne pas prendre en considération la subjectivité de la victime au stade de la qualification, il n'y a pas lieu non plus de tenir compte de l'opinion ou de la subjectivité du diffamateur. C'est pourquoi les mobiles de celui-ci sont indifférents à la qualification de diffamation. Il peut parfaitement, dans sa propre vision, considérer qu'un comportement est répréhensible alors même que ce comportement ne l'est pas objectivement. Le juge ne devra pas tenir compte de ces mobiles et devra ici encore apprécier objectivement si les accusations portées sont, ou non, attentatoires à l'honneur. C'est ce que la Cour de cassation a rappelé à plusieurs reprises par la formule suivante : « *Le caractère légal des accusations diffamatoires s'apprécie non d'après le mobile qui les a dictées mais selon la nature du fait sur lequel elles portent*[80] ».

---

77 TGI Paris, 17e, 4 juillet 1985, *D.* 1986 p. 5, note E. Agostini.

78 Cass. Crim. 7 novembre 1989, *Bull. Crim.* n° 403.

79 TGI Paris, 3 mars 2000, *Debout c/ Drucker*, *Légipresse* 2000-I, p. 47, n° 173-05.

80 Cass. Crim. 13 février 1990, *Bull. Crim.* n° 75 ; Cass. Crim. 10 décembre 1991, *Bull. Crim.* n° 468.

C. LA PRISE EN CONSIDÉRATION DES CIRCONSTANCES EXTRINSÈQUES DE L'ÉCRIT INCRIMINÉ

Les propos poursuivis par la personne mise en cause peuvent ne pas suffire à eux seuls à caractériser véritablement une atteinte à l'honneur ou à la considération. En ce cas, les tribunaux se réservent la possibilité de rechercher dans les éléments dits « *extrinsèques* », c'est-à-dire dans le contexte de la publication, s'il existe des indices qui permettent de donner à l'expression visée un sens diffamatoire. Cette méthode a été approuvée depuis longtemps par la Cour de cassation, selon laquelle « *pour apprécier la qualification légale qu'il convient d'appliquer à des propos présentés comme diffamatoires, les juges doivent prendre en considération non seulement les termes mêmes relevés par l'acte de poursuite, mais encore les éléments extrinsèques de nature à donner à ces propos leur véritable sens et à caractériser l'infraction poursuivie*[81] ». La Cour de cassation utilise parfois une formule plus brève en rappelant que les propos incriminés « *sont à apprécier au regard de l'ensemble de l'article et de son contexte*[82] ».

Cette directive d'interprétation peut toutefois donner lieu à des situations délicates. S'il est concevable de prendre en considération des éléments extrinsèques figurant dans l'article incriminé lui-même, voire dans la publication ou l'organe de presse concerné, il semble plus problématique de tenir compte d'éléments extérieurs à cette publication tel le contexte d'une campagne de presse, ou des informations données par un autre journal qui pourraient éclairer l'article initial. On a ainsi pu observer dans certaines affaires retentissantes que, si le premier journaliste avait pris le soin d'éviter l'identification d'une personne, la prise en considération d'un contexte ou la révélation de l'identité par d'autres donnait *a posteriori* à son propre écrit un caractère diffamatoire qu'il n'avait pas forcément voulu. Le journaliste pourrait ainsi être rattrapé par ses écrits alors même qu'il a pu prendre les précautions nécessaires à l'origine, ce qui ne semble pas juste.

D. QU'EST-CE QU'UNE ATTEINTE À L'HONNEUR OU À LA CONSIDÉRATION ?

L'atteinte à l'honneur ou à la considération est le pivot de la notion de diffamation. Il ne s'agit pas seulement de caractériser un propos péjoratif ou désagréable[83]. Il faut que les faits dont la victime est accusée soient objectivement de nature à porter atteinte à son honneur ou à sa considération. Et de manière générale, pour évaluer cette atteinte, on apprécie ce que l'on est en droit d'attendre, idéalement, du comportement d'un citoyen moyen, abstrait... Dès lors, imputer à une personne des faits contraires à son honneur ou à sa considération, c'est affirmer qu'elle s'est com-

---

81 Cass. Crim. 31 janvier 2012, pourvoi n° 11-82012. Voir également, parmi d'autres: Cass. Crim. 16 janvier 1978, *Bull. Crim.* n° 78 ; Cass. Crim. 27 juillet 1982, *Bull. Crim.* n° 199 ; Cass. Crim. 8 octobre 1991, *Bull. Crim.* n° 334 ; Cass. Crim. 18 octobre 1994, *Droit pénal* 1995 n° 35.

82 Crim. 29 janvier 2008, pourvoi n° 06-88097.

83 Voir par exemple pour une accusation d'alcoolisme, qui n'est pas diffamatoire, car c'est une maladie : TGI Paris 17e, 17 octobre 2011, *Légipresse* 2011 n° 289-09, p. 653.

portée soit de manière contraire au droit, qu'elle a enfreint la loi même légèrement, soit qu'elle s'est comportée contrairement à la morale qu'on pourrait attendre d'un homme de bien – standard abstrait – placé dans sa situation…

Ainsi, seront considérées comme attentatoires à l'honneur toutes les accusations d'avoir violé la loi, ou un contrat, même si cette violation n'est pas pénalement sanctionnée[84], ou de n'avoir pas accompli les devoirs qui incombent à une personne en pareille situation[85]. Plus généralement, au titre de l'atteinte à la considération, on relèvera si le fait est ou non attentatoire à la réputation. Certaines informations telles que la mise en examen d'une personne sont très délicates à manier. Elles peuvent à la fois sous-entendre qu'il existe des présomptions graves d'avoir commis un délit, ce qui renvoie à la diffamation, ou constituer l'état objectif d'une situation judiciaire à un moment donné, ce qui peut relever du libre exercice de la liberté de l'information en matière judiciaire. Et, dans cet ordre d'idée, la jurisprudence admet parfois qu'une telle information n'est pas diffamatoire [86]. Le contexte sera souvent déterminant. Le tribunal de Paris a d'ailleurs eu l'occasion de rappeler, dans le cadre de contentieux liés à l'application de la loi sur la présomption d'innocence, que le fait de divulguer le nom d'une personne majeure mise en examen n'est interdit par aucun texte [87]. Mais, l'imputation d'avoir été un « *témoin actif* » d'un crime peut avoir une portée diffamatoire[88].

Il peut aussi arriver qu'un fait soit conforme au droit, mais qu'il soit contraire à la morale. C'est ce qu'a jugé la cour d'appel de Paris pour l'imputation d'avoir utilisé, en qualité de ministre, les fonds secrets à des fins personnelles. À l'époque où ils existaient, l'utilisation des fonds secrets par nature incontrôlée et libre, pouvait parfaitement conduire le ministre à une telle utilisation personnelle. Mais, si ce comportement est trop systématique, il en résulte une atteinte à la morale qui peut constituer une diffamation selon la cour d'appel de Paris. Un autre exemple peut illustrer ce propos. L'assemblée plénière de la Cour de cassation a estimé que l'accusation portée à l'encontre d'un journaliste d'être le porte-parole d'un ministre portait atteinte à la considération professionnelle de ce journaliste, car il a l'obligation déontologique d'informer le public en toute indépendance et objectivité[89].

De manière générale, il faudra toujours vérifier que le comportement prêté est bien objectivement attentatoire à l'honneur et à la considération. Ainsi, il ne saurait plus

84 *A fortiori*, s'il s'agit d'actes pénalement répréhensibles : voir, pour l'énoncé du principe : Crim. 23 novembre 2004, pourvoi n° 04-81156.

85 On trouve cette ligne de crête dans un arrêt du 29 janvier 2008. L'imputation d'une erreur ne relève pas de la diffamation, mais en il va différemment des « *manquements délibérés aux devoirs de sa charge* » : Crim. 29 janvier 2008, pourvoi n° 06-88097.

86 TGI Paris, 1er juillet 1996, *Légipresse* 1996-I-130.

87 TGI Paris, 7 juillet 1993, *JCP* 1994-II- 22306, note C. Bigot et J.-Y. Dupeux.

88 Cass. Civ. 2, 8 juillet 2004, pourvoi n° 02-14834.

89 Cass. Ass. Plén., 25 février 2000, *Légipresse* 2000-III, p. 45. Voir également pour l'imputation portée à l'encontre d'un journaliste d'avoir manqué à ses obligations déontologiques : Cass. Civ. 2, 5 février 2004, pourvoi n° 01-14394

être question aujourd'hui de considérer que l'imputation d'être homosexuel ou de s'être fait avorter, même dans les conditions de la loi, porterait atteinte à l'honneur et à la considération de la personne. Il en a été jugé différemment à une époque où les mœurs étaient autres[90], mais la notion d'atteinte à l'honneur et à la considération doit évoluer avec son temps, en fonction de la morale telle qu'elle est globalement acceptée au moment de la publication. C'est ainsi que, pour reprendre l'exemple de l'homosexualité, il est aujourd'hui acquis que la préférence sexuelle est un droit fondamental de la personne et qu'aucune discrimination n'est admise au regard de cette préférence. Il ne saurait donc être question sauf à admettre que le droit est totalement schizophrène, de considérer qu'une allégation d'homosexualité porte atteinte à l'honneur ou à la considération. Un raisonnement équivalent s'applique pour l'infidélité conjugale « *compte tenu de l'évolution des mœurs*[91] ». En revanche, cela pourrait la plupart du temps porter atteinte à la vie privée et constituer l'atteinte prévue par l'article 9 du Code civil.

De même, on ne peut considérer comme attentatoire à l'honneur ou à la considération, l'appartenance d'une personne à une secte, ou le fait d'avoir des liens avec une organisation sectaire[92]. L'adepte d'une secte est bien plus souvent une victime qu'un coupable et cela n'induit que l'appartenance à une minorité religieuse ou à une communauté d'adeptes, mais ne peut constituer en soi une insinuation diffamatoire, sauf à retenir cette qualification en fonction du contexte particulier de la publication.

On prendra encore comme exemple l'appartenance à la franc-maçonnerie. En soi, l'imputation même fausse d'être franc-maçon ne porte pas sur un comportement contraire à l'honneur et à la considération et n'est donc pas susceptible d'être appréhendée au titre de la diffamation, même si la personne visée par le propos peut estimer que celui-ci est faux ou injustifié[93]. Il en a été jugé de même pour l'accusation d'être un révisionniste[94]. En revanche, l'imputation d'appartenance à un groupe politique extrémiste (en l'occurrence le GUD) a pu être jugée diffamatoire, s'agissant d'artistes du spectacle, ce qui semble introduire un paramètre subjectif en fonction de la personnalité des demandeurs[95]. Mais de manière générale, l'imputation d'appartenir à un parti d'extrême droite ne revêt pas à elle seule un caractère diffamatoire. Il en va différemment si cette accusation est enserrée dans un contexte stigmatisant des manquements aux obligations professionnelles[96].

---

90 CA Paris, 20 février 1986, *D.* 1986, IR, p. 236.

91 TGI Paris, 17e ch., 13 octobre 2008, *Légipresse* n° 256 novembre 2008-I-150 n° 256-4. Mais l'imputation de multiplier les relations sexuelles pour conserver son emploi est quant à elle diffamatoire : TGI Paris, 17e ch., 7 février 2008, *Légipresse* 2008 n° 253-I-95. N'entre-t-on pas là dans une appréciation qui dépend de l'arbitraire du juge et de sa propre conception de la morale ? Poser la question, c'est en grande partie y répondre…

92 TGI Paris, 17e ch., 30 avril 2009, *Légipresse* 2009 n° 263-I-263-02, p. 103.

93 TGI Paris, 11 décembre 2002, *Albin Michel c/ Brun,* inédit.

94 Cass. Civ. 1, 5 juillet 2005, pourvoi n° 04-11834.

95 Cass. Civ. 2e, 10 juin 1999, *Tellene c/ Événement du Jeudi, Légipresse* 1999-III, p. 40.

96 CA Paris 11e chambre, 3 février 2000, pour un journaliste, *Légipresse* 2000-I, p. 43, n° 171-10, 171-11.

Ces quelques exemples montrent combien cette notion d'atteinte à l'honneur et à la considération est souple, protéiforme et adaptable au temps. Là est l'un des secrets de la pérennité de la loi du 29 juillet 1881.

Dans le domaine professionnel, il pourra également y avoir atteinte à l'honneur ou à la considération en cas d'accusation de ne pas s'être comporté conformément à un modèle abstrait du bon professionnel placé dans les mêmes conditions. Et, à ce titre, certaines allégations peuvent être diffamatoires pour certaines professions et ne pas l'être pour d'autres. Ainsi l'imputation d'avoir fait travailler un « nègre » littéraire est diffamatoire à l'encontre d'un écrivain, mais pas à l'égard d'un homme politique[97]. En toutes hypothèses, il ne pourra y avoir diffamation si les propos sont seulement préjudiciables ou péjoratifs[98]. À ce titre, prêter à une société des difficultés financières ne paraît pas pouvoir être qualifié de diffamation à défaut d'accusations portant sur des faits contraires au droit ou à la morale professionnelle. Les exemples limitrophes ne manquent pas. On s'est ainsi interrogé sur le caractère diffamatoire du mot "faillite". Pour le tribunal de Paris, un tel mot peut ne caractériser qu'un simple insuccès commercial et ne pas être diffamatoire[99]. Il en est de même du reproche de mauvaise gestion d'une société[100], d'anomalies de gestion qui n'excèdent pas le droit de critique[101], ou de simple mise en cause des qualités professionnelles et du travail fourni par une société[102] ou par un professionnel[103]. Mais on pourra trouver des exemples en sens inverse.

Il y a également lieu de préciser, s'agissant de la considération professionnelle, que la Cour de Strasbourg a été amenée à suggérer une graduation dans la gravité, en distinguant les atteintes commises à l'encontre d'une personne physique, qui peuvent selon elle avoir des répercussions sur la dignité, et la réputation d'une société, qui n'aurait qu'une dimension commerciale[104].

Car, bien entendu, cette notion d'atteinte à l'honneur et à la considération peut s'appliquer à une personne dite morale. Une société commerciale, un établissement public, peut se trouver diffamé dès l'instant qu'on lui prête un comportement contraire au droit ou à la morale des affaires. On ne pourra en ce cas véritablement parler d'atteinte à l'honneur, car il paraît difficile d'imaginer qu'une personne morale

---

97 TGI Paris 17e ch. 4 novembre 2008, *Légipresse* janv. 2009, n° 258-I-n° 258-10.

98 Voir par exemple : le qualificatif « *d'obscur financier* », n'est pas diffamatoire : Cass. Crim. 13 septembre 2005, *Légipresse* 2005-I-155.

99 TGI Paris, 1re chambre, 1 juillet 1996, *Légipresse* 1996-I, p. 30.

100 TGI Paris, 17e chambre, 16 mars 2000, *Légipresse* 2000-I, p. 47, n° 173-06.

101 Cass. Civ. 2, 13 mai 2004, pourvoi n° 02-10534.

102 Cass. Civ. 1, 19 mars 2006, pourvoi n° 07-19667.

103 Cass. Civ. 1, 28 janvier 2010, pourvoi n° 09-11244, relatif à des critiques portées à l'encontre d'un journaliste pour erreurs et absence de vérification de l'information.

104 CEDH, 19 juillet 2011, *Uj c/ Hongrie*, req. n° 23954/10, *Légipresse* 2012, p. 36, note L. François ; *CCE* 2012, étude 10 par R. Pierre.

ait "un honneur", mais une atteinte à la considération professionnelle, à la réputation commerciale pourra être caractérisée. Toutefois, comme il a déjà été indiqué, la Cour européenne de Strasbourg estime en pareil cas que la diffamation revêt un caractère de moindre gravité[105]. La définition de la diffamation telle que prévue par l'article 29 alinéa 1er peut donc parfaitement s'adapter à toutes les circonstances.

§3. Troisième élément de la diffamation : le délit doit viser une personne identifiable

A. SEULE LA PERSONNE VISÉE PEUT AGIR

La diffamation indirecte ou par ricochet ne tombe pas sous le coup de la loi, de sorte que non seulement les propos incriminés doivent viser une personne identifiable, mais c'est encore cette personne directement visée elle-même, et elle seule, qui doit engager la procédure. De même, il est acquis qu'« *une diffamation visant une personne ne peut rejaillir sur une autre que dans la mesure où les imputations diffamatoires lui sont étendues*[106] », et il ne saurait notamment y avoir d'assimilation entre une personne morale et les personnes physiques qui la composent[107]. Dès lors, pour reprendre un cas de figure fréquent en pratique, une diffamation envers une société ne s'étend pas au(x) dirigeant(s), et vice-versa. La circonstance que la société ait subi un préjudice du fait de la diffamation ne rend pas son action recevable dès lors qu'elle n'est pas visée elle-même par des propos imputant des faits à son dirigeant[108]. En revanche, quand la société est clairement désignée comme bénéficiaire des agissements frauduleux imputés à son dirigeant, son action en diffamation est recevable[109]. De la même manière, des accusations visant un entourage ne permettent pas à celui dont les proches sont ainsi mis en cause d'agir lui-même, en l'absence de fait qui lui serait personnellement imputé[110].

Précisons enfin que si une personne morale peut agir, c'est uniquement pour protéger sa propre considération. Elle ne peut saisir l'occasion d'une action en diffamation pour défendre l'intérêt de ses membres, de ses salariés, ou d'autres personnes ayant avec elle une convergence d'intérêts dès l'instant que la personne morale n'est pas elle-même atteinte par une accusation diffamatoire. C'est ce qu'a jugé la chambre criminelle de la Cour de cassation dans une affaire où un groupement intitulé « l'Union Syndicale des Médecins respectant la vie humaine », prétendait poursuivre des diffamations qui mettaient en cause les médecins se réclamant de la

---

105 CEDH 19 juillet 2011, précité.

106 Voir en ce sens : Crim. 26 mars 2008, pourvoi n° 06-87838, *CCE* 2008 comm. 81 obs. A. Lepage ; Crim. 23 novembre 2010 – pourvoi n° 09-87527.

107 Voir en ce sens : Crim. 28 novembre 2006 – pourvoi n° 05-86996.

108 Cf, par exemple : TGI Paris 17e, 23 mai 2012, 11/16975, rappelant ce principe commun à la diffamation et à l'injure.

109 Civ. 1, 28 janvier 2010, pourvoi n° 08-21869.

110 CA Paris, 11e ch. A, 5 mai 2004, *J. Peyrat c/ Le Parisien, Légipresse* 2005-I-154.

« clause de conscience en matière d'interruption volontaire de grossesse », alors même que ce groupement syndical lui-même n'était aucunement visé. On ne peut ainsi utiliser le délit de diffamation pour faire prévaloir un point de vue idéologique[111]. Dans le même ordre d'idée, il ne peut évidemment y avoir diffamation envers une profession. Ainsi la Cour de cassation censure les décisions retenant une telle diffamation *« alors que les faits relatés, fussent-ils inexacts, n'atteignent qu'une profession considérée dans son ensemble et ne mettent en cause aucune personne physique ou morale déterminée*[112] *»*.

B. LA NOTION DE PERSONNE

Seule une personne peut agir et est susceptible d'être victime du délit de diffamation. La notion de personne est, comme sur le terrain du droit de réponse, d'acception large. Il peut s'agir soit d'une personne physique, soit d'une personne dite morale, c'est-à-dire une société, une association, un établissement public, etc. Mais, à défaut d'être détenteur de la personnalité morale, un groupement ne pourrait pas engager une procédure en diffamation.

Sur ce point, il faut surtout préciser qu'il ne peut y avoir de diffamation envers des produits ou des services. Ainsi, la Cour de cassation affirme de manière très claire dans de nombreux arrêts que *« les appréciations, même excessives, touchant les produits, les services ou les prestations d'une entreprise industrielle ou commerciale n'entrent pas dans les prévisions de l'article 29 de la loi du 29 juillet 1881*[113] *»*. La Cour de cassation écarte ainsi la qualification de diffamation lorsque *« les propos incriminés relevaient de la critique d'un produit et ne mettaient en cause aucune personne physique ou morale déterminée*[114] *»*. La jurisprudence des juges du fond est dans le même sens[115]. Par extension, la mise en cause de la marque relève des mêmes principes, car elle est assimilée à la critique des produits et services que la marque distingue[116]. Le même raisonnement vaut pour la critique d'une œuvre[117], ou d'une méthode[118]. Il en ira

---

111 Cass. Crim. 19 janvier 1982, *Bull. Crim.* n° 19. Crim. 16 septembre 2003, pourvoi n° 02-85.113, RSC 2004 p. 123, obs. J. Francillon. Voir également dans un sens voisin, Cass. Crim. 1er septembre 2004, pourvoi n° 04-81118, *Bull. Crim.* n° 193.

112 Cass. Crim. 16 septembre 2003, pourvoi n° 02-85113. Pour l'application de 1382, voir supra.

113 Pour s'en tenir à des espèces récentes : Cass. Crim. 8 février 1994, *Bull. Crim.* n° 58 ; Cass. Civ. II, 5 juillet 2000, *Bull. Civ. 2e* n° 109, Cass. Civ. 2, 7 octobre 2004, pourvoi n° 02-18995 ; Cass. Civ. 2, 16 juin 2005, deux espèces, pourvois n° 03-18622 et 03-18625 concernant les vins du Beaujolais ; Cass. 1re, 27 septembre 2005, *TF1. Cegipharma et autres, Légipresse* n° 226, I, 155 ; Cass. Civ. 1, 30 mai 2006, pourvoi n° 05-16437 ; Crim. 19 janvier 2010, pourvoi n° 08-88243. Civ. 1 20 septembre 2012, pourvoi n° 11-20963. Voir également Cass. Civ. 1re, 23 janvier 2003, *Légipresse* n° 200-III, p. 59, ouvrant très largement la liberté de critique en matière gastronomique.

114 Cass. Civ. 2, 7 octobre 2004, pourvoi n° 02-18995 ; Cass. Civ. 1, 30 mai 2006 précité.

115 Voir par exemple récemment : TGI Paris 17e, 5 juillet 2011, *Légipresse* 2011 n° 287-05 p. 525 pour la critique d'une méthode amaigrissante.

116 Cass. Civ. 1, 8 avril 2008, pourvoi n° 07-11251, affaire *Greenpeace c/ Areva.*

117 TGI Paris 17e, 27 juin 2006, *Légipresse* 2006-I-134.

118 En l'occurrence une méthode d'amaigrissement : TGI Paris 17e ch., 5 juillet 2011 *Dukan c/ Cohen, Légipresse* 2011 n° 287 p. 525.

différemment si les propos visent à la fois les produits d'une entreprise et constituent une critique de son comportement ou de son action. En ce cas, si des faits sont prêtés à la société, elle est susceptible d'engager une procédure de diffamation.

C. LES ACCUSATIONS VISANT UNE PLURALITÉ DE PERSONNES

Les principes ci-dessus énoncés doivent-ils conduire à neutraliser l'action en diffamation si la mise en cause ne vise pas une personne, mais une pluralité de personnes ? Telle n'est pas la position retenue de longue date en jurisprudence. En effet, par principe : *« lorsque les imputations ont été formulées d'une manière vague de nature à faire planer le soupçon sur plusieurs personnes, chacune de celles-ci a qualité pour demander la réparation du préjudice qui a été ainsi causé*[119] ».

Toutefois, cette construction jurisprudentielle a ses limites. Par exemple, lorsque les propos atteignent une profession dans son ensemble, une telle collectivité est trop large et ne permet pas à ses membres d'engager personnellement une procédure de diffamation. Ce principe sera retenu chaque fois que la collectivité visée apparaît tellement étendue qu'elle constitue non plus un groupe de personnes, mais en réalité une catégorie. La cour d'appel de Paris a ainsi jugé que la simple référence à certains avocats d'un barreau comptant 82 membres ne permet pas à trois d'entre eux de se prétendre diffamés en l'absence de tout élément d'identification[120]. La Cour de cassation formule désormais expressément cette exigence d'*« un groupe suffisamment restreint pour qu'un soupçon plane sur chacun de ses membres et leur donne droit de demander réparation »*. Selon un attendu qui a tous les airs d'un attendu de principe, la diffamation *« ne peut concerner le membre d'une collectivité dépourvue de personnalité juridique qui n'est pas suffisamment restreinte pour que chacun de ses membres puisse se sentir atteint*[121] ».

D. LA QUESTION DE L'IDENTIFICATION DE LA PERSONNE

Les règles générales d'identification

Pour pouvoir engager une procédure en diffamation, la victime doit démontrer son identification lorsqu'elle n'est pas expressément nommée. L'article 29 lui-même évoque cette question en affirmant qu'il y a diffamation même si l'imputation « *vise une personne ou un corps non expressément nommés, mais dont l'identification est rendue possible par les termes* » de l'écrit incriminé. En réalité, la jurisprudence est allée plus loin en admettant que l'identification pouvait quasiment résulter de circonstances extrinsèques au support poursuivi. C'est aller au-delà du texte et conduire, le cas échéant, à la condamnation d'un journaliste pour des propos qu'il n'a pas eu la volonté de tenir, car leur portée a été amplifiée par un tiers.

---

119 Cass. Crim. 15 octobre 1985, *Bull. Crim.* n° 315 ; Cass. Crim. 6 décembre 1994, *Droit pénal* 1995, n° 93, obs. Véron ; TGI Paris 8 octobre 1998, *Droit pénal* 1999, commentaires 55, note Véron.

120 CA Paris, 11e chambre B, 19 septembre 1996, *Légipresse* 1998-I, p. 2.

121 Cass. Crim. 29 janvier 2008, pourvoi n° 06-86474, voir également : Crim. 15 mars 2011, pourvoi n° 01-81216.

Quoi qu'il en soit, la personne visée devra démontrer qu'elle est identifiable. Quel est le critère de cette identification ? S'agit-il de démontrer que le public lui-même a identifié la victime ou suffit-il de démontrer que les proches de la personne visée ont pu la reconnaître ? C'est cette dernière solution qui a prévalu, de sorte que les exigences probatoires pesant sur la victime sont en réalité peu contraignantes. Il lui suffit d'apporter la preuve par témoins en sollicitant ses proches, dans un cadre amical, professionnel ou familial, pour établir que ceux-ci l'ont identifié comme étant la personne concernée par l'écrit diffamatoire[122].

En outre, comme nous l'avons indiqué, les juges peuvent s'appuyer sur « *des circonstances extrinsèques et claires et confirmant cette désignation de manière à la rendre évidente*[123] ». Ainsi, cette condition d'identification n'est pas bien difficile à remplir pour celui qui souhaite agir en diffamation.

Le cas particulier des fictions

Il faut évoquer, sur ce terrain de l'identification, le cas particulier des fictions. En effet, il n'est pas rare qu'une fiction littéraire ou audiovisuelle contienne soit une homonymie fortuite, soit une ressemblance délibérée avec un personnage réel. C'est une problématique commune avec les litiges de droit de la personnalité, qui pose plus largement la question de l'équilibre à trouver entre la liberté de création et la prise en considération de l'effet réel produit par un écrit fictionnel[124]. C'est dans une affaire de provocation à la haine raciale que le tribunal de Paris a posé, nous semble-t-il dans les termes les plus aboutis, les principes d'appréhension d'une fiction au regard de l'application de la loi du 29 juillet 1881. Il a admis que « *la notion même d'œuvre de fiction implique l'existence d'une distanciation, qui peut être irréductible, entre l'auteur lui-même et les propos ou actions de ses personnages ; qu'une telle distance, appréciée sous le prisme déformant de la fiction, est susceptible d'entraîner la disparition de l'élément matériel des délits*[125] ». Mais cette distance est tout au plus présumée, et la fiction peut revenir dans le champ de la loi sur la presse lorsque fiction et réalité s'entremêlent. Il convient donc de déterminer dans quelle mesure une personne physique peut prétendre être identifiable, et donc diffamée, sous les traits d'un personnage de fiction[126].

122 Mais ces attestations doivent faire un lien expresse avec l'article en cause. Des observations générales, ou étrangères à l'article poursuivi ne suffiraient pas : voir CA Lyon 19 mai 2011, *Légipresse* 2011 n° 284-04 p. 332.

123 Cass. Crim. 15 octobre 1985, *Bull. Crim.* n° 315 ; Cass. Civ. 2e chambre, 3 février 2000, *Bull. Civ. 2e* n° 23.

124 Voir sur la liberté de création en général : A. Tricoire, *Petit traité de la liberté de création*, La Découverte, 2011 ; P. Mbongo, « Réflexions sur l'impunité de l'écrivain et de l'artiste », *Légipresse* 2004-II-85 ; et sur la recherche de cet équilibre : E. Treppoz, note sous TGI Paris 17e, 7 septembre 2011, *Légipresse* 2011, p. 618 ; et E. Treppoz, « Pour une attention particulière du droit à la création : l'exemple des fictions littéraires », *D.* 2012, p. 2487.

125 TGI Paris 17e, 16 novembre 2006, *Besnier-Burkel*, *Légipresse* avril 2007-III-72, note A. Tricoire.

126 Et si tel est le cas, le romancier pourra toujours plaider la bonne foi, mais devra démontrer les éléments habituels de celle-ci, ce qui paraît bien illusoire. Voir : CA Paris, 11e ch. B, 18 décembre 2008, *Besson c/ Villemin*, *Légipresse* n° 261 mars 2009-III-p. 83 note A. Tricoire, confirmant TGI Paris, 17 septembre 2007, *Légipresse* n° 247 décembre 2007-III, p. 243 note Ch.-E. Renault.

La jurisprudence applique peu ou prou les principes dégagés pour les écrits non fictionnels sur le terrain de l'identification. Selon le tribunal de Paris, il convient de procéder, d'une part, à une recherche d'éléments intrinsèques, pour apprécier « *la portée que l'auteur a voulu donner à ses propos et l'impression qu'ils ont pu produire dans l'esprit des lecteurs au vu du contexte dans lequel ils se situent*[127] ». Il y a lieu, d'autre part, de rechercher d'éventuels éléments extrinsèques, permettant une telle identification. Dans tous les cas de figure, les indices qui peuvent être pris en considération doivent être « *objectifs* »[128]. Si cette recherche permet d'écarter le doute sur la nature fictive du récit et le caractère imaginaire des personnages, l'absence de lien entre le personnage de fiction et la personne qui se prétend diffamée fait obstacle à la diffamation, même en présence d'éléments de proximité, tels qu'un milieu social identique, ou une homonymie[129].

Dans un jugement du 8 décembre 2003, le tribunal de Paris a posé les principes d'identification dans des termes qui peuvent laisser penser que le doute sur l'identification doit profiter à l'auteur de fiction. Cette décision admet en effet que « *la désignation peut se faire à travers les personnages d'un roman sans qu'il soit nécessaire que le nom du personnage imaginaire soit celui de la personne qui se prétend injuriée ou diffamée, pourvu qu'elle soit désignée de manière claire sans que le public puisse s'y tromper*[130] ». À cette occasion, les juridictions tiennent compte d'éléments tels que l'appellation "roman", la présence d'un avertissement classique sur le caractère fictif du récit et le caractère fortuit d'éventuelles ressemblances avec le réel[131], ou le nécessaire mélange dans l'inspiration du créateur entre le réel et l'imaginaire « *inhérent à toute création littéraire* », de nature à écarter une désignation « *claire et évidente*[132] ».

La Cour de Strasbourg admet quant à elle qu'une condamnation en diffamation puisse être prononcée à l'encontre d'une fiction, mais elle considère que « *le roman relève de l'expression artistique, laquelle entre dans le champ d'application de l'article 10 en ce qu'elle permet de participer à l'échange public d'informations et idées culturelles, politiques et sociales de toutes sortes. Ceux qui créent ou diffusent une œuvre, littéraire par exemple, contribuent à l'échange d'idées et d'opinions indispensable à une société démocratique. Il en résulte l'obligation, pour l'État, de ne pas empiéter indûment sur leur liberté d'expression*[133] ». Les juges européens semblent approuver sur ce point

---

127 TGI Paris, 17 ch. civ, 1er décembre 2000, *Ramdane c/ TF1*, RG 00/12073, *Légipresse* 2001, n° 179-I-19.

128 TGI paris 17e, 19 novembre 2010, *Légipresse* 2010 n° 278-09, p. 398.

129 *Ibid.*

130 TGI Paris, 17e ch. civ., 8 décembre 2003, *Couve c/ Millau*, RG n° 02/09208, *Légipresse* 2004 n° 209-I-21 ; voir également : TGI Paris, 17e ch. corr., 7 février 2008, RG n° 07/15708151, reconnaissant cette identification dans le cadre d'une œuvre qualifiée de « *roman à clés* », *Légipresse* 2008 n° 253-I-95.

131 Indice qui en lui-même n'est pas suffisant : cf. TGI Paris 19 novembre 2010 précité.

132 TGI Paris 8 décembre 2003, précité.

133 Cour EDH, 22 octobre 2007, *Lindon et autres c/ France*, req. n° 21279/02 et 36448/02 § 47, *Légipresse* n° 255, octobre 2008-III-179 note A. Tricoire. Sur cette décision, voir aussi : P. Auvret, « Le roman-réalité devant la Cour européenne des droits de l'homme », *Gaz. Pal.* 2008 doctr. p. 2104.

la position adoptée par la cour d'appel de Paris selon laquelle, lorsque des propos portant « *atteinte à l'honneur et à la considération de la personne* » sont tenus par un narrateur ou des personnages dans le cadre d'une « œuvre de fiction », seuls ceux qui reflètent la pensée de l'auteur sont susceptibles de tomber sous le coup de la loi du 29 juillet 1881, à l'exclusion de ceux à l'égard desquels il exprime une réelle distance dans son ouvrage[134].

E. LES PERSONNES DÉCÉDÉES ET LES DROITS DES HÉRITIERS : L'ARTICLE 34 DE LA LOI DU 29 JUILLET 1881

L'article 34 de la loi du 29 juillet 1881 pose un principe qui peut paraître moralement choquant à certains et qui a d'ailleurs donné lieu à des décisions judiciaires étonnantes. En effet, selon cet article : « *Les articles 31, 32 et 33 ne seront applicables aux diffamations ou injures dirigées contre la mémoire des morts que dans les cas où les auteurs de ces diffamations ou injures auraient eu l'intention de porter atteinte à l'honneur ou à la considération des héritiers, époux ou légataires universels vivants.* » Ainsi, il n'y a pas de diffamation punissable lorsque la personne diffamée est décédée lors de la publication de l'article.

Ce principe souffre une exception lorsque le diffamateur a eu parallèlement l'intention de porter atteinte à l'honneur ou à la considération des héritiers, époux ou légataires universels vivants. La Cour de cassation retient que tel est le cas lorsque les héritiers sont exposés « *à l'opprobre public, compte tenu du rappel des liens familiaux et de la nature des faits relatés ou suggérés*[135] ». Cette clause de sauvegarde sera prompte à jouer dès qu'un héritier est mis en cause même d'une manière très vague aux côtés de la personne décédée. Mais, en dehors de cette circonstance admise parfois avec une grande bienveillance[136], il n'y a, *a priori* pas de place pour une réaction judiciaire, encore que de nombreuses voix se soient élevées pour ménager en cette hypothèse une possibilité de protéger la réputation des personnes décédées en utilisant le droit commun de la responsabilité, c'est-à-dire l'article 1382 du Code civil.

Après de multiples batailles de procédures, qui ont duré près d'une dizaine d'années, opposant le magazine *L'Événement du jeudi*, aux héritiers du colonel Philippe Erulin, mis en cause pour son comportement au cours de la guerre d'Algérie et décédé depuis, l'assemblée plénière de la Cour de cassation a rendu deux arrêts de principe formels sur ce point le 12 mai 2000. Elle a considéré que : « *Les abus de la liberté d'expression prévus et réprimés par la loi du 29 juillet 1881 ne peuvent être réparés sur le fondement de l'article 1382 du Code civil. Ainsi, dès lors que la publication des propos*

---

134 § 52.

135 Cass. Civ. 2, 23 septembre 2004, pourvoi n° 03-12328.

136 TGI Paris, 14 octobre 2002, inédit. ; voir également, Cass. Civ. 2, 22 janvier 2004, pourvoi n° 01-423 rendue à l'occasion de la célèbre affaire du Petit Grégory.

litigieux relève de l'article 34 de la loi du 29 juillet 1881, les héritiers ne peuvent être admis à se prévaloir de l'article 1382 du Code civil précité[137] ».

Les juges du fond ont un temps résisté, afin de ménager aux héritiers l'accès à un tribunal pour défendre la mémoire de la personne décédée, en invoquant notamment l'article 6-1 de la Convention européenne des droits de l'homme[138]. Mais la Cour de cassation a toujours maintenu fermement sa position depuis lors en refusant l'utilisation par les héritiers de l'article 1382 du Code civil pour demander réparation d'une atteinte à la réputation du défunt[139]. La Cour de cassation a considéré à cette occasion que l'impossibilité d'agir des héritiers n'était pas contraire à la Convention EDH[140].

■ SOUS-SECTION 2. LES MOYENS DE DÉFENSE À UNE ACTION EN DIFFAMATION

La tendance à l'unification des moyens de défense dans les procédures civiles et pénales

Lorsqu'elle a la qualité de simple particulier, la victime d'une diffamation peut choisir d'engager la procédure soit devant la juridiction civile, en se bornant à demander des dommages-intérêts et le cas échéant des publications judiciaires, soit devant le juge pénal afin de mettre en mouvement l'action publique et d'obtenir en outre le prononcé d'une peine correctionnelle.

Sans entrer dans le détail à ce stade, il convient de rappeler brièvement que, jusqu'à un tournant amorcé par la deuxième chambre civile de la Cour de cassation le 22 juin 1994, les nombreuses dispositions procédurales contraignantes prévues par la loi sur la presse ne s'appliquaient que lorsque la diffamation était l'objet d'une procédure devant la juridiction pénale. Mais, par un arrêt du 22 juin 1994, la Cour de cassation a opéré un revirement et considéré que les dispositions procédurales sur l'offre de preuves de la vérité des faits réputés diffamatoires étaient applicables devant le juge civil. Depuis, l'écheveau s'est déroulé et, par un effet inévitable d'équilibrage entre toutes les dispositions procédurales de la loi, les juges saisis ont, de proche en proche, appliqué l'ensemble des dispositions procédurales de la loi sur la presse y compris lorsque la procédure est engagée "au civil". Aujourd'hui, avec le recul, nous pensons que cette unification a finalement eu un effet simplificateur, mais cet avis n'est pas forcément partagé par tous. Il en résulte en tout cas que les modalités d'exercice de la défense examinées ci-dessous sont d'application générale, quel que soit l'ordre processuel saisi. Cette orientation a été réaffirmée par l'assemblée plénière de la Cour de cassation, le 15 février 2013.

---

137 Cass. AP, 12 juillet 2000, pourvois n° 98-10160 et 98-11155.

138 TGI Paris, 17e chambre, 16 novembre 2000, *Légipresse*, 2001-III, p. 15.

139 Cass. Civ. 2e chambre, 10 octobre 2002, *Légipresse* 2002- I, 43, n° 197-07. Cass. Civ. 2, 9 octobre 2003, pourvoi n° 00-21079 ; Cass. 2e, 13 novembre 2003, *Delval c/ AFP, Légipresse* n° 208, I, 4, pourvoi n° 01-00792 ; Cass. Civ. 1re, 12 décembre 2006, *JCP* 2007, II, 10010, note B. de Lamy et *Bull. Civ.* 2006, n° 551.

140 Cass. Civ. 1re, 12 décembre 2006, précitée.

§1. Les immunités prévues par l'article 41 de la loi du 29 juillet 1881

Ce moyen de défense général, s'appliquant à l'expression parlementaire et à l'expression judiciaire ainsi qu'à leurs comptes rendus, concerne plusieurs infractions résultant de l'application de la loi sur la presse et sera examiné plus loin, au titre des règles générales de poursuite[141].

§2. La preuve de la vérité des faits réputés diffamatoires

Généralités[142]

La preuve de la vérité des faits prétendument diffamatoires, encore appelée « *exceptio veritatis* », constitue dans l'ordre chronologique le premier moyen de défense au fond que l'auteur de la diffamation peut mettre en œuvre pour démontrer que les propos tenus sont justifiés. C'est la démonstration d'un résultat : l'établissement de la vérité. C'est évidemment la reine des défenses, car on n'imagine pas sanctionner un journaliste ayant publié une information vraie. Cette preuve de la vérité est souvent tentée, rarement réussie. C'est un euphémisme. Les tribunaux l'admettent de manière exceptionnelle et leur jurisprudence sur ce point est d'une telle rigueur qu'ils ont, concrètement, anéanti ce moyen de défense. Dans un tribunal spécialisé comme celui de Paris jugeant plusieurs centaines de dossiers de diffamation par an, ce moyen de défense n'est admis qu'à une ou deux reprises chaque année[143]. C'est dire si, statistiquement, il n'est pas représentatif. Nombreux sont les défenseurs d'organes de presse qui ont finalement renoncé à exercer un tel moyen de défense. De fait, son intérêt principal est de montrer au tribunal que le journaliste avait réellement procédé à une enquête préalable et sérieuse, même si celle-ci est perfectible.

La rigueur du mécanisme de preuves a conduit certains plaideurs à poser des questions prioritaires de constitutionnalité, fondées sur l'exigence d'un procès équitable et le respect de la liberté d'expression. Mais la Cour de cassation a successivement refusé de transmettre ces questions au Conseil constitutionnel par un arrêt du 21 juin 2011[144], s'agissant de la présomption de mauvaise foi, et par un arrêt du 17 janvier 2012[145], pour le régime de la preuve prévu par l'article 55 de la loi. Il reste que notre système probatoire pourrait être fragilisé à Strasbourg au regard de l'orientation prise par plusieurs arrêts récents concernant le droit à la preuve[146].

---

141 Voir plus loin, p. 229 et suiv.

142 Sur le régime de la preuve de la vérité, voir l'étude de Mme Sylvie Menotti : « *La preuve de la vérité du fait diffamatoire* », in *Rapport annuel de la Cour de cassation 2004*, disponible en ligne sur www.courdecassation.fr

143 Pourtant, selon le bon de mot de Jean Cocteau, rapporté par le professeur François Terré : « *le mal qu'on dit des autres est toujours vrai* ». F. Terré, « Propos conclusif », in *La liberté de critique*, Lexis Nexis 2007, coll. Colloques et débats, p. 209 et suiv.

144 Cass. Crim. 21 juin 2011, pourvoi n° 11-90046. *Adde* : Crim. 13 mars 2012, pourvoi n° 11-90123.

145 Cass. Crim. 17 janvier 2012, pourvoi n° 11-90113.

146 Voir sur ce point, nos observations in « Synthèse de jurisprudence de la CEDH », *Légipresse* 2011, n° 286, p. 511 et les décisions analysées.

Ce droit *à la preuve* est d'ailleurs un concept transversal qui dépasse largement le droit de la presse[147].

A. DOMAINE D'APPLICATION DE L'OFFRE DE PREUVES DE LA VÉRITÉ

Les exclusions prévues par l'article 35 de la loi du 29 juillet 1881

La possibilité pour le journaliste d'offrir la preuve de la vérité des faits reprochés n'est pas générale. Dans certains cas, le journaliste est purement et simplement privé de ce moyen de défense. En effet, aux termes de l'article 35 de la loi du 29 juillet 1881, dans une rédaction résultant pour l'essentiel d'une ordonnance du 6 mai 1944, ce moyen de défense ne peut être mis en œuvre dans les cas suivants :

- lorsque l'imputation concerne la vie privée de la personne[148] ;
- lorsque l'imputation se réfère à un fait constituant une infraction amnistiée ou prescrite[149], ou qui a donné lieu à une condamnation effacée par la réhabilitation ou la révision.

En 2011, le Conseil constitutionnel a abrogé sur QPC l'interdiction de rapporter la preuve des faits datant de plus de dix ans, qui avait déjà été critiquée par la Cour de Strasbourg dans une décision de 2006[150]. Ces exclusions qui caractérisent selon l'expression du professeur Véron, une « usine à gaz[151] », ont donc perdu de leur importance depuis la décision sur QPC évoquée ci-dessus. Mais elles ont encore une application marginale.

Pour déterminer si un fait est ou non susceptible d'une preuve, on se placera non pas à la date à laquelle le tribunal statue, mais à la date à laquelle l'article a été publié. En effet, en décider autrement reviendrait à faire dépendre les moyens de défense du prévenu de la longueur du procès, ce qui paraît difficilement envisageable. Dans toutes ces hypothèses d'exclusion de la preuve de la vérité, le journaliste ne pourra, au fond, que tenter d'établir sa bonne foi, alors même qu'il dispose peut-être des éléments démontrant de manière parfaite la vérité des imputations.

La preuve de la vérité est exclue en matière de diffamation raciale

Outre les cas d'exclusions prévus par l'article 35 de la loi du 29 juillet 1881, les tribunaux ont considéré de façon prétorienne que toute preuve de la vérité des faits

---

147 Voir sur ce point, pour une analyse récente, G. Lardeux, « Du droit de la preuve au droit à la preuve », note sous Civ. 1, 5 avril 2012, *D.* 2012, p. 1596.

148 La compatibilité de cette exclusion avec l'article 10 de la Convention EDH pourrait être remise en cause, si l'on en juge par un arrêt rendu par la Cour de Strasbourg dans son affaire *Porubova c/ Russie* (CEDH 8 octobre 2009, req. n° 8237/03). En effet, dans cette affaire (paragraphe 47), la Cour, saisie sur le terrain de la diffamation, affirme avoir été « *stupéfaite que ni les autorités nationales, ni les poursuivants, ni les tribunaux n'ont explicitement démontré que les allégations de relations sexuelles de Monsieur V et Monsieur K étaient vraies ou fausses et n'ont fait aucune investigation en ce sens* ».

149 Par un arrêt du 20 décembre 2012, la cour d'appel de Paris a transmis à la chambre criminelle de la Cour de cassation une QPC portant sur la constitutionnalité de ces exclusions : CA Paris, Pôle 2-7, 20 décembre 2012, n° 12/09525.

150 CEDH, 7 novembre 2006, *Mamère c/ France*, req. n° 12697/03. C. constit., n° 2011-131 QPC.

151 M. Véron, obs. sous Cass. Crim. 15 mars 2011, *Dr. Pénal* juin 2011 comm. 74.

était exclue en matière de diffamation raciale. L'admission de ce moyen de défense aurait en effet conduit les tribunaux à reconnaître qu'une accusation raciste pouvait être fondée, ce qui paraît inconcevable. C'est donc tout naturellement que la jurisprudence a exclu la diffamation raciale du domaine d'application de la preuve de la vérité des faits[152].

Le cas particulier de sursis à statuer obligatoire prévu par l'article 35 de la loi sur la presse lorsque la preuve de la diffamation ne peut être rapportée

La loi sur la presse prévoit un cas très particulier de sursis à statuer qui trouve à s'appliquer quand la preuve de la vérité est interdite en vertu de l'article 35. Selon l'avant-dernier alinéa de ce texte, « *lorsque le fait imputé est l'objet de poursuites commencées à la requête du ministère public, ou d'une plainte de la part du prévenu, il sera, durant l'instruction qui devra avoir lieu, sursis à la poursuite et au jugement du délit de diffamation* ». Pour que ce sursis à statuer s'applique, des conditions très strictes doivent être remplies. En premier lieu, la preuve de la vérité doit être prohibée en vertu de l'un ou l'autre des alinéas de l'article 35[153]. En second lieu, le fait diffamatoire doit faire l'objet de poursuites en cours. Il est indispensable sur ce dernier point qu'il y ait une identité stricte entre le fait imputé caractérisant la supposée diffamation, et le fait support de poursuites parallèles en lui-même[154]. Enfin, ces poursuites doivent avoir été engagées soit à la requête du ministère public, soit sur la plainte du prévenu de diffamation. Ces trois conditions sont rarement réunies en pratique, mais si elles le sont, ce cas de sursis est en principe obligatoire[155].

B. DÉLAI D'EXERCICE DE L'OFFRE DE PREUVES DE LA VÉRITÉ DES FAITS DIFFAMATOIRES : L'ARTICLE 55 DE LA LOI DU 29 JUILLET 1881

L'article 55 de la loi du 29 juillet 1881 soumet le moyen de défense tiré de la vérité des faits diffamatoires à un délai particulièrement bref de dix jours qui constitue un exemple unique en droit pénal français. Ce délai court à compter de la date à laquelle la citation à comparaître en justice a été notifiée[156]. Il s'applique aussi bien en matière civile et partira alors de la notification de l'assignation introductive d'instance, qu'en matière pénale où il devra être computé à compter de la date de citation devant le tribunal correctionnel. Ainsi, lorsque précédemment à la citation devant le tribunal correctionnel, une instruction s'est déroulée, le délai d'offre de

152 CA Paris, 28 septembre 1995, *Droit pénal* 1996, n° 37, obs. Véron ; Civ. 2, 3 juin 2004, pourvoi n° 01-17478 ; Cass. Crim. 28 mars 2006, pourvoi n° 05-80634.

153 Jurisprudence ancienne, voir par ex. : Crim. 10 décembre 1985, Bull. n° 397 ; Crim. 22 mai 1990, *Bull.* n° 212.

154 Cass. Crim. 14 février 2006, pourvoi n° 05-82825.

155 Il existe un autre cas de sursis obligatoire applicable cette fois lorsque la preuve de la vérité a été offerte et qu'un témoin cité est empêché. La Cour de cassation a rattaché ce cas de sursis, d'origine prétorienne, à l'article 35. Voir plus loin p. 111.

156 Mais le jour même de la notification ne compte pas en application de l'article 641 CPP. La solution est rappelée périodiquement par la Cour de cassation. Voir par exemple : Cass. Crim. 11 octobre 2011, *Légipresse* n° 290, janvier 2012, p. 15, n° 290-19.

preuves ne court pas pendant toute la durée de l'instruction puisque, par hypothèse, ce n'est qu'à l'issue de cette instruction préparatoire que le prévenu sera cité en justice. Il convient de préciser enfin qu'il ne s'agit pas d'un délai dit franc, si bien qu'en cas d'expiration un jour férié, la notification de preuves doit être effectuée la veille et non pas le lendemain, onzième jour, date à laquelle cette offre de preuves serait considérée comme tardive.

C. MODALITÉS ET CONTENU DE L'OFFRE DE PREUVES DE LA VÉRITÉ

Le mécanisme de l'exception dite *exceptio veritatis*

La mise en œuvre de ce moyen de défense s'effectue par une notification d'acte d'huissier à la personne poursuivante, qu'il s'agisse du procureur de la République, ou d'une partie civile agissant directement. Cet acte d'huissier doit contenir l'énonciation des faits qu'on entend prouver[157], l'indication des noms, prénoms et demeure des témoins qui seront cités aux débats pour démontrer cette preuve, ainsi que la photocopie des pièces qui sont de nature à établir que l'information publiée est vraie. C'est donc tout le dossier de défense au fond qui doit être préparé dans ce délai très court, alors même que l'audience de plaidoirie elle-même se tiendra généralement plusieurs mois après.

Les pièces obtenues de manière illicite ou déloyale

S'agissant des pièces admissibles dans une offre de preuves, certaines précisions complémentaires s'imposent. En premier lieu, la question s'est posée, de manière récurrente, de savoir si un journaliste cité en diffamation pouvait notifier à titre de preuve une pièce couverte par le secret de l'instruction, le secret de l'enquête ou plus généralement le secret professionnel, sans se rendre coupable du délit de recel de violation du secret professionnel (puisqu'en vertu de l'article 11 du Code de procédure pénale, le journaliste ne peut pas être tenu directement au secret de l'instruction). La jurisprudence sur ce point a fluctué selon les époques et la Cour de cassation a finalement tranché, dans un arrêt du 11 juin 2002, en estimant qu'une telle communication ne constituait pas nécessairement le délit de recel, car cette production en justice relevait de l'exercice des droits de la défense du journaliste[158]. À la suite de cette décision, on admet donc qu'un prévenu puisse produire des pièces couvertes par le secret de l'instruction ou plus généralement obtenues par des moyens déloyaux, car ces pièces sont utiles à sa défense[159]. Depuis lors, le législateur est intervenu et la loi du 2 janvier 2010 a ajouté un alinéa à l'article 35

---

157 Cette exigence est encore souvent négligée. La Cour de cassation est pourtant très rigoureuse sur ce point et considère « *que l'article 55 de la loi du 29 juillet 1881 exige que le prévenu spécifie les faits articulés et qualifiés dans la citation dont il entend prouver la vérité ; que cette spécification est nécessaire alors même que le prévenu entendrait faire la preuve de tous les faits visés dans la citation ; qu'il s'agit d'une formalité substantielle qui doit être observée à peine de déchéance du droit de faire la preuve ; que cette déchéance étant d'ordre public, elle doit être soulevée d'office par les juges* ». Voir par exemple : Cass. Crim. 27 avril 2004, pourvoi n° 03-84682.

158 Cass. Crim. 11 juin 2002, pourvoi n° 01-85237.

159 Cass. Crim. 19 janvier 2010, pourvoi n° 09-84408, *Bull.* n° 12.

de la loi du 29 juillet 1881 selon lequel « *le prévenu peut produire pour les nécessités de sa défense, sans que cette production puisse donner lieu à des poursuites pour recel, des éléments provenant d'une violation du secret de l'enquête ou de l'instruction ou de tout autre secret professionnel s'ils sont de nature à établir sa bonne foi ou la vérité des faits diffamatoires* ». Le débat est donc clos, au moins sur le terrain judiciaire.

Pour le reste, un organe de presse pouvait encore en théorie être passible de recel lorsqu'il publie des pièces couvertes par un tel secret, aux termes d'une jurisprudence de la chambre criminelle de la Cour de cassation réitérée en 2001[160]. Mais cette jurisprudence semble désormais condamnée au regard de la position prise de manière réitérée par la Cour européenne des droits de l'homme, telle qu'elle résulte de plusieurs décisions rendues, notamment dans une affaire qui opposait Jacques Calvet à l'hebdomadaire *Le Canard Enchaîné* [161], et surtout dans les affaires *Dupuis c/ France* du 7 juin 2007[162], et *Pinto Coehlo c/ Portugal* en date du 28 juin 2011[163].

La notion de pièce

La deuxième précision à apporter est relative à la notion de pièce. Cette notion est particulièrement large et peut à notre sens s'appliquer non seulement aux pièces écrites, mais également aux enregistrements audio, vidéo, ou numériques, ou à toute preuve matérielle. Une mention spéciale doit être fournie pour les articles de presse. Si une revue de presse peut avoir un intérêt pour situer le contexte d'une affaire, un article de presse peut difficilement être considéré comme une pièce de preuve d'une imputation diffamatoire. Il ne pourrait en aller autrement, le cas échéant, que pour des interviews, car en ce cas la substance de l'interview pourrait avoir une valeur probatoire.

La date des pièces

Enfin, dernière précision sur le contenu de l'offre de preuves, les pièces produites doivent être relatives à des faits antérieurs à la perpétration de la diffamation[164]. Cette solution est logique puisque, par hypothèse, il s'agit de prouver un fait évoqué dans un article publié, on ne saurait déplacer l'objet de la preuve en rapportant la preuve de faits postérieurs à la publication. Pour autant cette restriction a ses limites et les tribunaux ont admis en preuve des pièces postérieures à l'article incriminé si elles se rapportent effectivement à des faits antérieurs[165]. La solution a été réaffirmée par la Cour de cassation dans un arrêt 25 février 2010 approuvant les juges du fond de s'être « *référés à des faits antérieurs à la diffusion litigieuse, dont la preuve pouvait être apportée par tous éléments, peu important que ceux-ci fussent postérieurs*

---

160 Cass. Crim. 19 juin 2001, pourvoi n° 99-85188.

161 CEDH, 21 janvier 1999, *Fressoz & Roire c/ France, Légipresse* 1999-III, p. 41.

162 CEDH, 7 juin 2007, *Dupuis et autres c/ France,* req. n° 1914/02, statuant à la suite de l'arrêt de la chambre criminelle du 19 juin 2001, cité plus haut.

163 Req. n° 28439/08.

164 Voir sur ce point Cass. Crim. 28 novembre 1995, *Bull. Crim.* n° 360 ; Cass. Crim. 22 mai 1997, *Bull. Crim.* n° 200 ; Cass. Crim. 23 octobre 2007, pourvoi n° 06-87681, *CCE* 2008 comm. 11 obs. A. Lepage.

165 Voir par exemple Cass. Crim. 17 décembre 1979, *Bull. Crim.* n° 360.

à la publication des propos diffamatoires[166] ». C'est bien la démonstration que l'objet de la preuve est de démontrer la véracité d'une information, mais non d'établir la substance d'une enquête puisque, par hypothèse, de telles pièces ne pouvaient pas être en possession du journaliste lorsqu'il a rédigé son article.

D. L'EXIGENCE DE CORRÉLATION ET DE PERFECTION DE LA PREUVE DE LA VÉRITÉ DES FAITS RÉPUTÉS DIFFAMATOIRES

C'est en raison des exigences de la jurisprudence relative à la corrélation et à la perfection de la preuve de la vérité des faits réputés diffamatoires que ce moyen de défense est si difficile à mettre en œuvre. En effet, selon un principe constant, la jurisprudence considère que, pour absoudre le prévenu, il faut que la preuve de la vérité soit « *parfaite, complète et corrélative aux diverses imputations formulées, dans toute leur matérialité et leur portée*[167] ».

Ainsi, le moindre fait visé par la poursuite qui resterait sans démonstration de la part du journaliste conduirait à sa condamnation. Cette jurisprudence méconnaît que l'information consiste non seulement à énoncer des faits, mais aussi à les contextualiser et à les insérer dans un raisonnement, inductif ou déductif, indivisible de l'énoncé factuel. Or les éléments de ce raisonnement ne sont par nature pas sujets à un débat probatoire, et devraient être totalement écartés du domaine de l'offre de preuves.

E. LES CONSÉQUENCES DE L'INCAPACITÉ À TÉMOIGNER DE CERTAINS TÉMOINS

La problématique

Au fil du temps, les tribunaux se sont trouvés confrontés à une difficulté liée à l'incapacité de témoigner de certains témoins. En effet, dans de nombreux procès en diffamation concernant des affaires judiciaires en cours, les témoins dont la déposition était offerte en preuve, dans les conditions de l'article 55 de la loi du 29 juillet 1881, étaient parallèlement mis en examen pour des faits ayant un rapport étroit avec ceux qui allaient conduire ces témoins à déposer dans le cadre d'un procès de presse. Et il y aurait évidemment une atteinte flagrante aux droits de la défense d'un témoin s'il devait témoigner sous serment, dans le cadre d'un procès en diffamation, alors même qu'étant par ailleurs mis en examen, il doit bénéficier de son entière liberté de parole et ne peut être entendu sous la foi de ce serment. Une personne mise en examen, rappelons-le, a toujours la liberté de mentir, si elle l'estime nécessaire à sa défense. Une telle contradiction est insurmontable en droit.

---

166 Cass. Civ. 1, 25 février 2010, pourvoi n° 09-12641.

167 Jurisprudence constante au moins depuis 1948. Voir récemment : Cass. Crim. 3 avril 1973, *Bull. Crim.* n° 170 ; Cass. Crim. 2 juin 1980, *Bull. Crim.* n° 168 ; Cass. Crim. 14 avril 1992, *Bull. Crim.* 162, Cass. Crim. 14 juin 2000, *Bull. Crim.* n° 225, pourvoi n° 99-85528; Cass. Civ. 2, 8 avril 2004, pourvoi n° 01-16881 ; Cass. Crim. 1er mars 2005, pourvoi n° 04-81981 ; Cass. Crim. 20 février 2007, pourvoi n° 06-84310 ; Crim. 12 juin 2007, pourvoi n° 06-84136 ; 11 mars 2008, pourvoi n° 07-83547 ; 9 juin 2009, pourvoi n° 08-84283 ; 2 février 2010, pourvoi n° 09-80371 ; 1er mars 2011, pourvoi n° 10-83225 ; 11 octobre 2011, pourvoi n° 11-81869.

La solution du sursis à statuer

Le tribunal ne peut obliger le témoin à déposer sous un serment contraire à ses intérêts, et parallèlement, il ne peut priver le journaliste d'un moyen de défense qui a été mis en œuvre conformément à la loi, dans les conditions des articles 35 et 55 de la loi du 29 juillet 1881. Le tribunal se trouve ainsi confronté à un obstacle qui l'empêche de juger. C'est pourquoi, en pareil cas, la Cour de cassation a considéré aux termes de nombreux arrêts, que les juges étaient obligés de surseoir à statuer[168]. Le tribunal se réserve toutefois de vérifier que les faits sur lesquels le témoin est amené à témoigner sont bien en *« rapport étroit »* avec ceux qui ont motivé sa mise en examen. C'est au prévenu de démontrer cette proximité, et il peut le faire par tous moyens, même si le témoin n'est pas présent physiquement à la barre [169].

S'il constate cet empêchement, le tribunal ne peut pas non plus entendre le témoin sans serment, car ce serait porter atteinte aux droits de la personne poursuivie. La déclaration d'un simple sachant, qui ne jure pas de dire la vérité, a en effet nécessairement moins de poids que la déposition d'un témoin, et le droit à l'audition de témoins à décharge est en outre proclamé par l'article 6-3 de la Convention EDH.

F. L'IMPOSSIBILITÉ DE RAPPORTER LA PREUVE PAR D'AUTRES MOYENS

Les modalités de l'offre de preuves de la vérité telles qu'elles viennent d'être décrites constituent le moyen exclusif pour apporter la preuve de la vérité des faits prétendument diffamatoires. Ce principe a des conséquences importantes.

En premier lieu, lorsque le juge d'instruction est saisi, il n'a pas lui-même le pouvoir de rechercher si l'information litigieuse est vraie. Il ne peut entendre aucun témoin sur le fond et, de manière générale, il ne peut accomplir aucun acte d'instruction qui viserait à confirmer ou infirmer les propos du journaliste mis en cause[170].

En second lieu, il en résulte que, de manière générale, le journaliste mis en cause ne peut compter que sur lui-même. C'est à lui de démontrer la preuve de la vérité en utilisant la procédure prévue à l'article 55 de la loi du 29 juillet 1881. Il ne peut pas exiger du demandeur de verser aux débats un document qui n'est pas en sa possession. Il ne peut pas non plus obtenir formellement d'un tiers la production d'un document.

Toutes les pièces ou documents qui seraient produits en dehors du cadre de cette offre de preuves, ne pourraient pas être pris en considération pour établir la vérité des faits, mais pourraient venir appuyer la démonstration éventuelle de la bonne foi.

---

168 Cass. Crim. 18 décembre 1978, *Bull. Crim.* n° 358 ; Cass. Crim. 11 mai 1993, *Bull. Crim.* n° 172 ; Cass. Crim. 28 juin 1994, *Bull. Crim.* n° 257 ; Cass. Crim. 27 septembre 1995, *Bull. Crim.* n° 289. CA Rouen, renvoi ap. cassation, 25 avril 2005, n° 04/01169, *Jurisdata* n° 2005-291568.

169 Voir en ce sens Paris, 2 mars 1994, *D.*, 1995, somm., p. 265 obs. J.-Y. Dupeux.

170 Solution constante depuis Cass. Crim. 4 novembre 1986, pourvoi n° 85-95791. Voir ci-dessus chapitre sur le déroulement de l'instruction.

G. LA DÉMONSTRATION DE LA PREUVE CONTRAIRE PAR LA PERSONNE POURSUIVANTE : L'ARTICLE 56 DE LA LOI DU 29 JUILLET 1881

Par parallélisme, la personne diffamée dispose du droit de répliquer à l'offre de preuves qui lui serait notifiée. Cette possibilité est enfermée dans un délai plus court, puisque la partie poursuivante (procureur de la République ou partie civile), doit notifier cette offre de preuves contraires dans un délai de cinq jours en vertu de l'article 56 de la loi du 29 juillet 1881. Cette différence de traitement pourrait paraître inéquitable, mais il n'en est rien. On se rappellera en effet que la partie poursuivante a de manière générale la maîtrise de la date à laquelle elle engage la procédure, si bien que la prudence la plus élémentaire veut qu'on engage son instance, qu'après avoir anticipé et le cas échéant réuni les éléments de nature à répliquer à une offre de preuves.

Sur le plan des modalités procédurales, l'article 56 est calqué sur l'article 55 de la loi sur la presse. Le plaignant devra répondre en notifiant un acte d'huissier auquel il annexera ses pièces, et en précisant les noms, profession et demeure des témoins qu'il a décidé de faire entendre.

H. LES CONSÉQUENCES DU DÉFAUT DE NOTIFICATION D'OFFRE DE PREUVES CONTRAIRES

Il ne faut pas se méprendre sur les conséquences du défaut de notification d'une offre de preuves contraires par la partie poursuivante. Cela ne signifie pas que celle-ci acquiesce aux preuves reçues du prévenu. En toute hypothèse, même si le poursuivant n'a pas notifié d'offre de preuves contraires dans les conditions de l'article 56 de la loi sur la presse, il conserve la possibilité de démontrer que les preuves du prévenu sont insuffisantes à rapporter une preuve complète et parfaite, corrélative à toutes les imputations diffamatoires, dans toute leur signification et leur portée[171].

I. LA PORTÉE DE LA NOTIFICATION D'UNE OFFRE DE PREUVES NON ADMISE

Dans la mesure où les offres de preuves ne sont quasiment jamais admises, des débats s'engagent parfois sur la portée de l'acte de notification. En effet, un prévenu ayant offert spontanément la preuve de faits précis de nature à porter atteinte à l'honneur et à la considération peut-il dans le même procès soutenir que les propos poursuivis ne contiennent pas l'imputation de tels faits, afin de contester la qualification ? Ces moyens peuvent en effet paraître contradictoires au premier abord, même si c'est le jeu habituel de la défense judiciaire qui manie la plupart du temps des argumentations principales et subsidiaires, qui s'emboîtent telles des poupées russes. La Cour de cassation a admis que le prévenu conserve la possibilité de contes-

171 TGI Paris 1re ch. 1re sect., 11 décembre 1996, *JCP* 1997-II-22938, note A. Lacabarats, *Jurisdata* n° 1996-047220.

ter le caractère attentatoire à l'honneur et à la considération des faits offerts en preuve[172], mais elle a considéré à plusieurs reprises qu'ayant offert la preuve de faits, le prévenu ne pouvait plus soutenir que les propos ne contenaient pas de faits précis[173]. Cette position ancienne, gravement attentatoire aux droits de la défense, en ce qu'elle prive de la possibilité même de discuter les éléments constitutifs du délit n'est à notre sens pas tenable. D'ailleurs, les juges du fond n'ont jamais suivi la Cour de cassation sur ce point[174]. Il est permis d'espérer que si l'occasion lui en était donnée, la Cour de cassation reviendrait sur cette solution guère compatible avec les exigences modernes du droit au procès équitable[175].

§3. La démonstration de la bonne foi

Généralités

Comme on l'a indiqué plus haut, la preuve de la vérité des faits diffamatoires est souvent impossible à rapporter en remplissant les conditions drastiques fixées par les tribunaux. Par ailleurs, l'offre de preuves est interdite dans plusieurs cas rappelés ci-dessus (article 35).

C'est pourquoi, de manière générale, lorsque le diffamateur obtient gain de cause au fond dans un procès en diffamation, c'est généralement que le tribunal a reconnu sa bonne foi. En effet, si le prévenu est présumé de mauvaise foi, il reste recevable à combattre cette présomption dans des conditions qui ont fait l'objet de nombreuses décisions de jurisprudence au fil des ans. Analysant cette notion de bonne foi en matière de diffamation, le professeur François Terré fait un parallèle avec la théorie des dommages dits « *licites* » dans le domaine de la responsabilité civile, se référant aux travaux de Boris Starck. Il y aurait ainsi, à l'instar de la concurrence qui peut être loyale ou déloyale, une diffamation licite ou illicite[176]. C'est selon nous une expression de l'existence d'un « droit de nuire » inhérent à la liberté de l'information[177].

La présomption de mauvaise foi du diffamateur

La présomption de mauvaise foi ne figure pas expressément dans la loi du 29 juillet 1881. Tout juste cette loi prévoit-elle en son article 35 *bis*, que la reproduction d'une imputation déjà jugée diffamatoire sera réputée portée de mauvaise foi, sauf preuve

---

172 Cass. Crim. 2 septembre 2003, *Bull. Crim.* n° 150.

173 Cass. Crim. 14 avril 1992, *Bull. Crim.* n° 162 ; Cass. Crim. 29 novembre 1994, *Bull. Crim.* n° 381.

174 Voir par exemple : TGI Paris, 17e ch., 2 mars 2009, *Parisot c/ Dewavrin, Légipresse* n° 260 avril 2009-I-260-18.

175 D'ailleurs, Mme Menotti admet, dans son étude précitée publiée au rapport annuel de la Cour de cassation, que « *cette solution ne s'imposait pas d'évidence* » et que « *cette question, qui peut paraître très théorique, est donc lourde de conséquences pratiques* ».

176 François Terré, intervention au Forum Légipresse du 4 octobre 2012, in *Légicom* n° 50. Cette analyse fait écho selon nous à la notion de « *bon diffamateur* » mise en lumière par le président Mimin en son temps. Voir également, sur la bonne foi en général : Ph. Conte, « *La bonne foi en matière de diffamation : notion et rôle* », *Mélanges Chavanne*, Litec 1990, p. 49.

177 Sur ce sujet du droit de nuire : J. Karila de Van, « Le droit de nuire », *RTD civ.* 1995, p. 533.

contraire par son auteur. On ne saurait, de prime abord, déduire de cette disposition que toutes les imputations diffamatoires sont réputées faites de mauvaise foi. On pourrait tout aussi bien interpréter *a contrario* cette disposition en considérant qu'à l'exception d'une imputation déjà jugée diffamatoire, il n'y a pas lieu de retenir une présomption de mauvaise foi. Ce n'est pas cette dernière voie qu'a suivie la jurisprudence en affirmant, de manière prétorienne, qu'il s'attachait à la diffamation une présomption de mauvaise foi qu'il incombe au diffamateur de combattre. En effet, la Cour de cassation a toujours estimé qu'une présomption de mauvaise foi s'attachait « *de plein droit aux imputations diffamatoires* », de sorte que c'était au prévenu d'administrer la preuve du fait justificatif de la bonne foi[178]. Cette logique du procès de diffamation est compréhensible, car mettre à la charge de la partie poursuivante la preuve de la mauvaise foi, donc de l'absence d'enquête, serait lui imposer une preuve diabolique, sinon impossible. De manière générale, les tribunaux rechignent à mettre une telle preuve à la charge d'une partie.

Cette présomption de mauvaise foi est certainement un des piliers du régime de la diffamation. Saisie d'une contestation relative à sa conformité avec la Convention EDH, la chambre criminelle de la Cour de cassation a admis que « *le principe selon lequel l'intention de nuire est attachée de plein droit aux imputations diffamatoires n'est pas incompatible avec les articles 6 et 10 de la Convention européenne des droits de l'homme ; lesquelles ne font pas obstacle aux présomptions de droit ou de fait en matière pénale, dès lors qu'il est possible d'apporter la preuve contraire et que les droits de la défense sont assurés*[179] ». La Cour européenne des droits de l'homme a elle aussi admis la conformité de cette présomption avec la Convention[180]. Plus récemment, une QPC sur ce point a été considérée comme dépourvue de sérieux par la chambre criminelle de la Cour de cassation dans un arrêt du 21 juin 2011 selon lequel « *cette question ne présente pas, à l'évidence, un caractère sérieux, dès lors que la présomption d'imputabilité de l'élément moral de l'infraction à l'auteur des propos incriminés, qui est inhérente aux dispositions en cause, est dépourvue de tout caractère irréfragable, qu'elle ne fait pas obstacle à l'exercice des droits de la défense et ne contrevient pas au principe du procès équitable*[181] ».

Modalités procédurales de démonstration de la bonne foi

Contrairement à l'offre de preuves, enserrée dans des conditions de délais et des modalités strictes prévues par l'article 55 de la loi du 29 juillet 1881, la démonstration de la bonne foi ne fait l'objet d'aucun texte. Elle peut donc être établie dans des conditions très souples, par simple communication informelle de pièces, par

178 Voir par exemple : Cass. Crim. 13 janvier 1987, *Bull. Crim.* n° 16. En revanche, cette présomption n'existe pas sur le terrain de l'article 1382 du Code civil : TGI Paris, 11 décembre 2002, *Albin Michel c/ Brun*, inédit.

179 Crim. 25 novembre 2003, pourvoi n° 03-83219. Voir aussi Crim. 16 mars 1993, pourvoi n° 91-81819.

180 Cour EDH, 30 mars 2004, Radio France, req. n° 53984/00, *Légipresse* 2004-I-85.

181 Pourvoi n° 11-90046. Dans le même sens, également sur QPC : Crim. 13 mars 2012, pourvoi n° 11-90123, *CCE* 2012, comm. 67 obs. A. Lepage.

citation de témoins, voire par une argumentation développée à l'audience devant la juridiction correctionnelle. La démonstration de la bonne foi est donc beaucoup plus confortable sur le plan procédural, ce qui explique aussi pourquoi le prévenu obtient plus facilement un succès judiciaire sur ce terrain.

Charge de la preuve de la bonne foi

La charge de la preuve de la bonne foi repose exclusivement sur le diffamateur et le juge ne peut en aucune façon prendre une initiative procédurale en ce domaine, soit de son propre chef, soit à la demande d'une des parties. C'est ainsi que dans une affaire ayant déchaîné les passions et les tensions, opposant un journaliste de France 2 à l'auteur d'un blog pro-israélien, relative à des accusations de manipulation de l'information dans le cadre du conflit israélo-palestinien, la chambre criminelle de la Cour de cassation a censuré la cour d'appel de Paris qui avait ordonné un supplément d'information afin de visionner les rushes tournés par le journaliste partie civile. Dans un arrêt du 28 février 2012, elle a en effet rappelé le principe selon lequel « *en matière de diffamation, si le prévenu peut démontrer sa bonne foi par l'existence de circonstances particulières, c'est à lui seul qu'incombe cette preuve, sans que les juges aient le pouvoir de provoquer, compléter ou parfaire l'établissement de celle-ci*[182] ». Et cette preuve de la bonne foi qui repose sur la personne poursuivie et elle seule, ne peut être rapportée que devant la juridiction de jugement, le juge d'instruction étant entièrement dépourvu de pouvoirs sur ce terrain[183].

Toutefois, il est important de préciser que si l'auteur des propos démontre sa bonne foi, celle-ci va également profiter, en principe, au directeur de la publication. En effet, selon la Cour de cassation, « *l'existence de faits justificatifs suffisants pour faire admettre la bonne foi de l'auteur des propos a pour effet d'exclure, tant la responsabilité de celui-ci, que celle du directeur de la publication du journal dans lequel l'article incriminé a été inséré*[184] ».

La théorie générale de la bonne foi et ses quatre éléments[185]

Au fil des décisions, la jurisprudence a dégagé une théorie de la bonne foi, en caractérisant quatre exigences distinctes et cumulatives autour desquelles doit s'appuyer

182 Cass. Crim. *Enderlin c/ Karsenty*, 28 février 2012, pourvoi n° 08-83926, *CCE* 2012, n° 53 p. 37 note A. Lepage. Il est intéressant de noter que cet arrêt est rendu au visa de l'article 29 de la loi du 29 juillet 1881. Voir dans le même sens : Crim. 19 juin 2012, pourvoi n° 11-86611.

183 Cass. Crim. 11 avril 2012, pourvoi n° 11-86331.

184 Cass. Crim. 1er mars 2005, pourvoi n° 04-80534, Cass. Crim. 11 septembre 2007, pourvoi n° 05-87628. Voir également : Crim. 8 novembre 2011, pourvoi n° 10-85666.

185 On doit au président Mimin d'avoir le premier, au cours des années 1930, posé les bases de cette construction dans une note qui a fait date en droit de la presse et qui reste d'une étonnante modernité. Il affirmait déjà « *la bonne foi suppose la sincérité, la bonne foi suppose un but légitime, la bonne foi suppose que l'imputation diffamatoire est proportionnée au but légitime, la bonne suppose la prudence* » (Mimin, note sous Crim. 27 octobre 1938, *D.P.* 1939-1-77). Cinquante plus tard, c'est maître Henri Leclerc qui a poursuivi ce travail en mettant en avant les différents éléments, là encore dans un article fondateur : H. Leclerc, « La bonne foi du journaliste », *Légipresse* 1988 n° 50-II-25.

la démonstration du journaliste[186]. Cette jurisprudence s'est stabilisée ainsi pendant plusieurs décennies, ces exigences consistant à établir :

- Un motif légitime d'information
- L'existence d'une enquête sérieuse
- La prudence et l'objectivité du propos
- L'absence d'animosité personnelle.

Avant de revenir sur les contours de chacune de ces notions, il convient de préciser que ces critères sont cumulatifs et il appartient en principe au journaliste de les caractériser tous. La jurisprudence a souvent été très rigide sur ces quatre critères, même si ici ou là, des décisions pouvaient admettre des entorses à cette théorie sacro-sainte de la bonne foi articulée autour des quatre éléments qui viennent d'être évoqués. Mais, pour rares qu'elles soient, ces décisions sortant des sentiers battus montraient qu'on ne peut réduire le journaliste français à un seul type abstrait, en quelque sorte le bon père de famille professionnel. À notre sens, la jurisprudence doit, pour être proche de la réalité, admettre des nuances dans la bonne foi journalistique afin de tenir compte des situations dans lesquelles se trouve chaque journaliste, qui peuvent amener une réponse spécifique. En d'autres termes, l'appréciation de la bonne foi devrait se faire *in concreto* alors qu'elle est encore trop souvent effectuée *in abstracto*[187].

Mais cette théorie de bonne foi fondée sur quatre éléments s'est lézardée dans les années 1990 et a progressivement perdu son emprise sous l'effet de plusieurs facteurs. D'une part, le juge français s'est engagé dans un travail visant à affiner les critères en fonction des genres d'expression, dégageant ainsi des critères spécifiques de la bonne foi pour la polémique politique, pour la polémique syndicale, pour les historiens, pour les humoristes, pour les interviews, pour les témoignages vécus, pour l'expression citoyenne telle que les blogs, etc. D'autre part, la Cour européenne a fait émerger des concepts tels que la « *base factuelle suffisante* », ou « *l'intérêt général* » qui ont été pris en compte par les juridictions françaises et ont modifié la physionomie judiciaire de la bonne foi, même pour les contributions journalistiques les plus classiques[188].

Malgré tout, certaines décisions récentes rappellent encore ces exigences formelles de réunion des quatre éléments, y compris pour des registres d'expression qui ne relèvent pas de la profession de journaliste, comme en témoigne par exemple un

186 Voir par exemple, sous forme d'attendu de principe très clair : Cass. Civ. 2, 27 mars 2003, pourvoi n° 00-20462 ; et pourvoi n° 00-20461, Bull. II n° 84 ; voir également détaillant ces exigences : Cass. Crim. 27 septembre 2005, pourvoi n° 04-85956 ; Cass. Crim. 29 janvier 2008, pourvoi n° 07-82493 ; Cass. Civ. 1, 19 mars 2009, pourvoi n° 07-21930. Mais il est bien clair que les arrêts de cassation sont très peu nombreux au regard des centaines de décisions rendues par les juges du fond reprenant cette quadruple exigence. Dans son dernier état, la chambre criminelle reprend les éléments en remplaçant « *l'enquête sérieuse* » par la « *base factuelle suffisante* » : Crim. 11 avril 2012, pourvoi n° 11-83007.

187 Voir sur ce point, notre étude : C. Bigot, « La bonne foi du journaliste : état des lieux », *Légicom* n° 28/2002/3, p. 73.

188 Voir ci-dessous.

arrêt rendu le 17 mars 2011 par la première chambre civile de la Cour de cassation en matière de débat syndical, selon lequel « *le fait justificatif de bonne foi distinct de l'exception de vérité des faits diffamatoires se caractérise par la légitimité du but poursuivi, l'absence d'animosité personnelle, la prudence et la mesure dans l'expression ainsi que le sérieux de l'enquête*[189] ». Dans un sens proche, la chambre criminelle cette fois, vise aussi les 4 éléments dans un arrêt du 11 avril 2012, se bornant à substituer à la notion « *d'enquête sérieuse* », celle de « *base factuelle suffisante*[190] ». Il semble ainsi qu'on soit dans une sorte de phase de transition dans laquelle le juge se réfère, au gré des affaires, soit à l'ancienne théorie dite des « *quatre éléments* », soit à une nouvelle construction bâtie autour de la notion d'intérêt général, évoquée plus loin.

Quoi qu'il en soit, il n'est plus possible de présenter aujourd'hui sérieusement la théorie de la bonne foi en l'articulant exclusivement autour de la quadruple exigence rappelée plus haut. La seule présentation envisageable consiste à l'aborder en fonction des registres d'expression en cause, la théorie des quatre éléments n'étant aujourd'hui maintenue dans sa dimension classique que pour les professionnels de l'information.

On sait en effet depuis longtemps que les tribunaux apprécient différemment la bonne foi du diffamateur selon le registre de l'expression utilisée. C'est ainsi qu'en matière de polémique politique, opposant des candidats au suffrage, par exemple, ou de manière générale des hommes politiques, la Cour de cassation caractérise des exigences différentes, liées à la spécificité de la polémique politique, en excluant la plupart du temps la démonstration de la prudence, antinomique de la polémique[191].

De la même manière, s'agissant des humoristes, qui font profession de faire rire le public, ils ont très tôt été exclus des exigences communes de la bonne foi, de manière à bénéficier d'une jurisprudence en quelque sorte sur mesure, leur laissant la plus grande latitude d'expression. Cette liberté existe dès l'instant qu'il n'y a pas d'ambiguïté dans leurs propos, lesquels ne peuvent pas être accueillis comme une information et sous la réserve principale du respect de la dignité de la personne ou de l'exigence d'une absence de malveillance.

Enfin, les personnes ayant été impliquées dans des affaires judiciaires et livrant leur témoignage au public peuvent utiliser une liberté de ton, dans la mesure où ils livrent un vécu qu'ils ne peuvent ressentir qu'avec une certaine subjectivité[192].

---

189 Cass. Civ. 1re, 17 mars 2011, pourvoi n° 10-11784.

190 Cass. Crim. 11 avril 2012, pourvoi n° 11-83007.

191 Voir à ce sujet, à titre d'exemples, les différentes décisions rendues dans le contentieux opposant Michel Rocard à Jean-Marie Le Pen, et notamment Cass. Ch. mixte, 24 novembre 2000. Cf. plus loin, p. 140 et suiv.

192 Voir en ce sens, par exemple, TGI Paris, 7 décembre 1999, *Crédit Lyonnais c/ Bernard Tapie, Légipresse* 2000-I, p. 41 ; cour d'appel de Paris, 17 octobre 2002, *Botton c/ Charles Villeneuve*, inédit.

A. DANS LE DOMAINE DE L'INFORMATION

Comment tenir compte de la multiplicité des formes de journalisme ? En effet, qu'y a-t-il de commun entre une simple brève, un éditorial engagé, un reportage réalisé en caméra cachée ou encore un article de la presse populaire ? Il s'agit de journalisme, même s'il emprunte des formes qui n'ont pas grand-chose de commun. La jurisprudence a dans certaines circonstances posé le principe important selon lequel la bonne foi doit précisément s'apprécier « *en fonction du genre du journal* », ce qui supposerait d'admettre qu'un écrit journalistique puisse avoir un caractère provoquant, l'expression de certains organes de presse devant s'apprécier « *à l'aune de la dérision ou même de l'outrance* » qui peut caractériser la publication considérée[193]. De même, les nouvelles formes d'écriture de l'information induites par le développement de l'internet, impliquent la redéfinition des critères de la bonne foi, afin de l'adapter à l'instantanéité des rubriques constituant de simples fils d'actualité, qui sont par nature de l'information de seconde main.

a. Théorie générale

I. Le motif légitime d'information

Cette première condition de la bonne foi ne pose généralement pas de difficulté particulière. Les tribunaux n'ont pas de conception interventionniste en ce domaine, se gardant de manière générale d'être juge, à la place des organes de presse, de ce qui mérite information et de ce qui ne le justifierait pas. Ainsi, dans une affaire retentissante opposant le journal *L'Équipe* au footballeur Nicolas Anelka à qui étaient prêtés des propos peu amènes – c'est un euphémisme – à l'égard du sélectionneur de l'équipe de France, le tribunal de Paris a estimé qu'il ne lui appartenait pas d'entrer dans un contrôle d'opportunité relevant « *du seul choix éditorial de l'organe de presse concerné, de sa responsabilité déontologique et le cas échéant du jugement de ses lecteurs*[194] ». Cette conception nous semble conforme au droit de savoir du citoyen rappelé par l'article 10-1 de la Convention européenne des droits de l'homme.

En définitive, ce critère ne joue véritablement qu'à la marge, comme un mécanisme de sauvegarde, pour des situations extrêmes caractérisées par une publication dans un but spécialement malveillant ou pervers, procédant d'une curiosité malsaine ou pour d'autres raisons équivalentes. Rares sont les décisions qui ont à trancher une contestation sérieuse sur ce point. On peut toutefois évoquer la question de savoir si un romancier peut librement réinterpréter le réel en diffamant une personne. Selon la cour d'appel de Paris, « *il n'est pas* a priori *illégitime pour un auteur de s'inspirer de faits réels et de faire intervenir, dans une œuvre romanesque, des personnages existants qui ont*

193 CA Paris 11e chambre, 27 juin 2002, *Légipresse* 2002-I, p. 116.
194 TGI Paris 17e, 1er juillet 2011, *Légipresse* 2011 n° 287-06, p. 525.

été mêlés à ces événements[195] ». Certains tribunaux pourraient également être tentés, sur ce terrain, de sanctionner des journalistes qui se seraient immiscés dans la sphère intime de la vie privée mais, en ce cas, le procès est généralement engagé sur le terrain de l'article 9 du Code civil et en fonction de critères complètement différents.

II. Le sérieux de l'enquête

De manière générale, une enquête est sérieuse lorsque le journaliste « *disposait d'éléments suffisamment sérieux pour croire légitimement en la véracité de ses allégations*[196] ». En quoi est-ce différent de la démonstration de la vérité des faits de l'article 35 de la loi sur la presse évoquée plus haut ? Pour schématiser, on pourrait considérer que, dans un cas, le prévenu a satisfait à une obligation de résultat alors que, dans l'autre, il s'agit plutôt d'une obligation de moyens. Pour trouver grâce aux yeux d'un tribunal, l'enquête réalisée par le journaliste dépend de trois critères principaux :
- le moment de l'enquête ;
- la nature des sources utilisées ;
- le recoupement auquel il a été procédé, par l'introduction d'une contradiction.

L'enquête doit être préalable à la publication

C'est une évidence, mais elle mérite d'être rappelée sans qu'il y ait besoin de s'y attarder. Pour revendiquer le bénéfice d'une enquête sérieuse, il est impératif que le journaliste ait procédé à son enquête avant la publication[197]. Selon la Cour de cassation, en effet, « *il incombe à l'auteur des propos de disposer, au moment de leur formulation, des éléments propres à établir sa bonne foi*[198] ». Dès lors, les pièces qu'il verse aux débats pour justifier de son enquête doivent être nécessairement antérieures à la publication incriminée[199]. Pour être tout à fait complet, les pièces ou sources postérieures à la publication de l'article ne seront pas nécessairement et définitivement inutiles, car elles pourront être prises en considération, au titre du préjudice allégué par la victime, puisqu'en cette matière on évalue traditionnellement le préjudice au jour où le juge statue. Mais de telles sources postérieures à la publication ne pourront pas être valablement invoquées pour démontrer le sérieux de l'enquête réalisée, car ce serait admettre un moyen de défense parfaitement artificiel.

En revanche, rappelons que, sur le terrain de la vérité des faits, il a été admis la possibilité de notifier en preuve un document postérieur à la publication dès l'instant qu'il se rapportait à des faits antérieurs[200]. Il en résulte que, pour invoquer utilement le

195 CA Paris, 18 décembre 2008, *Légipresse* n° 261 mai 2009, III-83, note A. Tricoire.

196 Cass. Civ. 1, 3 avril 2007, pourvoi n° 05-21344.

197 TGI Paris 1re chambre ,1re section, 19 juin 1996 – *Tranchant c/ EDJ, Légipresse* 1997-I, p. 2.

198 Cass. Crim. 5 septembre 2006, pourvoi n° 05-86567.

199 Voir trois arrêts très nets en ce sens: Crim., 6 mai 2008, pourvois n° 07-82.250 ; n° 07-82.251 ; n° 07-82.252 selon lesquels « *la bonne foi du prévenu ne peut être déduite de faits postérieurs à la diffusion des propos litigieux* ».

200 Voir plus haut, p. 110.

caractère probant de tels documents postérieurs, le journaliste devrait donc notifier une offre de preuves, mais ne peut se contenter de plaider sa bonne foi.

Une autre conséquence découle de cette nécessité d'une enquête préalable : le prévenu n'est quasiment jamais admis à solliciter un sursis à statuer dit facultatif visant à demander le report du jugement de diffamation jusqu'à l'intervention d'une autre décision dans une autre affaire[201]. La position de la Cour de cassation est bien résumée dans un arrêt rendu la 7 mars 2000 selon lequel « *le sursis à statuer ne saurait suppléer à la carence des prévenus, le journaliste devant disposer au moment même de la rédaction des imputations diffamatoires des éléments propres à en établir l'authenticité ; qu'il ne saurait attendre des résultats de poursuites judiciaires en cours, les moyens de justification qui lui font défaut lors de la publication*[202] ». Il reste que cette possibilité existe, et selon la chambre criminelle, « *les juges du fond apprécient librement l'opportunité d'ordonner un sursis à statuer quand celui-ci n'est que facultatif*[203] ».

Valeur et admissibilité des différentes sources

• Les articles de presse. « *Des articles de presse n'ont aucun caractère probant. Le journaliste, qui ne justifie pas avoir eu d'autres sources que les articles de ses confrères et qui n'établit pas avoir procédé lui-même à des recherches, ne peut se voir accorder le bénéfice de la bonne foi.* » C'est ainsi que s'exprimait, parmi tant d'autres, un jugement rendu par le tribunal de grande instance de Paris le 23 octobre 1998, statuant sur un article paru dans le journal *Le Monde* [204]. Et la règle est acquise : des articles de presse n'ont « *aucune valeur probante* » et ne suffisent pas à démontrer une enquête sérieuse[205]. La chambre criminelle de la Cour de cassation censure d'ailleurs les décisions qui tiennent compte de précédents articles de presse pour admettre l'existence d'une enquête suffisante. Ainsi a-t-elle affirmé que « *la circonstance que certains des propos diffamatoires aient été rapportés par des journalistes est inopérante au regard des conditions requises pour que leur auteur puisse voir reconnaître sa bonne foi*[206] ».

Cette jurisprudence mérite à notre sens d'être pleinement approuvée, une revue de presse ne pouvant être considérée comme une enquête journalistique et la simple production de coupures de presse étrangères ne peut pas non plus constituer une enquête journalistique suffisante[207]. Mais des articles de presse peuvent être pris

---

201 Voir par exemple récemment : Crim. 5 septembre 2006 pourvoi n° 05-86567, approuvant le rejet d'une telle demande, car « *il incombe à l'auteur des propos de disposer, au moment de leur formulation, des éléments propres à établir sa bonne foi* ».

202 Cass. Crim. 7 mars 2000, pourvoi n° 99-82971.

203 Cass. Crim. 7 mars 2000, pourvoi n° 98-88196 ; 26 octobre 2004, pourvoi n° 04-80587. Les juges du fond ont donc un pouvoir souverain sur l'opportunité de prononcer un tel sursis : Cass. Crim. 14 février 2006, pourvoi n° 05-82825.

204 TGI Paris, 17ᵉ ch. 23 octobre 1998, *Longuet c/ Colombani*, *Légipresse* 1999-I, p. 34.

205 Voir par exemple TGI Paris 17ᵉ chambre, 22 mars 1996, *Légipresse* 1996-I, p. 50 ; TGI Paris 17ᵉ chambre, 27 janvier 1998, *Légipresse* 1998-I, p. 84 ; TGI Paris 17ᵉ chambre, 29 mars 2000, *Seguin c/ Amaury*, *Légipresse* 2000-II, p. 14.

206 Cass. Crim. 4 décembre 2007, pourvoi n° 06-88967.

207 TGI Paris 17ᵉ chambre, 6 juin 1996, *Légipresse* 1996-I, p. 131.

en compte, au côté de documents officiels au titre d'un faisceau d'éléments et pour démontrer la fiabilité de certains documents[208].

À notre sens, il doit toutefois être fait exception à cette règle pour les interviews, car la position d'une personne donnée dans ce cadre, lorsqu'elle est l'un des acteurs de l'information commentée, constitue une source d'information elle-même, dès l'instant naturellement que l'interview n'a pas été contestée dans sa matérialité. De même, pour les nouvelles formes d'information diffusées sur le web et les mobiles en temps réel, par le biais d'alertes, de dépêches, de fils d'actualité et autres, le travail journalistique est totalement dépendant d'un impératif d'instantanéité et procède parfois plus de la veille ou de la revue de presse, de sorte qu'une publication de presse antérieure pourrait alors constituer une source pertinente au regard de la nature de la rubrique[209]. Enfin, les circonstances particulières d'une affaire peuvent ponctuellement amener une juridiction à donner à des articles anciens et à un "buzz médiatique" dont rien ne permet d'affirmer qu'ils sont bâtis sur des faits faux, une valeur démonstrative d'une base factuelle suffisante[210].

• Les dépêches d'agences. On s'est également demandé si, pour certaines contributions journalistiques très factuelles et notamment les brèves, il était possible de démontrer le sérieux de l'enquête par la simple production d'une dépêche d'agence. Là encore, la jurisprudence est restée longtemps univoque, en considérant de manière générale qu'une dépêche d'agence n'est pas, à elle seule, un élément suffisant pour caractériser une enquête sérieuse. Cette subsistance du devoir d'enquête préalable du journaliste même en présence de la diffusion d'un communiqué de presse d'un ministère ou d'une dépêche d'agence a été admise par la Cour de cassation dans un arrêt du 23 mai 1995[211]. Ce principe a ensuite été repris très clairement dans deux jugements du même jour rendus par la 17e chambre du tribunal correctionnel de Paris le 16 janvier 1996[212]. Dans toutes ces hypothèses, il a été considéré que la production d'une dépêche d'agence n'exonérait pas le journaliste d'une vérification personnelle de l'authenticité des éléments et des sources. On voit bien l'accent mis par la jurisprudence sur cette nécessité de vérification personnelle et préalable à toute publication.

Mais, si ces principes restent d'actualité pour des articles de presse classiques, ils résistent mal à la prise en considération des nouvelles formes d'information instantanée, que constituent les fils d'actualité, flux RSS et autres alertes sur smartphones,

---

208 Cass. Civ. I, 14 juin 2007, pourvoi n° 06-16603, *Légipresse* 2007-III-198 note B. Ader. Voir également l'autre arrêt rendu à la même date (pourvoi n° 06-16605) admettant que de tels articles ne peuvent suffire à eux seuls, mais peuvent corroborer d'autres éléments et former avec eux un ensemble cohérent.

209 Voir en ce sens, TGI Paris 17e ch., 10 janvier 2012, et 24 octobre 2012 cités plus loin.

210 TGI Paris, 12 mai 2010, Devedjian, *Légipresse* 2010, n° 273-04, concernant le passé judiciaire d'un homme politique.

211 Cass. Crim. 23 mai 1995, pourvoi n° 93-82815.

212 *Légipresse* 1996-I-18, *Légipresse* 1996-I, p. 51. Voir également, TGI Paris, 17e chambre correctionnelle, 6 juin 1996, *Légipresse* 1996-I, p. 131 ; TGI Paris, 1re chambre, 3 juillet 1997, *Légipresse* 1997-I, p. 51.

relevant par nature d'une information de deuxième main, sur la base exclusive de dépêches d'agences. Dans un tel cadre, la jurisprudence tend à infléchir sa position, et il paraît inévitable à terme, sauf à condamner par nature ce type d'information, qu'il y aura lieu d'admettre un assouplissement significatif. Le tribunal de Paris s'est d'ores et déjà engagé dans cette voie[213].

• Les images. Cela va sans dire, mais cela va encore mieux en le disant : des images peuvent être des éléments d'enquête parfaitement admissibles pour démontrer sa bonne foi. Il en est particulièrement ainsi dans le domaine de l'audiovisuel, quand les images tournées démontrent la véracité des accusations, qu'il s'agisse des images retenues dans le montage final, des rushes, ou d'images tournées en caméra cachée[214].

• Les pièces et rapports officiels. Si les articles de presse ou des dépêches sont insuffisants, est-il possible pour un journaliste de s'appuyer simplement sur un rapport officiel ? La question s'était posée devant le tribunal correctionnel de Lyon dans une affaire où le journaliste avait produit un rapport du parquet général pour démontrer sa bonne foi. Le tribunal avait retenu cette pièce en considérant qu'elle démontrait une enquête sérieuse, au motif que « *le journaliste a puisé à la meilleure source ses informations* », alors même que ce rapport était en principe issu d'une procédure judiciaire dans une phase secrète[215]. Une pièce judiciaire de ce type a assurément une valeur très importante et constitue une source digne de crédit, mais encore faut-il que le journaliste ait vérifié qu'aucun élément postérieur ne vienne remettre en cause sa valeur probatoire[216]. La 2e chambre civile de la Cour de cassation a elle aussi considéré, dans un arrêt du 14 mars 2002[217] que des propos sur une secte qui s'appuyait sur un rapport parlementaire respectaient le « *devoir d'enquête préalable* ». On relèvera également que dans le contexte des événements de Côte-d'Ivoire, la Cour de cassation a admis la bonne foi de journalistes du *Monde* qui s'étaient appuyés sur des documents officiels suffisamment nombreux et fiables[218]. Mais cela ne dispense pas d'une critique interne de la source officielle, qui pourra perdre, par exemple, de sa valeur et devenir insuffisante si elle a été établie à un stade non contradictoire[219].

• Les sources couvertes par un secret. Faut-il remettre en question le caractère sérieux de l'enquête lorsque le journaliste va chercher de tels éléments dans un dossier couvert par un secret ? La question s'est longtemps posée et reste très *clivante*. Si

---

213 Voir, par exemple, TGI Paris, 10 janvier 2012, n° 09/154423013.

214 TGI Paris, ord. réf. 1er décembre 2008, *Légipresse* janv. 2009 n° 258-11.

215 T. Corr. Lyon, 6e chambre, 5 juillet 1994, *Légipresse* septembre 1996-I, p. 98.

216 TGI Paris 17e, 14 juin 2007, *Delajoux c/ Le Point*, *Légipresse* 2007-I-170.

217 Pourvoi n° 99-19239, *D.*, 2002, *IR*, p. 1884.

218 Cass. Civ. I., 14 juin 2007, pourvoi n° 06-16603.

219 Position retenue à l'occasion de la note de Tracfin relative aux achats de montres de luxe du député Julien Dray. TGI Paris, 26 novembre 2009, *Légipresse* janvier 2010, n° 268-08, et 4 décembre 2009, n° 268-10. Ainsi, par exemple, un journaliste ne saurait en aucune manière traiter de la même manière une source émanant du parquet, et un jugement de condamnation. Il n'apparaît pas inutile de le rappeler à l'occasion…

le débat d'ordre idéologique sur les limites de la transparence des procédures en cours est toujours fertile, le droit est quant à lui fixé. Les tribunaux admettent sur ce point que les journalistes ont un réel droit d'investigation sur le cours de la justice, et qu'il est légitime d'informer le public sur le développement d'une enquête judiciaire touchant des faits susceptibles d'intéresser le citoyen. Les journalistes peuvent donc évoquer des pièces d'un dossier d'instruction dès lors qu'il constitue « *l'un des éléments d'un dossier judiciaire d'intérêt général*[220] ».

Les règles à appliquer sur ce sujet sont aujourd'hui solidement fixées. Dans un arrêt fondamental en date du 11 juin 2002, la chambre criminelle de la Cour de cassation a expressément admis que les journalistes pouvaient utiliser des pièces couvertes par le secret de l'instruction pour les besoins de leur défense[221]. Cette possibilité d'abord reconnue sur le terrain de l'exception de vérité s'est étendue ensuite à la démonstration de la bonne foi[222]. Pour finir, le législateur lui-même a pris acte de cette jurisprudence dans la loi du 2 janvier 2010, ajoutant un alinéa à l'article 35 de la loi du 29 juillet 1881 selon lequel « *le prévenu peut produire pour les nécessités de sa défense, sans que cette production puisse donner lieu à des poursuites pour recel, des éléments provenant d'une violation du secret de l'enquête ou de l'instruction ou de tout autre secret professionnel s'ils sont de nature à établir sa bonne foi ou la vérité des faits diffamatoires* ».

• Les pièces obtenues de façon déloyale. Le journaliste dispose de manière générale d'une très large latitude de preuve. Dans un arrêt du 19 janvier 2010, la chambre criminelle de la Cour de cassation a ainsi été amenée à poser le principe selon lequel « *Le droit à un procès équitable et la liberté d'expression justifient que la personne poursuivie du chef de diffamation soit admise à produire, pour les nécessités de sa défense, les pièces de nature à établir la vérité des faits ou sa bonne foi, sans qu'elles puissent être écartées des débats au motif qu'elles auraient été obtenues par des moyens déloyaux*[223] ». Cette règle posée en matière pénale paraît devoir revêtir une portée générale et s'appliquer également pour les affaires civiles de diffamation, même si, traditionnellement la jurisprudence civile est beaucoup plus réticente à admettre la recevabilité des pièces obtenues de manière déloyale.

Les exigences de recoupement et de contradiction

Les questions du recoupement des sources et du caractère contradictoire de l'enquête constituent souvent les éléments névralgiques de la bonne foi en matière journalistique. On présente souvent la contradiction de l'enquête comme une exigence rigide à laquelle il ne serait jamais possible de déroger. Cette présentation

---

220 TGI Paris, 17e chambre 2e section, 27 novembre 2002, inédit.

221 Cass. Crim. 11 juin 2002, Gaetner, *Légipresse* 2002-III-181, infirmant CA Paris, 21 mai 2001, *Légipresse* 2001-I, p. 131, n° 190-30.

222 Cass. Crim. 11 février 2003, *July*, *Légipresse* n° 201, mai 2003-III, p. 71.

223 Cass. Crim. 19 janvier 2010, pourvoi n° 09-84408, *Légipresse* n° 271 note Ader, p. 65

nous paraît abusive, car ici encore la jurisprudence admet un certain nombre de nuances permettant d'affirmer que la démonstration de la bonne foi n'implique pas l'exigence absolument systématique d'une contradiction vis-à-vis de la personne mise en cause, mais seulement la nécessité d'un recoupement des sources[224].

Naturellement, on retrouve encore beaucoup d'espèces dans lesquelles le sérieux de l'enquête n'est pas admis, en raison du défaut d'investigation de nature à obtenir les observations de la personne mise en cause[225]. Cette jurisprudence reste dominante et on en trouve de nombreuses traces. Le bénéfice de la bonne foi sera ainsi refusé à celui qui n'avait pas « *présenté l'argumentation soutenue par le représentant de la société mise en cause*[226] », car le journaliste dans de telles circonstances s'est dispensé de faire état d'un élément destiné à « *l'information complète des lecteurs*[227] ». Cette position dominante est de manière générale partagée par la cour d'appel de Paris ainsi qu'en témoignent deux arrêts rendus le 9 avril 1999[228] et le 20 septembre 2001[229]. Dans ces deux dernières espèces, le bénéfice de la bonne foi a été refusé, car le prévenu n'avait pas procédé à des investigations suffisantes en omettant d'avoir interrogé la personne mise en cause, pourtant nommément citée, ce qui constituait selon la cour d'appel de Paris une « *lacune* » de l'enquête conduisant à refuser le bénéfice de la bonne foi aux journalistes. De même, dans un arrêt du 14 novembre 2006, la chambre criminelle de la Cour de cassation a été amenée à exclure le bénéfice de la bonne foi car la personne mise en cause n'avait « *été aucunement sollicitée par le journaliste pour fournir sa version quant à la rumeur* », même si le journaliste ne reprenait pas ladite rumeur à son compte et n'y ajoutait aucune considération personnelle[230]. À l'inverse, le journaliste qui a procédé à du « *contradictoire* » en sollicitant la personne mise en cause ne peut bien évidemment soutenir qu'il est fondé à s'affranchir de toutes vérifications personnelles[231].

Mais cette jurisprudence ne peut être considérée comme un dogme intangible, car elle a été nuancée dans un certain nombre de circonstances. C'est ainsi que dans un arrêt rendu le 4 mai 2000, la cour d'appel de Paris a validé l'enquête effectuée par le journaliste d'un grand hebdomadaire national, car celui-ci avait simplement

224 Voir, par exemple, pour un recoupement qui permet aux journalistes de revendiquer le bénéfice de la bonne foi : TGI Paris, 14 mars 2012, *Bouygues c/ Canard Enchaîné, RG* 11/18232.

225 Voir par exemple TGI Paris 17e, 28 novembre 2008, Légipresse janv. 2009 n° 258-I-n° 258-08 ; TGI Paris 17e ch. 26 novembre 2009, *Dray c/ Le Monde, Légipresse* n° 268 janvier 2010-I-268-08 ; TGI Paris 17e ch. 7 juin 2012, *Légipresse* n° 299 novembre 2012 p. 603 n° 299-04 ; TGI Paris 17e ch., 17 septembre 2012, *Légipresse* n° 300, décembre 2012, p. 669 n° 300-04.

226 CA Paris, 1re chambre section A, 8 octobre 1996, *Légipresse* 1997-I, p. 18.

227 En ce sens TGI Paris, 1re chambre 1re section, 4 décembre 1996, *Légipresse* n° 142, 1997-I, p. 70.

228 *Légipresse* 1999-I, p. 99.

229 *Légipresse* 2001-I, p. 1.

230 Cass. Crim. 14 novembre 2006, pourvoi n° 06-81326. Voir également dans le même sens, Cass. Crim. 20 mai 2003, pourvoi n° 02-83451.

231 Cass. Crim. 4 décembre 2007, pourvoi n° 06-87444.

recoupé ses sources, même s'il n'avait pas formellement interrogé la personne mise en cause, s'appuyant notamment sur certains écrits émanant de celle-ci[232]. On voit donc se dessiner une évolution jurisprudentielle qui consisterait non pas à mettre à la charge du journaliste l'exigence d'une contradiction rigide avec la personne mise en cause, mais plutôt la nécessité d'un recoupement des sources[233]. La chambre criminelle de la Cour de cassation approuve à l'occasion des décisions admettant la bonne foi bien que le journaliste n'ait pas procédé à une contradiction préalable formelle vis-à-vis de la personne en cause, notamment quand il s'agit d'un personnage secondaire[234]. Dans d'autres cas, le seul fait d'avoir contacté la personne ou son représentant est jugé insuffisant, à défaut d'avoir persévéré à joindre la personne mise en cause, et le caractère effectivement contradictoire d'une enquête est qualifié de condition substantielle[235]. On voit donc se dessiner une exigence protéiforme, dont la rigueur va dépendre de paramètres tels que le caractère central ou non des informations concernant la personne dans le contexte de l'article, ou encore la gravité des faits en cause. Il y a donc une forme d'interdépendance entre l'intensité de l'atteinte portée à la victime, et la rigueur de l'exigence du contradictoire, qui peut aller semble-t-il jusqu'à sa suppression[236].

III. Les exigences de ton et d'objectivité

L'admission de principe d'une certaine dose d'exagération

Prise à la lettre, l'exigence de prudence et d'objectivité aboutirait à une conception standardisée et aseptisée de l'information qui n'est guère envisageable. Une telle conception serait d'ailleurs contraire à la jurisprudence de la Cour européenne de Strasbourg admettant depuis longtemps le droit des journalistes à s'exprimer avec une « *certaine dose d'exagération et de provocation* », ou le droit à un journalisme engagé[237]. On entre là dans des questions d'espèce, mais l'exagération n'est pas bannie par nature. D'ailleurs, tout article de presse traite une information sous un « angle » résultant d'une analyse qui conduit nécessairement à accentuer l'importance de certains faits et à s'écarter de la neutralité absolue.

Une place à part doit être faite à cet égard concernant les titres. La Cour de Strasbourg admet en effet que des titres sont forcément destinés à attirer l'attention des lecteurs. Selon elle, « *il faut lire le titre de l'information et son contenu dans leur*

---

232 CA Paris, 11e chambre section B, 4 mai 2000 *Perdriel c/ Nahimana*, inédit.

233 Voir aussi en ce sens : TGI Paris, 17e chambre, 18 mars 2003, *Légipresse* n° 205, octobre 2003-I, p. 134, n° 205-12.

234 Cass. Crim. 24 juin 1997, publié en sommaire : *Légipresse* 1998-I, p. 50 ; et pour ceux qui souhaitent prendre connaissance de l'intégralité de l'arrêt : pourvoi n° 94-86.190.

235 TGI Paris 17e, 13 mai 2011, *Perret c/ Nouvel Observateur, Légipresse* 2011 n° 288-05, p. 587. Mais les circonstances de chaque espèce ont une influence importante. On trouve ainsi des décisions admettant qu'une tentative d'enquête contradictoire est suffisante : CA Paris, 11e ch. A, 29 septembre 2004, *Légipresse* 2005-I-62.

236 Sur le cas particulier des brèves et dépêches : voir plus loin.

237 Rappel classique et constant, voir par exemple : CEDH, 20 mai 1999, *Bladet Tromsø et Stensaas c/Norvège*, req. n. 21980/93 ; CEDH, 26 avril 1995, *Präger et Oberschlick c. Autriche*, req. n. 15974/90 ; CEDH, 3e sect., 1er juin 2010, Affaire *Gutiérrez Suarez c/Espagne*, req. n. 16023/07.

ensemble, tenant compte tant du caractère véridique des faits que de l'effet d'attirer l'attention des lecteurs recherché avec le titre. Elle rappelle à cet égard que la liberté journalistique comprend aussi le recours possible à une certaine dose d'exagération, voire de provocation[238] ». Naturellement, cette souplesse ne permet pas tout.

La jurisprudence française admet aussi cette dose d'exagération et de provocation, notamment concernant les titres et les accroches. Le tribunal de Paris l'a par exemple rappelé dans l'affaire *Anelka*, déjà citée, dans laquelle il a admis une présentation en « une » accrocheuse et spectaculaire, car ce choix « *relève de la seule liberté du mode d'expression journalistique*[239] ».

L'interdépendance entre le ton et les preuves

Il en est de la prudence du ton comme du caractère contradictoire de l'enquête. Cette condition de la bonne foi, souvent présentée comme une exigence rigide, est en réalité adaptée aux circonstances de chaque espèce, en tenant compte notamment du mode d'expression du journaliste et de la nature particulière de son article. Cette adaptation joue à la baisse comme à la hausse. Ainsi, la condition de prudence et de mesure dans l'expression est d'autant plus rigoureuse que les faits relatés sont complexes[240]. Mais, à l'inverse, elle peut s'affaiblir lorsque le journal en cause est connu pour son registre habituel satirique. Ainsi, on ne se méprendra pas sur la portée d'un persiflage dans les colonnes du *Canard Enchaîné*[241], si le lecteur est à même de comprendre qu'il y a excès.

Il existe de manière générale une interdépendance très forte entre les exigences de ton et le résultat de l'enquête. Ces deux éléments de la bonne foi ne sont aucunement séparés de manière hermétique, le ton admissible étant généralement fonction des éléments recueillis par le journaliste de sorte que les tribunaux vérifient surtout l'adéquation entre la portée des informations ressortant des sources avec la gravité des imputations portées, afin d'apprécier s'il était permis de formuler les accusations litigieuses[242]. C'est une forme de contrôle de proportionnalité.

Le juge exige principalement que le lecteur ne puisse se méprendre sur la portée des éléments de preuves en possession du journaliste. C'est ainsi que, dans un jugement du 29 janvier 1997, le tribunal de Paris a reconnu la bonne foi à des journalistes qui avaient exprimé de manière vive une opinion sur une affaire en cours, car ils avaient eu « *la prudence de tempérer en précisant que cette affirmation ne reposait sur aucune preuve officielle, mais sur de sérieuses présomptions*[243] ».

238 CEDH, 1er juin 2010, *Gutierrez Suarez c/ Espagne*, req. 16023/07, § 36.

239 TGI Paris, 1er juillet 2011, précité.

240 Cass. Civ. 1, 3 avril 2007, pourvoi n° 05-21344.

241 Si les autres éléments de la bonne foi sont réunis, naturellement : TGI Paris, 17e ch., 13 mai 2011, *Bougrab c/ Canard Enchaîné*, *Légipresse* 2011 n° 284-06 p. 333.

242 En ce sens par exemple TGI Paris 1re chambre, 7 février 1996, *Légipresse* 1996-I-67.

243 TGI Paris, 1re chambre, 29 janvier 1997, *Légipresse* 1997-I, p. 113.

L'affirmation selon laquelle le ton admissible doit généralement être en corrélation avec les éléments de preuves recueillis et dépend d'une cohérence entre le résultat de l'enquête et l'expression employée est parfaitement illustrée, nous semble-t-il, par deux décisions qui ont conduit le tribunal de grande instance de Paris à statuer dans deux sens différents. Ainsi, dans un jugement du 7 mars 1997, le tribunal a rejeté l'action engagée contre un journaliste de France 2 dans le contexte corse, en considérant que l'exigence de prudence, habituellement requise par la jurisprudence, « *doit être appréciée à l'aune de la nature particulière du reportage incriminé* » exigeant en l'occurrence de prendre position. Dès l'instant que le journaliste avait « *su se garder de toute information hasardeuse, et traiter son sujet avec la gravité qu'il convenait* », il n'encourait pas de responsabilité au titre de la diffamation. C'est bien la démonstration de la mise en cohérence des deux éléments de la bonne foi liés au sérieux de l'enquête et à la prudence d'expression[244]. À l'inverse, le tribunal a sanctionné un journaliste qui avait « *lancé des explications graves sans disposer de vrais éléments d'information et sans en maîtriser la portée*[245] ».

C'est cette exigence de cohérence entre le ton employé et les preuves recueillies qui explique également pourquoi tout grief de dénaturation d'une source conduit généralement le tribunal à refuser aux prévenus le bénéfice de la bonne foi au regard du ton imprudent employé[246]. Il en sera ainsi lorsque le journaliste a tronqué la réalité[247] ou lorsque, par un procédé déloyal quelconque, la démonstration d'une dénaturation aura été apportée[248]. La Cour de cassation approuve les juges du fond dans cette approche consistant à admettre des termes « forts », si le journaliste s'est attaché à rapporter des déclarations de témoins « *sans assortir leurs dires de commentaires qui puissent en altérer le sens ou en renforcer la portée*[249] ».

Le mode interrogatif et les conditionnels

Au-delà de ces bornes générales fixées par la jurisprudence, la prudence de ton pourra souvent être reconnue aux journalistes qui s'expriment de manière interrogative, en s'abstenant de présenter pour acquises des accusations qui sont soumises à une incertitude[250] ou lorsque « *les termes employés, le mode conditionnel utilisé et les tournures de phrase adoptées manifestent une grande prudence d'expression*[251] ». La chambre criminelle de la Cour de cassation a elle-même rappelé son attachement à cette condition de prudence, en censurant un arrêt ayant reconnu la bonne foi d'un journaliste dans le cadre du compte rendu d'un procès pénal alors que, selon la chambre criminelle de la Cour de cassation, « *le but légitime d'information*

244 TGI Paris, 17ᵉ chambre, 7 mars 1997, *Légipresse* 1998-I, p. 82.
245 TGI Paris, 17ᵉ chambre, 16 janvier 1996, *Légipresse* 1996-I-114, p. 115.
246 Voir en ce sens, Cass. Crim. 28 novembre 2006, pourvoi n° 06-82260.
247 TGI Paris, 23 octobre 2000, *Front national c/ France 2, Légipresse* 2001-III, p. 4.
248 TGI Paris, 17ᵉ chambre, 10 novembre 1997, *Légipresse* 1998-I, p. 51.
249 Cass. Crim. 27 septembre 2005, *Le Pen c/ Le Monde*, pourvoi n° 04-85956.
250 TGI Paris, 17ᵉ chambre, 23 octobre 2000, *O. Toscani c/ J.-M. Colombani et autres, Légipresse* 2001, n° 179-02.
251 TGI Ajaccio 26 mai 2000, *Légipresse* 2000, n° 177-05.

du public sur le fonctionnement de la justice ne dispense pas le journaliste du respect de la présomption d'innocence, ainsi que des devoirs de prudence et d'objectivité dans l'expression de la pensée[252] ». Ainsi, la chambre criminelle de la Cour de cassation a longtemps gravé dans le marbre cette exigence de prudence et d'objectivité. Toutefois, cette jurisprudence n'est pas univoque, ainsi qu'on le verra. Surtout, elle a subi un infléchissement majeur pour les sujets dits « *d'intérêt général*[253] ».

IV. L'absence d'animosité personnelle

Cette dernière condition de la bonne foi n'appelle pas de commentaire particulier, car elle tombe sous le sens. Elle ne fait d'ailleurs l'objet que d'une jurisprudence sporadique. Lorsqu'elle est constatée, l'animosité personnelle va exclure la bonne foi, et empêche le juge de retenir ce fait justificatif, comme l'a rappelé la chambre criminelle de la Cour de cassation dans un arrêt du 30 mars 2005[254]. Mais il est important de cerner ce qu'est l'animosité personnelle au sens de la jurisprudence, car entendue de manière extensive, cette condition pourrait avoir une emprise importante sur la théorie de la bonne foi. Cette condition conduit en réalité le juge à sonder les mobiles du diffamateur, pour apprécier s'ils ne sont pas étrangers au but d'information censé être poursuivi. Ainsi, l'animosité personnelle ne doit pas être confondue avec l'intention de nuire. Cette notion fait aujourd'hui l'objet d'une définition stable par le tribunal de Paris selon laquelle « *l'animosité, exclusive de la bonne foi, s'entend de considérations personnelles, étrangères et extérieures au sujet traité, d'un mobile dissimulé aux lecteurs qui constituerait une part substantielle de l'information révélée au public et qui est étranger au litige*[255] ». Ainsi, le règlement de comptes exclura toujours la bonne foi. De manière générale, le journaliste n'a pas à démontrer positivement son « *absence d'animosité personnelle* », ce qui serait lui demander une preuve diabolique, c'est plutôt à celui qui allègue une telle animosité de la prouver, sauf à ce qu'elle résulte des termes mêmes de l'article de presse ou de l'ouvrage litigieux.

b. Cas particuliers

I. L'infléchissement de la théorie générale de la bonne foi pour l'information relevant de l'intérêt général

Les sujets d'intérêt public majeur

Dans plusieurs hypothèses, la jurisprudence a supprimé la condition de prudence alors même que le prévenu de diffamation était un journaliste professionnel. Ainsi, il y a près de vingt ans, dans deux arrêts rendus les 14 décembre 1993 et 10 mai

252 Cass. Crim. 22 octobre 1996, *D.* 1997, IR, p. 13.

253 Voir plus loin.

254 Cass. Crim. 30 mars 2005, *Mermet c/ Avocats sans frontières,* pourvoi n° 04-83453, *Légipresse* n° 222, juin 2005, III, p. 111, note B. Ader.

255 Voir, par exemple, parmi d'autres : TGI Paris, 17e ch. 20 mars 2012, n° 0918323010.

1994, la 1re chambre de la cour d'appel de Paris a reconnu le bénéfice de la bonne foi à des journalistes en dépit de leur absence de prudence, et en considération de l'intérêt public qui s'attachait aux articles en cause. Le premier était consacré à l'affaire du sang contaminé et le second au blanchiment d'argent de la drogue. Dans ces espèces déjà anciennes qui ont un caractère précurseur, la cour d'appel de Paris déduit de l'intérêt général particulièrement fort s'attachant au thème de l'article, la suppression pure et simple d'un des éléments de la bonne foi, en l'occurrence la prudence d'expression.

Ces deux décisions sont symptomatiques d'un raisonnement qui va corréler l'admission d'un ton vif et l'intérêt légitime particulier attaché à l'information traitée. Ici encore, cette méthode montre que les éléments de la bonne foi ne sont pas séparés de manière hermétique, l'exigence de prudence pouvant être en quelque sorte inversement proportionnelle à la légitimité du but poursuivi. Bien plus, dans son arrêt du 10 mai 1994, consacré à un article relatif au blanchiment de capitaux, la cour d'appel de Paris affirmait déjà, dans un considérant de principe que « *dans un tel domaine, compte tenu de la gravité des faits et de leur importance particulière, le fait justificatif de la bonne foi n'est pas nécessairement subordonné à la prudence dans l'expression de la pensée* ». Le pourvoi introduit à l'encontre de cet arrêt a été rejeté[256]. Et on peut relever, dans le même ordre d'idée, que la Cour de cassation a admis dans un arrêt du 16 février 1994, qu'un membre de la Commission des finances pouvait s'exprimer avec violence sur certaines pratiques financières dangereuses[257].

Un raisonnement proche a été adopté pour les articles concernant les sectes, dans plusieurs décisions[258]. Sur ce sujet, la jurisprudence semble raisonner comme elle l'a fait dans l'affaire du sang contaminé, en estimant que les craintes légitimes suscitées dans l'opinion par ces phénomènes sectaires autorisent une certaine vivacité de ton. C'est, ici encore, la démonstration que l'exigence de prudence peut être inversement proportionnelle à la légitimité du but poursuivi par le journaliste.

La nouvelle construction jurisprudentielle concernant les sujets d'intérêt général

Sous l'influence décisive de la jurisprudence "strasbourgeoise" la théorie de la bonne foi évolue et tend à se reconstruire aujourd'hui autour de la notion « *d'intérêt général* ». L'intérêt de l'information détermine alors une modulation des exigences du juge dans son appréciation de la bonne foi du diffamateur. Ainsi, par plusieurs décisions, la Cour européenne des droits de l'homme a été amenée à admettre la vivacité des attaques d'un organe de presse ou le caractère imparfait de son enquête, en

---

256 CA Paris, 14 décembre 1993 et 10 mai 1994, *D.* 1995 Somm., p. 272 Obs. C. Bigot, et sur pourvoi : Cass. Civ. 2e chambre, *D* 1998 Somm., p. 83 Obs. C. Bigot.

257 Cass. Civ. 2e chambre, 16 février 1994, *D.* 1995 Somm., p. 272 Obs. C. Bigot.

258 Voir par exemple, CA Paris, 6 novembre 1998, *D.* 1999, IR, p. 6 ; TGI Paris, 17e chambre, 25 avril 2000, *Légipresse* 2000, n° 173-09.

utilisant la notion de « *base factuelle suffisante* », pour censurer des condamnations rendues par les juridictions internes qui ne lui paraissaient pas conformes au principe de proportionnalité[259].

La jurisprudence française la plus récente s'aligne à cet égard sur les nouveaux critères mis au point par les juges européens[260]. Plusieurs arrêts de cassation émanant tant de la chambre criminelle que de la 1re chambre civile, témoignent de cette évolution[261], et induisent de manière significative une forme de changement du raisonnement judiciaire, selon lequel les conditions de la bonne foi vont être corrélées à l'intensité de l'intérêt général. Plus l'intérêt général est important, moins les exigences de la bonne foi le seront. Et inversement, moins l'information sera d'intérêt général, et plus sévères seront les exigences de la bonne foi. Ainsi, comme cela a été le cas dans les affaires dites *Clearstream*[262], lorsque l'intérêt général de l'information est particulièrement prépondérant, le journaliste peut s'affranchir de la condition de prudence. Il ne sera astreint pour démontrer sa bonne foi qu'à justifier la détention d'éléments caractérisant une « *base factuelle suffisante* » telle qu'exigée par la Cour EDH[263].

Malheureusement, définir concrètement ce qui relève de l'intérêt général est périlleux, et comporte une part évidente d'arbitraire. En l'état, ce caractère a été reconnu aussi bien à des informations de strict intérêt local[264], à des dysfonctionnements judiciaires, à des mécanismes financiers opaques, ou aux exactions du régime de Pol Pot[265], par exemple. Cet inventaire hétéroclite laisse penser que la notion est large.

À terme, la théorie de la bonne foi va donc se reconstruire en délaissant la théorie des quatre éléments, pour se centrer autour des concepts d'intérêt général, de base factuelle suffisante et de proportionnalité. S'agit-il d'une révolution ? Certainement pas. La notion d'intérêt général est bien proche de celle du « *motif légitime d'information* », et l'exigence d'une « *base factuelle suffisante* » est elle-même voisine de la

---

259 Voir sur ce sujet l'étude de J.-Y. Monfort : « L'apparition en jurisprudence du critère du "débat d'intérêt général" dans le droit de la diffamation », *Légipresse* 2012, p. 21. Adde : C. Michalski, « liberté d'expression et débat d'intérêt général », *AJ pénal* 2013, p. 19.

260 Sur cette réception par la jurisprudence française : Ch. Bigot : « La portée de la rénovation de la théorie de la bonne foi sous l'emprise de l'intérêt général », *Légipresse* 2012, p. 26.

261 Voir en particulier : Cass. Crim. 11 mars 2008, *Bull. Crim.* n° 208, *Légipresse* 2008-III-130 note B. Ader, *D.* 2008, p. 2256, note J. Lapousterle ; Cass. Crim. 12 mai 2009 *Bull.* n° 88, *Légipresse* 2009-III-note B. Ader, *D.* 2009, p. 2316, note Agostini ; Cass. Civ. 1, 3 février 2011, trois espèces, *Légipresse* 2011-III- p. 226, note Henri Leclerc ; *CCE* mai 2011, n° 46 p. 31 ; Cass. Crim. 29 mars 2011, pourvoi n° 10-85887 ; Cass. Crim. 27 avril 2011, pourvoi n° 10-83771 ; Cass. Crim. 22 novembre 2011, pourvoi n° 10-86291. *Adde* : Crim. 8 novembre 2011, pourvoi n° 10-85666, exigeant des juges du fond qu'ils statuent sur l'existence d'un débat d'intérêt général.

262 Cass. Civ. 1, 3 février 2011, précités, trois espèces.

263 Cette nécessité d'une « *base factuelle suffisante* » est une exigence générale, dont on n'est pas exonéré même lorsqu'on traite d'un sujet d'intérêt général, voir clairement en ce sens : Crim. 10 novembre 2009, pourvoi n° 09-80856 ; Cass. Crim. 26 mai 2010, pourvoi n° 09-87083 ; Crim. 11 octobre 2011, pourvoi n° 10-81078 ; Crim. 13 mars 2012, pourvoi n° 11-85580 ; Cass. Crim. 16 octobre 2012 deux espèces, pourvois n° 11-88102 et 11-88715.

264 Cass. Crim. 29 mars 2011, pourvoi n° 10-85887.

265 Cass. Crim. 27 avril 2011, pourvoi n° 10-83771.

condition d'enquête sérieuse. Il n'y a guère que la condition de prudence qui semble ainsi beaucoup plus modulable, mais elle avait déjà été éradiquée dans nombre de circonstances évoquées plus bas. Au demeurant, dans certains cas, l'intérêt public n'exclut pas que soit exigée une certaine dose de prudence[266].

II. Les interviews[267]

La jurisprudence tient compte de la spécificité de ce mode d'expression journalistique. Dans un important jugement du 16 février 1999[268], le tribunal de grande instance de Paris a jugé que, dans un tel cadre, « *les journalistes n'ont pas à justifier d'une enquête sérieuse, leur rôle se bornant précisément à poser des questions à leur interlocuteur* ». Dès l'instant que l'interview concerne un sujet d'intérêt public, les journalistes peuvent donc poser des questions qui ne sont pas empreintes de neutralité sans dépasser les limites « *d'une nécessaire provocation, destinée, dans ce genre d'exercice, à faire réagir une responsable politique et à lui faire livrer le fond de sa pensée* ». Le journaliste pourra ainsi prolonger les propos de son interlocuteur[269], mais devra s'efforcer de livrer avec sérieux et sans déformation le contenu de l'interview, cette exigence d'exactitude caractérisant semble-t-il l'essentiel de la bonne foi en cette matière[270].

Mais, si cette exonération de vérification des affirmations du tiers constitue une tendance très largement dominante au stade des juridictions du fond[271], elle a donné lieu à un arrêt de cassation rendu dans le domaine de la télévision qui a pu semer le trouble par la généralité de sa motivation. En effet, dans un arrêt du 8 avril 2008, la Cour de cassation a considéré que « *la reprise, par le journaliste, des propos tenus par un tiers, ne fait pas disparaître l'obligation à laquelle il est tenu d'effectuer des vérifications sérieuses pour s'assurer que ceux-ci reflètent la réalité des faits*[272] ». Toutefois, il s'agit d'un arrêt totalement isolé et rendu dans le contexte spécifique d'un reportage TV incluant, parmi d'autres séquences, des propos tenus par un tiers, ce qui n'exonère donc pas de toute obligation d'enquête dans le contexte global du reportage, car il y a une forme d'indivisibilité de l'ensemble. C'est pourquoi cette décision ne saurait selon nous s'appliquer à l'hypothèse bien différente d'une véritable interview publiée dans la presse. Il semble d'ailleurs se développer une jurisprudence particu-

---

266 Voir par exemple pour des propos tenus par un préfet : Crim. 19 juin 2012, pourvoi n° 11-84235. Mais la profession du prévenu a joué, à n'en pas douter, dans cette solution.

267 Voir de manière générale, sur les questions juridiques posées par cet exercice journalistique : P. Sergeant, *L'interview sous surveillance*, *Légipresse* 2005-II-49.

268 *Légipresse* 1999-I, p. 98, définitif, à la suite d'un désistement d'appel.

269 TGI Paris, 17e chambre 13 juin 2000, *Légipresse* 2000-I, p. 53.

270 Voir par exemple : TGI Paris, 17e, 2 mai 2006, *Légipresse* 2006-I-115.

271 Dans la foulée du jugement de 1999 évoqué plus haut, de nombreuses décisions ont été rendues. Voir par exemple : TGI Paris, 17e, 4 décembre 2006, *Clearstream/VSD*, *Légipresse* 2007-I-41 ; TGI Paris, 17e, 30 octobre 2009, *Légipresse* 2009 n° 267-04 ; TGI Paris 17e, 16 février 2011, *Légipresse* 2011 n° 282-05, p. 205.

272 Cass. Crim. 8 avril 2008, pourvoi n° 07-82972.

lière, plus sévère, concernant les déclarations de tiers en télévision[273] et on peut se poser la question de la légitimité du traitement différencié de ce support[274].

Le tribunal de Paris a, en certaines occasions, rappelé que pour bénéficier de la bonne foi, l'auteur de l'interview devait « *s'abstenir de reprendre à son compte les propos ainsi rapportés, de les approuver ou de les commenter* », faisant ainsi poser une exigence de quasi-neutralité sur le journaliste recueillant les propos[275]. De même, dans le cadre particulier des interviews, lorsque la personne interrogée met en cause un tiers, les juges parisiens ont jugé que le journaliste qui s'est borné à faire « *une relation stricte et fidèle des termes employés par la personne interviewée* » peut se dispenser « *de recueillir le point de vue des personnes que ces propos mettaient en cause, faute de commentaires ou d'interprétation personnels de sa part*[276] ». Toutefois, dans sa jurisprudence la plus récente, le tribunal de Paris semble nuancer sa position sur ce point. En effet, dans une décision du 8 avril 2011, il rappelle qu'il « *ne saurait être exigé de manière générale d'un journaliste qu'il se distancie systématiquement et formellement du contenu d'un propos émanant d'une personne qu'il interviewe quand un tiers est mis en cause* ». Mais il précise aussi qu'il « *appartenait à ceux qui ont fait le choix de publier en l'état, non pas de procéder à une enquête sur la réalité du propos tenu, mais, pour le moins, de prendre attache avec la personne concernée pour recueillir ses réactions ou, le cas échéant, lui permettre de répliquer publiquement*[277] ». Le sort futur de cette exigence minimale de contradiction est incertain.

Rappelons enfin que cette jurisprudence spécifique concernant les interviews trouve son origine dans une décision rendue par la Cour européenne de Strasbourg le 23 septembre 1994, à l'occasion d'une affaire *Jersild c/ Danemark* relative à un reportage télévisé montrant des milices d'extrême droite tenant des propos racistes. C'est cet arrêt qui pose le principe selon lequel « *sanctionner un journaliste pour avoir aidé à la diffusion de déclarations émanant d'un tiers dans un entretien entraverait gravement la contribution de la presse aux discussions de problèmes d'intérêt général et ne saurait se concevoir sans raisons particulièrement sérieuses*[278] ».

III. Les brèves

De la même manière, la jurisprudence accepte de traiter différemment une brève par rapport à un article de fond. Les exigences pourront en cette matière être plus réduites[279], sans qu'il soit question de les supprimer. En effet, dans un arrêt de prin-

---

273 Voir par exemple : TGI Paris, 7 mai 2009, *Légipresse* n° 262 juin 2009-I-n° 262-19 p. 90.

274 Ce d'autant plus que c'est précisément pour des déclarations de tiers en télévision que la Cour de Strasbourg a posé les bases de la tolérance en la matière. Voir ci-dessous.

275 TGI Paris 17e chambre, 15 novembre 1999, *Légipresse* 2000-I, p. 40.

276 T. Corr. Paris, 17e chambre, 11 juillet 2002, inédit, définitif.

277 TGI Paris, 17e ch., 8 avril 2011, *Goldnadel c/ Olivennes*, n° 08/30523021.

278 CEDH, 23 septembre 1994, *Jersild c/ Danemark*, req. n° 15890/89, principes repris dans CEDH 10 juillet 2012 : deux arrêts, *ERLA Hlynsdottir c/ Islande* n° 43380/10 et *Bjork Eidsdottir c/ Islande* n° 46443/09.

279 Cour d'appel de Paris, 8 novembre 2001, *Perdriel c/ Lempert*, inédit.

cipe du 16 mars 2004, la chambre criminelle de la Cour de cassation a considéré que « *la brièveté d'un article de presse n'autorise pas le journaliste à s'affranchir de son devoir de vérifier, par une enquête préalable, l'information qu'il publie pas plus qu'elle ne le dispense de faire preuve de prudence dans l'expression de la pensée*[280] ». Mais la jurisprudence a su s'adapter notamment en écartant l'exigence stricte de contradiction. Ainsi, dans un arrêt rendu le 8 novembre 2001, la 11e chambre de la cour d'appel de Paris a estimé que la bonne foi d'un journaliste devait être appréciée en tenant compte du contexte de la publication, caractérisé par la publication d'une simple brève. Or, dans ce cadre, la cour d'appel de Paris a considéré que le journaliste avait « *procédé à une enquête suffisante compte tenu de la nature particulière de l'article, qui n'est pas un article de fond mais une brève* », et que « *le fait que l'article ne comporte pas le point de vue de la partie civile ne suffit pas à priver les prévenus du bénéfice de la bonne foi compte tenu de la nature particulière de l'article* ». Cette formulation conduit donc à admettre, dans le cas particulier des brèves, que l'exigence de la contradiction n'est pas impérative si toutefois le journaliste a procédé à une enquête personnelle et préalable, comportant un recoupement de sources [281].

Comme il a déjà été dit, les nouvelles formes d'information en continu induites par le web, sous ses multiples formes (fils d'actualité, flux RSS, alertes de smartphones, tweets...) sont de nature à induire un infléchissement des exigences d'enquête. Déjà, dans un jugement rendu par le tribunal de Paris le 10 janvier 2012, il a été admis qu'une simple brève reprenant un communiqué de presse n'avait pas à être précédée d'une enquête contradictoire[282]. À nouveau, dans un jugement (non définitif) du 23 octobre 2012[283], ce même tribunal a été amené à redéfinir les exigences de la bonne foi pour un média d'information continue ayant évoqué le même sujet à plusieurs moments de la même journée, situation très fréquente sur tous les fils d'information continue diffusés par les sites de presse. Or, dans ce cadre, la bonne foi a été retenue à raison de l'absence de dénaturation, de la distanciation et des précisions apportées dans une dépêche ultérieure, sans qu'il soit nécessaire de démontrer une enquête personnelle de la rédaction du site. On voit donc se dessiner de nouvelles conditions de la bonne foi qui appréhendent les nouvelles formes d'écriture journalistique.

IV. Les critiques de personnalités

Il est un domaine dans lequel les juges du fond ont été également amenés à moduler la condition de prudence, en considération de la personnalité mise en cause. Il s'agit des articles critiques ou polémiques vis-à-vis des animateurs de télévision. Les juges du fond estiment ainsi que les attaques portées à leur encontre peuvent être profé-

---

280 Cass. Crim. 16 mars 2004, pourvoi n° 03-82453, *Légipresse* 2004-I-97.
281 CA Paris, 11e chambre Section B, 8 novembre 2001, inédit dossier n° 00/7772.
282 TGI Paris, 17e ch., 10 janvier 2012, n° 09/15423013.
283 TGI Paris 17e, 23 octobre 2012, n° 11/35308423.

rées avec virulence car « *constituant un contrepoids indispensable au pouvoir médiatique considérable dont disposent les animateurs de télévision, cette critique doit pouvoir s'exprimer avec une grande liberté de ton, y compris d'une façon virulente et acerbe au même titre que la formulation des éloges dont ces mêmes animateurs peuvent en d'autres circonstances être les bénéficiaires*[284] ». Cela induit un certain droit à *l'outrance*[285] ou à la polémique, cette liberté de ton étant parfois également justifiée par le fait que la victime « *utilise largement, dans ses émissions, la même liberté de parole et la même virulence de ton*[286] ». L'intérêt de cette jurisprudence tient selon nous à la corrélation effectuée entre les pouvoirs prêtés à la personne prétendument diffamée et le ton qui peut être utilisé à son égard, en admettant ainsi que la vivacité et la liberté de la critique doivent croître avec le pouvoir ou la position sociale de la personne mise en cause.

Mais, la Cour de cassation est réticente à s'engager dans cette voie et a ainsi cassé un arrêt ayant débouté l'animateur de télévision Julien Courbet de ses demandes, car « *le caractère provocateur et sarcastique du magazine dans lequel a été publié l'article litigieux ne dispensait pas des devoirs de prudence et d'objectivité*[287] ». Le devenir de cette construction jurisprudentielle est donc aujourd'hui incertain.

v. Le journalisme dit "d'opinion"

On parle parfois de "journalisme d'opinion". Nous ne sommes pas très friand de ce terme car, à notre sens, toute œuvre d'information comporte une part d'*opinion*, et l'objectivité absolue est un leurre intellectuel. Mais les tribunaux prennent en considération le registre de l'expression du journaliste. C'est ainsi que, par exemple, s'il est dans son intention de contribuer à un « *débat public concernant le comportement des hommes politiques* », il pourra lui être reconnu « *la plus grande liberté de ton* », ce qui n'implique « *ni impartialité, ni objectivité de son auteur* », même s'il doit prendre un minimum de précaution quant aux vérifications de l'information[288]. Cette liberté de ton de l'analyste politique, rappelée à plusieurs reprises[289], conduit à admettre dans certains cas l'excès, car il existe une véritable spécificité du journalisme polémique ou d'opinion. C'est ainsi que pour des éditoriaux, signés d'un directeur de journal entrant dans cette catégorie d'expression, il y a lieu de retenir une conception de la bonne foi tenant compte de la nature d'un tel écrit[290]. Un éditorialiste peut donc revendiquer le bénéfice de la bonne foi en soutenant qu'il a « *simplement écrit un*

---

284 TGI Paris, 17e chambre, 30 septembre 1996, *Dumas c/ Ponson*, inédit.

285 TGI Paris, 17e chambre, 15 mai 2000, *Michel Field c/ Ponson*, inédit.

286 TGI Paris, 17e chambre, 23 novembre 2000, *Tellenne c/ Ponson*, inédit.

287 Cass. Civ. 2, 24 février 2005, pourvoi n° 02-19136, *Légipresse* 2005 n° 222, III, p. 110, note B. Ader. Voir également dans le même sens, mais avec une motivation plus elliptique : Cass. Civ. 2, 22 janvier 2004, *Dechavanne*, *Légipresse* 2004-III- 111, note A. Guedj.

288 TGI Paris, 17e chambre, 4 juillet 2001, *Légipresse* 2001-I, p. 39.

289 Voir notamment encore TGI Paris, 17e chambre, 17 octobre 2000, *Légipresse* 2001-I, p. 43 ; CA Paris, 11e chambre, 12 septembre 2001, *Légipresse* 2001-I, p. 41.

290 En ce sens cour d'appel de Toulouse, 3e chambre, 13 septembre 2001, *Légipresse* 2001-I, p. 41.

article se situant au plan du débat d'idées faisant partie de la vie politique normale dans un pays où chacun est libre d'exprimer ses opinions », les propos incriminés portant « *sur la doctrine politique du Front national et sa conception du rôle de l'État*[291] ».

VI. Les tribunes

Ce qui vaut pour les éditoriaux vaut aussi pour les tribunes publiées dans la presse. En effet, de tels textes qui s'inscrivent par hypothèse dans le cadre d'un débat, ne sont pas, par principe, du domaine de l'objectivité et de l'impartialité, mais de celui de l'opinion, impliquant une nécessaire liberté de ton[292]. Les tribunaux ont à cette occasion rappelé le principe fondamental selon lequel « *les conditions susceptibles de caractériser la bonne foi doivent s'apprécier en tenant compte du genre littéraire de l'écrit en cause* ». Cette jurisprudence a toutefois ses limites, qui sont nécessairement celles d'une obligation minimale de loyauté[293] ou celles de l'amalgame[294]. Mais, lorsque cette limite n'est pas atteinte, certains sujets permettent, selon les tribunaux, « *un engagement personnel du journaliste* », qui peut « *formuler des interpellations précises et prendre position*[295] ». Dans certaines hypothèses, le tribunal de Paris a également pu s'engager, s'agissant de propos publiés dans une rubrique « opinions » d'un journal, dans la voie d'une dispense de peine à l'égard du directeur de publication, au regard de la contribution ainsi apportée au débat d'idées[296].

VII. Les pamphlets

Les pamphlets qui participent d'une grande tradition littéraire doivent aussi faire l'objet d'une approche spécifique. En effet, ils sont par construction antinomiques de la prudence d'expression et leur appliquer une grille d'appréciation rigide sur ce point revient à les condamner en tant que genre. C'est pourquoi la jurisprudence admet de longue date que l'écrit pamphlétaire bénéficie d'une liberté particulière et permet l'emploi d'un ton vif[297].

B. L'EXPRESSION CITOYENNE

La naissance de nouveaux contentieux liés au développement de l'internet

Avant l'avènement de l'ère internet et en particulier de ce qu'on appelle le web 2.0, les litiges relatifs à des moyens d'expression utilisés par les particuliers étaient

291 Cass. Civ. 2, 16 novembre 1988, pourvoi n° 86-12958. Litige opposant Jean-François Khan, au Front national.

292 TGI Paris, 1re chambre 1re section, 16 novembre 1998, *Légipresse* 1999-I, p. 50.

293 TGI 17e chambre, 5 septembre 1995, *Légipresse* 1996-I, p. 82.

294 TGI 17e chambre 12 juin 1998, *Légipresse* 1999-I, p. 1.

295 TGI Paris 17e chambre 7 mars 1997, *Légipresse* 1997-I, p. 146.

296 TGI Paris, 17e ch., 19 octobre 2010, *Le Figaro c/ Utopia*, n° 09/31708208, rendu sur le terrain de l'injure, mais parfaitement transposable.

297 Voir par exemple récemment : CA Paris, 11e ch. B, 27 janvier 2005, *Montaldo*, *Légipresse* 2005-I-101 ; TGI Paris, 17e ch., 22 septembre 2011, *Montaldo*, *Légipresse* 2011 n° 289-04, p. 654.

pour l'essentiel relatifs à des tracts. Mais la multiplication des forums, blogs, pages personnelles, "posts", "tweets" et autres "profils" a entièrement rebattu les cartes et engendré de nouveaux contentieux liés à l'application de la loi du 29 juillet 1881 sur ces nouveaux supports d'expression. Cette jurisprudence encore en phase de construction a néanmoins déjà fixé des lignes directrices claires concernant les exigences de la bonne foi du citoyen.

L'allégement des critères de la bonne foi pour les non-professionnels

Les tribunaux modulent les éléments de la bonne foi lorsqu'ils ont à juger un simple citoyen. Ainsi, sans multiplier les exemples, selon le tribunal de Paris, les critères de la bonne foi « *s'apprécient différemment dans l'hypothèse où leur auteur ne fait pas profession d'informer et avec plus de tolérance encore quand il se trouve mêlé à une controverse dont il est l'un des protagonistes*[298] ». Il est admis de manière générale une « *rigueur moindre lorsque celui qui est poursuivi n'est pas un journaliste qui fait profession d'informer*[299] ».

Depuis bien longtemps, la chambre criminelle de la Cour de cassation, qui contrôle la motivation du juge du fond sur la bonne foi, admet ce clivage[300]. Cette position, qui peut paraître quasi préhistorique au regard des problématiques posées par la régulation de l'internet, mérite d'être louée pour son caractère visionnaire. Il reste que le citoyen ne saurait en aucune manière revendiquer une liberté absolue et une impunité totale : ses obligations sont allégées, mais il n'est pas exonéré de toute exigence pour revendiquer le bénéfice de la bonne foi.

Le web 2.0 : forums, blogs, profils, posts, et toutes ces sortes de choses (!)

Par la force des choses, la jurisprudence sur les différents moyens d'expression citoyens utilisés sur le web est récente. Elle s'est construite à compter de 2006 par le biais de quelques contentieux emblématiques.

Une place particulière doit être faite à cet égard à l'affaire *Monputeaux.com*, qui opposa le blogueur Christophe Grebert à la mairie de Puteaux. Dans un jugement rendu le 17 mars 2006[301], le tribunal de Paris a rappelé la légitimité de principe de la démarche d'expression citoyenne en relevant qu'il s'agit là d'utiliser « *toutes les possibilités offertes par l'internet comme support de la libre expression des citoyens en dehors de tout cadre institutionnel ou commercial* ». Le tribunal va aussi à cette occasion admettre un allégement substantiel des conditions de la bonne foi du blogueur tout en rappelant l'exigence d'absence d'animosité personnelle. Enfin,

---

298 Voir par exemple : TGI Paris, 17e, 12 septembre 2007, *Comédie-Française c/ Koltes, Légipresse* 2007 n° 246-03; 8 février 2008, *Dentressangle c/ Aubry*, inédit parmi d'autres.

299 TGI Paris 2 mai 2006, *Cendrier/ Orange et SFR, Légipresse* 2006-I-115.

300 Cass. Crim. 13 juin 1995, pourvoi n° 93-81.312.

301 TGI Paris, 17e ch.corr., 17 mars 2006, *Légipresse* 2006, n° 233, II, p. 138, note Serfati ; *CCE* mai 2006, comm. 84 obs. A. Lepage. Confirmé par la CA Paris, 11e ch. A, 6 juin 2007, dossier n° 06/02673, *Légipresse* 2007-I-98.

s'agissant des sources du type revue de presse, le citoyen n'est « *pas tenu de se livrer à une enquête complète et la plus objective possible sur les faits* » et peut donc s'en tenir à citer ses sources et à ne leur faire « *subir aucune dénaturation* ». Enfin, quand il travaille directement sur des sources brutes, il n'est pas contraint de les soumettre à une critique interne et externe aussi poussée qu'un professionnel de l'information, pouvant s'en tenir aux apparences.

Dans une affaire *Nissan*, elle aussi très remarquée, relative au blog d'un ancien salarié de l'entreprise éponyme, le tribunal de Paris a considéré que « *le principe constitutionnellement et conventionnellement protégé de la liberté d'expression à laquelle contribue, sur le réseau internet, la pratique des blogs* » constitue un incontestable motif légitime d'information. Pour le reste, de manière générale, la croyance légitime dans le sérieux des sources va jouer un rôle plus important et il est surtout exigé qu'il n'y ait pas de lacune flagrante dans la recherche des éléments de preuves. Si le blogueur « *n'est pas tenu d'avoir procédé préalablement à une enquête sérieuse empreinte d'un effort d'objectivité, telle qu'elle est attendue d'un journaliste professionnel participant à l'information du public* », il ne saurait « *se dispenser pour autant de justifier qu'il détenait des éléments sérieux donnant quelque crédit à ses* affirmations[302] ». Plus récemment, le tribunal de Paris a considéré qu'un blogueur n'est « *pas un journaliste, tenu à conduire une enquête complète et empreinte d'un effort d'objectivité* », mais se doit d'avoir « *en mains des éléments lui permettant de s'exprimer comme il l'a fait*[303] ». Il ne peut à ce titre s'abstenir de toute vérification[304].

Depuis ces différents contentieux fondateurs, les règles ne semblent pas évoluer. Elles ont même été approuvées tant par la cour d'appel de Paris que par la Cour de cassation. Ainsi, dans une affaire dans laquelle était en cause le blog d'un chirurgien-dentiste, la cour d'appel de Paris a repris expressément à son compte le fait qu'un blog permettait de s'exprimer « *sans avoir accompli l'enquête sérieuse exigée d'un journaliste*[305] ». La Cour de cassation a pour sa part approuvé cette motivation et rejeté le pourvoi en cassation introduit à l'encontre de cet arrêt[306].

Le développement du réseau Tweeter, basé sur l'instantanéité et la concision des messages, pourrait toutefois conduire à s'interroger sur l'opportunité d'un nouvel abaissement des exigences pour ce mode d'expression, sans qu'il soit possible à notre sens, d'écarter toute exigence de base factuelle.

---

302 TGI Paris 17e, 16 octobre 2006, *CCE* 2007, comm. 11 obs. A. Lepage.

303 TGI Paris 17e, 13 mai 2008 *Légipresse* n° 254-I-p.116. Voir également, fixant certaines limites à la liberté d'expression des blogueurs : TGI Paris 17e, 14 janvier 2010, *Légipresse* n° 269-I- p. 26.

304 TGI Paris 22 novembre 2011, *Légipresse* 2012-n° 291-p 72.

305 CA Paris, chambre 2-7, 15 décembre 2010, n° 10/01722. Mais quand le blog est tenu précisément par un journaliste, la jurisprudence est réticente à lui faire bénéficier de cette mansuétude : TGI Paris 17e, 13 décembre 2011, *Légipresse* 2012, n° 291 p, 71, n° 291-02.

306 Cass. Crim. 5 juin 2012, pourvoi n° 11-80866.

Les témoins directs relatant leur propre vécu

Dans le cadre de sa réévaluation des critères de la bonne foi visant à les adapter à chaque mode d'expression, la jurisprudence a procédé à des assouplissements lorsque les propos émanent non pas d'un professionnel de l'information ou d'un autre observateur extérieur aux faits relatés, mais d'une personne qui y est directement impliquée. Il n'est en effet pas réaliste d'exiger la même distance et la même objectivité, lorsqu'une personne témoigne de son propre vécu, le plus souvent pour relater une affaire judiciaire la concernant ou un différend qui l'oppose à un tiers.

Ainsi, à l'occasion de poursuites en diffamation engagées contre Patrick Dills, accusé puis innocenté du meurtre de deux jeunes enfants en Lorraine, qui avait livré son témoignage dans un livre paru aux éditions Michel Lafon, la cour d'appel de Paris a été jusqu'à éradiquer l'exigence d'enquête pour lui reconnaître la bonne foi. Selon la cour : « *Considérant qu'il s'agit d'un témoignage sur ce qu'il a lui-même vécu, et qu'il ne saurait être exigé qu'il démontre, tel un journaliste, s'être livré à une enquête sur les faits relatés.*[307] » Depuis lors, la 17e chambre du TGI de Paris a été amenée à plusieurs reprises à rappeler que les critères de la bonne foi « *s'apprécient différemment dans l'hypothèse où leur auteur ne fait pas profession d'informer et avec plus de tolérance encore quand il se trouve mêlé à une controverse dont il est l'un des protagonistes*[308] ». La cour d'appel de Paris adopte également cette position[309].

Mais le témoin impliqué ne peut pas non plus s'abstraire de toute exigence de production d'éléments factuels. Ainsi, le tribunal de Paris considère que si la personne témoin « *n'est pas astreinte à une enquête sérieuse, elle doit néanmoins disposer d'éléments qui fondent, en fait, ses allégations*[310] ». De même, la cour d'appel de Paris n'écarte pas l'exigence d'une base factuelle suffisante[311]. Quant au ton employé, il est certain que l'implication personnelle de la personne poursuivie conduit à relativiser très largement l'exigence de prudence et d'objectivité, peu compatible avec l'inévitable subjectivité de celui qui a vécu personnellement les faits dénoncés. Mais, là encore, la liberté de ton ne peut être infinie et doit quand même être corrélée avec les éléments factuels, de manière à ne pas procéder d'une dénaturation flagrante du contenu de ceux-ci.

Cette atténuation des critères de la bonne foi paraît concerner non seulement les personnes impliquées elles-mêmes, mais également leurs avocats. Cette solution

---

307 CA Paris, 11e ch B, 16 mars 2006. Dès avant cette décision, on trouve trace de jugements de la 17e chambre du tribunal de Paris, s'engageant dans cette voie. Voir par exemple : TGI Paris 17e ch., 29 janvier 2004, *Légipresse* 2004-I-22, concernant des propos tenus par les salariés de la société Buffalo Grill, dans le contexte d'une procédure judiciaire relative à un problème de santé publique.

308 Voir par exemple : TGI Paris, 17e, 12 septembre 2007, *Comédie-Française c/ Koltes* ; 8 février 2008, *Dentressangle c/ Aubry;* 30 avril 2009, *Romani c/ Borrel*, *Légipresse* n° 262 juin 2009-I-n° 262-05 p. 84 ; 20 octobre 2010, *Guazzini*, *Légipresse* 2011, n° 279-02 p. 7 ; 20 mai 2011, *Légipresse* 2011 n° 288-04 p. 587, parmi d'autres.

309 Voir par exemple : CA Paris, pôle 2, chambre 7, 9 décembre 2010, *L'Équipe*, dossier n° 09/04886.

310 TGI Paris, 17e ch., 28 février 2012, n° 1000723018, non définitif.

311 CA Paris, pôle 2-7, 27 juin 2012, RG 11/01978, inédit.

semble logique dès l'instant que le défenseur porte la voix de son client et s'exprime naturellement en épousant sa cause. Il serait peu réaliste, au regard du rôle de l'avocat, amené à toujours plus communiquer en dehors des prétoires, d'exiger de lui une parole mesurée ou objective, alors que tel n'est évidemment pas son rôle. Dans un contentieux remarqué engagé à l'encontre de maître Georges Kiejman, le tribunal de Paris a ainsi admis que l'avocat devient lui-même « *protagoniste* » d'un dossier médiatique, ce qui permet d'écarter l'exigence de « *mesure* » dans l'expression et d'admettre un droit à la polémique[312]. La Cour européenne des droits de l'homme a elle-même été amenée à reconnaître la plus large liberté de parole aux avocats s'exprimant sur les affaires de leurs clients[313]. Mais la jurisprudence sur ce point n'est pas univoque. Ainsi, dans un jugement du 31 mai 2012, le tribunal de Paris a-t-il reconnu coupable de diffamation un avocat qui s'était exprimé de façon trop catégorique, sans disposer d'éléments suffisants[314]. En outre, plusieurs arrêts plus anciens de la Cour de cassation ont considéré que l'avocat devait s'exprimer avec prudence et circonspection, lorsqu'il n'était pas protégé par l'immunité de l'article 41 de la loi sur la presse[315]. Un récent arrêt de la Cour de cassation du 4 mai 2012 rappelle encore que l'avocat ne peut pas dépasser certaines bornes en matière d'attaques personnelles[316]. C'est pourquoi un avocat ne saurait en aucune manière s'abriter derrière sa fonction pour revendiquer une liberté d'expression absolue en dehors des enceintes de justice.

C. L'EXPRESSION POLITIQUE[317]

L'influence décisive de la Cour européenne des droits de l'homme

La Cour de Strasbourg a été assurément très en pointe du combat pour élargir la liberté d'expression dans le cadre de la polémique dite politique. On fait généralement remonter l'origine de cette position à l'arrêt *Lingens* rendu en 1986[318]. Depuis lors, la Cour européenne ne s'est pas départie de sa position, rappelant inlassablement les mêmes principes. On pourrait multiplier les exemples[319]. Retenons une motivation parmi bien d'autres, adoptée à l'appui de la condamnation de la France

312 TGI Paris 17e, 20 octobre 2010, *Metzner c/ Kiejman, Légipresse* 2010, n° 277-02, p. 332. Voir également dans le même sens, CA Paris, 11e ch.A, 4 juillet 2007, *Pierrat c/ Le Bras, Légipresse* 2007-I-136.

313 CEDH, 15 décembre 2011, *Mor c/ France*, req. n° 28198/09, *AJPénal* 2012, p. 337, note C. Porteron.

314 TGI Paris, 17e ch., 31 mai 2012, *Metzner c/ Delajoux, Légipresse* 2012-I-407, non définitif.

315 Voir sur ce point les arrêts cités plus loin, au sujet de l'immunité des discours judiciaires.

316 Cass. Civ. I, 4 mai 2012, pourvoi n° 11-30193, *CCE* 2012, comm. 99, obs. A. Lepage.

317 Voir sur ce sujet : B. Ader, « Quelles limites à la polémique politique ? », *Légipresse* 2012 n° 294, p, 292 ; Y. Baudelot, « Droit et polémique », *Légipresse* 1999-II-71 ; N. Mallet-Poujol, « Le juge et l'idéologie dans le procès en diffamation », *Légipresse* 2005 –II-p. 1.

318 CEDH, 8 juillet 1986, *Lingens c/ Autriche*, req. n° 9815/82.

319 Pour s'en tenir à quelques décisions phares : CEDH, 23 mai 1991, *Oberschlick c. Autriche*, req. n° 11662/85 ; CEDH, 23 avril 1992, *Castells c. Espagne*, req. n° 11798/85 ; CEDH, 28 août 1992, *Schwabe c. Autriche*, req. n° 13704/88 ; CEDH, 1er juillet 1997, *Oberschlick c. Autriche* (n° 2), req. n° 20834/92 ; CEDH, 22 octobre 2007, *Lindon, Otchakovsky-Laurens et July c. France*, req. n° 21279/02 ; CEDH, 15 mars 2011, *Otegi Mondragon c. Espagne*, req. n° 2034/07.

dans l'affaire dite *Brasilier* en 2006 : « *L'article 10 § 2 de la Convention ne laisse guère de place pour des restrictions à la liberté d'expression dans le domaine du discours politique ou des questions d'intérêt général. En outre, les limites de la critique admissible sont plus larges à l'égard d'un homme politique, visé en cette qualité, que d'un simple particulier : à la différence du second, le premier s'expose inévitablement et consciemment à un contrôle attentif de ses faits et gestes tant par les journalistes que par la masse des citoyens ; il doit, par conséquent, montrer une plus grande tolérance. Il est fondamental, dans une société démocratique, de défendre le libre jeu du débat politique. La Cour accorde la plus haute importance à la liberté d'expression dans le contexte du débat politique et considère qu'on ne saurait restreindre le discours politique sans raisons impérieuses*[320] ».

Le droit à la polémique tracé par la décision *Foyer* du 23 mars 1978

En droit interne, la première décision fondamentale de la Cour de cassation en matière de polémique politique est l'arrêt *Foyer c/ Syndicat de la magistrature* rendu le 23 mars 1978 par la chambre criminelle[321]. L'ancien garde des Sceaux Jean Foyer était alors poursuivi par le Syndicat de la magistrature pour une violente diatribe l'accusant sans nuances de noyautage et autres pratiques subversives, dont l'illustre prévenu tenait responsables ceux que certains appelaient à l'époque les « *juges rouges* ». Le procès fleurait bon les années Pompidou et les clivages idéologiques de l'après-68. Il était par ailleurs bien difficile de faire abstraction de la personnalité des deux parties. Fallait-il éviter à un ancien garde des Sceaux du général de Gaulle une infamante condamnation pour diffamation ? C'est possible, mais peu importe aujourd'hui, car avec le recul du temps, cette décision qui pose la base de la construction intellectuelle de la bonne foi dans le domaine de la polémique, a fait date en inaugurant une formulation qui sera abondamment reprise par la suite, concernant « *les limites admissibles de la polémique politique* ». Elle admettra tout d'abord que les attaques devaient « *être interprétées en fonction de leur contexte* ». Même si elles comportaient des outrances de style, celles-ci étaient « *du genre de celles admises généralement sous la plume des polémistes politiques* », et destinées à attirer l'attention sur les risques (sic !) que pouvait engendrer l'action du syndicat plaignant. La Cour considéra donc « *que si âpre que soit l'expression des critiques formulées (...) ; quelque désobligeants que soient ses commentaires relatifs aux opinions et au comportement que, par une appréciation personnelle et subjective, il prête à la partie civile, lesdites critiques se ramènent à la manifestation d'une opinion sur le fonctionnement d'une des institutions de l'État ; que cette manifestation d'opinion bénéficie de la liberté attachée à la critique du fonctionnement de ces institutions et à la discussion des doctrines divergentes relatives à son rôle* ». En forme de conclusion, la Cour de cassation résumait sa position en affirmant « *que les citoyens ont le droit d'être renseignés sur de telles opinions ou doctrines et que, dans le domaine de la polémique politique touchant à des sujets de cette nature, le fait justificatif de la bonne foi, propre*

320 CEDH, 11 avril 2006, *Brasilier c/ France*, req. 71343, cons.41.
321 Cass. Crim. 23 mars 1978, pourvoi n° 77-90339, *Bull. Crim.* n° 115, p. 289.

à la diffamation, n'est pas nécessairement subordonné à la prudence dans l'expression de la pensée ». Ces formules vont ensuite inspirer la jurisprudence pendant une vingtaine d'années[322].

La position des juridictions françaises jusqu'en 2000

La formulation de l'arrêt Foyer avait l'avantage d'admettre le droit à la polémique, mais l'inconvénient de le limiter à la critique du fonctionnement des institutions, ce qui revenait à l'écarter pour la mise en cause des personnes. La Cour de cassation s'en tint à cette position pendant de longues années : ouvrant le droit à la polémique pour la critique des institutions étrangères[323], mais le refusant la plupart du temps pour la diffamation envers des personnes physiques. Ainsi, en 1989, la chambre criminelle affirmait-elle que si « *l'article incriminé présente bien le caractère d'une polémique politique, celle-ci ne porte pas sur des opinions ou doctrine concernant le rôle et le fonctionnement d'une institution fondamentale de l'État mais sur le comportement d'une partie des membres du conseil municipal ; que la volonté d'informer les électeurs, hors d'une campagne électorale en cours, ne saurait davantage permettre d'admettre la bonne foi*[324] ». Mais dans les années 1990, les juges du fond allaient, comme dans d'autres domaines, pousser à élargir ce droit à la polémique, en grande partie du fait de l'importance croissante prise par la jurisprudence de la Cour de Strasbourg, évoquée plus haut. Cette transition s'effectuera sur une décennie, le temps d'un contentieux emblématique opposant Michel Rocard à Jean-Marie Le Pen. Mais déjà en 1996, la Cour de cassation semblait disposée à envisager une évolution de sa jurisprudence[325].

La position adoptée par la chambre mixte de la Cour de cassation en 2000 dans l'affaire Rocard

Invité de l'emblématique émission politique 7/7 en février 1992, Michel Rocard ancien Premier ministre à l'époque "candidat naturel" à la succession de Mitterrand, accusait Jean-Marie Le Pen d'avoir commis des actes de torture lorsqu'il était militaire en Algérie, outre quelques autres turpitudes. L'intéressé engageait deux procédures de diffamation qui conduisaient les juges du fond à absoudre Michel Rocard. Mais par deux arrêts rendus les 4 janvier 1996[326], et 14 janvier 1998[327], tant la chambre criminelle que la deuxième chambre civile de la Cour de cassation cassaient ces décisions. Le premier arrêt affirmait que M. Rocard ne pouvait s'affranchir de ses devoirs de prudence et d'objectivité, et le second rappelait de manière très orthodoxe que « *c'est seulement dans le domaine de la polémique politique portant sur les opinions et*

---

322 On continue à en trouver trace sporadiquement. Voir par exemple : Crim. 4 décembre 2007, pourvoi n° 05-87384 réutilisant la formule pour sanctionner la diffamation à l'égard d'un juge qui ne se confond pas avec la mise en cause de l'institution judiciaire.

323 Civ. 2, 28 novembre 1984, pourvoi n° 82-16141.

324 Crim. 28 février 1989, pourvoi n° 85-93992.

325 Cf. Civ. 2, 10 juillet 1996, pourvoi n° 94-15706 admettant un ton incisif et le libre droit de critique à l'égard de l'homme public.

326 Crim. 4 janvier 1996, pourvoi n° 94-83585.

327 Civ. 2, 14 janvier 1998, pourvoi n° 94-19867.

doctrines relatives au fonctionnement des institutions fondamentales de l'État que la bonne foi n'est pas nécessairement subordonnée à la prudence dans l'expression de sa pensée ». À la suite de ces décisions, les cours de renvoi allaient résister, et la chambre mixte de la Cour de cassation prenait alors le contre-pied des précédents arrêts de cassation en posant le 24 novembre 2000 sous l'autorité du premier président Canivet, le principe suivant :

« *Attendu qu'au regard des dispositions de l'article 10 de la Convention européenne de sauvegarde des droits de l'homme, la protection de la réputation d'un homme politique doit être conciliée avec la libre discussion de son aptitude à exercer les fonctions pour lesquelles il se présente au suffrage des électeurs ; que par suite, l'intention d'éclairer ceux-ci sur le comportement d'un candidat est un fait justificatif de bonne foi, lorsque les imputations, exprimées dans le contexte d'un débat politique, concernent l'activité publique de la personne mise en cause, en dehors de toute attaque contre sa vie privée, et à condition que l'information n'ait pas été dénaturée.*[328] »

Les conditions de la bonne foi en matière de polémique politique depuis 2000

Les principes posés par la chambre mixte de la Cour de cassation en 2000 sont aujourd'hui gravés dans le marbre et ont durablement fixé les conditions de la bonne foi dans le domaine politique en éradiquant la condition de prudence. Ils sont désormais d'application générale et ne souffrent guère de contestation, même si sporadiquement on trouve encore des décisions singulières, qui semblent d'un autre temps, reprenant une définition rigide de la bonne foi incluant la notion de prudence malgré le contexte de polémique politique[329]. Mais, de toute évidence s'écarter des principes posés en 2000 par la chambre mixte reviendrait à prendre un grand risque de censure à Strasbourg, ce que la Cour de cassation cherche en règle générale à éviter, en accordant autant que faire se peut sa jurisprudence avec celle de la Cour européenne. Selon Basile Ader, le critère de la mise en jeu des institutions fondamentales de l'État qui résultait de la jurisprudence Foyer de 1978 a ainsi été remplacé par celui tiré de l'intérêt général, dont l'émergence a déjà été évoquée[330].

S'il est désormais acquis que la polémique politique permet « *une plus large liberté de ton* », il reste que les tribunaux n'admettent pas une liberté absolue. On retrouve souvent cette réserve selon laquelle le droit à la polémique « *cesse là où commencent les atteintes au respect de la dignité de la personne humaine et les attaques personnelles*[331] ». Et la Cour de cassation admet cette réserve[332]. Il s'agit là, à n'en pas

328 Cass. Ch. mixte, 24 novembre 2000, pourvoi n° 97-81554.

329 Voir par exemple : Crim. 4 décembre 2007, pourvoi n° 05-87384 ; Crim. 29 janvier 2008, pourvoi n° 07-82493.

330 Article précité. Et le recours à cette notion accompagne l'exigence impérative d'une base factuelle suffisante, voir jurisprudence citée note 263.

331 Voir par exemple : TGI Paris, 17e ch., 17 décembre 2010, *Karam*, *Légipresse* n° 280-07, p. 77.

332 En ce sens : Crim. 2 octobre 2012, pourvoi n° 11-83188.

douter, d'une expression du principe de proportionnalité, mais cette réserve ne signifie naturellement pas que toute attaque personnelle doive nécessairement être bannie entre hommes politiques. Dès l'instant que la mise en cause s'inscrit dans le cadre d'un débat d'intérêt général ou d'un débat public légitime, l'homme politique peut notamment « *utiliser des formules imagées* », comme l'a rappelé la cour d'appel de Paris, saisie après condamnation de la France par la Cour EDH, dans l'affaire *Mamère*[333]. Pour autant, il doit faire preuve d'une certaine loyauté qui peut être de nature à influer sur la bonne foi, par exemple, lorsqu'un adversaire politique a été mis dans l'impossibilité de répliquer[334]. Le caractère effectif de ce droit à la contradiction de l'adversaire politique mis en cause a ainsi pu être érigé en condition du droit à la polémique[335].

Dans un domaine proche, on peut aussi relever que le responsable d'un organisme de lutte contre les dérives sectaires, investi ainsi d'une mission précise, n'est pas astreint dans ses écrits à une obligation de prudence, ni d'ailleurs de contradiction dès lors qu'il dispose d'une base factuelle suffisante[336]. En revanche, la qualité de militant associatif semble ne pas être suffisante aux yeux de la cour d'appel de Paris pour être exonéré de la condition de prudence[337]. Ces variations, peu appropriées, montrent que du chemin reste à parcourir pour dépasser la notion de polémique politique *stricto sensu*, et l'élargir à toutes les polémiques sur des sujets d'intérêt public mettant en cause des personnages eux-mêmes publics. La jurisprudence sur la polémique politique devrait ainsi se fondre à terme dans celle sur les sujets d'intérêt général.

D. L'EXPRESSION SYNDICALE

Observations méthodologiques

On parle souvent de « polémique syndicale », et les décisions faisant application de la loi du 29 juillet 1881 dans le domaine de l'expression syndicale sont nombreuses. Il est frappant de constater combien il s'agit là d'un domaine peu rigoureux en termes de méthode d'analyse. En effet, le plus souvent, les décisions mélangent des raisonnements de qualification et des appréciations relatives à la bonne foi en regroupant l'ensemble au sein d'une appréciation globale des limites de la liberté d'expression syndicale[338]. À titre d'exemple, relevons ainsi un arrêt rendu par la première chambre civile de la Cour de cassation le 21 février 2006, retenant la qualification de diffamation d'un propos « *dans la mesure où il excédait les limites admissibles de la polémique*

333 CA Paris, 11e ch. A, 10 juin 2009, *Légipresse* 2009, n° 266-III-230.

334 Crim. 2 octobre 2012 précité.

335 B. Ader, article précité.

336 Cass. Crim. 9 novembre 2010, pourvoi n° 09-88006.

337 CA Paris 5 avril 2007, *Cendrier c/ Bouygues Telecom, Légipresse* 2007-I-135. Contra : TGI Paris 17e ch., 2 mai 2006, définitif, faisant bénéficier le « *lanceur d'alerte* » de la tolérance admise en matière de polémique politique : *Légipresse* 2006-I-115.

338 Sur la liberté d'expression syndicale en général : P. Bouaziz et N. Collet-Thiry, *Cahiers Lamy du CE*, 2011.108.

syndicale[339] ». Il reste que selon nous, malgré ces approximations conceptuelles, les principes dégagés concernent intrinsèquement l'appréciation de la bonne foi dans le domaine syndical.

La modulation de l'exigence de prudence au nom du droit à la polémique

« *Le langage syndical justifie la tolérance de certains excès à la mesure des tensions nées de conflits sociaux ou de la violence qui parfois sous-tend les relations du travail.* » C'est ainsi que les juges du fond avaient justifié la tolérance à l'égard du discours syndical, dans un arrêt ultérieurement soumis à la Cour de cassation[340]. D'autres en leur temps ont parlé avec un certain succès de « *lutte des classes* » ! Plus sérieusement, la justification est de bon sens : le langage syndical s'exprime quasiment par construction dans une situation conflictuelle, pour laquelle une exigence standardisée de neutralité ou d'objectivité n'aurait guère de sens, car cette expression participe par nature d'un rapport de forces. Pour la Cour de Strasbourg, cette problématique s'inscrit dans le cadre de la nécessaire liberté de revendication des syndicats[341]. Il y a donc en cette matière un véritable droit à la polémique qui se substitue à l'exigence de prudence et de modération[342] au nom d'une nécessaire « *approximation partisane*[343] ». Ce droit à la polémique inclut le droit à la raillerie et à la moquerie[344], et le cadre de la « *lutte syndicale* » autorise en principe « *un ton sarcastique*[345] ». Pour autant, ce droit à la polémique n'est pas sans limites.

Les limites du droit à la polémique syndicale

Bien que l'on trouve, dans le domaine de l'expression syndicale, des arrêts réaffirmant l'exigence classique des quatre éléments de la bonne foi[346], il est bien certain que les limites de la vivacité d'expression sont de manière générale repoussées, comme il vient d'être expliqué[347]. Mais la polémique syndicale n'est pas une zone de liberté absolue et supporte des limites. De manière générale, selon plusieurs arrêts de la Cour de cassation, le droit à la polémique « *cesse là où commencent les attaques personnelles* ». Ainsi, dans un arrêt du 23 novembre 1993, la chambre criminelle a jugé qu'un tract « *contenant des attaques personnelles à l'égard du plaignant, excédait les limites admissibles d'une polémique née d'un conflit social*[348] ». De nombreux

---

339 Cass. Civ. 1, 21 février 2006, pourvoi n° 04-16705.

340 Cass. Crim. 10 mai 2005, n° 04-84705.

341 CEDH, 12 septembre 2011, cité plus loin, § 56.

342 Voir parmi d'autres : Cass. Crim. 7 septembre 1993, pourvoi n° 91-85217 ; Cass. Crim. 24 avril 2001, pourvoi n° 00-85175 ; Cass. Civ. 2, 8 juillet 2004, pourvoi n° 01-16907. Cette position est aussi celle des juges du fond. Voir par exemple : TGI Paris, 17e, 23 octobre 2009, *Légipresse* février 2010-I-n° 269-03. *Contra*, beaucoup plus restrictif, évoquant la nécessité d'une mesure : Crim. 20 décembre 1994, pourvoi n° 92-86723.

343 Mots empruntés à CA Paris, 11e ch. B, 7 octobre 2004, *Légipresse* 2005-I-26.

344 Cass. Crim. 1er février 2005, pourvoi n° 04-81517.

345 CA Paris pôle 2-7, 22 octobre 2009 dossier 08/11300 COSAL/UJA ayant agité le microcosme du barreau, et sur pourvoi : Crim. 23 novembre 2010, pourvoi n° 09-87527.

346 Voir par exemple, topique : Cass. Civ. 1, 17 mars 2011, pourvoi n° 10-11784.

347 Voir par exemple : Crim. 5 juin 2012, pourvoi n° 11-85804.

348 Cass. Crim. 23 novembre 1993, pourvoi n° 90-86396.

arrêts appliquent cette directive expressément ou implicitement pour sanctionner les excès syndicaux, en particulier lorsque des attaques sont portées à l'encontre de personnes physiques accusées d'avoir commis personnellement des infractions ou des abus[349]. Dans une optique voisine de protection des personnes, la Cour de cassation a également admis que l'éradication de la condition de prudence n'allait pas jusqu'à autoriser, même dans un contexte syndical, les atteintes à la présomption d'innocence[350].

De son côté, la Cour européenne des droits de l'homme admet également que la liberté d'expression dans le cadre des relations de travail n'est pas illimitée, et elle a déjà eu l'occasion d'approuver la condamnation de caricatures diffamatoires ayant un caractère blessant[351]. Dans un important arrêt *Vellutini et Michel c/ France* du 6 octobre 2011, la Cour de Strasbourg semble vouloir fixer « *les limites convenables de la polémique syndicale* » aux propos ayant un caractère « *vexatoire et blessant*[352] ».

E. L'EXPRESSION HUMORISTIQUE

La théorie générale de la bonne foi est écartée dans le domaine de l'humour

L'humour constitue traditionnellement un registre d'expression qui échappe à une partie des règles communes[353]. Cette dérogation est légalement acquise de longue date sur le terrain du droit d'auteur, puisque l'article L. 122-5 du CPI déroge au monopole de l'auteur pour la parodie, le pastiche et la caricature, dans le cadre des « *lois du genre* ». Dans le domaine du droit de la presse, c'est la jurisprudence qui a été amenée à prévoir des aménagements, et elle l'a fait notamment à l'occasion de plusieurs jugements remarqués du tribunal correctionnel de Paris au début des années 1990. Ainsi, dans un jugement du 9 janvier 1992, ce tribunal a clairement affirmé que les critères habituels de la bonne foi « *ne sont pas immuables et la bonne foi doit raisonnablement s'apprécier en fonction du genre d'expression poursuivi* ». Il ajoute que « *s'il n'existe aucune immunité légale en faveur des humoristes ou des bouffons, une réelle tolérance, voulue par l'usage, doit conduire le juge à concilier la plus large liberté d'expression avec les droits de la personnalité*[354] ». Dans un autre jugement du 16 février 1993, le tribunal reprend les mêmes principes[355].

---

349 Cf. par exemple : Cass. Crim. 26 janvier 1993, pourvoi n° 91-80198 ; Cass. Civ. 1, 21 février 2006, pourvoi n° 04-16705.

350 Cass. Crim. 23 novembre 2010, pourvoi n° 10-81847.

351 CEDH 12 septembre 2011, *Palomo Sanchez c/ Espagne*, req. 28955/06, § 65 à 68.

352 Cour EDH, 6 octobre 2011, req. n° 32820/09, § 39.

353 Sur ce sujet en général : B. Mouffe, *Le droit à l'humour*, Larcier 2011.

354 T. Corr. Paris, 17e ch., 9 janvier 1992, *D.* 1994, som. p. 195, obs. C. Bigot.

355 T. Corr. Paris, 17e ch., 16 février 1993, *D.* 1994, som. p. 195, obs. C. Bigot. Voir aussi déjà, T. Corr. Paris, 26 mars 1990, *GP* 1991-I-354. Et sur ce sujet en général: B. Ader : « Humour et liberté d'expression », *Légipresse* 1994, n° 108-II, p. 1 ; C. Bigot, note sous Cass. Civ. 2, 2 avril 1997, *JCP* 1998-II-10010.

Toutefois, dans un premier temps, la Cour de cassation a été réticente à reprendre à son compte ce libéralisme. L'humoriste Guy Bedos en a fait les frais, la Cour de cassation cassant ainsi une décision rendue en sa faveur, en affirmant que « *la satire politique cesse là où commencent les attaques personnelles*[356] ». Mais cette retenue initiale de la Cour de cassation n'a pas empêché les juges du fond de continuer sur leur lancée et de renforcer leur jurisprudence. Ainsi, le tribunal de Paris a précisé récemment que le « *rôle* » de l'humoriste était « *précisément d'aller à contre-courant des opinions communément admises en caricaturant les caractéristiques des personnalités "adulées"*[357] ».

Ce droit à la plus grande liberté d'expression en matière d'humour est aujourd'hui reconnu par la Cour européenne. La décision *Leroy c/ France* admet en effet (§ 39) qu'il existe un « *langage inhérent à la caricature, qui peut être une forme d'expression artistique, par définition provocatrice* ». Cet arrêt rappelle que la satire est une « *forme d'expression artistique et de commentaire social qui par ses caractéristiques intrinsèques d'exagération et de distorsion de la réalité vise naturellement à provoquer et à susciter l'agitation* » (§ 44). Mais la Cour condamne toute idée de liberté absolue en ce domaine en rappelant que le caricaturiste, créateur « *dont l'œuvre relève de l'expression politique ou militante* », ne saurait échapper à toute possibilité de restriction de sa liberté d'expression. Dès l'instant qu'il se prévaut de cette liberté, il doit aussi assumer des « *devoirs et responsabilités* »[358].

Les critères de la bonne foi de l'humoriste

En soi, l'objectif de faire rire est légitime. Mais il faut qu'il n'y ait aucune ambiguïté sur la démarche. Ainsi, le tribunal de Paris rappelle que cet objectif doit apparaître clairement, soit par le style qui emprunte à la raillerie et la provocation, soit par une volonté délibérée évidente de forcer le trait dans le but de divertir le public. Cette volonté ne doit pas échapper au public qui ne pourra que recevoir les propos au second degré[359]. Mais, en cas d'ambiguïté, notamment si l'humoriste s'exprime dans une émission d'information, la bonne foi pourrait ne pas être caractérisée, car le propos n'a plus la même portée[360]. Il en est de même, si l'humoriste change de registre pour entrer dans celui de l'expression politique[361].

---

356 Cass. Crim. 24 octobre 1995, pourvoi n° 93-85094. Voir également Cass. Crim. 29 novembre 1994, pourvoi n° 92-85281, analysé plus bas.

357 TGI Paris, 17e ch., 22 mars 2012, *Zidane c/ Alévèque, Légipresse* 2012 n° 294, p. 283, n° 294-11. Décision non définitive. Comme quoi l'humour va jusqu'à permettre la caricature des demi-dieux…

358 CEDH, 2 octobre 2008, req. n° 36109/03, il s'agissait en l'espèce d'une affaire d'apologie, mais le principe est parfaitement transposable. Voir également en ce sens : CEDH, 6 octobre 2009, *Kulis et Rozycki c/ Pologne*, req. n° 27209/03 retenant la notion de satire.

359 T. Corr. Paris, 16 février 1993, précité.

360 Crim. 29 novembre 1994, précité. Voir également, pour un magazine qui revendiquait le bénéfice d'une telle jurisprudence en raison de son caractère provocateur et sarcastique : Civ. 2, 24 février 2005, *Légipresse* n° 222-II, p. 110, note B. Ader.

361 CA Paris, chambre 2-7, 17 mars 2011, *Légipresse* 2011, p. 429, note D. Lefranc.

Pour le reste, la jurisprudence écarte expressément la condition de prudence et d'objectivité, car « *l'excès est la loi du genre* ». Le tribunal de Paris considère dans ce cadre « *qu'il n'est pas excessif de revendiquer et d'admettre à l'occasion l'exercice d'un droit à l'irrespect et à l'insolence, notamment en matière politique, dès lors que le bouffon remplit une fonction sociale éminente et salutaire et participe à sa manière à la défense des libertés*[362] ». En d'autres termes, le droit à l'humour autorise « *une certaine outrance dans l'expression*[363] » et permet à un humoriste d'employer des formules vives et imagées dans un « *journal satirique au ton irrévérencieux et provocateur*[364] ». Cette clairvoyance mérite selon nous une totale approbation.

Faut-il toutefois fixer des limites aux bouffons ? La question mérite bien entendu d'être posée. Le principe de proportionnalité qui gouverne le droit de la liberté d'expression permet de formuler une première réponse de principe : il n'existe de liberté absolue dans aucun domaine de l'expression, et il nous paraît donc évident que le juge doit pouvoir fixer une limite à un certain stade. Il reste à déterminer où doit être mis le curseur. Il existe au moins une limite qui semble unanimement admise, c'est celle du respect du droit à la dignité de la personne humaine[365], mais en dehors de cette limite, il est bien aléatoire de généraliser. Pour considérer que des propos injurieux dépassaient la limite autorisée, le tribunal de Paris a utilisé la formule suivante qui permet à notre sens une bien grande latitude d'appréciation : « *l'impertinence et la moquerie, qui ne sauraient être déniées dans une chronique qui se veut humoristique, ne peuvent tout justifier, dès lors que le propos tourne, comme en l'espèce, à l'offense gratuite*[366] ».

F. L'EXPRESSION SCIENTIFIQUE ET HISTORIQUE

La diffamation et l'histoire : problématique

C'est un sujet passionnant que d'appréhender le rôle du juge face à l'histoire et il dépasse de très loin l'objet de ce livre[367]. Pour résumer à grands traits la problématique, il appartient au juge de concilier deux impératifs. Le premier est évidemment d'appliquer la loi du 29 juillet 1881, car rien ne permet d'exclure son application, s'agissant au moins de l'histoire contemporaine, la période plus ancienne étant largement gouvernée quant à elle par l'impunité, dès l'instant qu'il n'y a pas de

362 T. Corr. Paris, 17e ch., 9 janvier 1992, *D.* 1994, som. p. 195 ; T. Corr. Paris, 17e ch., 16 février 1993, *D.* 1994, som. p. 195 déjà cités.

363 TGI Paris, 6 avril 2011, *Légipresse* 2011, n° 283-02, p. 269.

364 TGI Paris, 17e ch., 15 septembre 2011, *Essebag c/ Porte, Légipresse* 2011, n° 287-03, p. 524.

365 Pour une application : CA Paris, 17 mars 2011, précité ; TGI Paris, 17e ch., 29 mars 2012, *Guerlain, Légipresse* 2012 n° 294 p. 284.

366 TGI Paris, 17e ch., 4 juin 2007, *Carlier, Légipresse* 2007-I-156. Voir aussi : TGI Paris, 8 décembre 2006, *Carlier, Légipresse* 2007-I-46, considérant que « *la licence humoristique et l'irrévérence* » ne doivent pas dégénérer en « *attaque* ad hominem ».

367 Voir sur ce sujet le travail très approfondi de C. Vivant : *L'historien saisi par le droit*, éd. Dalloz 2007, coll. Nouvelle bibliothèque de thèses. Voir aussi, S. Lasfargeas, « Le juge et l'historien : à propos de l'arrêt *Branly* », *Gaz. Pal.* 2005. Doctr. 887. ; N. Mallet-Poujol, « Diffamation et histoire contemporaine », *Légipresse* 1996-II-97.

diffamation à l'égard des morts en vertu de l'article 34 de la loi du 29 juillet 1881. Cette application de principe de la loi sur la presse est incontestable et il en résulte que comme tout prévenu de diffamation, l'historien est présumé de mauvaise foi et doit apporter au juge les éléments pour combattre cette présomption. La Cour de cassation le rappelle sans aucune réserve : « *la critique qui se prétend historique n'échappe pas à cette exigence*[368] », et le prévenu ne peut se réfugier derrière la narration historique pour y échapper[369]. Et dans l'emblématique affaire *Aubrac* dont il sera question plus loin, le tribunal de Paris a considéré que « (...) *la mission du juge lui impose de ne pas abdiquer au profit du savant (ou de celui qui se prétend tel), et de dire le droit, contribuant, à sa manière, à la régulation des rapports sociaux. Le juge ne saurait ainsi, au nom d'un quelconque impératif supérieur de la vérité historique, renoncer à protéger le droit à l'honneur et à la considération* ». Le tribunal ajoute que les personnages historiques « *n'en sont pas devenus pour autant de simples objets d'étude, dépouillés de leur personnalité, privés de sensibilité, expropriés de leur propre destin pour cause d'utilité scientifique*[370] ». De son côté, la cour d'appel de Paris a sèchement rappelé que « *s'il n'appartient pas aux juges de trancher l'histoire, il n'est pas pour autant loisible à ceux qui écrivent de s'abstraire du cadre légal applicable à tous*[371] ».

Mais le juge entend aussi se cantonner dans son rôle afin de ne pas écrire lui-même l'histoire et, dans une formule particulièrement lumineuse, il a rappelé que « *le juge n'a ni qualité, ni compétence pour juger l'histoire, il n'a pas reçu mission de décider comment doit être présenté ou caractérisé tel ou tel épisode de l'histoire nationale ou mondiale ; la justice a d'ailleurs le devoir de refuser de donner sa caution à telle ou telle présentation d'événements historiques* ». Il ajoute que « *l'historien n'est pas tenu au conformisme, que rien ne lui interdit de faire de l'histoire même engagée à condition de ne pas utiliser de mauvaise foi, en les déformant, en les tronquant, les documents sur lesquels il a travaillé* ». En d'autres termes, « *la liberté de l'historien doit s'accompagner de l'honnêteté intellectuelle, ce qui n'exclut pas au demeurant un jugement de valeur*[372] ».

Les critères de la bonne foi dans le domaine historique

Il est évident qu'une démarche historique ou scientifique est en elle-même légitime. Ce point ne prête pas à controverses. Ce sont bien entendu les autres critères de la bonne foi qui font débat, et à la lumière des décisions rendues dans la fameuse affaire *Aubrac*, à bien des égards emblématique, on peut même considérer que la qualité revendiquée d'historien n'est pas un élément atténuateur des conditions de la bonne foi, bien au contraire. S'agissant tout d'abord du travail de recherches ou d'enquête, on se trouve là dans un domaine où les exigences sont très strictes,

368 Cass. Crim. 16 mai 1995, pourvoi n° 93-83690.

369 Cass. Crim. 22 octobre 2002, pourvoi n° 02-82840.

370 T. Corr. Paris, 17e ch., 2 avril 1998, *Petites Affiches* 1998, n° 85, p. 24, note D. de Bellescize.

371 CA Paris, 11e ch. A, 3 février 1999, *D.* 2000, p. 226, note N. Mallet-Poujol.

372 T. Corr. Versailles 17 janvier 1985, *Gaz. Pal.* 1985-II-710. L'origine de cette formule est à trouver dans des ordonnances rendues par Pierre Drai, lorsqu'il était président du TGI de Paris.

l'honnêteté intellectuelle de l'historien dans son analyse des sources étant un élément fondamental. Dans l'affaire *Aubrac*, il a ainsi été jugé que l'historien Gérard Chauvy avait manqué à ses devoirs sur ce point par un manque de hiérarchisation des sources, un manque de critique interne de certaines sources et documents et un délaissement des témoignages des acteurs des événements, ce qui au final constituait un manquement *« aux règles essentielles de la méthode historique »*, excluant le bénéfice de la bonne foi. Ainsi, l'historien doit rechercher et recouper, mais il doit aussi hiérarchiser ses sources, ce qui suppose que tous les historiens soient d'accord entre eux sur la bonne méthode de hiérarchisation, ce dont on peut douter. Quoi qu'il en soit, en droit positif c'est bien à un alourdissement des exigences d'enquête auquel on assiste en matière de critique historique, comme l'admet expressément la cour d'appel de Paris : *« Toute allégation de faits précis requiert une démarche préalable de vérification. Si cette exigence est générale elle n'est que plus justifiée* (...) *quand son auteur pratiquant l'histoire doit être rompu à l'interrogation des sources. »*

Ensuite, s'agissant du ton employé, les exigences de la bonne foi seront très dépendantes des sources recueillies et de leur analyse. Cette interdépendance est bien résumée dans cette formule employée dans l'affaire *Aubrac : « si le travail de l'historien, qui doit pouvoir s'exercer en pleine liberté, dans un souci de manifestation de la vérité historique, peut l'amener, à l'occasion, à formuler une appréciation critique emportant des imputations diffamatoires à l'encontre des acteurs, vivants ou morts, des événements qu'il étudie, il ne peut trouver sa justification qu'en apportant la preuve de sa fidélité à ses obligations scientifiques* (...) ». Si l'historien peut faire de l'histoire « *engagée* », cette faculté est donc en réalité en trompe-l'œil dès qu'il met en cause les personnes. Il ne peut pas l'appuyer sur des sources dénaturées ou inexistantes, voire analysées de manière hasardeuse ou même simplement audacieuse, la Cour de cassation ayant d'ailleurs considéré dans le domaine de la narration historique, qu'une attaque personnelle est exclusive de bonne foi[373]. Et dans l'affaire *Aubrac*, encore elle, le tribunal fut très sévère pour l'historien ayant donné une place excessive au doute et a considéré que *« le commentaire de l'auteur relève, quant à lui, de la diffamation par insinuation, en ce qu'il tend à persuader le lecteur que les interrogations les plus graves l'emportent sur les certitudes admises jusque-là, quant au comportement des époux Aubrac*[374] ».

La position de la Cour européenne des droits de l'homme

La Cour européenne des droits de l'homme s'est elle aussi penchée sur la question à l'occasion de plusieurs affaires concernant notamment la France. À la suite de la condamnation pour *« apologie de crimes de guerre ou de crimes ou délits de collaboration »* d'un encart publicitaire présentant comme salutaires certaines actions de Pétain dans un quotidien national, les juges européens ont été amenés à se prononcer le 23 septembre 1998. Ils ont estimé qu'il ne leur revenait pas d'arbitrer

373 Crim. 22 octobre 2002, précité.

374 T. Corr. Paris, 2 octobre 1998, précité.

une question relative à l'action précise du maréchal Pétain, « *qui relève d'un débat toujours en cours entre historiens* » *(§ 47)*. Après avoir observé que les juges français avaient « *principalement retenu l'absence de distance et de critique du texte par rapport à certains agissements de Philippe Pétain* » et, le silence du texte sur certains faits, tels que la loi ayant facilité l'acheminement des juifs vers les camps de concentration, la Cour a condamné la France pour violation de l'article 10 Conv. EDH. Elle considère notamment que « *même si des propos tels que ceux des requérants sont toujours de nature à ranimer la controverse et à raviver des souffrances dans la population, le recul du temps entraîne qu'il ne conviendrait pas, quarante ans après, de leur appliquer la même sévérité que dix ou vingt ans auparavant. Cela participe des efforts que tout pays est appelé à fournir pour débattre ouvertement et sereinement de sa propre histoire. Il y a lieu de rappeler à cet égard que sous réserve du paragraphe 2 de l'article 10, la liberté d'expression vaut non seulement pour les "informations" ou "idées" accueillies avec faveur ou considérées comme inoffensives ou indifférentes, mais aussi pour celles qui heurtent, choquent ou inquiètent : ainsi le veulent le pluralisme, la tolérance et l'esprit d'ouverture sans lesquels il n'est pas de "société démocratique"*[375] ».

Un second arrêt important en la matière a été rendu dans l'affaire *Aubrac* le 29 septembre 2004[376]. Les juges de Strasbourg n'entendent pas plus que les juridictions internes trancher la vérité historique. Selon la Cour européenne, « *la recherche de la vérité historique fait partie intégrante de la liberté d'expression* » et « *il ne lui revient pas d'arbitrer la question historique de fond, qui relève d'un débat toujours en cours entre historiens et au sein même de l'opinion sur le déroulement et l'interprétation des événements dont il s'agit* » (considérant 69). Et sur la question de la bonne foi, rares sont les arrêts de la Cour européenne aussi laconiques, la condamnation prononcée en France ayant été approuvée à l'unanimité des juges européens essentiellement au motif du non-respect des « *règles essentielles de la méthode historique* » (cons. 77).

Controverses et polémiques scientifiques

La controverse scientifique est très différente sur le plan de la problématique. Il s'agit le plus souvent de polémiques sur les travaux de tel ou tel, ou sur les thèses qu'ils professent. On est généralement dans la pureté du débat d'idées et la mise en cause des personnes est nécessairement au second plan. C'est pourquoi les exigences de la bonne foi sont diamétralement opposées à celles qui s'appliquent en matière de critique historique, s'agissant du ton employé. En ce domaine, il y a un allégement et non un alourdissement des contraintes de la bonne foi, notamment du fait que des propos vigoureux n'excluent pas le bénéfice de la bonne foi[377]. Le devoir de mise en garde sur les dangers de telle ou telle thèse a même conduit la

375 Cour EDH, 23 septembre 1998, *Lehideux et Isorni c/ France*, req. 24662/94.

376 Cour EDH, 29 septembre 2004, *Chauvy c/ France*, req. : 64915/01. Voir également sur ce sujet, CEDH, 21 septembre 2006, *Monnat c/ Suisse*, req. 73604/01, autre arrêt important.

377 CA Aix-en-Provence, 7e ch., 8 mars 2001, inédit, *Dupuy c/ Prokiad*.

jurisprudence à reconnaître une forme de droit à l'indignation[378]. Cette position est de bon sens. Il est incontestable que les controverses scientifiques ont de tout temps nourri les progrès de la science. Il reste qu'on ne peut pas se réfugier derrière la controverse lorsqu'on se trouve dans le cadre d'une attaque personnelle précise portant sur des faits et non sur des idées. En ce cas, on assiste, comme pour l'historien, à un renforcement des exigences de rigueur dans la collecte et l'analyse des sources[379].

■ SOUS-SECTION 3. LES DIFFÉRENTES CATÉGORIES DE DIFFAMATIONS

Une infraction multiforme

Il n'existe pas un délit de diffamation, mais plusieurs délits distincts, incompatibles entre eux, qui sont constitués en fonction de la qualité de la victime. Il importe donc, avant d'engager une procédure, de déterminer cette qualité avec précision, car le droit à l'erreur n'existe pas, non seulement parce qu'il est impossible d'utiliser des qualifications cumulatives ou alternatives, mais aussi parce que toute reprise de l'action sur un nouveau fondement se heurte en général à la prescription. En outre, aux côtés des délits de diffamation publique, il existe une contravention de diffamation non publique, prévue par l'article R. 621-1 du Code pénal, qui emprunte une grande partie du régime dérogatoire de la loi du 29 juillet 1881.

§1. La diffamation publique envers les cours, tribunaux, administrations et corps constitués (article 30)

Personnes concernées

Sont généralement visées au titre de l'article 30, les personnes morales de droit public. Certaines sont expressément mentionnées par la loi, comme les cours, tribunaux, ou les armées. En revanche, la détermination de la catégorie des administrations publiques et corps constitués est plus incertaine. Si cela ne pose aucun problème de qualification pour des administrations centrales, ou pour des collectivités locales, telles qu'un Conseil général, ou une commune, par exemple, il existe une myriade d'établissements publics qui n'obéissent pas à un régime relevant exclusivement du droit public. Pour toutes les catégories de groupements ayant au moins pour partie une nature hybride, il faut rechercher s'ils obéissent à un régime prépondérant de droit public ou si, à l'inverse, ils relèvent plutôt majoritairement du droit privé en appréciant notamment leurs prérogatives exorbitantes de droit commun. Ainsi, une autorité administrative indépendante telle que l'AMF[380], ou un établissement hospitalier relèveront de l'article 30, alors que des EPIC ou d'autres

---

378 Voir par exemple : CA Paris, 1re ch. A, 24 juin 1991, RG n° 90/14781 *Beljanski c/ Rozenbaum* s'agissant des traitements anti-cancer.

379 Voir par exemple l'affaire *Lacan c/ Roudinesco*, qui a agité le landernau de la psychanalyse : TGI Paris, 17e ch., 11 janvier 2012, RG n° 11/13704, *Légipresse* n° 291, février 2012, p. 71, n° 291-01.

380 CA Paris, 11e ch.A, 22 février 2006, n° 05/06591, concernant l'AMF.

entités ayant un but industriel ou commercial y échapperont pour relever de la catégorie résiduelle de l'article 32[381].

La catégorie dite des « corps constitués » peut elle aussi donner lieu à des difficultés, dans la mesure où c'est une appellation quelque peu désuète qui ne fait l'objet d'aucune définition légale. Il faut remonter à un arrêt rendu par la chambre criminelle de la Cour de cassation le 26 avril 1952 pour trouver une définition de cette catégorie qui s'entend des « *seuls corps ayant une existence légale permanente auxquels la Constitution ou les lois ont dévolu une portion de l'autorité ou de l'administration publique*[382] ». Cette définition renvoie donc à deux critères : une existence légale permanente, et la détention d'une portion de l'autorité publique par l'effet de la loi ou de la Constitution. Le statut de corps constitué a donc été reconnu à des autorités diverses telles que les Conseils régionaux, le Conseil national des universités, l'Ordre de la Légion d'honneur, un office public de HLM, ou encore à l'Autorité des marchés financiers. Un troisième critère semble également se dégager, relatif à l'exigence d'un statut de droit public. Cette dernière exigence ressort nettement d'un jugement non définitif du TGI de Paris refusant au Conseil national de l'Ordre des chirurgiens-dentistes la qualité de corps constitué au motif que « *quelles que soient les prérogatives de puissance publique qui leur sont confiées, ces corps constitués ne peuvent être, comme le démontre la liste des autres collégialités visées par ce texte, que des entités de droit public et non de droit privé* ». En l'espèce, le tribunal avait relevé que « *si l'ordre exerce des missions de service public, son fonctionnement, comme celui du Conseil national, relève exclusivement du droit privé.* (…) *que le fait que le Conseil national de l'Ordre des chirurgiens-dentistes soit un organisme de droit privé exclut, et abstraction faite de toute autre considération, qu'il puisse être qualifié de* "corps constitué" *au sens de l'article 30 de la loi du 29 juillet 1881*[383] ». L'avenir dira si cette position est partagée par les juridictions supérieures.

Particularités de procédure

L'engagement d'une action fondée sur l'article 30 est périlleux, car l'article 48 alinéa 1er de la loi du 29 juillet 1881 la soumet à des contraintes procédurales très particulières. La poursuite ne peut avoir lieu « *que sur une délibération prise par eux en assemblée générale et requérant les poursuites, ou, si le corps n'a pas d'assemblée générale, sur la plainte du chef du corps ou du ministre duquel ce corps relève* ». Ces actions obéissent donc à certaines contraintes : elles requièrent une délibération spéciale au stade de l'engagement des poursuites et la seule voie d'action est le dépôt de plainte simple entre les mains du procureur de la République, qui conserve la plénitude de son pouvoir d'apprécier l'opportunité des poursuites. L'administration plaignante peut ensuite, lorsque l'action publique a été mise en mouvement par le Ministère public, se constituer partie civile par voie d'intervention. Ces infractions sont très rarement poursuivies.

---

381 Crim. 28 mai 2002, n° 01-82066.

382 *Bull. Crim.* 1952 n° 106 ; *D.* 1952.492 ; cité *in JCP G* 1953 II 7886, note Bouzat.

383 TGI Paris, 17e ch. cor., 12 janvier 2012 – *CNOCD c/ Bessis*, frappé d'appel.

§2. La diffamation publique envers les personnes qualifiées de l'article 31 de la loi du 29 juillet 1881

Physionomie du délit

Cet article concerne la diffamation « *à raison de leur fonction ou de leur qualité* » à l'égard « *des ministres, des parlementaires, ou des fonctionnaires publics, des dépositaires ou agents de l'autorité publique, des ministres de l'un des cultes salariés par l'État, des citoyens chargés d'un service ou d'un mandat public, ou des jurés ou des témoins à raison de leur déposition* ». L'application de cet article 31 est subordonnée à deux conditions. En premier lieu, la victime doit démontrer qu'elle relève de l'une des catégories visées par ce texte et, en second lieu, elle doit établir avoir été visée à raison de sa fonction ou de sa qualité.

Personnes concernées

Il existe une jurisprudence pléthorique sur cette question, car les situations de frontières sont nombreuses. Ce sont surtout les catégories dites des « *citoyens chargés d'un service public* » et des « *dépositaires ou agents de l'autorité publique* » qui suscitent des difficultés. Il faut appliquer à chaque cas d'espèce la règle d'interprétation établie de manière stable par la Cour de cassation selon laquelle relève de l'article 31 celui « *qui accomplit une mission d'intérêt général en exerçant des prérogatives de puissance publique* » et celui-là seulement[384], ou encore, ceux qui sont des « *agents investis dans une mesure quelconque d'une partie de l'autorité publique* », en écartant de cette catégorie les personnes qui ne participent pas à cette autorité alors même qu'un intérêt public s'attacherait à la mission qui leur est confiée[385]. Déterminer ce qui relève de cette catégorie des prérogatives de puissance publique procède pour l'essentiel d'une casuistique fastidieuse. Par exemple, selon la Cour de cassation, un président d'office HLM « *est dépositaire de l'autorité publique, dès lors qu'en qualité de président du conseil d'administration et d'organe exécutif de celui-ci, il procède à l'établissement des ordres de recettes, à l'engagement, à la liquidation et à l'ordonnancement des dépenses et peut recourir, pour recouvrer certaines créances de l'office*[386] ».

Rappelons enfin que la qualité s'apprécie par rapport au fait diffamatoire lui-même, et non par rapport à la fonction exercée au moment de l'introduction de l'action. Ainsi, une personne ayant quitté la fonction publique depuis des dizaines d'années devra se fonder sur l'article 31 pour poursuivre des faits qui lui sont imputés à raison d'une qualité de fonctionnaire public qu'il n'a plus.

---

384 Cass. Crim. 25 mai 2004, pourvoi n° 03-81876 ; 7 octobre 2004, pourvoi n° 02-14935 ; Cass. Crim. 1er février 2011, pourvoi n° 01-81772, *Bull.* n° 17, clair sur le caractère exclusif de ce critère.

385 Cass. Crim. 30 janvier 2001, *Bull. Crim.* n° 27 ; Crim. 14 janvier 2003, *Bull. Crim.* n° 7.

386 Cass. Crim. 20 mai 2008, pourvoi n° 07-81113.

Lien entre la diffamation et la fonction

Il ne suffit pas qu'une personne relève de la catégorie de l'article 31. Encore faut-il que la diffamation la vise en cette qualité. Si la diffamation est étrangère aux fonctions, la personne concernée est considérée comme un simple particulier et doit agir sur le terrain de l'article 32 alinéa 1. La Cour de cassation a été amenée à définir le lien qui doit exister entre la diffamation et la fonction en retenant limitativement deux hypothèses, qu'on pourrait qualifier de « *fonction-support* » et de « *fonction-moyen* », et a écarté catégoriquement le critère du mobile. Là encore, la jurisprudence est pléthorique et aujourd'hui bien fixée après quelques « *accidents judiciaires* » regrettables. Selon cette jurisprudence, les imputations diffamatoires doivent être appréciées « *non d'après le mobile qui les a inspirées ou d'après le but recherché par leur auteur, mais selon la nature du fait sur lequel elles portent* » et « *contiennent la critique d'actes de la fonction ou d'abus de la fonction*[387] ». L'article 31 s'applique ainsi lorsque « *la qualité ou la fonction de la personne visée a été soit le moyen d'accomplir le fait imputé, soit son support nécessaire*[388] ». Dès lors, le simple fait d'avoir eu la volonté de discréditer un élu est insuffisant pour caractériser le délit[389], tout comme le fait de discréditer un fonctionnaire dans son action syndicale dès lors que les imputations ne visent pas les actes de sa fonction d'agent public[390].

Il peut arriver qu'il y ait indivisibilité entre des imputations diffamatoires visant une personne à la fois à raison de sa fonction (article 31) et en tant que simple particulier (article 32 §1). Dans cette hypothèse, la victime doit agir pour le tout sur le fondement de l'article 31. Il y a en quelque sorte "absorption" de la diffamation de l'article 32 par celle de l'article 31, et la voie civile lui est donc fermée, y compris pour les imputations diffamatoires qui la touchent en tant que simple particulier[391].

Particularités de procédure

Cette catégorie de diffamation comporte elle aussi des particularités de procédure, puisque la voie civile est fermée en application de l'article 46 de la loi du 29 juillet 1881. Mais, grand avantage par rapport à l'article 30, les personnes relevant de l'article 31 peuvent agir par voie de citation directe devant le tribunal correctionnel ou par voie de plainte avec constitution de partie civile, et peuvent ainsi non seulement gérer elle-même l'interruption de la prescription initiale en accomplissant un acte interruptif de la prescription, mais aussi contraindre le parquet à mettre en mouvement l'action publique.

---

387 Cass. Crim. 17 février 2004, pourvoi n° 03-84876, Cass. Crim. 12 février 2008, pourvoi n° 07-81829.

388 Crim. 29 décembre 1971, *Bull. Crim.* n° 368 ; Crim. 24 février 2000, *Bull. Crim.* n° 36 ; Cass. Crim. 17 février 2004, pourvoi n° 03-84876 ; Cass. Civ. I, 7 mars 2006, *Bull.* I n° 137 ; Crim. 15 janvier 2008, pourvoi n° 06-89189, *Bull. Crim.* n° 9, *JCP* 2008-II-10078, note E. Dreyer, Crim. 12 février 2008, pourvoi n° 07-81829.

389 Cass. Crim. 17 mars 2009, pourvoi n° 08-86659.

390 Cass. Crim. 7 décembre 2010, pourvoi n° 09-82222.

391 Voir Cass. Crim. 2 mai 2003, pourvoi n° 02-86743; Cass. Crim. 11 mai 2007, pourvoi n° 07-80754, *CCE* mars 2008, chr. p. 20, obs. C. Bigot.

Toutefois, au sein même de l'article 31, une catégorie est soumise à un régime dérogatoire de poursuite. En effet, selon le nouvel article 48-1°*bis*, « *dans les cas d'injure et de diffamation envers un membre du gouvernement, la poursuite aura lieu sur sa demande adressée au ministre de la Justice* ». Ainsi, tous les ministres ou secrétaires d'État diffamés en cette qualité doivent saisir le ministre de la Justice, qui saisit alors lui-même le parquet compétent aux fins d'engager des poursuites. Il faut rappeler que cette qualité de ministre s'apprécie au regard des faits imputés, et non au regard de la fonction exercée lors de l'engagement de la procédure.

§3. La diffamation envers un particulier (article 32 alinéa 1)

L'article 32 alinéa 1er vise les diffamations envers les particuliers, catégorie résiduelle englobant toutes les diffamations ne relevant pas des délits de diffamation spéciaux des articles 30 et 31. Rappelons toutefois qu'au sein de cette catégorie des particuliers, il faudra dans certains cas s'orienter vers les qualifications de diffamation à raison de la race ou de la religion (article 32 alinéa 2) ou à raison du sexe ou de l'orientation sexuelle (article 32 alinéa 3). Ces infractions sont étudiées plus loin[392].

§4. La diffamation non publique (article R. 621-1 du Code pénal)

Champ d'application de la diffamation non publique

Jusqu'en 2012, on pouvait déterminer le champ d'application de la diffamation non publique par opposition à la diffamation publique en considérant que la contravention de diffamation non publique était caractérisée toutes les fois où l'écrit ou les paroles litigieuses avaient été communiqués à l'intérieur d'un « *groupement de personnes lié par une communauté d'intérêts* », selon le critère déjà évoqué. Mais, outre cette condition, il fallait également démontrer, lorsque la diffamation visait un tiers non destinataire de l'écrit, que celui-ci avait été adressé à ses destinataires dans des conditions non confidentielles, selon une jurisprudence constante ayant édicté cette condition de manière prétorienne[393].

Or, par un arrêt du 11 avril 2012 qui a tous les atours de l'arrêt de principe, la chambre criminelle de la Cour de cassation a réduit le champ de l'incrimination de diffamation non publique et semble désormais l'exclure aussi lorsque le diffamé est simplement le destinataire d'une lettre privée et confidentielle. En effet, dans cet arrêt, la Cour de cassation affirme que « *les imputations diffamatoires contenues*

---

392 Voir ci-après, p. 204 et suivantes.

393 Voir encore, Crim. 24 mai 2011, pourvoi n° 10-85184 rappelant le principe selon lequel « *des imputations diffamatoires contenues dans un courrier électronique et concernant une personne autre que le destinataire ne sont susceptibles de recevoir une qualification pénale, en l'occurrence celle de diffamation non publique, que s'il est établi que ce courrier a été adressé à ce tiers dans des conditions exclusives de tout caractère confidentiel* ». Dans le même sens, voir par exemple : Crim. 18 décembre 1984, pourvoi n° 84-90875 ; Civ. 2, 28 octobre 1992, pourvoi n° 91-13593 ; Crim. 17 janvier 1995, pourvoi n° 94-80912.

dans une correspondance personnelle et privée, et visant le seul destinataire de la lettre qui les contient, ne sont punissables, sous la qualification de diffamation non publique, que si ladite lettre a été adressée dans des conditions exclusives de tout caractère confidentiel[394] ». Il s'agit là d'une restriction importante, car jusqu'ici on admettait que le destinataire d'une telle lettre pouvait agir. La lettre privée confidentielle serait-elle désormais une zone de liberté d'expression absolue du point de vue de la diffamation, que l'on y vise des tiers ou le destinataire de la lettre lui-même ? D'aucuns pourraient y voir une zone de non-droit. Il apparaît donc, au regard de cette dernière décision, que la diffamation non publique ne s'applique que dans les cas de propos tenus dans le cadre d'un groupement de personnes liées par une communauté d'intérêts, ou à l'occasion d'un écrit ou d'une conversation exclusifs de tout caractère confidentiel. Cette absence de confidentialité implique qu'il soit démontré, d'une part, une volonté en ce sens de l'expéditeur et, d'autre part, une divulgation effective à des tiers[395].

Régime général

Pour le reste, lorsqu'elle est constituée, la diffamation non publique ne diffère pas de la diffamation publique, en ce sens que les éléments constitutifs du délit sont identiques, dès l'instant qu'on applique la définition de la diffamation mentionnée à l'article 29 alinéa 1. De même, les moyens de défense tenant à la vérité et à la bonne foi sont ouverts.

■ SOUS-SECTION 4 LES SANCTIONS

L'option entre une procédure civile et une procédure pénale

Si la diffamation publique est de manière générale un délit pénal, quelle que soit la qualité de la victime, il n'en demeure pas moins que, dans certains cas, il est possible de demander réparation du préjudice subi devant le juge civil. Cette possibilité existe chaque fois que la victime est un simple particulier au regard de la loi sur la presse. En revanche, en vertu de l'article 46 de la loi sur la presse, la voie civile est fermée pour toutes les personnes relevant de la catégorie de l'article 31 et pour les administrations publiques et corps qui y sont assimilés (article 30).

Cette voie civile avait auparavant des avantages bien connus. On y échappait à la plupart des difficultés de procédure liées à l'application de la loi sur la presse devant le juge pénal. Mais c'est moins vrai aujourd'hui. En effet, depuis une vingtaine d'années, la jurisprudence s'est efforcée d'unifier les procédures si bien que le demandeur doit désormais avoir la même vigilance devant le juge civil que devant les tribunaux correctionnels, même si la première chambre civile cherche dans ses décisions les plus récentes à atténuer cette rigueur procédurale. Quant aux dommages et intérêts, ils sont aujourd'hui évalués de manière sensiblement

---

394 Cass. Crim. 11 avril 2012, pourvoi n° 11-87688.

395 Cass. Crim. 11 octobre 2011, pourvoi n° 10-88657.

identique, sous l'impulsion notamment d'une réorganisation des juridictions chargées de juger la presse puisqu'à Paris, où se jugent certainement les neuf dixièmes du contentieux français relatif à l'application de la loi du 29 juillet 1881, les mêmes magistrats jugent les affaires de diffamation tantôt au civil, tantôt au pénal, en première instance et en appel grâce à la création de "chambres de la presse". Cette unification est assurément un facteur de sécurité juridique et il est bien dommage qu'un tel regroupement ne puisse être opéré également devant la Cour de cassation…

L'action devant le juge correctionnel

Les conditions d'introduction d'une action en diffamation devant le juge correctionnel sont singulièrement complexes. Pour deux catégories de délits de diffamation, à savoir, les trois délits de diffamation envers un particulier (article 32 alinéas 1, 2 et 3) et le délit de diffamation envers une personne physique ayant un statut public (article 31), il est possible d'engager directement sa procédure devant le tribunal, sans passer par la nomination d'un juge d'instruction, ou au contraire il peut être loisible à la victime de déposer plainte avec constitution de partie civile pour obtenir la nomination d'un juge d'instruction qui en réalité sera quasiment dépourvu de tout pouvoir. Il pourra toutefois vérifier les conditions de publicité de l'écrit visé, ou encore obtenir l'adresse d'un journaliste afin de pouvoir engager valablement une procédure à son encontre devant la juridiction correctionnelle.

Mais, pour l'essentiel, la nomination d'un juge d'instruction n'a que peu d'intérêt en matière de diffamation. Il est toutefois un domaine dans lequel la procédure suit un cheminement très spécifique. Il s'agit des diffamations envers les administrations publiques et corps assimilés qui sont visées à l'article 30 de la loi du 29 juillet 1881. Pour celles-ci, le plaignant doit systématiquement passer par une simple plainte au procureur de la République qui décidera ensuite soit de citer directement les journalistes devant le tribunal correctionnel, soit de nommer un juge d'instruction. C'est dans cette deuxième phase de la procédure que la victime se constituera partie civile afin d'obtenir réparation du préjudice qu'elle considère avoir subi.

Les peines en matière de diffamation

Les peines en matière de diffamation diffèrent selon le délit poursuivi. Lorsque la victime est un simple particulier, l'amende maximale est de 12 000 euros. En revanche, lorsque la victime est un citoyen ayant des fonctions publiques ou est un organe relevant de l'article 30, la diffamation est alors punie d'une amende pouvant atteindre 45 000 euros. Il en est de même en matière de diffamation raciale. À cela s'ajoutent généralement les dommages et intérêts dont le montant varie en fonction des espèces, mais qui se situent la plupart du temps dans une fourchette de 1 à 15 000 euros. Enfin, le tribunal peut ordonner la publication d'un communiqué judiciaire faisant état de la condamnation intervenue.

SECTION 2. L'INJURE

Généralités

Si la diffamation est le délit de presse par excellence, destiné le plus souvent à sanctionner le journaliste qui n'a pas accompli correctement son travail, l'injure est en principe un dérapage de langage, un excès, qui heureusement constitue une catégorie résiduelle d'infractions dans le contentieux de la presse *stricto sensu*. Toutefois, du fait de sa rigueur dans l'exigence d'une possibilité de débat probatoire pour caractériser une diffamation, la jurisprudence a déplacé ces dernières années une partie du contentieux vers l'injure. On assiste ainsi à un mouvement qui s'apparente à un phénomène de vases communicants entre les deux infractions.

SOUS-SECTION 1. LES ÉLÉMENTS CONSTITUTIFS DE L'INJURE

Définition

La définition de l'injure est courte, en comparaison de celle de la diffamation. L'article 29 alinéa 2 de la loi du 29 juillet 1881 sur la liberté de la presse la définit de la manière suivante :

« Toute expression outrageante, termes de mépris ou invective qui ne renferment l'imputation d'aucun fait est une injure. »

§1. Premier élément : l'expression outrageante, le terme de mépris ou l'invective

Les expressions visées

Le texte même de l'article 29 alinéa 2 de la loi du 29 juillet 1881 vise trois situations distinctes : les expressions outrageantes, les termes de mépris, et les invectives. Elles ont toutes en commun de constituer des excès de langage caractérisant une agression verbale ou écrite de la personne[396]. On ne se lancera pas ici dans un florilège dont la liste serait infinie, tant l'imagination en ce domaine n'a pas de limite[397]... On s'attachera très souvent au contexte dans lequel l'expression litigieuse a été proférée pour apprécier si la qualification est constituée. Surtout, l'injure se définit de manière négative, par rapport à la diffamation. En effet, selon le texte même de l'article 29 de la loi sur la presse, l'expression en cause ne doit renfermer aucun fait. Dès l'instant que celle-ci renferme un fait, la qualification d'injure est en principe fermée.

Mais bien évidemment, toutes les appréciations péjoratives ne contenant l'imputation d'aucun fait ne sauraient relever de la qualification d'injure, car cela aurait pour effet d'exclure tout jugement de valeur négatif et d'impacter gravement la liberté d'opinion. Il

---

396 Il existe un très ancien *Traité des injures dans l'ordre judiciaire* de François Dareau, publié en 1776, et disponible sur Google Books. Voir aussi : P. Merle, *Petit traité de l'injure*, éd. de l'Archipel 2012.

397 Voir les exemples donnés par J.-Y. Dupeux, T. Massis et F. Bourg, in *Rep. Pénal Dalloz*, Vo injure, n° 23 et suivants.

faut donc arriver à distinguer les termes de mépris condamnés par la loi, et ce qui relève de propos ou qualificatifs simplement désobligeants ou péjoratifs, relevant d'un libre droit de critique et condamnés par aucun texte[398]. Ainsi, la France a été condamnée à Strasbourg à la suite d'une condamnation pour injure prononcée à raison du terme « *énergumène* ». La Cour européenne a estimé que le propos litigieux « *n'a pas dépassé la dose d'exagération et de provocation en général admise de la part de la presse*[399] ». Or cette distinction peut s'avérer délicate et évolue au gré des époques, particulièrement quand les propos se situent dans un cadre polémique. Ainsi, par exemple, la Cour de cassation a pu reconnaître le caractère injurieux des termes « *sectaire, raciste et extrémiste*[400] ».

De même, on s'est demandé si un contexte polémique, électoral par exemple, pouvait remettre en cause la qualification d'injure. La Cour de cassation a rejeté cette idée dans sa décision concernant l'expression « *Durafour Crématoire* » de sinistre mémoire[401] proférée par Jean-Marie Le Pen, et a précisé à ce sujet que « *la polémique politique cesse là où commencent les attaques personnelles* ». Cette position a été réitérée en 2005[402], et dans un arrêt du 30 octobre 2012, la chambre criminelle a même généralisé en affirmant que « *le contexte de polémique politique n'était pas de nature à effacer le caractère méprisant et outrageant des propos employés à l'égard de la victime*[403] ».

En revanche, certains domaines de la création artistique permettent l'emploi de termes choquants. Tel est le cas du rap. Ce genre musical caractérisé par l'outrance peut permettre de qualifier la police de « *bâtards* », terme *a priori* injurieux, mais ayant perdu de sa portée outrageante, et ne dépassant les limites de la liberté d'expression dans ce cadre[404]. Il peut aussi autoriser à qualifier de « *con* » un personnage public volontiers polémique, car le rap est « *un style artistique permettant un recours possible à une certaine dose d'exagération*[405] ».

L'injure et la diffamation sont inconciliables

L'injure et la diffamation sont deux infractions qui sont radicalement incompatibles entre elles pour une raison qui tient du texte même de l'article 29 de la loi du 29 juillet 1881. En effet, la diffamation suppose l'imputation ou l'allégation d'un fait précis alors qu'à l'inverse, l'injure est littéralement une expression « *qui ne comporte l'imputation*

398 Par exemple, l'expression « *un homme d'argent* » n'est pas injurieuse : TGI Paris, 17e ch., 15 octobre 2008, *Karmitz c/ Brard*, *Légipresse* n° 257, décembre 2008-I-n° 257-14, p. 172.

399 CEDH, 20 novembre 2008. Voir également : CEDH 7 octobre 2008, *BARB c/ Roumanie*, req. n° 5945 / 03, dans lequel la Cour a rappelé une nouvelle fois, dans le cadre d'une affaire d'injure, que la liberté d'expression permettait une certaine dose d'exagération et de provocation.

400 Crim. 6 novembre 2007, pourvoi n° 06-89077. Dans une hypothèse voisine, Cass. Crim. 30 octobre 2012, pourvoi n° 11-562, mais il s'agit souvent de questions d'espèces.

401 Crim. 20 octobre 1992, pourvoi n° 91-84253.

402 Crim. 30 mars 2005, pourvoi n° 04-85709.

403 Crim. 30 octobre 2012, pourvoi n° 11-562.

404 TGI Paris 17e ch., 16 juin 2011, *Légipresse* 2011 n° 286-16, p. 464.

405 CA Paris, chambre 2-7, 28 juin 2012, la personne visée était Éric Zemmour. Cf. également, sur le rap, la jurisprudence sur la provocation, citée plus loin.

d'aucun fait ». Il en résulte qu'un même propos ne peut en aucune manière recevoir une qualification susceptible de relever de l'une et l'autre de ces deux infractions[406], qui permettrait à la victime de choisir le terrain qui lui est le plus favorable, c'est-à-dire en général celui de l'injure, ménageant bien moins de marges de défense que la diffamation. La partie poursuivante sera donc contrainte de choisir sans pouvoir isoler un terme dans le but de s'extraire de la qualification de diffamation et du risque de preuve qu'elle comporte pour celui qui engage l'action. C'est pour la même raison que s'est développée la jurisprudence sur l'absorption de l'injure par la diffamation.

L'injure « absorbée » par la diffamation

L'injure est une catégorie d'infractions d'autant plus restreinte qu'elle suppose, pour être poursuivie en tant que telle, d'être caractérisée en dehors de tout contexte factuel. En effet, si le contexte dans lequel se trouve l'expression injurieuse comporte des faits précis, on considère traditionnellement que ce contexte, qui peut revêtir un caractère diffamatoire, va absorber l'injure si bien que le demandeur devra utiliser la qualification de diffamation pour agir en justice. Ce principe est généralement exprimé selon la formulation suivante : « *Lorsque les expressions outrageantes ou appréciations injurieuses sont indivisibles d'une imputation diffamatoire, le délit d'injure est absorbé par celui de diffamation et ne peut être relevé seul*[407] ». En d'autres termes, il est parfois aussi relevé que l'injure est indissociable d'un passage contenant des faits précis, qui lui donne son sens et sa portée[408].

Cette question technique est souvent source de beaucoup d'interrogations pour l'avocat de la victime sachant que, par principe, la qualification retenue sera systématiquement contestée. Cette notion d'indivisibilité entre les propos injurieux et diffamatoires étant parfois délicate à apprécier, il y a là matière à un contentieux fourni qui fait le miel des plaideurs astucieux. Pour autant il ne s'agit en aucune manière d'arguties juridiques, mais d'une question fondamentale tenant ici encore aux droits de la défense. En effet, rappelons que la qualification de diffamation permet au prévenu de rapporter la preuve de la vérité des faits, et le cas échéant sa bonne foi, alors que les moyens de défense dont il dispose sur le terrain de l'injure sont bien plus indigents. Il est logique qu'une partie civile ne puisse choisir arbitrairement une qualification confortable afin de paralyser les moyens de défense du prévenu.

Distinctions entre l'injure et les outrages prévus par le Code pénal

Il n'est pas simple de distinguer ce qui peut relever de l'injure (ou le cas échéant de la diffamation) et ce qui entre dans le cadre du délit d'outrage prévu par le Code

406 Jurisprudence ancienne et jamais démentie : Crim. 9 mars 1965, *Bull.* n° 70 ; Crim. 2 mai 1972, pourvoi n° 71-90959 et *Bull.* n° 149 ; Crim. 16 janvier 1990, pourvoi n° 89-81349. Confirmée implicitement par Cass. AP, 15 février 2013, pourvoi n° 11-14637.

407 Voir par exemple : Crim. 18 janvier 1994, pourvoi n° 92-80717 ; 24 janvier 1995, pourvoi n° 93-84701 ; Crim. 13 septembre 2005, pourvoi n° 04-86560 ; Crim. 23 juin 2009, pourvoi n° 08-88016. *Adde* : Crim. 2 octobre 2012, pourvoi n° 12-84932.

408 Crim. 16 juillet 1992, pourvoi n° 91-86775.

pénal[409]. En effet, à côté des infractions prévues par la loi sur la presse, l'article 433-5 du Code pénal incrimine « *les paroles, gestes ou menaces, les écrits ou images de toute nature non rendus publics ou l'envoi d'objets quelconques adressés à une personne chargée d'une mission de service public, dans l'exercice ou à l'occasion de l'exercice de sa mission, et de nature à porter atteinte à sa dignité ou au respect dû à la fonction dont elle est investie* ». Ce délit est puni de 7 500 euros d'amende, outre une peine de 6 mois d'emprisonnement, lorsqu'il est commis au préjudice d'une personne dépositaire de l'autorité publique, ces peines étant encore aggravées lorsque les faits sont commis en réunion. On voit bien qu'il peut y avoir des points de friction entre ce délit de droit commun et les qualifications issues de la loi sur la presse, si bien que là encore, il pourrait se développer des stratégies contentieuses visant à tenter de s'extraire de la loi du 29 juillet 1881 pour échapper aux contraintes procédurales résultant de l'application de celle-ci.

Mais, fondamentalement, la publicité permet dans la majorité des cas d'éliminer la qualification d'outrage de l'article 433-5 du Code pénal. C'est ce que rappelle bien la chambre criminelle de la Cour de cassation dans un arrêt du 7 décembre 2004 selon lequel « *la cour d'appel a déduit, à bon droit, que l'écrit doit être considéré comme un écrit rendu public et qu'il échappe aux prévisions de l'article 433-5 du Code pénal, qui n'incrimine que l'outrage par écrit non rendu public*[410] ». Et on applique sur ce point le critère classique de la communauté d'intérêts, déjà évoqué[411]. Cette différence, simple à mettre en œuvre en pratique, permet d'éviter un concours de qualifications entre l'injure (ou la diffamation) publique et l'outrage de l'article 433-5 du Code pénal. En revanche, elle laisse entière la difficulté née d'un éventuel concours de qualifications entre l'injure non publique de l'article R. 621-2 du Code pénal et ce délit.

Il existe aussi une autre catégorie d'outrages prévue par l'article 434-24 du Code pénal destiné à faire respecter l'autorité de la justice. Ce texte incrimine « *l'outrage par paroles, gestes ou menaces, par écrits ou images de toute nature non rendus publics ou par l'envoi d'objets quelconques adressé à un magistrat, un juré ou toute personne siégeant dans une formation juridictionnelle dans l'exercice de ses fonctions ou à l'occasion de cet exercice et tendant à porter atteinte à sa dignité ou au respect dû à la fonction dont il est investi* ». Les peines sont sévères : un an d'emprisonnement et 15 000 euros d'amende, portés au double si les faits sont commis lors d'une audience. Or la Cour de cassation considère que cette catégorie d'outrages peut être commise publiquement, l'absence de publicité n'étant pas un élément constitutif du délit[412]. De ce fait, la distinction

409 Voir l'intéressante intervention de M. E. Verny : « L'outrage », in *La liberté de critique*, éd. Lexisnexis, coll. Colloques et débats, 2007, p. 197.

410 Cass. Crim. 7 décembre 2004, pourvoi n° 04-81162, *Bull.* n° 306, *Rev. Sc. Crim.* 2005, p. 302 note Y. Mayaud, *Dr. Pén.* 2005, p. 54 obs. P. Véron.

411 Cass. Crim. 4 décembre 2001, pourvoi n° 00-88094.

412 Cass. Crim. 19 avril 2000, *Bull.* n° 154.

entre les domaines respectifs de l'injure envers un magistrat (article 33 alinéa 1 de la loi sur la presse), et l'outrage de l'article 434-24 du Code pénal est plus délicate. En principe, c'est le fait que les propos aient été proférés en présence du magistrat, ou que l'écrit outrageant lui ait été personnellement adressé qui devrait permettre de faire la distinction, mais c'est selon nous une zone où règne une assez grande insécurité juridique et les solutions retenues sont parfois bien peu rigoureuses[413]. À nouveau en 2011, la Cour de cassation a affirmé que « *toute expression injurieuse ou diffamatoire, lorsqu'elle s'adresse à un magistrat de l'ordre administratif ou judiciaire dans l'exercice de ses fonctions ou à l'occasion de cet exercice, est qualifiée d'outrage par l'article 434-24 du Code pénal et même lorsqu'elle a été proférée publiquement*[414] ».

Le contexte humoristique ou satirique peut remettre en cause la qualification d'injure

À l'instar de la diffamation et peut-être plus encore que pour celle-ci, il convient de tenir compte du contexte humoristique ou satirique dans lequel l'expression injurieuse a pu être proférée. Mais, si de manière générale la jurisprudence tient compte de ce registre d'expression dans l'appréciation de la bonne foi en matière de diffamation, la prise en compte intervient le plus souvent au stade de la qualification dans le domaine de l'injure. Si la méthode d'analyse change, le résultat est toutefois équivalent.

Ainsi, dans un arrêt du 13 février 2001[415] la chambre criminelle de la Cour de cassation, statuant sur le caractère injurieux de l'expression « *raëlien, ça rime avec vaurien* » de prime abord injurieuse, a considéré que de tels propos étant tenus dans un « *billet d'humeur* » par définition caustique et humoristique, la cour d'appel avait été fondée à estimer « *que les propos incriminés n'ont pas excédé les limites autorisées par la critique satirique* ».

Le tribunal de Paris a eu à plusieurs reprises l'occasion d'appliquer cette jurisprudence. Par exemple, dans un jugement du 15 octobre 2008[416], l'expression « *les personnes c'est comme le vin, il y en a qui évoluent bien et il y en a qui tournent à la piquette* », sûrement un peu agaçante pour l'intéressé (sic !), a été considérée comme une forme de métaphore, mais n'est pas constitutive d'une injure. De même, un jugement rendu le 9 mars 2009[417] a rappelé que « *l'appréciation du caractère injurieux du propos doit être effectuée en fonction de son contexte et du genre de l'écrit ou de l 'émission en cause* », de sorte que le qualificatif de « *con* », en général injurieux, pouvait perdre cette portée quand « *le propos litigieux a été tenu au cours d'une émission de divertissement caractérisée par une liberté de ton particulière, notamment de*

413 Sur l'ensemble de cette question, voir : E. Dreyer, ouvrage précité, Litec, 3e éd. 2011 n° 434-435.

414 Cass. Crim. 29 mars 2011, pourvoi n° 10-87254.

415 Cass. Crim. 13 février 2001, pourvoi n° 00-85853.

416 TGI Paris, 17e ch., 15 octobre 2008, *Karmitz c/ Brard*, précité.

417 TGI Paris 17e ch., 9 mars 2009, *Naulleau c/ Cauet*, définitif. Voir également dans le même sens, TGI Paris, 3 avril 2006, *Légipresse* 2007-I-11.

la part d'un chroniqueur dont le rôle est d'apporter la critique en maniant la satire avec excès et ironie (...) ». Ce n'est donc que « *l'expression d'une opinion, certes très critique, négative et même potentiellement blessante* (...) », mais non d'une injure au sens de l'article 29 alinéa 2 de la loi sur la presse.

Les exemples sont également très nombreux en ce sens dans le domaine proche de la caricature. Dans un jugement du 9 mai 2006 concernant un écrit publié par le Syndicat de la magistrature relatif aux excès de la police, caricaturant l'un de ses représentants, le tribunal de Paris s'est efforcé d'établir une règle de partage dans les termes suivants : « *la caricature et la satire, même délibérément provocantes ou grossières, participent de la liberté d'expression, le droit à l'humour connaissant toutefois les limites, notamment de l'atteinte au respect de la dignité humaine, de l'intention de nuire ou de l'attaque personnelle*[418] ». Et dans cette même affaire, stigmatisant une représentation dégradante, humiliante et terrifiante, la cour d'appel a admis également la qualification d'injure[419].

§2. Deuxième élément : une personne identifiable

Nous renvoyons sur ce point à nos développements sur l'identification de la personne en matière de diffamation, qui sont entièrement transposables[420]. Pour se plaindre d'une injure, il faut être identifiable, le critère étant celui d'une identification par les proches seulement et non par le public lui-même. Cette condition d'identification doit être établie et est à la charge de la victime. De même, s'agissant des personnes décédées, le mécanisme de l'article 34 de la loi sur la presse, évoqué plus haut, joue également en matière d'injure. Il ne peut donc y avoir injure punissable envers un mort, sauf s'il est démontré une intention de porter atteinte à l'honneur ou à la considération des héritiers, époux ou légataires universels vivants.

■ SOUS-SECTION 2. LES MOYENS DE DÉFENSE

§1. Les immunités de l'article 41 de la loi sur la presse

L'injure est concernée par l'immunité prévue à l'article 41 de la loi sur la presse, aussi bien en ce qui concerne les discours, rapports et toutes autres pièces imprimées émanant de l'Assemblée nationale ou du Sénat ainsi que le compte rendu des séances publiques de ces assemblées, mais également s'agissant du compte rendu des débats judiciaires, des discours prononcés ou des écrits produits devant les tribunaux. L'immunité, étudiée par ailleurs (voir plus loin, page 229 et suivantes), est donc amenée à jouer le cas échéant.

---

418 TGI Paris, 17e ch., 9 mai 2006, *Légipresse* 2006-I-137

419 CA Paris, 11e ch. B, 18 janvier 2007, *Légipresse* 2007-I-28. Voir également, pour un refus d'admettre la justification par la satire : TGI Paris 14 février 2003, *Légipresse* -I, p. 16 dans le cadre d'une polémique entre deux animateurs télé ; TGI Paris 17e ch., 28 juin 2004, *Légipresse* 2004-I-138 relatif au terme « *déchetterie* » utilisé à l'endroit d'une station de radio.

420 Voir plus haut, pages 101 et suivantes.

§2. La présomption de mauvaise foi

De tout temps, la jurisprudence a considéré que l'auteur d'une injure était présumé de mauvaise foi. On n'injurie pas par inadvertance ! Il en résulte que l'intention de nuire est toujours présumée en matière d'injure[421].

Mais surtout, ce qui a longtemps distingué le régime de l'injure de celui de la diffamation, c'était l'impossibilité pour le prévenu, sauf exceptions, de faire la preuve de sa bonne foi[422]. La Cour de cassation a ainsi rappelé encore en 2006 que des propos injurieux « *sont réputés de droit prononcés avec une intention coupable* », et que « *seule l'excuse de provocation est de nature à leur ôter leur caractère punissable*[423] ». Mais cette position ne peut tenir indéfiniment sans heurter les exigences modernes de la proportionnalité déduite de l'article 10 de la Convention EDH, et du principe du procès équitable garanti par l'article 6-1 de la Convention européenne de sauvegarde des droits de l'homme et des libertés fondamentales.

La situation du prévenu paraît avoir sensiblement évolué sur ce point, au moins devant les juges du fond. La cour d'appel de Lyon s'est ainsi prononcée en faveur d'une présomption simple dans un arrêt du 8 octobre 2008[424]. La Cour d'appel de Paris admet aussi désormais expressément que le prévenu n'est pas irrecevable à tenter de démontrer sa bonne foi, en dehors de toute provocation, dans le domaine de l'injure. Ainsi, dans un arrêt du 14 décembre 2011 a-t-elle rejeté l'argumentation d'un défendeur à une action fondée sur l'article 29 alinéa 2 « *en l'absence d'élément (...) de nature à invalider la présomption de mauvaise foi (qui n'est pas irréfragable)*[425] ». Cette volonté de préciser expressément que la présomption de mauvaise foi en matière d'injure n'est pas irréfragable mérite d'être relevée.

La Cour de cassation semble adopter une position identique si l'on en juge par deux arrêts rendus récemment en matière de QPC à l'occasion de procédures pour injure. La chambre criminelle a en effet refusé leur transmission au Conseil constitutionnel par deux arrêts des 21 juin 2011 et 2 octobre 2012 au motif que « *la présomption d'imputabilité de l'élément moral de l'infraction à l'auteur des propos incriminés, qui est inhérente aux dispositions en cause, est dépourvue de tout caractère irréfragable, qu'elle ne fait pas obstacle à l'exercice des droits de la défense et ne contrevient pas au principe du procès équitable*[426] ».

421 Voir par exemple, CA Paris 2 mars 1995, *Droit pénal*, 1995-121, observations Véron. Voir encore récemment : Crim. 10 mai 2006, pourvoi n° 05-82971, *D.* 2006, p. 2220, note E. Dreyer.

422 *Contra* : Dupeux, Massis et Bourg, précité, selon lesquels il s'agit d'une présomption simple qui peut être combattue par le prévenu.

423 Crim. 10 mai 2006, précité.

424 CA Lyon, 7e ch. 8 octobre 2008, *Légipresse* n° 259, mars 2009-III-43, note L. Lelièvre.

425 CA Paris, ch.2-7, 14 décembre 2011, *Google c/ Lyonnaise de garantie*, disponible sur Legalis.net

426 Pourvois n° 11-90046 et n° 12-84932. Malheureusement, dans un cas comme dans l'autre, les QPC étaient atrocement mal rédigées.

Enfin, une condamnation pour injures dont la Cour de Strasbourg avait à connaître dans une affaire *Tanasoaica c/ Roumanie*[427] lui a donné l'occasion de rappeler encore une fois sa position classique sur le droit à la provocation en précisant qu'il est permis aux journalistes « *de recourir à une certaine dose d'exagération voire de provocation* » (§ 52). Pour ce qui est des jugements de valeur, condamnés dans cette affaire par les juridictions roumaines au titre de l'injure, la Cour rappelle également que même à caractère injurieux ils peuvent être admis dès l'instant qu'ils ne sont pas « *dépourvus de base factuelle* » et s'inscrivent dans le cadre d'un débat d'intérêt à tout le moins local. Cette décision incite donc à considérer que des restrictions aux moyens de défense en matière d'injures ne sont plus aujourd'hui conformes à la jurisprudence européenne.

Il reste à construire une théorie générale de la bonne foi sur le terrain de l'injure, afin de déterminer quels éléments le prévenu doit mettre en avant pour combattre la présomption, ce qui ne se fera pas sans quelques tâtonnements.

§3. L'excuse de provocation

Les conditions

Il existe en revanche un moyen de défense en matière d'injure, inconnu en matière de diffamation. Il s'agit de l'excuse de provocation. Ce moyen de défense est très basique, il est possible d'injurier une personne pour riposter à l'injure que celle-ci a elle-même proférée. C'est en quelque sorte une légitime défense verbale[428]. Ce type de moyen de défense est rarement admis. Dans un arrêt remarqué du 10 mai 2006, la Cour de cassation a été amenée à définir les caractéristiques que devait revêtir une telle provocation pour produire un effet absolutoire. Elle considère que la provocation doit résulter « *de propos, d'écrits injurieux, et de tous autres actes de nature à atteindre l'auteur de l'infraction, soit dans son honneur ou sa considération, soit dans ses intérêts pécuniaires ou moraux*[429] ». La définition est donc assez large. Quant aux juges du fond, ils retiennent également une acception étendue de la provocation, qui résulte selon eux de « *de toute parole ou tout écrit, tout acte ou toute attitude de nature à justifier ou même d'expliquer l'injure* ». Concrètement, « *Il suffit qu'il s'agisse d'un fait, dans une certaine mesure injuste ou fautif, de nature à faire perdre son sang-froid à la personne qui riposte*[430] ».

Selon la Cour de cassation, deux conditions doivent également être remplies : le contenu de l'injure doit être en rapport direct avec la provocation, et l'auteur de

427 CEDH 19 juin 2012, n° 3490/03

428 Pour ceux qui sont intéressés par les débats savants sur la nature de ce moyen de défense : excuse absolutoire ou fait justificatif ? Voir D. Dechenaud, *Jurisclasseur Pénal* annexes, Vo Presse et communication fasc. 90 n° 66 et s. (2011) et les références citées. Cet auteur estime d'ailleurs que la controverse est de peu d'intérêt.

429 Crim. 10 mai 2006, précité.

430 TGI Paris, 17e ch., 17 janvier 2012, *Légipresse* 2012, n° 291, p, 71, n° 291-14.

l'injure doit être lui-même personnellement la victime de la provocation[431]. La Cour de cassation a par ailleurs rappelé la nécessité « *d'une proportionnalité entre l'attaque et la riposte*[432] ».

En pratique, le débat judiciaire se focalise souvent sur le délai qui s'est écoulé entre la provocation et l'injure. En 1981, la Cour de cassation avait jugé qu'un délai de 15 jours n'empêchait pas d'absoudre l'injure en tenant compte de la provocation[433]. Mais depuis lors, la chambre criminelle a semble-t-il durci sa position. Dans un arrêt du 13 avril 1999, elle a refusé de faire jouer une provocation, car celle-ci n'était pas une « *riposte immédiate et irréfléchie*[434] ». Puis, en 2009, à l'occasion d'un contentieux opposant l'humoriste Dieudonné à l'animateur Arthur, elle a repris cette exigence du caractère immédiat et irréfléchi de la riposte, seul à même de constituer une excuse de provocation[435]. Il existe cependant quelques décisions exceptionnelles rendues par les juges du fond faisant preuve de plus de souplesse. Ceux-ci jugent que la provocation doit être « *assez proche dans le temps* » de l'injure, ce qui est bien vague[436].

Le domaine d'application

On oublie trop souvent que l'excuse de provocation ne produit un effet légal que pour les injures envers particuliers prévues par l'article 33 alinéa 2 de la loi du 29 juillet 1881. Cette excuse est donc exclue, s'agissant des injures envers les personnes et corps publics évoqués aux articles 30 et 31 de la loi du 29 juillet 1881. La Cour de cassation l'a rappelé encore en 2005[437]. Mais il nous semble que si l'excuse légale de provocation *stricto sensu* ne fonctionne pas, rien n'interdirait de tenir compte de la provocation dans le cadre de l'appréciation de l'intention coupable, si l'on admet que la présomption de mauvaise foi n'est pas irréfragable.

En revanche, il semble que l'excuse de provocation puisse trouver application en matière d'injure raciale, ce qui n'est pas très sain sur le plan moral, même si l'argument juridique tenant au renvoi effectué par l'alinéa 3 au seul alinéa 2 de l'article 33 semble pertinent[438].

---

431 En ce sens, Cass. Crim. 30 octobre 2012, pourvoi n° 11-562, considérant qu'il ne suffit pas que l'auteur de l'injure et la victime de la provocation soient candidats sur la même liste électorale syndicale.

432 Crim. 13 avril 1999, pourvoi n° 98-81625, *D.* 2000, somm. P. 119, obs. B. de Lamy.

433 Crim. 17 février 1981, pourvoi n° 79-92748.

434 Crim. 13 avril 1999, pourvoi n° 98-81625.

435 Crim. 24 novembre 2009, pourvoi n° 09-83256.

436 TGI Paris, 17 janvier 2012 précité.

437 Crim. 15 mars 2005, pourvoi n° 04-84831.

438 En ce sens, l'affaire « Gros zébu fou » : CA Paris 11e ch. A, 7 janvier 1998, dossier n° 97/06723, confirmé implicitement par Crim. 13 avril 1999, pourvoi n° 98-81625.

SOUS-SECTION 3. POURSUITES ET SANCTIONS

Les différentes catégories d'injures publiques

Comme pour la diffamation, il n'existe pas un, mais plusieurs délits d'injures, selon la qualité de la personne injuriée. Les catégories de personnes sont strictement les mêmes que celles qui ont été définies en matière de diffamation, les textes sur l'injure renvoyant sur ce point aux textes sur la diffamation. Il convient donc de qualifier précisément l'injure en visant son fondement légal. Si l'infraction vise les personnes des articles 30 ou 31, elle est réprimée par l'article 33 alinéa 1 et passible d'une amende de 12 000 euros. Si elle vise un simple particulier, elle relève de l'article 33 alinéa 2 édictant une peine identique. En revanche, lorsqu'il s'agit d'une injure raciale (article 33 alinéa 3) ou d'une injure homophobe ou sexiste (article 33 alinéa 4), les peines sont beaucoup plus lourdes. L'amende encourue est alors de 22 500 euros, et le tribunal peut prononcer également une peine de six mois d'emprisonnement maximum[439].

Particularités de procédure

Les injures envers les corps et personnes relevant de l'article 30 obéissent au même régime de poursuite que les diffamations visant ces personnes, l'article 48 alinéa 1 leur étant pleinement applicable. De même, les injures envers les membres du gouvernement obéissent aussi au régime particulier de la plainte auprès du garde des Sceaux prévu par l'article 48 alinéa 1 *bis*. En revanche, les autres injures envers des personnes relevant de l'article 31 de la loi sur la presse obéissent à un régime légèrement différent de celui qui est prévu en matière de diffamation. En effet, l'article 46 de la loi du 29 juillet 1881 n'étant pas applicable en matière d'injure, la voie civile n'est pas fermée.

SECTION 3. LES OFFENSES

Les textes relatifs aux offenses

L'offense ne constitue pas un délit général, mais seulement une catégorie de délits spécifiques, prévus à raison de la qualité particulière de la victime. Deux textes relatifs aux offenses figuraient encore dans la loi sur la presse jusqu'à une époque récente. Les articles 26 et 36 condamnaient ainsi les offenses si elles visaient :

- Le président de la République (article 26)
- Les chefs d'État étrangers (article 36)
- Les chefs de gouvernement étrangers (article 36)
- Les ministres des Affaires étrangères d'un gouvernement étranger (article 36).

---

439 Le régime de ces deux infractions est évoqué plus loin, p. 204 et suivantes).

Mais, l'article 36 a connu un sort funeste puisqu'après avoir été déclaré contraire à l'article 10 de la Convention européenne des droits de l'homme par un arrêt rendu le 25 juin 2002 par la Cour de Strasbourg[440], il a été purement et simplement abrogé par l'article 52 de la loi dite Perben du 9 mars 2004. Comme tous les citoyens, les chefs d'État et de gouvernements étrangers, tout comme leurs ministres des Affaires étrangères, relèvent donc désormais de la règle commune et ne peuvent plus revendiquer la protection spéciale de l'article 36. Ils doivent agir, selon les cas, sur les fondements des délits d'injure ou de diffamation de l'article 29, et sont en principe de simples particuliers au regard de ces infractions[441].

Par ailleurs, l'article 37 de la loi sur la presse, quant à lui toujours en vigueur, réprime les outrages commis à l'encontre des ambassadeurs et autres personnels diplomatiques accrédités auprès du gouvernement français. Cette catégorie d'infractions vise spécialement à protéger le crédit de hautes personnalités, soit afin de préserver les bonnes relations internationales de la France, soit pour protéger le chef de l'État et on n'est pas loin, en ce cas, d'une filiation avec l'antique crime de "lèse-majesté". Il convient en outre de rappeler qu'il existe un délit d'outrage relevant du droit commun, prévu par l'article L 433-5 du Code pénal, et la délimitation de son champ d'application par rapport aux infractions prévues en matière de presse est parfois compliquée[442].

Définition de l'offense

L'offense est une notion particulièrement large. Elle est constituée non seulement de propos qui pourraient relever de la qualification d'injure, mais également de toute imputation diffamatoire, atteignant la personne visée soit à l'occasion de l'exercice de ses fonctions, soit à l'occasion de sa vie privée. En outre, l'offense n'est pas seulement la simple addition de l'injure et de la diffamation : elle comprend également de manière générale toute atteinte à la dignité ou à la délicatesse de la personne de sorte qu'elle pourra être constituée par un dessin[443], ou un montage photographique[444].

La pratique judiciaire

Si l'offense envers des chefs d'État étrangers ou chefs de gouvernement étrangers a fait l'objet jusqu'à son abrogation d'un contentieux régulier sans être abondant, il n'en est pas de même de l'offense envers le président de la République qui avait un temps disparu de la scène judiciaire[445]. En effet, une tradition républicaine s'était

---

440 CEDH, 25 juin 2002, *Colombani c/ France, Légipresse* 2002-III, p. 159, note H. Leclerc ; *D.* 2003, p. 715, note Beignier et de Lamy ; *RSC* 2003, p. 116 obs. J. Francillon ; *RTDH* 2003, p. 975, obs. P. Waschmann.

441 CA Versailles, 9 septembre 2004, *Légipresse* 2005-I-10, *CCE* 2005 comm. 97, obs. A. Lepage.

442 Voir plus haut, les observations formulées à l'occasion de l'étude du délit d'injure, p. 161 et 162.

443 Cass. Crim. 5 avril 1965, *Bull. Crim.* n° 115.

444 Cass. Crim. 21 décembre 1966, *Bull. Crim.* n° 302.

445 Pour ceux qui s'intéressent à cette question, lire l'instructif ouvrage de Raphaël Meltz, *De voyou à Pov' con*, éd. Robert Laffont, 2012.

instaurée depuis l'élection de François Mitterrand en 1981 aux termes de laquelle le président en fonction n'engageait pas de procédure à l'encontre de la presse. Tant François Mitterrand que son successeur se sont tenus à cette règle et se sont purement et simplement abstenus de toute procédure. On pouvait donc penser que le délit d'offense de l'article 26 de la loi sur la presse était tombé en désuétude. Mais, telle n'a pas été la pratique instaurée par le nouveau locataire de l'Élysée de 2007 à 2012. En effet, Nicolas Sarkozy n'a pas fait sienne la retenue observée par ses prédécesseurs et n'a pas hésité à s'engager à plusieurs reprises dans des procédures judiciaires. Son successeur semble être plutôt sur une ligne mitterando-chiraquienne, ce qui n'est pas étonnant...

La question de la compatibilité du délit d'offense avec l'article 10 de la Convention européenne des droits de l'homme

La question de la compatibilité du délit d'offense avec l'article 10 de la Convention européenne des droits de l'homme a beaucoup agité les esprits s'agissant de l'offense à chef d'État étranger, aujourd'hui abrogée. En effet, plusieurs défenseurs d'organes de presse ont contesté cette compatibilité, aux motifs que la sévérité de la loi croissait avec les pouvoirs de la personne mise en cause, alors même que le bon sens et le bon fonctionnement de la démocratie commandent au contraire un renforcement du droit de critique à mesure que l'on monte dans l'échelle des pouvoirs. En outre, le délit d'offense ne permet pas de rapporter la preuve de la vérité et fait ainsi obstacle à l'exercice d'un moyen de défense. Par deux arrêts successifs, la Cour de cassation avait rejeté l'argument en affirmant que le délit prévu à l'article 36 de la loi sur la presse résultait de la volonté du législateur de faciliter les relations internationales de la France, en accordant une protection particulière à certains dignitaires étrangers sans constituer un obstacle total au droit de critique[446]. Mais le tribunal de Paris a par la suite résisté à cette jurisprudence et la position de la Cour de cassation rappelée ci-dessus a finalement été condamnée par la Cour européenne de Strasbourg dans une affaire opposant le journal *Le Monde* au roi Hassan II du Maroc[447]. Il a finalement été mis fin à cette situation juridique confuse, par l'abrogation pure et simple de l'article 36.

Il reste que le débat théorique n'a pas perdu tout intérêt, car la question de la compatibilité du régime de l'offense avec l'article 10 de la Convention pourrait bien se reposer sur le terrain de l'article 26 de la loi, à l'occasion d'une procédure engagée par le président de la République. On ne voit pas très bien ce qui pourrait en ce cas justifier un raisonnement différent de celui de la Cour de Strasbourg dans l'affaire *Hassan II*. En effet, dans leur arrêt *Colombani*, les juges strasbourgeois ont expressément considéré (§ 68) que *« conférer aux chefs d'État étrangers un privilège exorbitant*

446 Cass. Crim. 22 juin 1999, *D.* 1999, IR, p. 193, Cass. Civ. 2e, 28 septembre 2000, *Bull. Civ.* 2e n° 136, ces deux espèces concernaient l'accusation portée à l'encontre du Premier ministre du Togo de faire partie d'une secte.
447 CEDH, 25 juin 2002, *Colombani c/ France, Légipresse* 2002-III, p. 159, note H. Leclerc, *D.* 2003, p. 715, note Beignier et de Lamy ; *RSC* 2003, p. 116, obs. J. Francillon ; *RTDH* 2003, p. 975, obs. P. Waschmann.

(...) *ne saurait se concilier avec la pratique et les conceptions politiques d'aujourd'hui* ». On peut également imaginer que la constitutionnalité du délit d'offense puisse être contestée dans le cadre d'une QPC invoquant l'article 11 de la Déclaration des droits de l'homme et du citoyen.

Cette question aurait pu être tranchée à l'occasion de l'affaire « *Casse toi pov' con* », mais elle y a malheureusement été mal posée, la cour d'appel d'Angers s'étant bornée à indiquer que « *la question du "deux poids, deux mesures", évidemment sous-jacente, ne se pose même pas, puisque la loi entend protéger la fonction de président de la République, et que M. E. ne peut se targuer comme simple citoyen d'être traité d'égal à égal avec le premier magistrat de la nation*[448] ». C'est un euphémisme d'observer qu'un tel raisonnement est un peu court...

L'absence de présomption de mauvaise foi

Le trait principal de l'offense consiste en l'absence de présomption de mauvaise foi. En effet, alors même que l'offense est une notion qui englobe et dépasse la diffamation et l'injure, on considère sur ce terrain que la mauvaise foi du prévenu n'est pas présumée et il appartient donc à l'accusation de démontrer cette intention de nuire. Les tribunaux ont posé ce principe à plusieurs reprises en considérant que « *l'intention d'offenser ne se présume pas*[449] », si bien que des accusations vives, mais sans une particulière virulence, peuvent ne pas constituer un abus de la liberté d'expression si l'auteur des propos n'a pas l'intention d'offenser le destinataire des attaques. Cette présomption de bonne foi est suffisamment rare en droit de la presse pour qu'on la relève. Elle devrait paradoxalement mettre le prévenu dans une meilleure situation judiciaire, mais il faut bien avouer que les exigences des tribunaux vis-à-vis de la partie poursuivante quant à la démonstration de l'intention d'offenser ne sont pas très contraignantes.

Un unique moyen de défense au fond : la bonne foi

Comme on l'a déjà indiqué, il n'est pas possible en matière d'offenses de rapporter la preuve de la vérité des faits, car les tribunaux ne veulent pas se laisser entraîner dans une discussion qui pourrait nuire au respect dû à l'une des personnes protégées[450]. Le prévenu ne pourrait donc s'exonérer de responsabilité en démontrant que les accusations portées sont vraies. Mais il peut établir que les propos en cause ne traduisent pas d'intention d'offenser et sont caractérisés par la bonne foi.

On manque de jurisprudence pour déterminer quels sont les éléments de la bonne foi sur le terrain du délit d'offense. Il est certain que, de manière générale, toute discussion relative à la fonction publique de la personne sera légitime, mais il peut ne

---

448 CA Angers, 24 mars 2009, *Légipresse* n° 264 septembre 2009, p. 172, note Th. Lévy, confirmant TGI Laval 6 novembre 2008, *D.* 2008, p. 3133, note E. Dreyer.

449 CA Paris, 27 juin 1995, *D.* 1995, IR, p. 1995, CA Paris, 2 octobre 1997, *D.* 1997, IR, p.242.

450 Voir déjà en ce sens TGI Paris, 20 mars 1970, *D.* 1970, JP, p. 487, note C. Chabas.

pas en être ainsi si les accusations portent sur la vie privée. Surtout, la démonstration de la bonne foi consistera à démontrer que le droit de critique, en bonne logique plus large que pour la mise en cause d'un simple particulier, n'a pas été dépassé. On touche là une contradiction majeure, puisque la protection accordée aux personnes protégées par l'article 36 est supérieure à celle des personnes privées, alors que le droit de critique devrait être renforcé.

Sans pratique judiciaire suffisante, on peut penser que si les accusations portées se situent dans le cadre d'un motif légitime d'expression et sont proportionnelles aux éléments en possession du prévenu, ou si elles ne traduisent pas l'intention spécifique de porter atteinte à la dignité ou à la fonction de la personne visée, la bonne foi peut être établie. C'est d'ailleurs ce qu'a jugé en son temps la Cour d'appel de Paris dans un arrêt rendu le 5 juillet 2002[451].

Procédure et sanctions

Les agents diplomatiques étrangers visés à l'article 37 de la loi du 29 juillet 1881 peuvent opter soit pour une action devant le juge civil, soit pour une action devant le juge pénal en application de l'article 48 dernier alinéa de la loi sur la presse. En revanche, le président de la République française paraît contraint, quant à lui, de saisir le parquet par la voie d'une plainte simple, encore qu'une incertitude demeure concernant la possibilité pour lui d'agir séparément devant le juge civil. Pour le reste, les peines sont les mêmes qu'en matière de diffamation à l'encontre d'une personnalité exerçant une fonction publique, à savoir une amende de 45 000 euros. Quant aux dommages et intérêts qui pourraient être alloués à une telle personnalité, il nous apparaît que ces dossiers seront rarement des affaires d'argent. La plupart du temps, la matière litigieuse devrait se limiter à l'allocation de l'euro symbolique, mais il ne peut être exclu que l'une des personnes protégées par ce texte sollicite des dommages et intérêts plus substantiels.

■ SECTION 4. LA PUBLICATION DE FAUSSES NOUVELLES

Définition

L'article 27 de la loi du 29 juillet 1881 est libellé de la manière suivante :
« La publication, la diffusion ou la reproduction, par quelque moyen que ce soit, de nouvelles fausses, de pièces fabriquées, falsifiées ou mensongèrement attribuées à des tiers lorsque, faites de mauvaise foi, elle aura troublé la paix publique ou aura été susceptible de la troubler, sera punie d'une amende de 45 000 euros[452]. »

Pratiques judiciaires

Ce délit est très rarement utilisé. De manière générale, le parquet a d'autres soucis que de réguler l'information en engageant des procédures de ce type. Sporadique-

451 CA Paris 11e ch. A, 3 juillet 2012, n° 01/01289, *JurisData* 2002-189771.
452 Sur ce délit, voir l'étude de P. Auvert, très complète : *Jclasseur Communication*, fasc. 3210 (2003).

ment, des plaintes sont déposées ou des procédures sont engagées, la plupart du temps lorsque le parquet ou une partie se trouvent eux-mêmes dans le cadre d'un bras de fer avec la presse sur tel ou tel événement majeur. On l'a vu ainsi récemment dans le cadre de l'explosion de l'usine AZF de Toulouse en 2001, lorsque des journalistes s'aventuraient sur certaines pistes. L'utilisation de ce délit dans un tel dessein est à notre sens particulièrement préoccupante, mais heureusement, ce type d'initiative est rare.

A. LES ÉLÉMENTS CONSTITUTIFS DU DÉLIT

a. Premier élément : la publication d'une « *nouvelle fausse ou d'une pièce fabriquée ou falsifiée* »

La fausse nouvelle au sens de l'article 27 n'a pas un caractère général. Le terme "nouvelle" doit être entendu comme « *l'annonce d'un événement arrivé récemment, faite à quelqu'un qui n'en a pas encore connaissance*[453] ». Cette définition restrictive confirme celle qui avait été donnée il y a quelques années par la cour d'appel de Paris selon laquelle l'article 27 alinéa 1er de la loi du 29 juillet 1881 était destiné à réprimer l'annonce d'un fait précis circonstancié, présent ou passé, n'ayant pas encore fait l'objet d'une divulgation, et dont le caractère mensonger était établi de façon objective[454]. Cette définition peut inclure également les bidonnages de toutes sortes[455]. On retiendra donc de cette définition que ne sont pas concernés les commentaires ou les critiques, même s'ils sont choquants, portant sur des faits déjà révélés ; et que c'est à la partie poursuivante d'établir objectivement la fausseté, car c'est un élément constitutif de l'incrimination. Parallèlement à la fausse nouvelle, le texte vise également la publication de pièces fabriquées ou falsifiées. La jurisprudence sur ce point fait cruellement défaut. Dans cette dernière hypothèse, il pourrait y avoir assez souvent une qualification pénale concurrente relevant du droit commun, en l'occurrence celle de faux et usage de faux, dont les sanctions sont bien plus sévères.

b. Deuxième élément : un risque de trouble à la paix publique

Heureusement, ce délit n'est pas un instrument à la disposition des parquets pour réguler de manière générale la liberté de l'information sans aucun "garde-fou". C'est une incrimination utilisable seulement dans une hypothèse bien précise : lorsqu'il existe un risque de trouble à la paix publique. Ainsi, une fausse information ne tombe pas sous l'emprise de ce texte si elle n'a pas un tel effet. Les tribunaux ont parfois une vision large de la paix publique, et ont admis qu'une fausse nouvelle susceptible de troubler les relations internationales pouvait constituer le délit [456]. Il a également été

---

453 Cass. Crim. 13 avril 1999, *Bull. Crim.* n° 78 ; *RSC* 2000, p. 203, obs. Y. Mayaud ; *Droit pénal*, 1999, § 115 obs. P. Veron, *Légipresse* 1999-III, p. 141.

454 CA Paris, 18 mai 1988, *D.* 1990, JP p. 35, note Drouot.

455 Pour un exemple : TGI Nanterre, 14 e ch., 13 décembre 2000, *Légipresse* 2001, n° 180-I-40.

456 Cass. Crim. 7 novembre 1963, *Bull. Crim.* n° 314.

admis qu'un reportage bidonné ayant provoqué « *des interrogations, des craintes, des tensions* » dans une commune auxquelles « *le maire a dû répondre dans l'urgence, pour ramener le calme dans les esprits* », constituait un trouble au sens de l'article 27[457]. On voit bien, par l'exigence de cet élément constitutif, que ce délit n'est pas destiné à protéger le particulier.

c. Troisième élément constitutif : la mauvaise foi

Le simple fait d'avoir diffusé une fausse nouvelle de nature à troubler la paix publique ne suffit pas. L'intention coupable est l'un des éléments constitutifs du délit et la jurisprudence a eu l'occasion à plusieurs reprises de rappeler que l'article 27 de la loi sur la presse n'édicte aucune présomption de mauvaise foi. Celle-ci est caractérisée selon la Cour d'appel de Paris « *exclusivement, abstraction faite de toute intention de nuire, par la connaissance de la fausseté de la nouvelle par celui qui diffuse* », cette démonstration ne pouvant être simplement « *induite de la seule constatation de la fausseté*[458] ». Ce sera donc au procureur de la République de rapporter la preuve de cette mauvaise foi et, dans le cas contraire, une relaxe au bénéfice du doute devrait intervenir comme on l'a déjà vu [459]. Ainsi, alors que le tribunal de Paris avait condamné des journalistes pour fausses nouvelles à la suite d'un article susceptible de provoquer « *des réactions de panique généralisées chez des consommateurs* » pouvant « *ruiner des secteurs entiers de l'économie d'un pays*[460] », la cour d'appel de Paris a infirmé cette décision et prononcé une relaxe, car la preuve de leur intention coupable n'était pas rapportée[461]. Une simple vérification insuffisante des sources ne saurait, de la même manière, caractériser la mauvaise foi[462].

B. POURSUITES ET SANCTIONS

a. Seul le parquet peut agir

Certains particuliers ont parfois cherché à utiliser l'article 27 pour faire condamner des informations fausses sans passer par le délit de diffamation qui implique de prendre un certain risque de qualification ou de preuve. Ces velléités ont toujours été repoussées. En effet, seul le parquet peut agir sur le terrain de l'article 27 de la loi du 29 juillet 1881 et cette restriction au droit d'agir est logique s'agissant de protéger la paix publique, ce qui entre dans les attributions du ministère public et de personne d'autre[463]. Cette solution est également commandée par le caractère

---

457 TGI Nanterre, 13 décembre 2000 précité.

458 CA Paris, 11e ch. A, 7 janvier 1998, *Jurisdata* 1998-020120. Ces exigences font assurément penser aux conditions de l'établissement du délit de dénonciation calomnieuse.

459 Cass. Crim. 11 mars 1965, *Bull. Crim.* n° 77.

460 TGI Paris, 10 juin 1997, *Légipresse* 1998-I, p. 87 relatif à des viandes suspectes.

461 CA Paris, 7 janvier 1998, *Légipresse* 1998-I, p. 149.

462 En ce sens, CA Paris, 7 janvier 1998, précité.

463 En ce sens, CA Paris, 11e ch. 16 avril 1986, *Jurisdata* 1986-023021 ; et 19 septembre 1990, *Jurisdata* n° 1990-024411.

limitatif de l'énumération visée à l'article 48 dernier alinéa de la loi[464]. Dès l'instant que c'est le ministère public et lui seul qui peut agir, on doit donc admettre à notre sens que l'action doit être engagée exclusivement devant la juridiction pénale.

b. Les peines

La peine encourue est de 45 000 euros d'amende. Il faut préciser toutefois que lorsque la fausse nouvelle est de nature à *« ébranler la discipline ou le moral des armées ou à entraver l'effort de guerre de la nation »*, l'amende est portée à 135 000 euros.

■ SECTION 5. LES INTERDICTIONS D'INFORMER PRÉVUES PAR LA LOI DU 29 JUILLET 1881

Généralités

Au-delà des principaux délits et spécialement de la diffamation, infraction majeure, la loi du 29 juillet 1881 sanctionne toute une série de comportements faisant l'objet d'une succession d'infractions pour lesquelles la pratique judiciaire est relativement sporadique. Pour autant, il faut toujours se méfier d'une disposition inutilisée, car la chose judiciaire n'échappe pas à certains effets de mode, et certaines infractions sont parfois ressuscitées du jour au lendemain, car des plaideurs y voient un intérêt. Ce fut le cas dans les années 1990 de la loi du 2 juillet 1931 qui interdisait de publier des informations relatives à des constitutions de parties civiles, abrogée depuis lors par la loi Perben. C'est aussi le cas depuis quelques années de l'article 38 de la loi sur la presse suscitant un regain d'intérêt pour les mêmes raisons que celles qui ont en leur temps réactivé la loi du 2 juillet 1931 : obtenir la condamnation des journaux évoquant les affaires judiciaires en cours d'instruction en évitant un débat de fond. Ces interdictions peuvent être regroupées en deux grandes familles, les images interdites d'une part, et les interdictions d'informer concernant certaines informations judiciaires ou policières, d'autre part.

■ SOUS-SECTION 1. LES IMAGES INTERDITES

§1. Images de personnes présumées innocentes, menottées ou entravées (article 35 *ter*)

Genèse

Cette infraction a été introduite dans la loi du 29 juillet 1881 par la loi dite "Guigou" du 15 juin 2000 relative à la présomption d'innocence. La ministre ne s'était pas caché à l'époque avoir été choquée par les images du guide de la station des Orres, menotté à la suite d'un drame en montagne ayant causé la mort de plusieurs enfants qu'il encadrait. Mais, dans d'autres cas, des présumés innocents célèbres ont exhibé leurs menottes comme un trophée. Ce fut le cas par exemple de José Bové. Surtout, cette interdiction peut être à double tranchant, car elle risque aussi d'em-

464 Cass. Crim. 25 février 1986, pourvoi n° 85-91728, *Bull.* n° 75.

pêcher la presse de montrer les images caractérisant des excès policiers, lesquels ne doivent faire porter entraves ou menottes à une personne en état d'arrestation que lorsqu'il y a un risque réel de fuite, comme le prévoit l'article 803 du Code de procédure pénale. Cette infraction a donc été édictée dans un climat qui ne fut pas d'une totale sérénité.

La compatibilité de l'infraction avec les textes protecteurs de la liberté d'expression

Le point de savoir si cette infraction est ou non conforme à l'article 10 de la Convention européenne continue à être débattu. Certaines images représentant des interpellés particulièrement médiatiques restent à cet égard dans toutes les mémoires. Les dernières en date sont bien évidemment celles qui montraient en mai 2011 Dominique Strauss-Kahn entravé, emmené par la police de New York devant un juge de Manhattan à l'occasion de l'affaire dite du Sofitel, dans laquelle les poursuites pénales à son encontre ont ensuite été abandonnées. Ces images ont fait le tour du monde, et il est totalement illusoire de tenter de dresser une muraille de Chine virtuelle empêchant leur diffusion sur le sol français.

Il reste qu'en l'état, la jurisprudence nationale considère, au regard de la possibilité de fournir l'information sans montrer les menottes, que la loi française est compatible avec le texte européen. Après les juges du fond[465], la Cour de cassation a également statué en ce sens[466], ce qui n'empêche pas dans chaque cas d'espèce de vérifier si la condamnation de l'image est conforme au principe de proportionnalité, au regard de l'intérêt général du sujet traité. En outre, la Cour de cassation a également refusé de transmettre au Conseil constitutionnel une QPC portant sur la conformité de cette infraction avec les textes à valeur constitutionnelle, aux motifs que *« la disposition législative en cause, rédigée en termes suffisamment clairs et précis, (...), ne constitue pas une atteinte manifestement disproportionnée aux principes de liberté d'expression et de libre communication, constitutionnellement garantis*[467] ».

Premier élément du délit : un cliché diffusé sans l'accord de l'intéressé

À prendre à la lettre l'article 35 *ter* de la loi sur la presse, il ne s'applique que lorsqu'est *« réalisée sans l'accord de l'intéressé, la diffusion »* de l'image en cause. Dès lors, pour échapper à l'incrimination, il ne suffit pas que le cliché ait été réalisé avec le consentement de la personne : il faudra impérativement obtenir le consentement de celle-ci pour la diffusion de l'image, faute de quoi l'organe de presse pourrait tomber sous le coup de l'article 35 *ter* de la loi sur la presse, même si le cliché a été préalablement

---

465 TGI Paris, 17e chambre, *Sirven c/ Paris-Match,* 20 novembre 2001, *Légipresse* 2002-III, p. 17 observations B. Ader.

466 Cass. Crim. 8 juin 2004, *Bull.* n° 156 ; *D.* 2004, IR 2011 ; *RSC* 2004, p. 967 obs. Renucci ; Cass. Crim. 7 décembre 2004, pourvoi n° 04-80088.

467 Cass. Crim. 28 septembre 2010, pourvoi n° 10-90096.

publié dans un autre organe de presse avec l'accord de l'intéressé[468]. On manque de jurisprudence à notre connaissance sur la problématique du consentement tacite, mais au moins peut-on relever que, littéralement, le texte n'exige pas un accord *exprès*.

La personne doit être identifiée ou identifiable

Cette condition ne suscite pas d'interrogation majeure, car ce critère est bien connu en droit de la presse. Cette identification pourra vraisemblablement être réalisée au moyen d'éléments intrinsèques ou extrinsèques en rapportant la preuve que la personne était reconnaissable, simplement dans le cercle étroit de ses proches. Les principes déjà évoqués en matière de diffamation ont vocation à s'appliquer.

Une personne mise en cause à l'occasion d'une procédure pénale mais n'ayant pas fait l'objet d'un jugement de condamnation

C'est là un élément constitutif qui nous rapproche de l'atteinte à la présomption d'innocence prévue par l'article 9-1 du Code civil. La personne devra donc être mise en cause dans la procédure sans avoir fait l'objet d'un jugement de condamnation. À la lettre, on devrait considérer qu'un jugement suffit, même s'il n'est pas définitif, pour paralyser l'application de l'article 35 *ter*. Mais, compte tenu de l'interprétation qui a été faite d'une rédaction similaire dans l'article 9-1 du Code civil, la précaution voudra de respecter cette disposition même lorsque la personne photographiée a déjà fait l'objet d'un jugement de condamnation qui n'est pas encore définitif. C'est dans la logique de la jurisprudence de la Cour de cassation en matière d'atteinte à la présomption d'innocence[469].

Un cliché faisant apparaître menottes, entraves ou un état de détention provisoire

Tous les clichés montrant des personnes présumées innocentes ne tombent évidemment pas sous le coup de l'interdiction prévue à l'article 35 *ter*. À lire le texte, il faut que le cliché fasse apparaître en lui-même des menottes, des entraves ou un état de placement en détention provisoire. Il n'y aurait lieu sur ce point qu'à s'attacher aux éléments intrinsèques du cliché. Et cet élément devrait résulter exclusivement d'une analyse de l'image, les juges ne pouvant à notre sens s'appuyer sur des circonstances extrinsèques ou sur un contexte. Pourtant, certaines décisions semblent s'orienter vers une appréciation extensive[470].

Poursuites et sanctions

Afin de donner des gages à la presse qui s'était élevée contre la mise en place de cette nouvelle infraction, la loi "Guigou" a finalement prévu que le parquet ne peut agir de sa propre initiative. En effet, selon l'article 48-7° de la loi sur la presse, la poursuite ne peut avoir lieu que sur plainte de la personne intéressée. La sanction susceptible d'être

468 Cass. Crim. 7 décembre 2004, pourvoi n° 04-80088.
469 Cass. Civ. 1re, 12 novembre 1998, *Bull.* I n° 313 ; *D.* 1999 som. 165, obs. J.-Y. Dupeux.
470 TGI Paris, 17e chambre, 24 juin 2003, *Légipresse*, n° 204, septembre 2003-I, p. 120, n° 204-23.

prononcée est une peine d'amende de 15 000 euros, et l'article 48 permet à la victime d'agir directement, soit devant la juridiction civile, soit devant la juridiction correctionnelle. Les procès engagés sur le terrain de cette infraction sont rares et sont le fait d'une poignée de mis en cause dans des affaires particulièrement médiatiques.

§2. Les images portant une atteinte grave à la dignité de victimes de crimes ou de délits (article 35 *quater*)

Contexte

Là encore, cette nouvelle infraction a été édictée par la loi dite "Guigou" relative à la présomption d'innocence du 15 juin 2000 et à la suite d'un engagement personnel de la garde des Sceaux qui s'était élevée contre la publication des clichés montrant des victimes d'attentats. L'entrée en vigueur de ce texte a donné lieu à de multiples contestations et a beaucoup ému les milieux de la presse. Il s'agit en effet d'une infraction pouvant influer directement sur la liberté de rendre compte de certains événements qui peuvent être d'importance majeure. Le renforcement de l'arsenal législatif est symbolique d'une volonté manifestement répressive, alors même qu'il existait déjà le droit à l'image qui, en cas d'atteinte à la dignité de la personne, pouvait parfaitement permettre à cette dernière d'obtenir gain de cause devant la juridiction civile. Cette volonté de pénaliser à tout prix la publication de ce type de clichés d'information paraît non seulement maladroite, mais également inutile.

Premier élément : une diffusion d'images sans l'accord de la personne photographiée

Comme pour l'article 35 *ter*, on doit se demander si l'accord de la personne doit porter sur la captation de l'image ou sur sa diffusion. Pris à la lettre, le texte de l'article 35 *quater* invite à considérer que l'organe de presse doit obtenir l'accord de la personne pour la diffusion, l'accord pour la captation risquant d'être insuffisant, à supposer que la personne soit en état de le donner. Mais cela mérite confirmation par une interprétation judiciaire à venir, et il conviendrait également d'apprécier la portée à accorder aux consentements tacites.

Deuxième élément du délit : un cliché portant une atteinte grave à la dignité

Pour tomber sous le coup de l'article 35 *quater*, le cliché doit porter une atteinte *grave* à la dignité. Qu'entend-on par là ? Les contours de cet élément constitutif de l'infraction sont flous et abandonnés à la subjectivité du juge saisi. Le concept de dignité est, on l'a vu par le passé, spécialement susceptible de sensibilités différentes. Ainsi, la Cour de cassation a considéré que l'image du préfet Erignac, gisant dans son sang lors de son assassinat, portait atteinte à sa dignité[471] alors que l'image d'une victime d'un attentat, partiellement dénudée, ne portait pas une telle atteinte[472].

---

471 Cass. Civ. 1re, 20 décembre 2000, *Légipresse* n° 180-III, p. 57.
472 Cass. Civ. 1re, 20 février 2001, *Légipresse* n° 180-I n° 180-10.

C'est dire si l'on est soumis à une part d'arbitraire. Il en est encore plus ainsi lorsque le juge doit en outre caractériser une atteinte dite « *grave* ». Cette gradation dans l'atteinte à la dignité laisse, il faut bien le dire, perplexe.

Un cliché montrant une victime d'un crime ou d'un délit

Le champ d'application de cette infraction est finalement très large, bien plus que ne l'était l'ancien article 38, déclaré sur ce point incompatible avec l'article 10 de la Convention européenne des droits de l'homme[473] et donc supprimé par la loi "Guigou". En effet, les victimes d'attentats ou d'actes de guerre ne sont pas seules concernées, mais toute victime d'un crime ou d'un délit. Ce texte pourrait donc être appliqué à l'occasion de la publication d'images de victimes de simples faits divers. Le domaine d'application de cette infraction a donc été maximisé par le législateur. À l'époque de la publication de cette loi, le cabinet du garde des Sceaux s'était prêté à une interprétation parfaitement grotesque du texte dans les colonnes du *Monde*, en opérant des distinctions aventureuses pour persuader le lecteur que le texte était protecteur de la liberté d'information. En réalité, toutes les images scabreuses ou sanguinolentes seront potentiellement concernées par ce délit, qui vient renforcer en quelque sorte la protection civile dont bénéficiaient déjà les victimes sur le terrain du droit à l'image, en vertu de l'article 9 du Code civil.

Poursuites et sanctions

Le délit prévu par l'article 35 *quater* est lui aussi puni de 15 000 euros d'amende. Le parquet ne pourra agir que sur la plainte de la victime qui, par ailleurs, bénéficie d'un droit d'engager directement une action soit devant la juridiction civile, soit devant la juridiction correctionnelle, conformément aux dispositions de l'article 48-8° de la loi sur la presse. Si l'image montre la victime décédée, il a été jugé que les héritiers n'étaient pas recevables à agir en lieu et place du défunt[474].

§3. Images captées lors des audiences des juridictions administratives ou judiciaires (article 38 *ter*)

Définition

L'article 38 *ter* prévoit que : « *Dès l'ouverture de l'audience des juridictions administratives ou judiciaires, l'emploi de tout appareil permettant d'enregistrer, de fixer ou de transmettre la parole ou l'image est interdit. (...) Est interdite sous les mêmes peines la cession ou la publication, de quelque manière et par quelque moyen que ce soit, de tout enregistrement ou document obtenu en violation des dispositions du présent article.* »
Cette infraction a été jugée conforme à l'article 10 de la Convention européenne des droits de l'homme par un arrêt du 8 juin 2010[475].

---

473 Cass. Crim. 20 février 2001, *Légipresse* 2001-III, p. 54 observations E. Derieux.

474 Position adoptée par le tribunal de Paris pour la publication de l'image du jeune Ilan Halimi séquestré et bâillonné, dans l'affaire dite du « gang des barbares » : TGI Paris, 12 janvier 2010, *Légipresse* 269-I-n° 269-24.

475 Cass. Crim. 8 juin 2010, pourvoi n° 09-87526, *Légipresse* 2010, p. 423, note B. Ader.

Acte interdit : la captation d'images et de paroles

L'interdiction prévue à l'article 38 *ter* concerne à la fois les images et les paroles, et visera donc la captation photographique, vidéographique et l'enregistrement du son. Mais le fait pour un journaliste de *tweeter* depuis une salle d'audience pour faire vivre le procès en direct à ses lecteurs, pratique qui s'est répandue à l'occasion des grandes affaires particulièrement médiatiques, ne peut à notre sens en aucune manière entrer dans le champ de cette infraction.

Moment auquel l'interdiction s'applique : dès l'ouverture de l'audience

A priori, les prises de son ou de vues sont possibles dans une salle d'audience lorsque l'audience n'est pas ouverte, si l'on prend à la lettre l'article 38 *ter* de la loi sur la presse. Ce n'est que lorsque l'audience est ouverte que l'interdiction s'applique.

Actes incriminés : captation, cession et publication

L'article 38 *ter* ne vise pas seulement à interdire la captation de l'image, mais vise aussi la cession de l'enregistrement et la publication de celui-ci. C'est donc toute la chaîne d'édition qui est concernée, à l'image des règles applicables sur le terrain de l'atteinte à l'intimité de la vie privée prévue par les articles 226-1 et suivants du Code pénal.

L'exception : l'autorisation spéciale du président avant le commencement des débats

L'article 38 *ter* comporte une exception à l'interdiction, en ce qu'une telle captation de l'image pourrait être valable si le président l'a autorisée et seulement quand les débats ne sont pas commencés. Pour cela, il faut présenter une demande préalablement à l'audience et le président pourra donner une telle autorisation seulement si les parties et leurs représentants, ainsi que le ministère public, consentent tous ensemble à une telle captation d'images. Est-ce à dire que le refus d'une seule personne exclut définitivement la possibilité de demander cette autorisation spéciale ? On a vu, en pratique, que dans ce cas de figure certains présidents demandaient aux journalistes de ne pas filmer la personne qui opposait un refus, permettant toutefois des prises de vue de la salle et notamment de l'entrée du tribunal, images qui peuvent par la suite avoir un caractère documentaire évident.

Poursuites et sanctions

Le texte prévoit une peine d'amende de 45 000 euros et surtout la possibilité pour le tribunal de confisquer le matériel ayant servi à commettre l'infraction ainsi que le support de l'image ou de la parole qui a été utilisé.

■ SOUS-SECTION 2. LES INTERDICTIONS D'INFORMER CONCERNANT CERTAINES INFORMATIONS JUDICIAIRES OU POLICIÈRES

Le journalisme et le secret de l'instruction : problématiques

Dans une contribution consacrée à la justice et l'information, publiée en 2006, Monsieur Jean-Louis Nadal, procureur général près la Cour de cassation, montrait admirablement les nombreux antagonismes à l'œuvre au sein de ce couple infernal. Il écrivait notamment : « *La première des complications vient sans doute du choc des éthiques. L'éthique du magistrat est de ne rien dire, en dehors de l'audience publique, des dossiers dont il est saisi* (...). *Le métier, et même l'éthique du journaliste, consistent au contraire, bien souvent, à tenter de savoir ce que l'on ne peut ou ne veut lui dire.* » Il ajoute : « *Ce qui est violation du secret professionnel et manquement à la déontologie pour l'un devient salutaire curiosité pour l'autre*[476]. »

On évoque fréquemment un second conflit, qui opposerait non pas le secret du juge et le rôle de la presse, mais la liberté de l'information sur les affaires en cours d'instruction et la présomption d'innocence, comme si la nécessité de respecter cette présomption, qui ne fait aucun doute dans notre esprit, justifiait le secret. Mais ce conflit est en trompe-l'œil. Ce n'est pas parce que la presse informe le public sur une affaire en cours qu'elle porte nécessairement atteinte à la présomption d'innocence, et les accusés un peu médiatiques ou leurs avocats ne sont ni les moins bruyants, ni les derniers à communiquer sur les affaires qui les concernent. Bien souvent, ils n'invoquent la présomption d'innocence que pour revendiquer une forme de monopole de la parole publique. Selon nous, il n'y a pas de conflit frontal *per se* entre l'information et la présomption d'innocence dans la phase secrète du procès pénal.

Par ailleurs, les personnes mises en cause disposent de plusieurs outils parfaitement adaptés pour rétablir leur statut d'innocent présumé. Outre la procédure de référé spécifique de l'article 9-1 du Code civil, l'action en diffamation est également utilisable. Et le législateur a pris le soin en 1993 de moduler le point de départ des délais de prescription qui sont retardés en matière de droit de réponse et de diffamation jusqu'à une décision définitive statuant sur la culpabilité. Le droit français ne manque donc pas d'outils juridiques spécifiquement destinés à faire respecter la présomption d'innocence. Il n'y a aucune raison d'y ajouter un autre outil, imparfait, visant à instaurer un secret absolu.

Ces débats sur la liberté de la presse et le respect du secret de l'instruction enflamment assurément les colloques et sont particulièrement *clivants*, pour reprendre un terme à la mode. Il reste qu'au-delà des échanges intellectuels toujours stimulants, le droit positif ne peut quant à lui faire l'objet d'aucune divergence sérieuse d'analyse en l'état actuel des textes. En effet, le secret de l'instruction prévu par l'article 11 du Code de procédure pénale ne s'applique pas à la presse, car il concerne seulement « *toute personne qui concourt* » à l'enquête ou à l'instruction. Or, à l'évidence, les médias ne font pas partie de cette catégorie. On peut s'en féliciter ou le déplorer, mais c'est ainsi. Toutefois, le secret de l'instruction peut « *rattraper* » en quelque sorte le journaliste sur le terrain de l'incrimination générale de recel, s'il publie une pièce couverte par ce secret. Nombreuses sont les plaintes déposées à cet égard par pure

476 Jean-Louis Nadal, « Justice et information », in Justice et cassation, éd. Dalloz 2006, p. 86 et s.

stratégie de communication, en vue de se ménager un effet d'annonce, en sachant que les poursuites échoueront. En effet, depuis une décision rendue contre la France à Strasbourg en 2007[477], la voie d'une condamnation d'un journaliste pour recel de violation du secret de l'instruction se révèle quasiment fermée.

Le droit à l'information sur le fonctionnement de la justice

De nombreuses décisions judiciaires placent le droit à l'information dans le domaine judiciaire à un niveau particulièrement élevé. Ainsi, pour s'en tenir simplement aux décisions rendues par la Cour européenne de Strasbourg, on assiste à une vraie construction cohérente qui s'est développée au fil des espèces.

Il semble important de rappeler sur ce point que dans son arrêt du 21 janvier 1999, concernant la publication de la feuille d'impôts du chef d'entreprise Jacques Calvet dans *Le Canard Enchaîné*, la Cour européenne des droits de l'homme avait condamné la France, car la publication contestée « *servait non seulement l'objet mais aussi la crédibilité des informations communiquées* ». Il ne suffit pas en effet que l'analyse et le commentaire soient libres, encore faut-il pour éviter toute manipulation du public, que le journaliste puisse expliquer et montrer aux lecteurs quels sont les éléments sur lesquels il se fonde. Même si cette décision ne concerne pas une affaire judiciaire, elle pose un droit à la « *crédibilisation* » des informations qui est fondamental en ce domaine.

Ensuite, dans son arrêt *du Roy et Malaurie c/ France* du 3 octobre 2000, la Cour de Strasbourg a clairement affirmé sa vigilance au sujet d'un texte qui « *entrave de manière totale le droit pour la presse d'informer le public sur des sujets qui, bien que concernant une procédure pénale avec constitution de partie civile, peuvent être d'intérêt public*[478] ».

On citera enfin l'arrêt du 7 juin 2007 condamnant la France dans le domaine du recel de violation de secret de l'instruction. La Cour européenne des droits de l'homme y rappelle le droit fondamental du public à être informé sur les questions dont connaissent les tribunaux, « *auparavant ou en même temps* » (paragraphe 35) que les protagonistes du procès.

Mais, si le secret général de l'enquête et de l'instruction prévu par l'article 11 du Code de procédure pénale n'est pas opposable en tant que tel aux médias, il reste que la loi du 29 juillet 1881 contient d'importantes dispositions qui restreignent la liberté de l'information dans le domaine judiciaire.

477 CEDH 7 juin 2007, *Dupuis et autres c/ France*, req. n° 1914/02 condamnant la France suite à Cass. Crim. 19 juin 2001, Fayard, *Légipresse* n° 184-I, n° 184-33; voir également, topique : CEDH 28 juin 2011, *Pinto Coelho c/ Portugal*, req. n° 28439/08.

478 CEDH, 3 octobre 2000, *du Roy et Malaurie c/ France*, req. n° 34000/96.

§1 Une interdiction générale : la publication des actes de procédure avant leur lecture en audience publique (article 38 alinéa 1)

Définition

Selon l'article 38 de la loi sur la presse :
« Il est interdit de publier les actes d'accusation et tous autres actes de procédure criminelle ou correctionnelle avant qu'ils aient été lus en audience publique, et ce, sous peine d'une amende de 3 750 euros. »

Conformité du texte avec les textes protecteurs de la liberté d'expression

Interprété de manière large, l'article 38 de la loi sur la presse comporte une prohibition qui peut largement priver le citoyen d'informations relatives aux affaires criminelles ou correctionnelles en cours d'instruction. On s'est donc demandé si cette infraction n'était pas contraire à l'article 10 de la Convention européenne des droits de l'homme, à l'image de ce qui a été décidé pour la loi du 2 juillet 1931 relative aux révélations de constitution de partie civile, tant il est vrai que la Cour de Strasbourg est allergique, par principe, à une interdiction objective d'informer[479]. Mais l'argument a été repoussé aussi bien par la cour d'appel de Paris[480] que par la Cour de cassation [481]. Ce refus de déclarer l'article 38 alinéa 1er de la loi sur la presse incompatible à l'article 10 de la Convention est justifié, selon les juridictions saisies, par la nécessité de garantir l'autorité du pouvoir judiciaire et le respect de la présomption d'innocence. La Cour européenne des droits de l'homme s'est prononcée dans le même sens, aux termes d'un arrêt en date du 24 novembre 2005[482]. Enfin, saisie sous l'angle de la constitutionnalité, la cour d'appel de Paris a également refusé de transmettre une QPC sur ce sujet à la Cour de cassation[483].

Mais la portée de cette déclaration de principe de conventionnalité ne doit pas être exagérée. En effet, elle a été prononcée par la Cour européenne dans une affaire où celle-ci prend le soin de relever expressément que l'affaire judiciaire traitée ne revêtait aucun intérêt général, et cette constatation est fondamentale[484]. Dans ces conditions et dans chaque cas d'espèce, il y a donc lieu d'apprécier si la prohibition n'est pas disproportionnée au regard du droit à l'information du citoyen sur les affaires judiciaires en cours, y compris lorsque celles-ci sont dans une phase soumise au secret de l'instruction[485]. Ce contrôle s'effectue bien au regard de l'article 10 de la Convention EDH, et la pratique montre que les juges du fond n'hésitent pas à faire prévaloir la liberté de l'information si besoin.

---

479 CEDH, 3 octobre 2000, *Malaurie et du Roy c/ France*, *Légipresse* n° 176-III, p. 195.

480 CA Paris, 11 mai 2000, *D.* 2000, IR, p.193.

481 Cass. Crim. 22 juin 1999, *Légipresse* 1999-III, p. 139.

482 CEDH, 24 novembre 2005, *Tourancheau et July c/ France*, req. n° 53886/00.

483 CA Paris, chambre 2-7, 4 avril 2012, n° 12/02250, *Légipresse* 2012, p. 445, note J.-Y. Dupeux.

484 Paragraphe 74 de la décision *Tourancheau et July.*

485 C'est d'ailleurs en ce sens que s'est clairement prononcée la Cour de Strasbourg dans une décision du 28 juin 2011 : CEDH, 28 juin 2011, *Pinto Coehlo c/ Portugal*, req. n° 28439/08.

Ainsi, dans un jugement du 16 juin 2011, le tribunal de Paris a notamment rappelé que l'article 38 « *ne doit cependant pas restreindre la capacité des journalistes à informer sur les affaires pénales, même non encore publiquement examinées par une juridiction, et spécialement sur celles qui, soulevant des questions d'intérêt général, mettant en cause des intérêts importants ou concernant des personnes exerçant des responsabilités éminentes, méritent particulièrement d'être portées à la connaissance du public* », et que ce texte « *ne saurait avoir pour effet d'interdire aux journalistes de livrer, en pareil cas, à leurs lecteurs tout ou partie des sources documentaires auxquelles ils ont puisé leurs informations, pour en asseoir la crédibilité, ou qui nourrissent leurs commentaires et analyses, pour les soumettre à une libre contradiction*[486] ». Dans le même sens, la cour d'appel de Paris a refusé de condamner sur ce terrain un quotidien national ayant publié de larges extraits d'un procès-verbal d'audition de l'affaire du *Médiator*, en considérant qu'une telle condamnation ne serait pas justifiée au regard de l'article 10 de la Convention EDH, car elle ne répondait pas à « *un besoin impérieux*[487] ».

Procédures concernées

Seules les procédures criminelles et correctionnelles sont concernées par l'interdiction. Rien ne s'oppose donc à la publication d'actes d'une procédure civile, pour autant que cette publication ne porte pas atteinte à la vie privée, ou ne constitue pas une interdiction spécifique visée par un autre texte (voir plus bas). Rien n'interdit non plus de publier un acte juridictionnel relevant de la juridiction administrative. On voit donc bien que l'article 38 de la loi sur la presse est destiné à préserver le cours secret de la justice pénale, et à faire revivre sous une autre forme un *ersatz* de secret de l'instruction qui serait cette fois opposable à la presse.

Comportement prohibé : la notion de publication d'un acte de procédure

Il ne faut pas donner à cette prohibition un domaine plus large qu'elle n'en a. Ce qui est visé par le texte, c'est la publication partielle ou totale d'un acte d'accusation ou d'un acte de procédure. Dès lors, rien n'empêche un journaliste d'analyser ces actes dès l'instant qu'il ne les publie pas. Ce n'est pas le contenu de l'information dont la publication est interdite, comme c'était le cas pour la loi du 2 juillet 1931 relative aux constitutions de partie civile, mais le document lui-même. On se trouve donc dans une situation à peu près identique à celle du recel : lorsque le journaliste publie un acte issu d'un dossier d'instruction couvert par le secret, il peut se rendre coupable de recel selon la Cour de cassation[488] mais, en revanche, lorsqu'il analyse le contenu d'un dossier d'instruction, il ne relève pas de la prohibition [489]. On pourrait faire la même distinction sur le terrain de l'article 38 alinéa 1er de la loi sur la presse. Mais il reste toutefois une situation intermédiaire particulièrement fréquente qui se présente lorsqu'un journaliste cite littéralement

486 TGI Paris, 17e ch,, 16 juin 2011, *Le Parisien c/ Grandordy*, non définitif.

487 CA Paris pôle 2-7, 24 octobre 2012, RG 12/13784, *Légipresse* 2012, p. 700, note H. Leclerc ; non définitif.

488 Cass. Crim. 19 juin 2001, Fayard, *Légipresse* n° 184-I, n° 184-33. Rappelons que cette affaire a valu à la France d'être condamnée à Strasbourg. Ce n'est donc pas forcément un exemple à suivre.

489 Même arrêt ; voir également Cass. Crim. 3 avril 1995, *Légipresse* n° 121, 1995-III, p. 49.

le *verbatim* d'un acte au sein d'un article. En ce cas, la règle d'interprétation stricte de la loi pénale devrait conduire à considérer que l'acte lui-même n'étant pas publié, même partiellement, le délit n'a pas vocation à s'appliquer. Mais la jurisprudence prend des libertés avec cette directive d'interprétation qui s'impose pourtant à elle, et a tendance à condamner la citation d'extraits, à l'égal de la publication de l'acte [490].

Actes interdits de publication

La prohibition vise tous les actes de procédure criminels ou correctionnels ainsi que les actes d'accusation. La portée de l'interdiction est donc large. Elle visera à la fois les actes réalisés par le magistrat instructeur lui-même, mais aussi ceux qui ont pu être accomplis par la police, sur commission rogatoire ou préalablement à l'ouverture d'une information. Elle devrait également viser des expertises ordonnées par un juge, ainsi que tous les actes qui ont été délégués par celui-ci. En revanche, selon l'article 38 alinéa 1er, la prohibition ne vise pas les pièces qui composent le dossier[491]. Il y a donc une distinction délicate à effectuer entre les éléments de preuve, qui ne semblent pas touchés par la prohibition de l'article 38 alinéa 1er, et les actes réalisés par l'autorité judiciaire soit directement soit indirectement, qui eux sont concernés[492]. Il a également été jugé que cette prohibition ne concernait pas des clichés d'une filature policière qui n'avaient pas encore été versés au dossier lors de la publication de l'article incriminé [493], mais la jurisprudence est ensuite revenue sur cette position[494]. En outre, en pareil cas, la publication pouvait, selon la Cour de cassation, caractériser le délit de recel de violation du secret professionnel, car seule une personne soumise à un tel secret pouvait remettre de tels clichés à la presse [495].

Enfin, au titre de l'acte d'accusation, on devrait également retenir qu'il est interdit de publier une citation directe devant le tribunal correctionnel, ou une ordonnance de renvoi ou un arrêt de renvoi devant la cour d'assises. L'interdiction de l'article 38 alinéa 1er vient ainsi prendre le relais du secret de l'instruction entre la date du règlement de l'instruction par les magistrats instructeurs et la date de l'audience publique.

La liberté de publication des actes de procédure postérieurement à leur lecture en audience publique

A contrario, l'article 38 alinéa 1er permet de publier les actes d'accusation et les actes de procédure dès l'instant qu'ils ont été lus en audience publique et sous réserve,

---

490 Cf. par exemple : CA Paris, pôle 1-4, 19 mars 2010, *Légipresse* n° 272-I-n° 272-18 ; Civ. 1, 7 juillet 2011, pourvoi n° 10-17910. Il s'agit de décisions de référé. *Adde* : CA Paris, 24 octobre 2012 précité qui confirme également au fond cette position de principe, même si cet arrêt déboute le demandeur par ailleurs.

491 En ce sens, très clairement, TGI Paris, 17e ch., 28 janvier 2010, *Y. Bertrand c/ Le Point*, *Légipresse* 2010, n° 270-I-n° 270-15.

492 Voir par exemple pour les conclusions d'un rapport de médecin légiste : Cass. Crim. 22 juin 1999, précité.

493 TGI Paris, 17e ch., 26 janvier 1999, Thérond, *Légipresse* 1999-I, p. 105.

494 Cass. Crim. 13 novembre 2001, *Légipresse* 2002-III, p. 3.

495 Cass. Crim. 13 novembre 2001, *Légipresse* 2002-III, p. 3. Ces espèces antérieures à l'arrêt *Dupuis* de la Cour EDH déjà cité, sont probablement dépassées aujourd'hui.

naturellement, du respect de la présomption d'innocence qui relève de l'application de l'article 9-1 du Code civil. C'est ce qu'a jugé d'ailleurs la cour d'appel de Paris dans un arrêt du 24 mai 1994[496].

Poursuites et sanctions

L'infraction à l'article 38 alinéa 1er de la loi sur la presse peut tout d'abord générer une procédure correctionnelle au cours de laquelle une personne en ayant éprouvé un préjudice matériel et moral direct pourrait se constituer partie civile[497]. Mais seul le ministère public peut agir pour des raisons complexes de procédure tenant aux articles 47 et 48 de la loi du 29 juillet 1881[498], ce qui exclut la possibilité pour la victime prétendue de mettre la procédure en mouvement[499]. En bonne logique, cela devrait conduire à écarter aussi la possibilité d'agir séparément devant le juge civil, sans qu'il y ait là une atteinte au procès équitable garanti par l'article 6 de la Convention européenne des droits de l'homme[500]. Mais les deux arrêts de référé rendus en 2011 et évoqués ci-dessous ont relancé les interrogations. Et dans leurs dernières décisions, les juridictions parisiennes semblent admettre cette voie civile[501] contre laquelle militent pourtant de nombreux et sérieux arguments de droit.

Par ailleurs, certains ont tenté d'engager des procédures de référé sur la base de cet article en affirmant qu'il y avait, en cas d'infraction à l'article 38 alinéa 1er, un trouble manifestement illicite au sens de l'article 809 du Code de procédure civile permettant au juge des référés de prononcer des mesures conservatoires ou de remises en état[502]. Par deux fois, en 2011, la Cour de cassation a admis de telles procédures, en marge d'une affaire ayant eu un grand retentissement[503].

§2 Les interdictions spécifiques

Généralités

Nous traiterons sous ce chapitre d'une série de prohibitions édictées par la loi sur la presse pour lesquelles le contentieux est exceptionnel. Il convient toutefois d'avoir présentes à l'esprit ces interdictions qui sont susceptibles de limiter la liberté de l'information et doivent donc impérativement être prises en considération par les organes de presse.

---

496 *D.* 1994, IR, p.182.

497 Cass. Crim. 9 juillet 1926, *D.H.* 1926, page 534.

498 TGI Paris 5 février 1996, *Suard c/ Libération*, *Légipresse* 1996-III, p. 56.

499 TGI Paris 7 février 1997, *Légipresse* 1997-II, p. 87.

500 Un arrêt rendu le 25 janvier 2004 par la 2e chambre civile (pourvoi n° 02-20424) sur le terrain de l'article 39 *bis* avait paru entériner ce régime.

501 Voir en ce sens CA Paris 24 octobre 2012 précité. *Adde*, implicitement : Cass. Crim. 5 juin 2012, pourvoi n° 11-83650.

502 Voir CA Paris, 2 juillet 1993, *Gaz. Pal.* 1994-II, sommaires, p. 443.

503 Cass. Civ. 1, 28 avril 2011, pourvoi n° 10-17909, *Légipresse* 2011, page 419, note N. Verly, *D*. 2011 p. 1734 note E. Dreyer ; Cass. Civ. 1, 7 juillet 2011, pourvoi n° 10-17910.

Les informations relatives aux travaux et délibérations du Conseil supérieur de la magistrature (article 38 alinéa 2)

L'article 38 alinéa 2 interdit sous la même peine que l'article 38 alinéa 1er, c'est-à-dire une amende de 3 750 euros, la publication des « *informations relatives aux travaux et délibérations du Conseil supérieur de la magistrature* ». Ce texte instaure ainsi un secret du délibéré à l'image de celui qui existe en matière judiciaire. Cette interdiction comporte toutefois des exceptions. En effet, n'en relèvent ni les informations concernant les audiences publiques, ni les décisions publiques rendues en matière disciplinaire à l'encontre des magistrats.

Enfin, ce texte précise que le président ou le vice-président du Conseil supérieur de la magistrature peuvent décider de communiquer des informations, lesquelles deviennent alors libres de publication.

Les comptes rendus des délibérations des jurys, cours et tribunaux (article 39)

À l'image de ce qui a été édicté pour les délibérations du Conseil supérieur de la magistrature, l'article 39 prévoit une prohibition générale relative aux comptes rendus des délibérations des jurys, cours et tribunaux. L'emprise de cette prohibition est particulièrement large puisqu'elle semble viser toutes les délibérations juridictionnelles, aussi bien en matière civile qu'en matière pénale. Les délibérations juridictionnelles sont ainsi érigées en un sanctuaire secret et inviolable. Toute infraction à cette disposition est punie d'une amende de 18 000 euros. On se rappellera par comparaison que le système anglo-saxon permet à l'inverse à un juge de se démarquer d'une décision à laquelle il a participé en faisant valoir une opinion dissidente.

Les comptes rendus de certains procès en diffamation (article 39)

L'article 39 de la loi sur la presse prévoit également l'interdiction des comptes rendus de certains procès en diffamation lorsque la preuve est interdite. Le but de cette prohibition consiste à éviter que, par le biais d'un article de presse, on fasse état de faits anciens ou insusceptibles de preuves, qui pourraient atteindre une personne dans des conditions que le législateur n'a pas souhaitées. Ces procès ne peuvent donc pas faire l'objet de comptes rendus. À notre sens, cette disposition est tombée en désuétude. À titre d'exemple, elle aurait dû empêcher tout compte rendu d'un procès de diffamation d'intérêt public majeur comme celui qui a été engagé par les époux Aubrac contre l'auteur et l'éditeur d'un ouvrage s'interrogeant sur leur comportement pendant l'Occupation, ou encore ceux qui portaient sur les actes de torture imputés à Jean-Marie Le Pen pendant la guerre d'Algérie. On voit bien que cette disposition n'est plus véritablement appliquée et ne peut plus l'être. En toute hypothèse, en application de l'article 39 alinéa second de la loi sur la presse, le compte rendu serait possible dans le cadre d'une publication technique qui respecte l'anonymat des parties.

Les comptes rendus des procès relatifs aux affaires familiales

L'article 39 de la loi sur la presse comporte toute une série de prohibitions ayant globalement pour objet de protéger la vie privée familiale. On interdit ainsi de rendre

compte des débats et de publier des pièces de procédure concernant :
- Les procès de filiation
- Les actions fin de subsides
- Les procès en divorce, séparation de corps et nullité de mariage
- Les procès en matière d'avortement.

De manière générale, l'interdiction s'appliquera dès que l'article publié évoque la teneur des débats, qui la plupart du temps se tiennent en chambre du conseil. Ces interdictions, peu utilisées, ont été réactivées il y a quelques années en marge d'un procès de filiation retentissant relatif à la paternité d'Yves Montand[504].

Les sondages sur la culpabilité d'une personne (article 37 *ter* – II)

L'article 37 *ter* – II de la loi sur la presse n'a pas fait à notre connaissance l'objet d'une application concrète. Il interdit de réaliser, de publier ou de commenter un sondage d'opinion ou toute autre consultation portant sur la culpabilité d'une personne mise en cause dans une procédure pénale ainsi que sur la peine qui pourrait lui être appliquée. Cette disposition est à l'évidence destinée à protéger la présomption d'innocence et à éviter de jeter l'opprobre sur une personne qui doit bénéficier des garanties prévues par la loi pour protéger les droits de la défense. Le texte ne dit pas si la prohibition cesse lorsque la personne a été définitivement condamnée. Il comporte donc une incertitude bien qu'il évoque *« la peine susceptible d'être prononcée »*, ce qui semble faire référence à la période qui précède le prononcé de la culpabilité définitive.

Certaines informations relatives aux mineurs (article 39 *bis*)

Là encore, le but de la disposition est évident. Elle consiste à protéger les mineurs. D'ailleurs, d'autres dispositions en dehors de la loi sur la presse sont également destinées à protéger les mineurs et notamment l'anonymat des jeunes qui sont traduits devant un tribunal pour enfants. Ainsi, l'article 14 de l'ordonnance du 2 février 1945 érige en infraction correctionnelle le fait de dévoiler l'identité et la personnalité des mineurs délinquants[505], même s'ils sont décédés[506].

Les informations concernées par cette prohibition sont celles relatives :
- Aux mineurs en fugue
- Aux mineurs délaissés
- Aux mineurs qui se sont suicidés
- Aux mineurs victimes d'une infraction.

Ces interdictions sont donc particulièrement larges, spécialement celle qui concerne les mineurs victimes d'une infraction. En effet, le texte ne précise pas de quelle

---

504 CA Paris, 9 mars 2001, *Légipresse* 2001-I, p. 116, n° 181-37.

505 Pour une application, dans une affaire ayant défrayé la chronique : CA Versailles, 12 novembre 1998, *Légipresse* 1999-III, p. 86.

506 Cass. Crim. 24 septembre 2002, *Légipresse* 2002-I, p. 117.

infraction il peut s'agir si bien que, pris à la lettre, il devrait concerner tous les enlèvements, mais aussi toutes les infractions au Code de la route et de manière générale tous les faits divers susceptibles de porter atteinte aux mineurs. Autant dire qu'interprété de cette façon, l'article 39 serait manifestement contraire à l'article 10 de la Convention européenne des droits de l'homme, car de nombreuses affaires judiciaires dans lesquelles les victimes sont ou étaient mineures sont d'intérêt général et provoquent un grand émoi dans l'opinion publique. Qu'on se souvienne de l'affaire dite "Grégory" ou de l'affaire "Patrick Henry", par exemple. Cela ne signifie pas que ce texte est tombé en désuétude, mais il doit manifestement, soit faire l'objet d'une application très restrictive, soit être confronté en bloc aux exigences de l'article 10 de la Convention européenne des droits de l'homme[507].

L'interdiction n'existe que dans la mesure où la publication n'est pas réalisée à la demande soit des personnes qui ont la garde du mineur, soit des autorités administratives ou judiciaires. Ce texte privilégie donc une information subordonnée aux intérêts de l'enquête ou de la procédure policière ou judiciaire. Une telle logique nous apparaît là encore difficilement compatible avec la liberté de l'information.

Il a été jugé dans une affaire ayant également défrayé la chronique que les parents eux-mêmes ne sont pas à titre personnel victimes directes de cette infraction et ne peuvent donc engager la procédure, le texte ne permettant pas la réparation d'un préjudice par ricochet [508]. En revanche, lorsque le ministère public agit, la cour d'appel de Douai a considéré que l'interdiction s'appliquait à l'identité de mineurs décédés du fait de l'infraction dont ils ont été victimes[509]. Finalement, en 2004, interprétant le dernier alinéa de l'article 48, la Cour de cassation a réservé au parquet le droit d'agir, écartant expressément l'utilisation de la voie civile[510].

Les informations relatives à la filiation d'origine d'une personne ayant été adoptée (article 39 *quater*)

Cette disposition est de nature à protéger les intérêts de l'adopté dans le cas de l'adoption plénière. Ainsi, la presse ne pourra publier aucune information révélant la filiation d'origine d'une personne ayant fait l'objet d'une adoption plénière avant l'expiration d'un délai de trente ans postérieur à la mort de l'adopté. Passé ce délai, on considère donc que la vérité peut éclater. Cette disposition est destinée à protéger le lien de filiation particulièrement fort qui est créé par une adoption plénière contrairement à une adoption simple. Cette prohibition est accompagnée d'une peine d'amende de 6 000 euros et d'un emprisonnement de deux ans en cas de récidive.

---

507 La compatibilité de cette infraction avec l'article 10 de la Convention EDH a été admise par la cour de Douai : CA Douai, 3 juin 2008, *Légipresse* 2008-III-195, note F. Watrin.

508 TGI Nanterre, 14 mars 2001, *Duchemin c/ Paris-Match, Légipresse* 2001-I, p. 117 ; confirmé par CA Versailles 1re chambre A, 5 septembre 2002, inédit.

509 CA Douai, 3 juin 2008, *Légipresse* n° 256 novembre 2008-III-195, note F. Watrin.

510 Cass. Civ. 2, 25 novembre 2004, pourvoi n° 02-20424 précité. En ce sens également, TGI Toulouse 13 novembre 2012, plusieurs espèces, relatif à l'affaire *Merah*, *Légipresse* n° 301-I, p. 12.

Les informations relatives aux victimes d'agression sexuelle

L'article 39 *quinquies* de la loi du 29 juillet 1881 interdit la diffusion de renseignements concernant l'identité d'une victime d'une agression ou d'une atteinte sexuelle ainsi que l'image d'une telle victime. Ces dispositions ne s'appliquent que lorsque la victime est identifiable.

Il est possible de s'affranchir de cette interdiction, mais à l'unique condition de produire un accord écrit de la victime. À défaut, la peine susceptible d'être prononcée est une amende de 15 000 euros, la victime elle-même pouvant se constituer partie civile pour obtenir des dommages et intérêts. Il arrive bien souvent que les médias s'affranchissent de cette interdiction lorsque l'affaire relève de l'intérêt général. On l'a vu dans les affaires DSK ou Berlusconi, et le respect de l'article 10 de la Convention EDH exige effectivement d'appliquer cette interdiction avec proportionnalité.

Les informations relatives à l'identité de certains fonctionnaires (article 39 *sexies*)

Une loi du 21 janvier 1995 a inséré dans la loi sur la presse un article 39 *sexies* destiné à protéger certains fonctionnaires chargés du maintien de l'ordre. Il est ainsi interdit, quel que soit le moyen d'expression c'est-à-dire par le texte ou par l'image[511], de révéler l'identité de certains fonctionnaires de police nationale, de militaires de la gendarmerie nationale ou d'agents des douanes, qui appartiennent à des services ou à des unités désignés par des arrêtés du ministre intéressé. Il existe ainsi un certain nombre d'arrêtés d'exécution de ce texte. En outre, pour que cette interdiction s'applique, le fonctionnaire doit accomplir concrètement des missions qui exigent le respect de l'anonymat pour des raisons de sécurité. Il s'agit là d'un élément constitutif du délit.

Encore une fois, cette infraction ne fait l'objet que d'un contentieux judiciaire exceptionnel. On devrait en tout cas en inférer, *a contrario*, qu'en dehors de ces services ou unités désignés par arrêtés, le fonctionnaire de police n'a droit à aucune surprotection et ne relève que des dispositions applicables à toute personne, soit au titre du droit à l'image, soit au titre de la diffamation. Il a été jugé que les policiers eux-mêmes ne pouvaient pas engager la procédure dont l'initiative est laissée au procureur de la République [512].

Enfin, saisie sur QPC de la constitutionnalité de ce texte, la chambre criminelle de la Cour de cassation a refusé de transmettre la question au Conseil constitutionnel en estimant que « *la rédaction du texte en cause est conforme aux principes de clarté, d'accessibilité et d'intelligibilité de la loi pénale dont elle permet de déterminer le champ d'application sans porter atteinte au principe constitutionnel de la légalité des délits et des peines et à celui de la liberté d'expression*[513] ».

511 En sens contraire, excluant l'image : E. Dreyer, ouvrage précité, 3e éd. 2012, n° 390.

512 TGI Paris, 17e chambre, 8 novembre 1999, *Légipresse* 2000-I, p. 104, n° 170-37.

513 Cass. Crim. 6 décembre 2011, pourvoi n° 11-90091.

SECTION 6. LES MANIFESTATIONS D'OPINION PROHIBÉES PAR LA LOI DU 29 JUILLET 1881

Généralités

À côté des informations interdites qui viennent d'être décrites, la loi du 29 juillet 1881 comporte également des dispositions limitant la liberté d'opinion[514]. Ces dispositions sont strictement encadrées, car cette liberté, dont la valeur constitutionnelle n'est pas contestable, ne peut souffrir que des limitations ponctuelles et spécialement délimitées. C'est ainsi que par une décision du 28 février 2012, le Conseil constitutionnel a été amené à censurer la loi qui avait pour but de punir la négation du génocide arménien[515].

Les principales infractions réprimant des manifestations dites d'opinion prévues par la loi du 29 juillet 1881 sont les provocations à commettre différents crimes et délits (articles 23 et 24), certaines apologies, le révisionnisme et enfin les dispositions ayant pour objet de lutter contre le racisme, l'antisémitisme, le sexisme et l'homophobie. Il ne s'agit pas, en réunissant ces différentes catégories d'infractions sous l'expression de « *manifestations d'opinion* », d'en relativiser la gravité. Bien au contraire, elles sont sans conteste celles qui sont situées au plus haut dans l'échelle de gravité des infractions prévues par la loi du 29 juillet 1881, car d'une manière ou d'une autre, elles portent intrinsèquement une véritable atteinte au pacte social qui fonde une démocratie telle que la nôtre. Les légitimer au titre de liberté d'opinion n'est la plupart du temps qu'une figure de style imposée, commune à tous ceux qui refusent ce pacte, pour une raison ou pour une autre[516]. Mais en dehors de ces infractions strictement définies, la liberté d'opinion doit s'appliquer.

SOUS-SECTION 1. LES PROVOCATIONS AUX CRIMES ET DÉLITS

§1. La provocation directe à commettre un crime ou un délit (article 23 de la loi du 29 juillet 1881)

Présentation de l'infraction

L'article 23 de la loi du 29 juillet 1881 punit la provocation à un crime ou à un délit lorsqu'elle a été suivie d'effet, ainsi que la provocation à un crime, lorsque celle-ci a été simplement suivie d'une tentative.

Ce texte n'a pas de pratique judiciaire régulière et ne fait l'objet que sporadiquement d'une application dans des cas qui, en général, ne concernent pas les médias. Mais l'avènement du web 2.0 et ses dérives sont de nature à accroître son contentieux.

---

514 Sur ce sujet en général, voir la thèse de B. de Lamy, *La liberté d'opinion et le droit pénal*, LGDJ 2000

515 Conseil Constit. 28 février 2012, n° 2012-647-DC

516 Voir sur ce sujet l'intervention de M. le bâtonnier Charrière-Bournazel, dont le titre parle de lui-même : « *Le racisme n'est pas une opinion mais un acte violent et délictueux* », Légipresse 2012, p. 694.

Éléments constitutifs de l'infraction[517]

Le délit est constitué, essentiellement, de deux éléments. Le premier élément est une provocation directe et publique adressée à un ou des auteurs en vue de commettre une action qui peut être qualifiée de crime ou de délit. Il ne s'agira pas simplement de présenter un crime ou un délit sous un jour favorable comme pourrait l'être une simple apologie, mais bien de provoquer directement l'auteur à commettre cette action. D'une certaine manière, cet élément constitutif fait basculer dans le domaine de la délinquance au sens propre, car l'action punissable participe en quelque sorte d'un acte préparatoire à la commission de l'infraction. C'est d'ailleurs pour cette raison qu'un deuxième élément est indispensable : la provocation doit avoir été suivie d'effet. Il faut donc qu'à la suite de la publication, un crime ou un délit ait été commis par celui qui a été directement provoqué. On s'approche ainsi d'une forme de complicité intellectuelle. Par ailleurs, lorsque la provocation porte sur un crime, il suffit qu'elle soit suivie d'une simple tentative au sens entendu, pour ce terme, par le Code pénal.

Peines applicables

La peine qui s'attache à la provocation prévue par l'article 23 de la loi du 29 juillet 1881 est celle de la complicité. Dès lors, en vertu de l'assimilation générale du complice à l'auteur figurant dans les dispositions générales du Code pénal, le provocateur encourra théoriquement une peine identique à celle de l'auteur qu'il a provoqué. Le *quantum* dépend donc naturellement de l'infraction sur laquelle porte ladite provocation.

§2. Les provocations à commettre des infractions non suivies d'effet

À côté des provocations suivies d'effet prévues par l'article 23 de la loi du 29 juillet 1881, l'article 24 de cette même loi institue un délit spécifique en ses articles 24, alinéas 1 et 2 pour certaines provocations particulières, qui sont constituées même dans l'hypothèse où elles n'auraient pas été suivies d'effet. Il s'agit là de protéger des intérêts fondamentaux, soit de l'État, soit de la personne humaine, en renforçant la répression.

Ainsi, la provocation non suivie d'effet, pour être punissable, doit porter sur les infractions suivantes :
- Les atteintes volontaires à la vie
- Les atteintes volontaires à l'intégrité de la personne
- Les agressions sexuelles
- Les vols, les extorsions et les destructions, dégradations et détériorations volontaires dangereuses pour les personnes
- Les crimes et délits portant atteinte aux intérêts fondamentaux de la nation

517 De manière générale sur la provocation : S. Martin-Valente, *La provocation en droit pénal*, thèse, Paris-XI, mai 2002.

Dans tous ces cas de figure, la provocation non suivie d'effet suffit à constituer le délit, lequel est puni de cinq ans d'emprisonnement et 45 000 euros d'amende.

Il n'a longtemps existé qu'une jurisprudence sporadique sur cette catégorie d'infractions. Mais le genre musical du rap a conduit le ministère public, aiguillonné par le ministère de l'Intérieur, à engager des procédures visant les rappeurs, pour leurs propos incitant à commettre des actes de violence à l'égard des forces de l'ordre. Si les tribunaux tiennent compte du « *caractère volontairement provocateur du langage dans ce mode d'expression musical*[518] », et de la liberté de création qui doit pouvoir s'exprimer sur des sujets qui heurtent, choquent ou inquiètent, ils n'entendent pas laisser aux rappeurs une liberté absolue et exigent une certaine distanciation inhérente à l'œuvre de fiction. Cette exigence les conduit à des solutions variées, sanctionnant des actes de provocation directe créant un état d'esprit propre à susciter des atteintes à l'intégrité, mais relaxant un chanteur lorsque le public peut prendre conscience de la distanciation existant entre l'artiste et le personnage[519]. Mais, il est bien difficile de déterminer objectivement une limite au-delà de laquelle l'inspiration musicale laisse place à une volonté pénalement répréhensible[520].

SOUS-SECTION 2 LES APOLOGIES PUNISSABLES

À côté de la provocation, la loi du 29 juillet 1881 punit également différentes apologies, lorsqu'elles portent sur certains actes considérés comme particulièrement dangereux pour l'ordre public ou spécialement dégradant pour la personne humaine[521].

La notion d'apologie

À la différence de la provocation même non suivie d'effet, caractérisée par une incitation directe qui ne sera pas constituée d'une simple critique ou d'une manifestation d'opinion, l'apologie est un terme beaucoup plus large qui vise à notre sens, spécialement, les manifestations d'opinions. Dans son jugement dit "Aussaresses"[522], le tribunal de Paris a défini l'apologie comme s'entendant « *du discours qui présente un crime de guerre de telle sorte que le lecteur est incité à porter sur ce crime un jugement de valeur favorable effaçant la réprobation morale qui, de par la loi, s'attache à ce crime* ». Une telle apologie est selon le tribunal « *incriminée en ce qu'elle constitue une*

---

518 Voir par exemple CA Rouen, 14 décembre 2005, *CCE* 2006 comm. 102, obs. A. Lepage.

519 Voir en ce sens l'affaire *Orelsan c/ Association « Ni putes ni soumises »*, ayant donné lieu à un jugement de relaxe du TGI de Paris, définitif : TGI Paris, 12 juin 2012, *Légipresse* 2012, n° 296-18 p. 413 ; *D.* 2012. 1679, obs. A. Tricoire, *RSC* 2012, p. 610 obs. Francillon.

520 Pour un exemple : TGI Paris, 17e ch., 16 juin 2011, *Légipresse* 2011, n° 286-16, p. 464.

521 De manière générale sur ces infractions d'apologie, voir l'étude du Pr. Agathe Lepage, *RSC* 2005 p. 583.

522 TGI Paris, 17e chambre, 25 janvier 2002, *Légipresse* 2002-I, p. 26, n° 190-01. Voir également dans cette affaire l'arrêt rendu par la Cour de cassation : Crim. 7 décembre 2004, pourvoi n° 03-82832, *Bull.* n° 310, *D.* 2005 p. 1341, note Roets ; *Dr. pénal* 2005, comm. n° 20, obs. M. Véron. Mais ces condamnations ont valu à la France une condamnation à Strasbourg ; voir plus loin.

provocation indirecte à commettre de semblables crimes ». La cour d'appel a adopté la même position en considérant que l'apologie « *n'est pas synonyme d'éloge ni de provocation directe* » et est constituée par des « *commentaires sur l'emploi de la torture ou la pratique des exécutions sommaires qui, au nom de l'efficacité, tendent à les légitimer et incitent à porter sur elles un jugement favorable* ». Cette position a enfin été approuvée par la Cour de cassation selon laquelle « *en présentant comme susceptibles d'être justifiés des actes constitutifs de crimes de guerre, l'écrit doit être considéré comme en ayant fait l'apologie*[523] ». On voit donc bien comment peuvent se distinguer la provocation directe et l'apologie, cette seconde notion étant, au sens strict, une manifestation d'opinion prohibée consistant à « *inciter à porter sur les crimes en cause un jugement favorable*[524] ».

Objet des apologies prohibées

Pour être prohibée, l'apologie doit porter selon l'article 24 de la loi du 29 juillet 1881 sur certaines infractions limitativement énumérées, à savoir :
– Les atteintes volontaires à la vie, les atteintes volontaires à l'intégrité de la personne à des agressions sexuelles, lorsqu'elles ont une nature criminelle.
– Les crimes de guerre
– Les crimes contre l'humanité
– Les crimes ou délits de collaboration avec l'ennemi
– Les actes de terrorisme prévus par le titre 2 du livre IV du Code pénal.

Des propos portant un jugement favorable sur ces différents crimes seraient donc susceptibles de tomber sous le coup de la loi, puisque la définition de l'apologie donnée par le tribunal de Paris apparaît particulièrement large. Il a été également jugé que la simple exaltation d'un homme à commettre des faits constituant l'un des crimes énumérés par cet article 24 alinéa 3 pouvait caractériser le délit d'apologie[525]. En revanche, la contestation d'un crime de guerre n'entre pas dans le champ de l'apologie, car on ne peut en déduire une volonté de justification[526]. Cette « *volonté de justification* » semble bien être un élément central de la qualification d'apologie[527].

L'influence de l'article 10 de la Convention européenne des droits de l'homme

Sur ce chapitre des apologies, plusieurs décisions ont été rendues par la Cour européenne des droits de l'homme contre la France. Ainsi, le 23 septembre 1998[528] à l'occasion d'une affaire dans laquelle les juridictions françaises avaient condamné

523 Cass. Crim. 7 décembre 2004 précité.

524 Cass. Crim. 28 avril 2009, pourvoi n° 08-82136, *CCE* 2009, comm. 81, obs. A. Lepage. Voir aussi : TGI Paris, 17e ch., 17 septembre 2009, *Légipresse* 2009 n° 265-I-n° 265-05, p. 141.

525 Cass. Crim. 24 octobre 1967, *Bull. Crim*, n° 263.

526 Cass. Crim. 12 avril 2005, pourvoi n° 04-84288, concernant la tragédie d'Oradour-sur-Glane.

527 En ce sens, TGI Paris, 17e ch., 4 avril 2006, *Légipresse* 2006-I-97 ; TGI Paris, 17 septembre 2009 précité.

528 CEDH, 23 septembre 1998, *D.* 1999, JP, p.223, note Rolland ; *JCP* 1999-II-10119, note Moutouh.

maître Isorni pour avoir publié un texte invitant à défendre la mémoire de Pétain dont il avait été l'avocat, afin de solliciter la révision de la condamnation du maréchal à l'indignité nationale. Les juridictions françaises avaient appliqué l'article 24 alinéa 3 de la loi du 29 juillet 1881. Toutefois, la Cour de Strasbourg a jugé qu'une telle condamnation était disproportionnée et n'était pas strictement nécessaire dans une société démocratique, car elle restreignait le droit d'un pays à connaître sa propre histoire.

La France a été de nouveau condamnée en 2009 dans l'affaire *Aussaresses*. Pour la Cour européenne, le livre témoignage de l'ancien officier s'inscrivait « *indubitablement dans un débat d'intérêt général d'une singulière importance pour la mémoire collective* ». Selon elle, « *le fait que l'auteur ne prenne pas de distance critique par rapport à ces pratiques atroces et que, au lieu d'exprimer des regrets, il indique avoir agi dans le cadre de la mission qui lui avait été confiée, accomplissant son devoir, est un élément à part entière de ce témoignage*[529] ». La Cour rappelle enfin que chaque pays doit fournir des efforts « *pour débattre ouvertement et sereinement de sa propre histoire* ». La condamnation prononcée à l'encontre de cet ouvrage était donc susceptible d'entraver gravement la contribution à la discussion de problèmes d'intérêt général s'inscrivant dans l'histoire du pays.

De telles motivations ne paraissent pas pouvoir s'appliquer à l'apologie de crimes et délits de droit commun, notamment de terrorisme. C'est ainsi que la Cour de Strasbourg a approuvé la condamnation prononcée par le juge français à l'encontre d'un dessin qui ne critiquait pas l'impérialisme américain, mais soutenait et glorifiait sa destruction par la violence, de sorte que l'organe de presse en cause visait à juger « *favorablement la violence perpétrée à l'encontre des milliers de civils et porte atteinte à la dignité des victimes*[530] ».

Peines et sanctions

Dans tous ces cas de figure, la peine de cinq ans d'emprisonnement et de 45 000 euros d'amende est encourue.

Dans le cas précis de l'apologie des crimes de guerre, des crimes contre l'humanité ou des crimes ou délits de collaboration avec l'ennemi, la possibilité d'exercer les droits reconnus à la partie civile est accordée par l'article 48-2 de la loi sur la presse à « *toute association régulièrement déclarée depuis au moins cinq ans à la date des faits, qui se propose, par ses statuts, de défendre les intérêts moraux et l'honneur de la Résistance ou des déportés* ». Les apologies d'actes de terrorisme sont, quant à elles, soumises à une prescription d'un an, aux termes d'une loi du 21 décembre 2012.

---

529 CEDH, 15 janvier 2009, *Orban c/ France*, req. 20985/05, *Légipresse* n° 262-juin 2009-III-118, note P. Auvret ; *JCP* 2009. II. 10040, note E. Derieux ; *RSC* 2009 p. 124 obs. J. Francillon.

530 CEDH 2 octobre 2008, *Leroy c/ France*, req. n° 36109/03.

■ SOUS-SECTION 3. LA CONTESTATION DE CRIMES CONTRE L'HUMANITÉ

Généralités

C'est par une loi dite "Gayssot" du 13 juillet 1990 que le législateur français a inséré dans la loi sur la presse un nouvel article 24 *bis* qui condamne la contestation de crimes contre l'humanité. Cette infraction a fait couler beaucoup d'encre[531]. Pour certains, il s'agit purement et simplement de la promulgation d'un délit d'opinion, quand d'autres estiment qu'une telle contestation, particulièrement dégradante pour la mémoire des victimes des camps de la mort, heurte l'ordre public et doit donc être sanctionnée comme telle. L'opposition reste irréductible entre les tenants d'une pénalisation et ceux pour qui de telles manifestations d'opinion, même si elles sont particulièrement insupportables, doivent être combattues sur le même terrain, c'est-à-dire sur celui de l'histoire. Ce débat a ressurgi à l'occasion de nouveaux projets visant à sanctionner la négation d'autres génocides tels que celui des populations africaines pendant l'esclavage, ou tout récemment celui du peuple arménien.

Éléments constitutifs du délit

Ce délit est destiné à appréhender de manière générale les écrits révisionnistes qui visent à nier l'existence du génocide touchant les juifs au cours de la Seconde Guerre mondiale, et à remettre en cause les crimes contre l'humanité dont ils ont été victimes, en mettant en doute la réalité ou l'ampleur, notamment par voie de minoration, de la déportation et de l'extermination réalisée par le régime nazi pendant la guerre de 39-45[532]. Ainsi un mystérieux homme politique national dénommé selon la décision anonymisée (sic) « *Jean-Marie L...* », né à La Trinité-sur-Mer, a-t-il été condamné pour des propos tenus dans le journal d'extrême droite *Rivarol* selon lesquels l'occupation allemande n'avait pas été « *particulièrement inhumaine* » et s'était limitée à des « *bavures inévitables* ». Cette affirmation minimise la portée des actes de déportation et constitue donc le délit[533]. En revanche, le fait de tourner en dérision le génocide relève de la qualification d'injure raciale[534].

Il importe peu que cette contestation soit effectuée le cas échéant sous une forme d'insinuation, comme l'a admis la chambre criminelle de la Cour de cassation[535], mais il faut que, dans leur sens et leur portée, les propos caractérisent une réelle négation de l'existence des crimes contre l'humanité en cause, ce qui peut ne pas être le cas

---

531 Sur ce délit en général, voir le fascicule très complet de B. de Lamy, *Révisionnisme*, Juris Classeur Communication fasc. 3160 (2010), et la bibliographie citée.

532 Voir l'analyse des principales décisions rendues en la matière, par B. Ader, in « L'État de la jurisprudence sur la notion de négation depuis la loi Gayssot », *Légipresse* 2012, p. 233.

533 CA Paris, chambre 2-7, dossier 11/04295, 16 février 2012, *Jurisdata* 2012-007991, *Légipresse* n° 293-avril 2012, p. 209, n° 293-05, frappé de pourvoi.

534 Cass. Crim. 16 octobre 2012, pourvoi n° 11-82666.

535 Cass. Crim. 29 janvier 1998 ; Cass. Crim. 12 septembre 2000, *Droit pénal*, 2001, paragraphe 4, observations Véron.

quand ils renferment des affirmations contradictoires. Ainsi en est-il d'un prévenu affirmant « *Il n'y a aucun historien sérieux qui adhère intégralement aux conclusions du procès de Nuremberg, je pense que sur le drame concentrationnaire la discussion doit rester libre. Sur le nombre de morts, sur la façon dont les gens sont morts, les historiens ont le droit d'en discuter. L'existence des chambres à gaz, c'est aux historiens d'en discuter* », tout en précisant « *je ne remets pas en cause l'existence des camps de concentration, il y a eu des déportations pour des raisons raciales*[536] ».

Pour être punissable la contestation ne doit pas porter, rappelons-le, sur l'un quelconque des crimes contre l'humanité qui jalonnent malheureusement l'histoire mondiale, mais sur ceux définis par l'article 6 du statut du Tribunal militaire international annexé à l'accord de Londres du 8 août 1945. Ce texte contient en effet une référence expresse à ce jugement qui entre dans la définition du délit. L'objet même de l'infraction est donc circonscrit et on peut évidemment regretter que, devant la loi française, toutes les victimes de crimes contre l'humanité n'aient pas été protégées de la même manière.

Toutefois, il ne faut pas voir dans cette distinction un sens qu'elle n'a pas. Il s'agissait concrètement de lutter contre le révisionnisme professé par quelques extrémistes dont l'objectif affiché était de contester le génocide juif dans une perspective antisémite évidente, et non de surprotéger une communauté par rapport à une autre. Il faut se garder de céder, en ce domaine, à la mise en concurrence des mémoires.

La conformité du délit de contestation de crime contre l'humanité avec les textes protecteurs de la liberté d'expression

Bien vite, les révisionnistes ont cherché à tirer profit de la Convention européenne des droits de l'homme pour faire juger qu'il avait été porté atteinte à leur liberté d'opinion. Les juridictions françaises n'ont pas suivi cette argumentation et considèrent que la sanction pénale du révisionnisme, qui sanctionne des comportements gravement attentatoires à l'ordre public et aux droits des individus, est conforme aux exigences de l'article 10 aliéna 2 de la Convention européenne des droits de l'homme [537]. La Cour européenne des droits de l'homme a également validé pour sa part l'incrimination de l'article 24 *bis*[538].

Tout récemment, les révisionnistes ont relancé leur combat sur le terrain de la constitutionnalité, par le biais de la procédure de QPC. Mais par un arrêt du 7 mai 2010[539], la Cour de cassation a refusé de transmettre une QPC au Conseil constitutionnel en jugeant de manière laconique que cette infraction « *ne porte pas atteinte aux principes constitutionnels de liberté d'expression et d'opinion* ». Quant à la répression

536 Cass. Crim. 23 juin 2009, pourvoi n° 08-82521, *Légipresse* 2009 n° 269-III-32, note E. Derieux.

537 Voir notamment Cass. Crim. 23 février 1993, *Bull. Crim.* n° 86 ; Cass. Crim. 20 décembre 1994, *Bull. Crim.* n° 424.

538 Cour EDH 24 juin 2003, req. n° 65831/01, *R. Garaudy c/ France* : *JCP* G 2004, I, 147, B. de Lamy ; *Légipresse* 2003 n° 207, III, p. 181, M. Ghnassia ; *D.* 2004, p. 987, J.-F. Renucci ; *D.* 2004, p. 239, D. Roets.

539 Pourvoi n° 09-80774.

de la contestation générale de l'existence de génocides reconnus par la loi votée au Parlement en février 2012, dont l'objet était d'édicter une répression de la négation du génocide arménien, elle a été invalidée par le Conseil constitutionnel dans une décision du 28 février 2012[540] et son sort est incertain.

Peines applicables

Les peines applicables aux délits prévus par l'article 24 *bis* sont les mêmes que celles édictées par l'article 24. Il s'agit donc d'une peine de cinq ans d'emprisonnement et 45 000 euros d'amende, outre la privation éventuelle des droits civiques et l'affichage ou la diffusion de la décision.

L'article 24 bis prévoit des condamnations complémentaires lorsque de telles infractions sont commises par la voie de la presse. Il s'agit de la privation de droits civiques, telle que prévue par l'article 131-26 du Code pénal, pour une durée de cinq ans au plus, ou bien encore la peine complémentaire de l'affichage, dans les conditions prévues à l'article 131-35 du Code pénal.

Droit d'agir des associations

Comme pour le délit d'apologie de crime de collaboration, l'article 48-2 permet aux associations régulièrement déclarées depuis au moins cinq ans à la date des faits, qui se proposent par leurs statuts de défendre les intérêts moraux et l'honneur de la Résistance ou des déportés, d'exercer les droits reconnus à la partie civile sur le terrain de l'infraction prévue à l'article 24 *bis*. Cette condition est stricte, et est à apprécier par rapport aux statuts. Il en résulte qu'une association se proposant simplement de lutter contre le racisme ne peut revendiquer le bénéfice de l'article 48-2[541].

■ **SOUS-SECTION 4.** LA LUTTE CONTRE LE RACISME ET L'ANTISÉMITISME

Généralités[542]

Depuis la loi dite *Pleven* du 1er juillet 1972, le droit français prévoit tout un arsenal de dispositions de nature à lutter contre le racisme et l'antisémitisme[543]. Il s'agit d'une certaine manière d'une discipline juridique à part entière qui se caractérise par un maquis d'infractions dont les domaines ont longtemps paru se chevaucher.

---

540 CC 28 février 2012, n° 2012-647-DC ; *D.* 2012, p. 987 note J. Roux, *Légipresse* 2012, p. 219 commentaire N. Mallet-Poujol. Cette loi et cette décision du Conseil constitutionnel ont suscité de vifs débats. Voir, par exemple, les actes du colloque « Pénalisation de la négation des génocides : pour ou contre ? », publiés dans *Légipresse* 2012, n° 227 et suivants, avec les interventions de MM. Vincent Nioré, Henri Leclerc, Basile Ader, Sévag Torossian, et Bernard Jouanneau. *Adde :* A. Lepage, « Quelques réflexions sur l'échec de l'incrimination de la contestation de l'existence de génocides », *CCE* juin 2012, Étude 12.

541 Voir en ce sens, s'agissant de SOS Racisme, Crim. 28 novembre 2006, pourvoi n° 06-80340.

542 De manière générale sur cette question, voir la synthèse récente résultant des interventions de MM. Monfort, Bonnal et Charrière-Bournazel dans le cadre de l'université d'été de la Licra des 7, 8 et 9 septembre 2012, ayant pour thème : « Les apports de la loi de 1972 en matière de presse », *Légipresse* 2012, p. 687 et suiv.

543 Avant cela, un décret-loi du 21 avril 1939 dit *Marchandeau* avait déjà introduit des dispositions visant à lutter contre la haine raciale. L'application de ce texte fut suspendue pendant l'Occupation, et rétablie à la Libération.

Mais le travail de différenciation entre les infractions, engagé depuis une dizaine d'années, semble avoir introduit plus de rigueur dans les définitions respectives des infractions concernées[544].

La Cour européenne des droits de l'homme a eu à statuer sur les dispositions légales françaises en matière de lutte contre le racisme. Elle a validé dans son ensemble l'économie des textes français. Ainsi, dans son arrêt *Soulas* du 10 juillet 2008[545] concernant l'article 24 alinéa 8 (antérieurement 6) de la loi du 29 juillet 1881, elle a estimé que même si les questions abordées dans le livre en cause étaient considérées comme d'intérêt général, dès l'instant que les problèmes liés à l'installation et à l'intégration des immigrés dans les pays d'accueil sont largement débattus, les juridictions françaises avaient justement sanctionné des propos donnant « *une image négative des communautés visées* », qui « *avaient pour objet de provoquer chez les lecteurs un sentiment de rejet et d'antagonisme* » à l'égard de certaines communautés. La Cour européenne a rappelé à cette occasion « *qu'il importe au plus haut point de lutter contre la discrimination raciale sous toutes ses formes et manifestations* ».

En écho à cette décision, il est éclairant de citer un extrait d'un jugement très motivé rendu le 24 novembre 2005 par la 17e chambre du TGI de Paris statuant sur la conformité des articles 24, 32 et 33 de la loi sur la presse avec l'article 10 de la Convention EDH. Selon ce jugement, le droit interne « *n'a nullement entendu soustraire les religions au droit de libre critique ou même de contestation – y compris la plus vive – dès lors que ces droits et liberté procèdent du débat d'idées. Les textes qui servent de fondement aux poursuites – lesquels, de nature pénale, doivent s'interpréter restrictivement – entendent, non pas incriminer, dans l'ordre de la liberté de conscience, l'offense qui serait faite à telle religion, tel symbole sacré ou telle divinité déterminée, – qui était punie par l'ancien droit sous l'appellation de blasphème – mais protéger la dignité d'une personne ou d'un groupe de personnes qui serait atteinte si* (…) *les personnes se trouvaient ramenées à des caractéristiques d'ordre général supposées leur dicter telle conduite ou intention spécifique* (…)[546] ».

Précisons enfin que depuis l'entrée en vigueur de la loi dite Perben du 9 mars 2004, ces infractions ne sont plus soumises à la prescription générale de trois mois applicable pour les infractions de presse, mais à une prescription d'un an, en application de l'article 65-3 de la loi du 29 juillet 1881.

L'impossibilité d'étendre la protection de la religion au-delà des dispositions limitatives prévues par la loi de 1881

Travers classique : lorsque les dispositions figurant dans la loi du 29 juillet 1881 ne suffisent pas aux yeux de certains, ils cherchent à les compléter par le recours aux

544 Une loi n° 2003-88 du 3 février 2003 aggrave aussi les peines de toute une série de délits lorsque l'infraction a un caractère raciste, antisémite ou xénophobe, *Légipresse* n° 199, mars 2003-IV, p. 15.

545 *Soulas et autres c/ France*, req. n° 15948 / 03.

546 TGI Paris, 17e ch., 24 novembre 2005, *CCE* 2006, comm. 32 obs. A. Lepage.

textes généraux tels que l'article 1382 du Code civil, ou l'article 809 du Code de procédure civile, afin de combler les espaces de liberté laissés par la loi sur la presse. Au nom de cette conception et de ce qu'on peut appeler « *l'idéologie du dommage* », tout peut être réparation, sanction ou répression. Cette problématique est bien connue et a été évoquée plus haut. C'est au nom de cette idéologie qu'on a cherché à créer de toutes pièces un « *droit au respect des croyances* » au-delà des infractions strictement définies par la loi du 29 juillet 1881. Un temps, la Cour de cassation a semblé ne pas voir cette construction intellectuelle d'un mauvais œil, cassant par exemple le refus de condamner en référé le film de Jean-Luc Godard intitulé *Je vous salue Marie*[547], au motif d'un trouble constitué par son seul caractère blessant. Mais, en 2001, la 2e chambre civile condamnait fermement le recours à l'article 1382 du Code civil pour contourner la loi du 29 juillet 1881[548]. Quelques années plus tard, dans l'affaire dite de *La Cène*, la Cour de cassation est revenue radicalement sur la solution retenue dans l'affaire *Je vous salue Marie*, en excluant aussi tout recours à l'article 809 du CPC pour le détournement d'une image religieuse dès l'instant que « *la seule parodie de la forme donnée à la représentation de la Cène qui n'avait pas pour objectif d'outrager les fidèles de confession catholique, ni de les atteindre dans leur considération en raison de leur obédience, ne constitue pas l'injure, attaque personnelle et directe dirigée contre un groupe de personnes à raison de leur appartenance religieuse*[549] ». On peut donc penser que ces tentatives pour faire revivre une forme contemporaine de délit de blasphème sous couvert des articles 809 du CPC et 1382 du Code civil ont heureusement échoué pour l'heure. Mais nul doute que d'autres initiatives jusqu'au-boutistes ressurgiront un jour sous une forme différente, au gré de l'imagination juridique fertile des plaideurs motivés[550].

§1. La provocation à la discrimination et à la haine raciale

Le texte

Aux termes de l'article 24 alinéa 8[551] de la loi du 29 juillet 1881, dans sa rédaction issue de la loi du 1er juillet 1972, sont punissables :
« *Ceux qui, par l'un des moyens dénoncés à l'article 23, auront provoqué à la discrimination, à la haine ou à la violence à l'égard d'une personne ou d'un groupe de personnes à raison de leur origine ou de leur appartenance ou de leur non-appartenance à une ethnie, une nation, une race ou une religion déterminée.* »

---

547 Civ. 1, 21 juillet 1987, pourvoi n° 85-15044. Voir aussi, plus ancienne, la fameuse affaire « Ave Maria » : TGI Paris, 23 octobre 1984, confirmé par CA Paris, 26 octobre 1984, *Gaz Pal.* 1984 II 727.

548 Civ. 2, 8 mars 2001, pourvoi n° 98-17574.

549 Cass. Civ. I, 14 novembre 2006, pourvoi n° 05-15822, *D.* 2007, p. 2072, note E. Dreyer ; *JCP* 2007-II-10041, note P. Malaurie. Et sur l'arrêt cassé : *JCP* 2005-II-10109, obs. P. Malaurie.

550 Sur la problématique envisagée du point de vue du droit pénal : T. Massis, « La liberté de conscience, le sentiment religieux et le droit pénal », *D.* 1992, chr. p. 113.

551 Nouvelle numérotation retenue par la Cour de cassation depuis Cass. Crim. 8 juin 2004, *Légipresse* 2004-I-125. Solution constante depuis lors.

La conformité de l'article 24 alinéa 8 avec les textes protecteurs des droits de l'homme

La Cour de cassation s'est prononcée à plusieurs reprises sur la conformité de cette incrimination avec la Convention EDH. La chambre criminelle a validé ce texte au regard des articles 10 et 14 de ladite Convention par plusieurs arrêts[552]. La Cour EDH a statué dans le même sens dans son arrêt *Soulas* évoqué ci-dessus.

Le refus d'une dérive vers un délit d'opinion

Le délit de provocation à la discrimination ou à la haine raciale n'est pas un délit d'opinion. Il ne s'agit certainement pas de sanctionner par ce délit toutes les opinions qui seraient d'inspiration raciste ou antisémite, mais seulement de pénaliser un type d'expression qui consiste à induire ou exalter des comportements portant atteinte à la personne. La manifestation d'opinions racistes qu'on pourrait qualifier de « *génériques* » échappe en principe à l'emprise de ce délit. On peut illustrer ce propos par une affaire qui a beaucoup agité les esprits dans le landerneau de l'antiracisme, concernant l'humoriste Siné, raillant l'opportunisme du fils de Nicolas Sarkozy, supposé s'être converti au judaïsme pour épouser une riche héritière de confession juive. Le tribunal de Lyon saisi par la Licra n'y a vu qu'un « *propos peut-être choquant sans être provocant au sens d'une provocation à un passage à l'acte ou à un rejet sentimental* », n'outrepassant pas les limites de la liberté d'expression[553].

Pour caractériser l'infraction, il faut donc caractériser une provocation à la discrimination ou à la haine raciale, élément matériel propre à constituer le délit. En revanche, et par application du principe d'interprétation stricte de la loi pénale, des manifestations d'opinions certes racistes, mais se bornant à s'exprimer dans le cadre d'un débat de fond sur l'immigration, par exemple, ne tomberont pas nécessairement sous le coup de la loi. La Cour de cassation a ainsi rappelé clairement que les restrictions à la liberté d'expression prévues par l'article 24 alinéa 8, étaient d'interprétation stricte et ne pouvaient être utilisées pour condamner un propos « *portant sur une question d'intérêt public relative aux difficultés d'intégration de la communauté rom* » [554]. De même, les éléments matériels du délit pourront être neutralisés dans un écrit ayant le caractère d'une fiction mettant en scène un personnage raciste, en raison de la distanciation inhérente au caractère fictionnel de l'œuvre[555]. Il reste que, quand le délit est constitué, il est semble-t-il exclusif de toute bonne foi[556].

Les exemples de relaxes prononcées afin d'éviter la dérive de l'article 24 alinéa 8 vers un ersatz de délit de blasphème ne manquent pas. Ainsi, tourner en dérision une

---

552 Crim. 13 mars 1989, *Bull. Crim.* n° 118 ; Crim. 13 juin 1995, *Bull. Crim.* n° 217 ; Crim. 13 novembre 2001, *Légipresse* 2002, III, 24 ; Cass. Crim. 6 mai 2003, pourvoi n° 02-81587 ; Cass. Crim. 20 juin 2006, pourvoi n° 05-86690.

553 TGI Lyon, 24 février 2009, *Légipresse* avril 2009, n° 260-I-n° 260-23.

554 Cass. Crim. 7 juin 2011, pourvoi n° 10-85179.

555 TGI Paris, 17e ch., 16 novembre 2006, *Légipresse* 2007-III-72 note A. Tricoire.

556 Cass. Crim. 6 mai 2003 précité.

religion, ses croyances, ses symboles et ses rites ne caractérise pas l'infraction[557], même en cas d'irrévérence et d'obscénité caractérisées, car il faut distinguer un tel acte de celui qui suscite un sentiment d'hostilité envers les adeptes de la religion eux-mêmes[558]. On peut ainsi admettre au nom d'un « *humour sommaire en vigueur dans les cours de récréation* » des propos ironiques et outranciers préconisant dans un journal satirique de redonner « *les chrétiens à bouffer aux lions*[559] ». De même, la Cour de cassation prend bien soin d'éviter que ce type de délits serve à empêcher des débats de société et tourne au délit d'opinion. On ne peut donc incriminer à ce titre l'expression « *pas de cathédrale à La Mecque, pas de mosquée à Strasbourg*[560] », ou le propos tenu par le président d'un grand groupe du CAC 40 expliquant que son entreprise favorise la diversité à l'embauche, car il se borne à exprimer « *une opinion sur l'importance de la diversité au sein d'une entreprise et la nécessité de rétablir un équilibre pour favoriser l'accès d'une catégorie de la population à certains postes dont elle se trouve habituellement écartée, et ne tend nullement à susciter un sentiment d'hostilité ou de rejet envers un groupe de personnes à raison d'une origine ou d'une religion déterminée, les Français de souche*[561] ».

Propos contenant une provocation ou une exhortation à commettre des actes

Pendant longtemps il a suffi que l'écrit incriminé soit de nature à faire naître dans l'esprit des lecteurs, un sentiment de rejet ou de haine pour que le délit soit constitué[562]. De manière générale, tous les écrits destinés à faire naître un tel sentiment à l'encontre des personnes ou des groupes de personnes protégées étaient ainsi susceptibles de tomber sous le coup de cette loi. Mais, dans ses arrêts les plus récents, la Cour de cassation a introduit plus de rigueur dans la définition de l'infraction. En effet, à la suite d'un arrêt rendu le 29 janvier 2008 par la chambre criminelle[563], il ne suffit plus que les propos incriminés soient destinés à faire naître un sentiment négatif, mais il faut qu'ils contiennent une provocation ou une exhortation à commettre des actes[564]. Cet arrêt, d'abord isolé, a été suivi d'une nouvelle décision dans le même sens rendue le 8 novembre 2011, rejetant la qualification de l'article 24 alinéa 8 aux motifs que les propos poursuivis « *ne contiennent néanmoins aucun appel ni aucune exhortation à la discrimination, à la haine et à la violence* » à l'encontre du

---

557 Cass. Civ. 2, 8 mars 2001, pourvoi n° 98-17574.

558 Cass. Crim. 7 décembre 1993, pourvoi n° 92-84439.

559 Cass. Crim. 15 mars 2011, pourvoi n° 10-82809.

560 Cass. Crim. 30 mai 2007, pourvoi n° 06-84328.

561 Motivation approuvée par la chambre criminelle : Cass. Crim. 22 novembre 2011, pourvoi n° 10-81771.

562 Voir par exemple : Cass. Crim. 12 avril 1976 ; *Bull. Crim.* n° 112.

563 Crim. 29 janvier 2008, *Bull. Crim.* 2008, n° 25.

564 Ce qui a pu être jugé le cas pour, par exemple, l'incitation à un acte de boycott : Crim. 28 septembre 2004, pourvoi n° 03-87450 ; Crim. 22 mai 2012, pourvoi n° 10-88315, *CCE* 2012 comm. 100 obs. A. Lepage, AJ Pénal p. 592 note G. Poissonnier et F. Dubuisson, *RSC* 2012 p. 610 obs. J. Francillon. Mais cela suscite une discussion réelle, évoquée plus bas. Il reste que certains arrêts récents semblent encore approuver des condamnations reposant sur l'ancienne définition du délit, voir par exemple : Crim. 22 juin 2010, pourvoi n° 10-82337.

groupe de personnes concerné[565]. Cette rigueur renforcée est aujourd'hui partagée par les juges du fond[566].

Certaines situations continuent à susciter la controverse, car elles s'insèrent dans une problématique géopolitique complexe et passionnée. C'est notamment le cas de l'incitation au boycott des produits israéliens. Un arrêt rendu le 24 mai 2012 par la cour d'appel de Paris résume bien les positions antagonistes sur ce point[567]. La prévenue contestait la qualification au motif que « *le boycott est un mode de protestation à caractère pacifique qui vise en l'espèce non les citoyens israéliens, mais la politique suivie par leurs gouvernements* ». Les parties civiles soutenaient quant à elles que le délit était constitué, car « *l'appel au boycott vise en réalité les producteurs israéliens à raison de leur appartenance à l'État d'Israël* », de sorte que de tels actes « *suggèrent des réflexes de haine et de violence à l'encontre d'une catégorie de la population de confession juive* ». Ces deux opinions radicalement contraires sont de notre point de vue l'une et l'autre recevables. Dans cette affaire, la cour a estimé qu'un tel appel, pour des motifs politiques d'intérêt général en vue d'un règlement pacifique de la question palestinienne, relève de « *la critique pacifique de la politique d'un État* » et ne caractérise pas le délit. Mais il existe d'autres arrêts tout aussi récents[568] qui condamnent de telles incitations, et le contexte extrinsèque à l'appel au boycott a certainement une incidence majeure sur la qualification.

Les personnes et groupes de personnes protégées

Pour tomber sous le coup de l'article 24 alinéa 8 de la loi du 29 juillet, les faits doivent aussi viser une personne ou un groupe de personnes déterminé à raison « *de leur origine ou de leur appartenance ou de leur non-appartenance à une ethnie, une nation, une race ou une religion déterminée* ». Cette énumération est limitative et n'englobe pas l'origine sociale[569], ou une communauté déterminée par son engagement politique telle que les Harkis[570]. L'infraction n'est pas non plus constituée en cas de mise en cause de la communauté corse[571]. Cette détermination du groupe de personnes visées est un véritable élément constitutif du délit[572]. Le groupe doit par ailleurs être visé en tant que tel, ce qui n'est pas le cas si les propos ne mettent en cause que ses

---

565 Crim. 8 novembre 2011, pourvoi n° 09-88007.

566 CA Paris, 25 mars 2010, *Albin Michel c/ Licra*, RG n° 09/02473, inédit. Voir également TGI Paris, 17e ch., 18 février 2011, *Zemmour c/ SOS Racisme, Légipresse* 2011, p. 240 note E. Derieux, déclarant le délit constitué à raison d'une exhortation à commettre des délits de faciès discriminatoires.

567 CA Paris, pôle 2-7, dossier 11/06623, 24 mai 2012, *Jurisdata* 2012-012150, frappé de pourvoi.

568 Crim. 28 septembre 2004, pourvoi n° 03-87450 ; Crim. 22 mai 2012, pourvoi n° 10-88315, précités.

569 Crim. 27 septembre 2005, pourvoi n° 05-80123, approuvant un refus d'informer concernant l'expression « *aristocrate décadent* » !

570 Cass. Crim. 31 mars 2009, pourvoi n° 07-86892 ; Cass. Crim. 23 juin 2009, pourvoi n° 08-85651, *CCE* 2009, comm. 103.

571 Cass. Crim. 3 déc. 2002, *Bull. Crim.* n° 218.

572 Voir par exemple Crim, 30 mai 2007, pourvoi n° 84-328 ; Crim. 1er mars 2011, rejetant la qualification, car le groupe visé est insuffisamment déterminé, pourvoi n° 10-83267.

dirigeants[573], ou seulement certains éléments extrémistes[574] ou délinquants[575]. Enfin, on ne peut pas confondre les personnes elles-mêmes et le pays dont elles ont la nationalité. Ainsi, la Cour de cassation a cassé une condamnation prononcée pour l'expression « *J'baiserai la France jusqu'à ce qu'elle m'aime* », car il n'était pas établi que cette expression visait « *les Français en tant que groupe constitutif d'une nation*[576] ».

Peines applicables

Bien que ce délit soit prévu par l'article 24 de la loi du 29 juillet 1881, les peines applicables sont différentes de celles prévues pour les autres infractions visées par ce texte. Il ne s'agit que d'une peine d'un an d'emprisonnement et d'une amende de 45 000 euros. Par ailleurs, la privation des droits civiques et l'affichage ou la diffusion de la décision pourront être prononcés.

Il n'est pas inintéressant d'observer à cet égard que la position occupée par le prévenu peut être un facteur d'aggravation des faits, en particulier lorsqu'il s'agit d'un homme politique d'envergure nationale. C'est l'enseignement d'une décision rendue par la Cour de Strasbourg le 16 juillet 2009, dans une affaire *Feret c/ Belgique*. Selon cette décision, « *les discours politiques qui incitent à la haine fondés sur les préjugés religieux, ethniques ou culturels représentent un danger pour la paix sociale et la stabilité politique dans les États démocratiques* ». La Cour ajoute que « *la qualité de parlementaire du requérant ne saurait être considérée comme une circonstance atténuant sa responsabilité* (...) *les politiciens devraient être particulièrement attentifs à la défense de la démocratie et de ses principes, car leur objectif ultime est la prise même du pouvoir* ». Ainsi « *l'incitation à l'exclusion des étrangers constitue une atteinte fondamentale aux droits des personnes et devrait par conséquent justifier des précautions particulières de tous, y compris des hommes politiques*[577] ».

§2. Les diffamations et injures raciales

Philosophie des textes

À côté des diffamations et injures ordinaires déjà évoquées, la loi du 1er juillet 1972 a pénalisé plus lourdement ces infractions lorsqu'elles obéissent à des considérations raciales. Là encore, il ne s'agit pas de pénaliser l'expression de toute opinion raciste, mais d'incriminer plus sévèrement certains types d'infractions commises à l'encontre d'une personne, à raison de son appartenance ou de sa non-appartenance « *à une ethnie, une nation, une race ou une religion déterminée* ».

---

573 Crim. 5 mars 2002, *Bull.* n° 54 pour les dirigeants serbes.

574 Voir par exemple en ce sens l'arrêt rendu par la cour d'appel de Paris dans l'affaire des caricatures, cité ci-dessous. *Adde :* TGI Nanterre 14e ch. 5 avril 2011, *Légipresse* n° 286-18, p. 465 pour une image diffusée par le Front national visant à dénoncer l'islamisme.

575 TGI Paris 17e ch., 18 février 2011, *Zemmour c/ SOS Racisme, Légipresse* 2011, p. 240, note E. Derieux, sur le terrain de la diffamation raciale.

576 Crim. 1er mars 2011, pourvoi n° 10-83267.

577 CEDH, 16 juillet 2009, *Feret c/ Belgique,* requête n° 15615/07.

Pour le reste, les éléments constitutifs de chacun de ces délits doivent être caractérisés. Ainsi, la diffamation raciale ne sera pas constituée en présence de propos généraux n'imputant pas des faits suffisamment précis[578], ou en cas de multiples interprétations dont aucune ne s'impose immédiatement[579]. L'injure raciale supposera de la même manière de caractériser une invective, un terme de mépris ou une injure ce qui est large et tend à donner à cette qualification un rôle de « voiture-balai » dans le domaine du racisme et de l'antisémitisme. Cette qualification permet par exemple de sanctionner pénalement le fait de tourner en dérision la déportation et l'extermination des juifs[580].

La conformité de ces infractions avec les textes protecteurs des droits de l'homme

La chambre criminelle de la Cour de cassation considère que ces infractions sont conformes à la Convention européenne des droits de l'homme[581]. Et l'on peut déduire de l'arrêt *Soulas* rendu le 10 juillet 2008[582] par la Cour de Strasbourg qu'en elle-même, l'économie de ces deux délits n'a pas de raison d'être remise frontalement en cause par les juges européens. Dans sa balance des intérêts, la Cour européenne a rappelé dans cette décision « *qu'il importe au plus haut point de lutter contre la discrimination raciale sous toutes ses formes et manifestations* ».

La diffamation ou l'injure doivent viser une personne ou un groupe de personnes et non une croyance, une divinité ou une religion

La diffamation et l'injure sont des infractions envers les personnes. C'est pourquoi la simple mise en cause d'une religion ou d'une croyance ne constitue pas le délit. Ainsi, l'association de l'image d'une religieuse à l'expression « *Sainte-Capote* » est de l'ordre de l'opinion au regard de la position prise par l'épiscopat sur le port du préservatif[583] et n'est pas une injure envers les catholiques en tant que groupe de personnes. De même, l'expression employée par l'écrivain Michel Houellebecq selon laquelle l'Islam est « *la religion la plus con* », ne peut constituer le délit d'injure raciale, car elle « *ne revient nullement à affirmer ni à sous-entendre que tous les musulmans devraient être ainsi qualifiés* », et constitue simplement une « *appréciation* » portant uniquement sur « *une religion considérée comme système de pensée, et comparée à d'autres*[584] ». Dans tous ces cas, c'est la liberté d'opinion qui a prévalu, même si la sensibilité de certains croyants a pu être heurtée.

---

578 Crim. 3 juin 2004, pourvoi n° 01-17478, concernant des propos relatifs à l'influence du « *lobby juif* ». Voir aussi, dans le même sens, TGI Paris, 28 janvier 2005, *Légipresse* 2005-I-45.

579 CA Paris, 11e ch. A, *AGRIF c/ Costa-Gavras,* 3 novembre 2004, concernant l'affiche du film *Amen*, montrant un croix chrétienne et une croix gammée entremêlées : *Légipresse* 2005-I-63.

580 Cass. Crim. 16 octobre 2012, pourvoi n° 11-866.

581 Cass. Crim. 13 juin 1995, *Bull. Crim.* n° 217.

582 Précité.

583 Cass. Crim. 14 février 2006, pourvoi n° 05-81932.

584 TGI Paris, 17e ch., 22 octobre 2002, affaire n° 0132602861.

Une affaire mettant en cause l'humoriste Dieudonné ayant donné lieu à l'intervention de l'assemblée plénière de la Cour de cassation est assez symptomatique de la difficulté à arbitrer parfois entre la revendication d'un débat d'idées et la mise en cause des personnes. L'intéressé était poursuivi sur le terrain de l'injure pour avoir affirmé « *pour moi, les juifs c'est une secte, une escroquerie. C'est une des plus graves parce que c'est la première* ». La Cour d'appel de Paris jugeait une première fois que ces invectives « *ne s'adressaient pas à la communauté juive en tant que telle*[585] ». La chambre criminelle cassait cet arrêt en estimant que ces propos visaient la communauté juive, aux termes d'un arrêt du 15 mars 2005[586]. Mais, la cour de renvoi résistait en estimant que ces propos « *relèvent d'un débat théorique sur l'influence des religions et ne constituent pas une attaque dirigée contre la communauté juive en tant que communauté humaine*[587] ». C'est finalement l'assemblée plénière qui devait trancher cette controverse en estimant que l'expression « *ne relève pas de la libre critique du fait religieux, participant d'un débat d'intérêt général mais constitue une injure visant un groupe de personnes*[588] ». Et il faut bien dire que les deux positions avaient pour elles de sérieux arguments juridiques. D'ailleurs, dans une autre affaire ayant également fait parler d'elle, concernant une poursuite engagée notamment contre le sociologue Edgard Morin, la Cour de cassation a bien rappelé qu'un article critiquant la politique menée par le gouvernement israélien à l'égard des Palestiniens ne se confondait pas avec une imputation de faits précis à l'encontre de la communauté juive[589].

L'affaire dite des caricatures de Mahomet mérite aussi d'être évoquée sur ce point car, rarement, affaire de presse aura autant déchaîné les passions. Le dessin en cause représentait, chacun s'en souvient, le prophète Mahomet affublé d'une bombe dans son turban. Pour les demandeurs, cela assimilait les musulmans en tant que groupe de personnes au terrorisme et ce dessin constituait une injure raciale. Pour le journal *Charlie Hebdo* en revanche, cela visait à dénoncer les mouvements terroristes prétendant agir au nom de l'Islam, mais ne visait pas la communauté musulmane dans son ensemble. Par jugement du 22 mars 2007, le tribunal de Paris rappelait d'abord le principe fondamental selon lequel « *en France, société laïque et pluraliste, le respect de toutes les croyances va de pair avec la liberté de critiquer les religions quelles qu'elles soient et avec celle de représenter des sujets ou objets de vénération religieuse ; le délit de blasphème, qui outrage la divinité ou la religion, n'y est pas réprimé, à la différence de l'injure dès lors qu'elle constitue une attaque personnelle et directe dirigée contre une personne ou un groupe de personnes à raison de son appartenance religieuse* ». Ce faisant, le tribunal disait le délit formellement constitué, car le dessin laissait « *clairement entendre que cette violence terroriste serait formellement inhérente à la religion*

585 CA Paris, 11e ch., 30 juin 2004.
586 Cass. Crim. 15 mars 2005, pourvoi n° 04-84463.
587 CA Paris, 9 février 2006, n° 05/03414, *JurisData* 2006-334144.
588 Cass. AP, 16 février 2007, pourvoi n° 06-81785.
589 Cass. Civ.1, 12 juillet 2006, pourvoi n° 05-17704.

musulmane ». Ce jugement estimait toutefois que les limites de la liberté d'expression n'avaient pas été dépassées[590]. En appel, la cour devait au contraire considérer que le délit n'était pas constitué, car les caricatures visaient *« clairement une fraction et non l'ensemble de la communauté musulmane*[591] ». Ainsi, tant le tribunal que la cour d'appel ont trouvé la qualification à retenir « claire », mais ont retenu des solutions… opposées ! Là encore, les thèses qui s'affrontaient avaient chacune de solides arguments juridiques à faire valoir sur le terrain de la qualification.

L'inspiration raciste ou antisémite du délit : élément constitutif de l'infraction

La diffamation et l'injure raciale restent avant tout une diffamation et une injure. Les éléments constitutifs de ces délits déjà évoqués doivent donc être caractérisés. Ces infractions contiennent toutefois un élément constitutif supplémentaire qui résulte lui-même de la conjonction de deux éléments.

En premier lieu, doit être caractérisée l'appartenance ou la non-appartenance de la personne ou du groupe de personnes visées à une ethnie, une nation, une race ou une religion déterminée[592].

En second lieu, et surtout, l'atteinte à l'honneur et à la considération dans le cas de la diffamation, ou le mépris, l'outrage ou l'invective dans le cas de l'injure, doivent être liés intellectuellement à cette appartenance ou cette non-appartenance afin de caractériser la diffamation raciale. La personne ou le groupe de personnes visés doivent l'être « *à raison* » de cette considération raciale. Cette condition est parfois l'occasion de distinctions subtiles. Ainsi, viser les harkis, non pas du fait de leur origine ethnique ou religieuse musulmane, mais pour leurs choix politiques au moment de la guerre d'Algérie, est de nature à écarter la qualification d'injure raciale[593].

Cette condition peut relever d'un choix très compliqué, et pour tout dire aléatoire. L'affaire *Gros zébu fou*, est un exemple topique à cet égard. Jean-Marie Le Pen avait qualifié Fodé Sylla, ancien président de SOS Racisme d'origine africaine, de « *gros zébu fou* ». Fallait-il considérer comme le soutenait la partie civile, que cette injure faisant intervenir un animal de la savane africaine avait été choisie à raison des origines de l'intéressé, ou au contraire estimer, avec le prévenu, qu'il ne s'agissait que d'une référence à un animal ardent, et non aux origines africaines de M. Sylla, excluant par là même le caractère racial de l'injure ? La cour d'appel de Paris a tranché en faveur de la première solution en considérant que cet animal était assimilé dans

590 TGI Paris, 17e ch., 22 mars 2007, *JCP* 2007-II-10079 note Derieux ; *CCE* 2007, comm. 74 obs. A. Lepage, *RSC* 2007 p. 564 obs. J. Francillon.

591 CA Paris, 11e ch. A, 12 mars 2008 n° 07/02873, *Légipresse* n° 252 juin 2008, III p. 107, note H. Leclerc.

592 Lorsque la détermination du groupe visé manque, le délit n'est pas constitué. Voir par exemple pour la communauté corse : Cass. Crim. 3 décembre 2002, *Légipresse* n° 199, mars 2003-I, p. 22, n° 199-05.

593 Crim. 12 septembre 2000, pourvoi n° 99-82281.

le langage courant à un « *bovidé de la faune africaine* », de sorte que les origines africaines de la partie civile étaient à l'évidence visées, M. Le Pen ayant pu choisir d'autres animaux plus connus du public pour évoquer un animal ardent[594]. Il n'y a effectivement rarement de hasard en ce domaine…

L'exclusion de l'exception de vérité

Le régime juridique du délit de diffamation raciale comporte une spécificité de procédure puisqu'il a été jugé que le prévenu ne pouvait pas rapporter la preuve de la vérité de l'imputation diffamatoire[595]. Admettre cette preuve aurait consisté à admettre qu'un prévenu démontre le bien-fondé de son expression raciste. C'eut été manifestement contraire à l'inspiration humaniste de la loi de 1972[596].

L'aggravation des peines

La diffamation et l'injure raciales comportent des peines aggravées par rapport aux mêmes infractions commises envers de simples particuliers. En effet, les deux textes continuent à prévoir une peine d'emprisonnement de six mois pour l'injure raciale, et d'un an pour la diffamation raciale, ainsi qu'une amende de 22 500 euros pour la première et de 45 000 euros pour la seconde.

§3. Le droit d'agir des associations

Pour toutes les infractions commises publiquement destinées à lutter contre le racisme et l'antisémitisme, à savoir la provocation à la haine et à la discrimination raciale (article 24 alinéa 8), la diffamation raciale (article 32 alinéa 2), et l'injure raciale (article 33 alinéa 3), les associations de lutte contre le racisme régulièrement déclarées depuis au moins cinq ans à la date des faits peuvent agir en exerçant les droits reconnus à la partie civile afin de faire sanctionner les délits commis, en application de l'article 48-1 de la loi du 29 juillet 1881[597]. Les associations étrangères peuvent semble-t-il revendiquer le bénéfice de ce texte[598]. Cette action peut également s'exercer par voie d'intervention volontaire dans une procédure engagée par une autre association ou par le parquet, contrairement au régime général de poursuite des infractions prévues par la loi sur la presse[599]. Pour le reste, ce droit d'agir est

---

594 CA Paris, 11e ch. A, 7 janvier 1998, dossier 97/06723 ; et sur pourvoi : Crim. 13 avril 1999, pourvoi n° 98-81625.

595 CA Paris, 28 septembre 1995, *DP* 1996, 37 ; Crim. 16 mars 2004, pourvoi n° 03-82828, *Bull. Crim.* n° 67, Crim. 3 juin 2004, pourvoi n° 01-17478, Crim. 28 mars 2006, pourvoi n° 05-80634, ce qui n'enlève rien au fait que pour être constitué le délit de diffamation raciale doit comporter l'articulation de faits précis de nature à être sans difficulté l'objet d'un débat probatoire.

596 Cass. Crim. 11 juillet 1972, *Bull. Crim.* n° 236.

597 Mais ce droit d'agir ne s'étend pas aux injures ou diffamations raciales non publiques : Cass. Crim. 27 novembre 2012, pourvoi n° 11-86982.

598 TGI Paris, 15 septembre 2009, n° 09/04908014, inédit.

599 Cass. Crim. 12 octobre 2010, pourvoi n° 10-80825, *CCE* 2011, Chronique III, n° 9 et nos observations. Cette possibilité d'intervention volontaire est une exception pour les infractions à la loi du 29 juillet 1881 : sur le régime général prohibant ces interventions : Cass. Crim. 10 mai 2006, pourvoi n° 05-81403, *CCE* 2007, Chronique III, n° 10 et nos observations.

dérogatoire et ne s'applique, selon la Cour de cassation, qu'aux « *délits limitativement énumérés* » par l'article 48-1[600].

Ce droit d'agir des associations est très largement utilisé. C'est même le principal vecteur d'application des différentes dispositions visant à lutter contre le racisme et l'antisémitisme, le parquet ayant d'une certaine manière abandonné aux associations de lutte contre le racisme l'opportunité d'agir, ce qui a pu dans certains cas favoriser des excès.

Ce droit d'action comporte toutefois une réserve lorsque l'infraction vise une personne individuelle. En ce cas, une association ne pourra engager une procédure que si elle justifie avoir reçu l'accord de la personne visée par l'infraction. Il s'agit là d'une condition de recevabilité de l'action.

■ **SOUS-SECTION 5**. LA LUTTE CONTRE LE SEXISME, L'HANDIPHOBIE ET L'HOMOPHOBIE

Généralités

C'est par une loi du 30 décembre 2004 que le législateur a introduit dans la loi du 29 juillet 1881 des dispositions destinées à lutter contre l'homophobie, l'handiphobie et le sexisme. Le modèle retenu par le législateur est clairement celui de la lutte contre le racisme et l'antisémitisme, tant dans la détermination des comportements incriminés, que dans le régime et la sanction des infractions édictées à cette occasion. Sont ainsi incriminées trois infractions : la provocation à la discrimination, à la haine et à la violence (article 24 alinéa 9), la diffamation (article 32 alinéa 3), et l'injure (article 33 alinéa 4), à raison du sexe, du handicap ou de l'orientation sexuelle. Il y a lieu de renvoyer, s'agissant du régime de ces trois infractions, à ce qui a été indiqué plus haut en matière de racisme, car à notre sens, l'analogie est parfaite. Il en est de même pour les peines, qui sont identiques.

Alors que ces infractions sont depuis l'origine soumises à la prescription classique de trois mois, une proposition de loi adoptée par le Sénat le 7 février 2013 étend à ces infractions la prescription d'un an prévue à l'article 65-3 de la loi sur la presse, achevant ainsi d'aligner leur régime sur celui de la lutte contre le racisme[601]. Cette proposition est désormais renvoyée à l'Assemblée nationale pour 2e lecture.

Le rejet d'une dérive vers des délits d'opinion

À l'image des dispositions destinées à lutter contre le racisme, ce type d'infractions ne doit pas dériver vers le délit d'opinion. Si la jurisprudence en matière de racisme est fournie, le contentieux concernant le sexisme et l'homophobie est en revanche très rare. Il ne fait toutefois aucun doute que les infractions édictées par la loi du

---

600 Cass. Crim. 27 novembre 2012 précité.

601 Proposition de loi n° 711 déposée le 7 février 2013 à l'Assemblée nationale.

30 décembre 2004 sont d'interprétation restrictive[602] et ne doivent pas conduire à empêcher tout débat sur des sujets de société importants tels que le mariage homosexuel ou l'adoption par des couples de même sexe. Cela est d'autant plus vrai que contrairement à la lutte contre toutes les formes de racisme ou d'antisémitisme qui est l'objet d'un consensus évident chez tous ceux qui se revendiquent de la tradition républicaine et rejettent les extrémismes, le vieux fond de conservatisme de tradition chrétienne encore très présent dans la société française, particulièrement à droite de l'échiquier politique, n'a pas pour l'instant permis à la communauté homosexuelle de conquérir une véritable égalité de droits. Il importe donc que toutes les opinions puissent s'exprimer dans le cadre des importants débats qui agitent la société concernant les revendications d'une stricte égalité de statut[603].

C'est certainement dans ce cadre qu'il faut inscrire l'unique décision rendue par la Cour de cassation en cette matière, à l'occasion d'une affaire emblématique concernant le député Christian Vanneste, fer de lance de la lutte contre la revendication d'égalité des droits de la communauté homosexuelle. Ce dernier était poursuivi pour avoir notamment affirmé : *« Je n'ai pas dit que l'homosexualité était dangereuse, j'ai dit qu'elle était inférieure à l'hétérosexualité. Si on la poussait à l'universel, ce serait dangereux pour l'humanité »* et *« Je critique les comportements, je dis qu'ils sont inférieurs moralement »*. Alors que la cour d'appel avait considéré ces propos comme *« offensants et contraires à la dignité des personnes visées en ce qu'ils tendaient à souligner l'infériorité morale de l'homosexualité alors que les fondements philosophiques de ce jugement de valeur ne s'inscrivaient pas dans un débat de pensée*[604] », cet arrêt a été cassé par la chambre criminelle de la Cour de cassation, au visa notamment de l'article 10 de la Convention européenne des droits de l'homme, car *« si les propos litigieux, (…) ont pu heurter la sensibilité de certaines personnes homosexuelles, leur contenu ne dépasse pas les limites de la liberté d'expression*[605] ».

Le droit d'agir des associations

Comme en matière de lutte contre le racisme, un droit d'agir a été accordé aux associations luttant pour les droits des homosexuels, des femmes ou des handicapés, qui sont un élément très important du puzzle répressif mis en place. Ce droit d'agir est prévu aux articles 48-4 à 48-6 de la loi du 29 juillet 1881. Son régime est calqué sur celui de l'article 48-1.

602 Voir en ce sens expressément, Cass. Crim. 12 novembre 2008, pourvoi n° 07-83398 évoqué plus bas.

603 Sur ce point, voir notre tribune : C. Bigot, « Sexisme, homophobie et liberté d'expression », *Légipresse* 2004 n° 209-I-35 ; J.-Y. Monfort, « Les nouvelles incriminations de la loi du 30 décembre 2004 au regard de la liberté d'expression et des droits de l'homme », *Gaz. Pal.* 17 déc. 2005. Doctr. 2 ; et J.-Y.Monfort, « Les nouveaux délits de presse introduits par la loi du 30 décembre 2004, au regard de la liberté d'expression et des droits de l'homme », *Légicom* n° 35, 2006/1.

604 CA Douai, 25 janvier 2007, *CCE* 2007, comm. 112, obs. A. Lepage.

605 Cass. Crim. 12 novembre 2008, pourvoi n° 07-83398, *JCP* 2008-II-10206, note E. Dreyer ; *CCE* 2009, comm. 8 obs. A. Lepage ; *Légipresse* n° 258 janvier 2009-III-12, note G. Tillement.

Chapitre 3
Les règles de poursuite relatives aux infractions prévues par la loi du 29 juillet 1881

Généralités

La loi du 29 juillet 1881 est une loi particulièrement formaliste. À l'image de quelques autres matières, elle érige la rigueur sur la forme en vertu cardinale et, sur bien des points, opère de manière singulière en s'écartant du droit commun de la procédure, tant au plan pénal qu'au plan civil, par des dispositions sanctionnées par la nullité des poursuites. Or il n'est souvent plus possible d'engager une nouvelle action judiciaire après annulation, en raison du délai de prescription de trois mois. La loi sur la presse est ainsi devenue une bête noire, de sorte que de nombreux avocats ont radicalement renoncé à s'y aventurer afin d'éviter de commettre des erreurs. En réalité, il apparaît que la menace est assez largement surestimée, même s'il est vrai que la défense des organes de presse obtient gain de cause dans un nombre important de cas grâce à des moyens de pure procédure. L'observation statistique oblige en effet à relativiser, comme cela a été démontré pour la première fois à notre connaissance dans une étude aux conclusions incontestables publiée en 2011[606].

Ce formalisme est vilipendé par certains comme une sorte de privilège de la presse. La première chambre civile de la Cour de cassation a repris ce credo et en a fait un cheval de bataille depuis quelques années, s'attachant à neutraliser dès qu'elle en a l'occasion les mécanismes de procédure destinés à garantir les droits de la défense. L'assemblée plénière vient de mettre un terme à cette dérive le 15 février 2013 (voir plus loin). Se mêlent dans ces attaques récurrentes[607] une composante idéologique très présente, inspiratrice fondamentale des critiques, selon laquelle la presse bénéficie d'une forme d'impunité, et une composante de philosophie du droit visant à privilégier un autre modèle de régulation juridique de la presse, inspirée de la responsabilité civile.

Mais il ne faut jamais perdre de vue que ces règles de forme ont leur contrepartie et sont contrebalancées par la présomption de mauvaise foi qui est édictée sur le fondement de plusieurs infractions relevant de la loi du 29 juillet 1881, notamment en matière de diffamation et d'injure, délits représentant au bas mot 90 % du contentieux de presse. Finalement, la défense des organes de presse trouve ainsi, sur le plan de la forme, l'occasion de rééquilibrer des procès souvent déséquilibrés au fond par suite de cette présomption de mauvaise foi.

---

606 N. Bonnal, « Les chausse-trappes procédurales de la loi de 1881, mythe ou réalité ? Essai d'étude statistique », *Légipresse* 2011 p. 665, dont le contenu est détaillé plus bas.

607 Dont les principaux porte-paroles ces dernières années sont les professeurs E. Derieux et E. Dreyer. Voir aussi la thèse de B. Beignier, *L'honneur et le droit*, LGDJ 1995. Voir encore récemment, E. Dreyer, « L'accès au juge civil en matière de presse », *Légipresse* n° 291, février 2012, p. 83.

La pratique

Au-delà des fantasmes véhiculés dans le but de stigmatiser une procédure qui serait exagérément protectrice des organes de presse, il existe depuis peu une étude statistique concernant les prétendues « chausse-trappes » mises en place par la loi du 29 juillet 1881[608]. Cette étude statistique, réalisée par un magistrat ayant officié près de 10 ans à la 17e chambre du TGI de Paris, n'est à notre sens pas sérieusement contestable. Il en résulte que sur le contentieux global d'une année entière au TGI de Paris, soit sur 237 décisions, un quart seulement (25,30 % exactement) statuent sur un moyen de procédure. Ainsi, les trois quarts du contentieux ne sont pas impactés du tout par le formalisme procédural de la loi du 29 juillet 1881. Et, lorsqu'on analyse les décisions ayant statué sur des questions de procédure, on relève que dans plus de la moitié des cas les moyens ont été rejetés purement et simplement. Ainsi, au final, sur l'ensemble du contentieux, la rigueur procédurale de la loi du 29 juillet 1881 n'a conduit le tribunal à invalider définitivement la procédure que dans 7,60 % du total du contentieux. Il serait intellectuellement malhonnête, dans un tel contexte, de continuer à affirmer que la partie procédurale de la loi du 29 juillet 1881 entraîne une impunité généralisée, sans tenir compte de cette réalité judiciaire incontestable.

La double nature des procédures en matière de presse

Il convient d'avoir systématiquement à l'esprit que les procédures en matière de presse ne sont pas toutes des procédures pénales, loin s'en faut, et que bon nombre d'affaires de presse sont en réalité jugées par la juridiction civile. Il y a ainsi une dualité juridictionnelle, mais cette compétence civile est parfois écartée par des dispositions de procédure très précises figurant aux articles 46 à 48 de la loi du 29 juillet 1881. Enfin, le juge des référés est parfois sollicité dans l'urgence et peut être amené à intervenir dans quelques cas névralgiques, en principe exceptionnels.

■ SECTION 1. LA DÉTERMINATION DES RESPONSABLES

Généralités sur la « cascade »

Quel que soit le média en cause, les infractions à la loi du 29 juillet 1881 obéissent à des règles de détermination des responsables très originales et très strictes, qui sont prévues soit par la loi sur la presse elle-même, soit par ses appendices dans le domaine audiovisuel ou numérique. Ce système prévoit en effet un mécanisme de recherche des responsabilités qui doit toujours aboutir, en principe, à désigner un responsable.

Mais si ces mécanismes excluent de rechercher un auteur principal autrement que par le recours à ce système de désignation, ils n'excluent pas de rechercher un complice, par application du droit commun de la complicité, en particulier pour appréhender la responsabilité personnelle de l'interviewé, cas particulièrement fréquent. Les mécanismes de cascade réservent expressément cette application de la

608 N. Bonnal, article précité

complicité de droit commun, en vertu des articles 43 de la loi du 29 juillet 1881, et 93-3 alinéa 4 de la loi du 29 juillet 1982. Pour la caractériser, il faut établir selon la Cour de cassation « *des faits personnels, positifs et conscients de complicité*[609] », qui peuvent être constitués par un acte de volonté ou à tout le moins de permission de publier des propos diffamatoires[610], ou de manière générale par « *la participation matérielle et intentionnelle à la publication incriminée, par fourniture de moyens, sachant que ceux-ci devaient y servir*[611] ».

Le cas particulier des organes de presse étrangers

L'engagement d'une procédure en France à l'encontre d'organes de presse ou tout autre éditeur de contenus étrangers est loin d'être une hypothèse d'école. En effet, comme nous le verrons, les tribunaux français se reconnaissent généralement compétents pour connaître de toute infraction commise à l'occasion d'un média accessible sur le territoire français, au moins à raison de sa diffusion en France. C'est pourquoi il n'est pas superflu de se demander si ces systèmes de cascades sont applicables aux personnes étrangères.

Dans un arrêt du 25 octobre 2005[612], la chambre criminelle de la Cour de cassation a jugé d'une manière parfaitement claire que « *La responsabilité en cascade, prévue par l'article 42 de la loi du 29 juillet 1881, ne s'applique que lorsque le journal est imprimé et publié en France* ». En statuant ainsi en faveur d'une application uniquement territoriale du mécanisme de la cascade en matière de presse, la Cour de cassation s'aligne d'ailleurs sur la position retenue par les juges du fond[613], qui avaient déjà admis que « *s'agissant d'un journal étranger introduit en France, les règles du droit commun se substituent aux dispositions de l'article 42 de la loi du 29 juillet 1881* », ou que « *l'article 42 de la loi du 29 juillet 1881 (...) n'est pas applicable lorsqu'il s'agit comme en l'espèce de journaux imprimés ou publiés à l'étranger* ».

Cette situation ne conduit pas à l'impunité, mais simplement à la détermination de la responsabilité personnelle selon les formes et conditions du droit commun de la détermination de l'auteur d'une infraction. Faut-il étendre ce principe de la territorialité de la cascade aux autres supports, en particulier audiovisuels ou numériques ? À la vérité, on ne perçoit pas les raisons pour lesquelles cette territorialité devrait être remise en cause lorsqu'il s'agit des mécanismes institués dans le domaine de l'audiovisuel ou de l'internet en vertu des articles 93-2 et 93-3 de la loi du 29 juillet 1982. Il y a lieu de rappeler à cet égard l'identité parfaite de rédaction existant entre l'article 6 de la loi du 29 juillet 1881 (« *toute publication de presse doit avoir un directeur*

---

609 Cass. Crim. 11 mai 2010, pourvoi n° 09-87070.

610 Cass. Crim. 30 mars 2005, pourvoi n° 04-85048, Cass. Crim. 12 juin 2007, pourvoi n° 06-82865.

611 Cass. Crim. 7 juin 2006, pourvoi n° 05-86616.

612 Pourvoi n° 04-82400.

613 CA Paris, 11e ch. A, 16 mai 1990, *JurisData* 1990-023163; CA Paris 11e ch. B, 23 avril 1998, *JurisData* n° 1998-930123, *D.* 1998, IR p. 174.

de la publication ») pour la presse écrite, et l'article 93-2 de la loi du 29 juillet 1982 pour les services de communication au public par voie électronique. Aucun argument objectif ne permet donc de retenir des solutions divergentes, et juger différemment reviendrait à introduire une inégalité disproportionnée entre les supports devant la loi. D'ailleurs, dans un jugement déjà ancien, le TGI de Paris avait raisonné en ce sens à propos d'un site internet situé à l'étranger en relevant « *l'absence de toute présomption légale de responsabilité applicable à la publication étrangère* », estimant qu'il lui appartenait donc de « *rechercher, dans les termes du droit commun, les indices d'une éventuelle participation personnelle du prévenu à la commission de l'infraction*[614] ».

■ SOUS-SECTION 1. DANS LA PRESSE ÉCRITE ET L'ÉDITION

Présentation générale de la cascade (article 42 de la loi du 29 juillet 1881)

C'est l'article 42 de la loi du 29 juillet 1881 qui édicte le mécanisme bien connu communément appelé "la cascade" dans le domaine de l'écrit. Il prévoit en effet que l'auteur principal du délit de presse est le directeur de la publication ou l'éditeur. Mais à son défaut, ce sera le simple auteur des propos et, si celui-ci est inconnu, le tribunal pourra condamner soit les imprimeurs, soit encore, en bout de chaîne, le vendeur, le distributeur ou l'afficheur. C'est ainsi que, selon ce système, un marchand de journaux pourrait être déclaré auteur principal si les auteurs du délit, situés au-dessus de lui dans la cascade, étaient inconnus.

La responsabilité du directeur de la publication

Traditionnellement, en matière de presse périodique, conformément aux dispositions combinées des articles 6 et 42 de la loi sur la presse, c'est le directeur de la publication qui est, de droit, responsable à titre d'auteur principal de toutes les infractions à la loi sur la presse commises dans le corps du journal. Cette règle s'apparente à une responsabilité légale du fait d'autrui, mais est en réalité fondée sur le devoir de surveillance de directeur de la publication. Ce n'est pas seulement une fiction légale puisque, théoriquement, des exemplaires de tout organe de presse périodique doivent faire l'objet d'un certain nombre de dépôts signés par le directeur de la publication de sorte que celui-ci, par sa signature, marque en principe l'accomplissement de son contrôle. De ce fait, le directeur de la publication mentionné dans "l'ours" du journal, répondra donc en tant qu'auteur principal des infractions commises dans les colonnes de l'organe de presse qu'il dirige, en sa qualité de représentant légal de la société éditrice. Cette responsabilité s'étend à tout le contenu du journal, y compris le courrier des lecteurs[615]. D'ailleurs, le directeur de la publication étant légalement domicilié au siège du journal, il peut valablement y être cité par acte d'huissier, même si le siège du journal ne constitue pas son domicile, ni son lieu de travail habituel[616].

614 TGI Paris, 13 novembre 1998, www.legalis.net

615 CA Amiens, 6 septembre 2002, *Légipresse* 2002-I, p. 128, n° 196-31.

616 Cass.Crim., 12 janvier 1993, *Légipresse* n° 104, 1993-I, p. 103.

En matière d'édition de livres, l'article 42 trouve également application, et l'auteur principal visé en premier lieu par le mécanisme de cascade sera "l'éditeur", au même titre que le directeur de publication. Mais sa recherche n'est pas aussi simple que pour un écrit périodique qui doit être doté d'un "ours". L'éditeur désigné comme auteur principal est le représentant légal de la société éditrice, laquelle peut souvent être déterminée en consultant la mention de copyright figurant dans les premières pages du livre, mais un doute peut exister et contraindre un demandeur à agir alors par plainte avec constitution de partie civile afin d'établir l'identité de la personne revêtant cette qualité. En revanche, il faut insister sur le fait que contrairement à ce qu'a pu retenir la première chambre civile de la Cour de cassation dans une décision récente[617], l'éditeur responsable au titre de l'article 42 ne peut pas être la société éditrice elle-même, car la loi du 29 juillet 1881 est une loi pénale qui exclut expressément les personnes morales de toute responsabilité pénale en vertu de l'article 43-1 de la loi sur la presse. Les personnes morales ne peuvent donc voir leur responsabilité engagée en vertu de l'article 42 de la loi sur la presse, et relèvent seulement, s'agissant de leur responsabilité civile, des dispositions de l'article 44 de la loi.

La qualité de complice des journalistes et des auteurs

Outre le directeur de la publication (ou l'éditeur), les procès de presse mettent souvent en cause également le journaliste signataire de l'article, ou l'auteur du livre. Ceux-ci ont alors, dans le cadre du procès, la qualité de complices. Ils encourent les mêmes peines que l'auteur principal et, en cas de condamnation, sont généralement condamnés solidairement avec le directeur de la publication ou l'éditeur.

Toutefois, le sort judiciaire du journaliste et de l'auteur de livre diffère sensiblement de celui de l'auteur principal sur un point. En principe, ceux-ci ne peuvent être valablement cités au siège de la société éditrice de l'ouvrage ou de l'organe de presse mis en cause, cette possibilité étant réservée à la citation du directeur de la publication[618]. Après un certain nombre d'atermoiements, la Cour de cassation a définitivement opté pour cette voie, en estimant qu'un journaliste ne pouvait être légalement domicilié au siège du journal, si bien que la procédure ne sera valablement engagée à son encontre que si l'huissier a pu lui remettre, directement à sa personne même, l'acte de poursuite ou d'assignation destiné à saisir le tribunal[619].

Le journaliste et l'auteur ont donc vocation à être condamnés à titre personnel aux côtés du directeur de la publication ou du président de la société éditrice. Cette solu-

---

617 Cass. Civ. 1re, 16 octobre 2008, *Robert c/ Albin Michel, RG* n° 07-20.572 ; *contra* CA Paris, 15 octobre 2008, n° 06/04888, *Rinaldi c/ Denoël,* nos obs. C. Bigot in « Un an de droit processuel de la presse », *CCE,* mars 2009, p. 20.

618 Cass. Crim. 29 sept. 1992 : *Bull. Crim.*, n° 291 ; 21 janv. 1997 : *Bull. Crim.*, n° 20 ; 11 déc. 2001, n° 00-83.838, *Légipresse* n° 191-mai 2002-III-91 ; Cass. 2e civ.,24 janv. 2002 : Légipresse n° 191-mai 2002-III-90.

619 Cass. Crim. 2 mai 1990, Bull. n° 165 ; Cass. Crim. 12 janvier 1993, Bull. n° 14 ; TGI Paris, 13 sept. 1996 : *Légipresse* n° 139, 1997, I, p. 22 ; TGI Paris, 25 janv. 1999 : *Légipresse* n° 162, 2000, I, p. 71 ; TGI Paris, 17e ch., 13 déc. 1999 : Légipresse n° 171, 2000, I, p. 58 ; CA Paris, 11e ch. B, 24 févr. 2000 : *Légipresse* n° 171, 2000, I, p. 59 ; Cass. Crim. 18 avril 2000, n° 99-80.629.

tion peut paraître sévère, mais elle est atténuée, pour le journaliste, par un usage selon lequel, en cas de condamnation solidaire, la société éditrice assume la charge des condamnations. Le journaliste ne doit toutefois pas considérer cet usage comme un brevet d'impunité, à deux égards : d'une part, une condamnation pour diffamation pourrait constituer une faute professionnelle susceptible de justifier une sanction disciplinaire et, d'autre part, en cas de faillite de la société éditrice, le journaliste se retrouve en première ligne, responsable sur ses biens personnels. L'existence de cet usage qui tempère la responsabilité des journalistes ne doit donc surtout pas être considérée comme valant élimination de toutes conséquences à titre personnel.

En matière d'édition, l'auteur est quant à lui traité différemment. En effet, il est généralement garant, par l'effet du contrat d'édition, du manuscrit qu'il remet à son éditeur de sorte que, par l'effet d'un mécanisme tant contractuel que légal issu du Code de la propriété intellectuelle, l'auteur est en principe responsable du contenu du manuscrit. Et il est tout à fait fréquent que les condamnations prononcées soient, partiellement ou totalement, imputées par l'éditeur sur le compte d'auteur.

La mise en cause éventuelle d'autres complices au sein d'une rédaction

Si le journaliste et l'auteur sont légalement institués complices, en vertu de l'article 42 de la loi du 29 juillet 1881, on doit s'interroger sur la possibilité d'engager des procédures à l'encontre d'autres professionnels opérant dans une rédaction ou au sein d'une société d'édition. En effet, il est bien certain que, chacun à sa manière, un chef de service, un rédacteur en chef, ou encore un membre du secrétariat de rédaction prend une part à l'élaboration de l'article final, spécialement s'agissant des titres, sous-titres et intertitres qui sont bien souvent des éléments déclencheurs d'une procédure. De même, dans la chaîne de l'édition, il est bien certain que le responsable éditorial d'un ouvrage prend une part déterminante au résultat final. Peut-on, pour autant, attraire ces professionnels en qualité de complices dans une procédure fondée sur la loi sur la presse ? Sur le plan théorique, cette possibilité n'est pas à exclure puisque l'article 43 de la loi sur la presse admet expressément que la complicité a vocation à s'appliquer. Mais, en pratique, une telle recherche de responsabilité n'est jamais entreprise ou de manière exceptionnelle. En toute hypothèse, un rédacteur en chef ou un membre du secrétariat de rédaction ne pourrait être déclaré complice par fourniture de moyens, en application de dispositions générales du Code pénal et en l'occurrence de son article 121-7, que s'il était prouvé que le professionnel concerné avait l'intention de commettre un délit, l'élément moral de la complicité ne se présumant pas.

La responsabilité personnelle de l'interviewé

Aux côtés de ces journalistes professionnels, il est fait une place importante en pratique à la responsabilité, en qualité de complices, des personnes interviewées pour les propos qu'elles ont personnellement tenus. De manière générale, il ne s'agit de répondre judiciairement que des propos qui leur sont expressément prêtés, soit dans le cadre d'un « *questions-réponses* », soit entre guillemets à l'intérieur d'un article sous forme de citation de propos rapportés. Ces personnes interviewées ont toutefois la possibilité de nier la réalité des propos prêtés et, en ce cas, le juge d'instruction ou à défaut le tribunal lors de l'audience, devra vérifier leur exactitude. Bien souvent, si l'interview n'a pas été enregistrée, la parole du journaliste sera confrontée à celle de la personne interviewée, ce qui est insuffisant pour démontrer la réalité des propos. C'est pour cette raison purement probatoire que la responsabilité, pénale ou civile, d'une personne interviewée reste toujours aléatoire.

En revanche, passées ces difficultés de preuve, la responsabilité personnelle de la personne interviewée semble aujourd'hui acquise sur le plan juridique, même s'il existe quelques arrêts iconoclastes dont l'explication est souvent à chercher dans des particularités de fait[620]. En effet, dans un arrêt du 6 décembre 2011, la chambre criminelle de la Cour de cassation a réaffirmé de manière très claire que « *le fait de livrer des informations à un journaliste au cours d'un entretien en toute connaissance de cause constitue un fait personnel, positif et conscient de complicité au sens de l'article 121-7 du Code pénal*[621] ». Cette position confirme une règle déjà retenue par la Cour de cassation les 7 juin 2006[622] et 6 mars 2007[623]. Il reste que si l'interviewé n'avait qu'une connaissance partielle des supports de publication, il peut échapper à la responsabilité pour la diffusion sur les supports dont il ignorait l'existence[624]. En effet, la chambre criminelle considère que l'accord de l'interviewé pour rendre ses propos publics ne saurait avoir un caractère général s'appliquant à toutes publications. Il doit au contraire être démontré que la publication spécialement incriminée a été voulue ou permise par la personne interrogée[625].

La responsabilité de la société éditrice de l'organe de presse ou du livre (article 44 de la loi sur la presse)

La société éditrice de l'organe de presse ou du livre n'encourt pas elle-même de responsabilité pénale, celle-ci étant écartée expressément par l'article 43-1 de la loi du 29 juillet 1881. En revanche, dans la presse, la société éditrice est civilement responsable tant du directeur de la publication que de ses journalistes, comme tout employeur. Dans le domaine de l'édition littéraire, la situation est légèrement différente. En effet, si la société éditrice est civilement responsable de l'éditeur, désigné à l'article 42 comme l'auteur principal du délit, ce dernier étant son dirigeant, il n'en est pas de même pour l'auteur, auquel la société éditrice est liée par un simple contrat d'édition qui ne crée en lui-même aucun lien de subordination. Il ne peut donc exister de responsabilité du commettant à la charge de la société éditrice concernant les conséquences civiles des infractions commises par l'auteur qui n'est pas son préposé.

620 C'est le cas par exemple de Crim. 12 juin 2007, pourvoi n° 06-82861 exonérant Dominique Baudis, à l'époque président du CSA, mis en cause à tort dans l'affaire dite *Allègre*, qui s'était exprimé dans des circonstances très particulières

621 Cass. Crim. 6 décembre 2011, pourvoi n° 10-87556.

622 Cass. Crim. 7 juin 2006, pourvoi n° 05-86616.

623 Cass. Crim. 6 mars 2007, pourvoi n° 06-84105.

624 Cass. Crim. 10 novembre 2009, pourvoi n° 08-88484 ; *CCE* 2010, comm. 16, obs. A. Lepage.

625 Cass. Crim. 19 juin 2011, *Légipresse* 2011-III-144, note B. Ader.

Dans tous ces cas de figure, cette responsabilité est exprimée à l'article 44 alinéa 1er de la loi sur la presse. Lorsque cette société aura été déclarée civilement responsable du directeur de la publication, de l'éditeur ou éventuellement des journalistes, la victime pourra donc exécuter la condamnation sur les biens de la société. En outre, le recouvrement des dommages et intérêts et des amendes prononcés contre les responsables pourra être poursuivi sur l'actif de l'entreprise.

Il règne en revanche le plus grand flou sur le point de savoir si l'action, lorsqu'elle est fondée sur la loi du 29 juillet 1881, peut être engagée devant la juridiction civile exclusivement contre la société éditrice, sans mettre en cause un de ses préposés ou dirigeants. Les juges du fond ont tranché par la négative depuis les années 2000 au moins[626], réitérant cette position à plusieurs reprises[627] en s'appuyant sur de solides arguments. Ils exigent donc que soit mise en cause une personne physique responsable aux côtés de la société éditrice. Mais la première chambre civile de la Cour de cassation a statué plusieurs fois en sens inverse au nom d'arguments à notre sens intenables, et sans véritable discussion à l'origine[628]. En dernier lieu, cherchant à tout prix à trouver une justification a posteriori au lieu de sortir de l'impasse, la première chambre civile applique l'article 42 à la société éditrice[629], ce qui n'est à notre sens pas concevable pour des raisons déjà évoquées. Toujours est-il qu'il y a sur ce point une opposition entre les juges du fond et la Cour de cassation, nuisible pour la sécurité juridique.

■ **SOUS-SECTION 2.** DANS L'AUDIOVISUEL

Généralités

Comme en matière de presse écrite, il est prévu une "cascade" spécifique pour les services de communication audiovisuelle. Elle résulte de l'article 93-3 de la loi du 29 juillet 1982, qui reste en vigueur malgré l'abrogation de la majeure partie de cette loi. Le principal trait caractéristique de ce mécanisme consiste à opérer une distinction entre les émissions diffusées en direct et celles qui ont fait l'objet d'une fixation préalable.

Règles de responsabilité pour la diffusion en différé

Lorsqu'une émission a fait l'objet d'une fixation préalable à sa communication au public, l'auteur principal d'une infraction à la loi sur la presse commise par un moyen

626 CA Paris 9 juin 2000, *Sté Sony Music et autres c/ Sté Le Monde et autres*, *Légipresse* n° 176, 2000-I, n° 176-34.

627 V. notamment CA Paris, aud. sol. 29 septembre 2005, *CCE* février 2006, chr. p. 11 et nos obs. ; TGI Paris, 15 janvier 2007, n° 06/04888, *CCE* 2007, chr. 3, n° 12, obs. C. Bigot. ; CA Paris 11e ch. A, 15 octobre 2008, n° 06/04888 : *CCE* 2009, chr. 3, n° 6, obs. C. Bigot, *Légipresse* n° 260-avril 2009-III-75, note L. Merlet et N. Verly. - *Contra* CA Paris, 11e ch., 30 novembre 2006, n° 05/104047.

628 Cass. Civ. II, 25 janvier 1995, *Bull.* II n° 28, reprenant lui-même Cass. Civ. II, 11 mars 1971, *Bull.* II n° 113.

629 Cass. 2e civ., 25 novembre 2004, n° 02-20.424 ; *Bull. Civ.* 2004, II, n° 504 ; *Légipresse* 2005-III, p. 1 note B. Ader ; Civ. I, 12 juillet 2006, n° 04-19.700 : *Bull. Civ.* 2006, I, n° 396 ; *CCE* 2007 chr. 3, n° 12, obs. C. Bigot ; Civ. 1, 16 octobre 2008, n° 07-20.572 ; *CCE* 2009 chron. 3, n° 6, obs. C. Bigot.

de communication audiovisuelle est le directeur de la publication du service. En effet, en vertu de l'article 93-2 de la loi du 29 juillet 1982, tout service de communication audiovisuelle est tenu d'avoir un directeur de la publication lequel est, en application de ce texte, le président du directoire ou du conseil d'administration, le gérant ou le représentant légal suivant la forme de la personne morale ayant la qualité de diffuseur[630]. Encore faut-il connaître le nom de cette personne morale, un service de radio ou de télévision étant par hypothèse dépourvu "d'ours" pour renseigner le public. Cette personne morale est en principe celle qui est connue du CSA comme titulaire de l'autorisation d'émettre ou comme signataire de la convention avec cette institution. Par conséquent, les services du CSA peuvent utilement renseigner la victime qui entend agir directement devant le tribunal en évitant de passer par une plainte avec constitution de partie civile.

Lorsque l'émission a fait l'objet d'une fixation préalable, l'auteur du propos incriminé à l'antenne sera quant à lui poursuivi comme complice, en application de l'article 93-3 de la loi sur la presse, sauf à démontrer son ignorance que son propos était filmé ou enregistré, ou tout simplement destiné à être diffusé, ce qui peut être le cas par exemple en matière de caméra cachée.

Par ailleurs, le producteur pourrait lui aussi être poursuivi comme complice, mais cette fois-ci sur le terrain d'une complicité de droit commun, pour avoir fourni sciemment les moyens de commettre le délit. Cela suppose d'établir cet élément intentionnel particulier, ce qui ne semble pas relever d'une difficulté majeure.

Règles de responsabilité pour la diffusion en direct

L'article 93-3 de la loi du 29 juillet 1982 pose une règle de bon sens pour la diffusion en direct. Par hypothèse, le directeur de la publication n'a pu en ce cas procéder à un quelconque contrôle sur le contenu de l'émission. Dès lors, sa responsabilité ne peut pas être mise en cause et, dans cette hypothèse, seul l'auteur du propos devra répondre, en qualité d'auteur principal, de la responsabilité pénale ou civile résultant de la commission du délit. Il en va différemment en matière de "diffusion répétitive", consistant à rediffuser à plusieurs reprises une même information au cours de la même journée. Ce mode de diffusion est de plus en plus fréquent en raison de l'avènement des chaînes ou stations d'information en continu. En ce cas, la Cour de cassation estime que « *ce mode de diffusion des messages permettait au directeur de la publication d'exercer un contrôle sur l'information avant sa diffusion au public*[631] ».

Y a-t-il place dans ce cadre, pour une complicité du directeur de la publication ou du producteur ? Il est difficile de répondre par l'affirmative dès l'instant que, par

630 Si le service est fourni par une personne physique, le directeur de la publication est cette personne physique. C'est l'enseignement donné par l'article 93-2 de la loi du 29 juillet 1982.

631 Cass. Crim. 8 juin 1999, *Boyon et France Info, Légipresse* 1999-III, p. 129, obs. E. Derieux.

définition, le direct ne permet pas d'exercer un quelconque contrôle. L'élément intentionnel de la complicité par fourniture de moyens semble donc faire défaut dans la majorité des cas. Il n'en demeure pas moins que, techniquement, la complicité du directeur de la publication a parfois été recherchée et même retenue lorsque, par exemple, les conditions particulières de la diffusion, la personnalité des animateurs, et l'enregistrement préalable du sujet devaient conduire le directeur de la publication à ne pouvoir ignorer qu'une infraction s'apprêtait à être commise[632].

■ SOUS-SECTION 3. SUR LES RÉSEAUX

Une succession de textes

Dès l'instant que l'internet devenait un vecteur majeur de l'expression publique, il n'était pas étonnant qu'il suscite des difficultés quant à la détermination des responsabilités. Dans un premier temps, les juridictions saisies ont ratissé très large en estimant que la plupart des intervenants techniques de la chaîne d'expression sur internet étaient susceptibles de voir leur responsabilité engagée. Cela visait non seulement les fournisseurs de contenus, mais également les fournisseurs d'hébergement, aux termes de plusieurs décisions[633]. Compte tenu de la "cacophonie" indéniable qui caractérisait cette période, le législateur est intervenu une première fois pour tenter de mettre de l'ordre dans la détermination des responsables d'infractions commises sur le réseau. C'était l'objet de la loi du 1er août 2000 concernant la responsabilité civile d'un certain nombre d'intermédiaires techniques de l'internet. Mais cette loi ne réglait pas la question de l'application de la cascade prévue par l'article 42 de la loi du 29 juillet 1881 aux infractions sur le net. Fallait-il, en l'absence de loi spécifique, appliquer l'article 93-3 de la loi du 29 juillet 1982 fixant la responsabilité en cascade dans l'audiovisuel ? Dans un arrêt du 6 mai 2003, la chambre criminelle de la Cour de cassation devait s'engager dans cette voie et appliquer expressément l'article 93-3 de la loi du 29 juillet 1982 à l'internet[634].

Cette question faisait ensuite l'objet de nouvelles dispositions introduites par la loi dite LCEN n° 2004-575 du 21 juin 2004, dont l'apport principal consiste à mieux distinguer les régimes de responsabilité des éditeurs de contenus et des intermédiaires techniques, notamment ceux que l'on appelle communément les hébergeurs. Mais, à nouveau, cette distinction était source d'incertitudes, notamment lorsqu'un opérateur a sur un même site une double casquette en fonction des contenus diffusés. C'est pourquoi le législateur devait intervenir une nouvelle fois à l'occasion de la loi dite Hadopi 1, du 12 juin 2009, pour clarifier le régime de responsabilité des éditeurs de sites concernant les espaces de contributions personnelles du public. Le système est-il enfin satisfaisant ? Il est permis d'en douter, car il se présente plutôt comme un mille-feuille particulièrement indigeste.

---

632 TGI Paris, 21 septembre 2000, *Légipresse* 2000-I, p. 60, n° 176-09.

633 Voir notamment : CA Paris, 10 février 1999, *Lacambre c/ Halliday, Légipresse* 1999-III, p. 52, emblématique de cette première phase de tâtonnements jurisprudentiels.

634 Cass. Crim. 6 mai 2003, *Légipresse* n° 204, septembre 2003-III, p. 125, note C. Rojinsky.

De toutes les façons, ces doutes ne signifient pas que l'internet soit une zone de non-droit s'agissant de l'application de la loi du 29 juillet 1881. En premier lieu, la responsabilité de l'auteur des propos pourra toujours être recherchée à supposer bien sûr qu'il soit identifiable. En second lieu, la loi sur la presse permet l'application de la complicité de droit commun prévue par les articles 121-6 et 121-7 du Code pénal. Or cette complicité peut être réalisée par fourniture de moyens. C'est bien à ce titre qu'on pourrait envisager, au cas par cas, et en fonction de leur intervention propre, une responsabilité de divers intervenants de la chaîne de diffusion sur internet. On pense naturellement aux responsables de diffusion des contenus sur le réseau pour lesquels le TGI de Paris a estimé que « *tout exploitant de site sur le réseau internet est présumé responsable des textes et informations qui y figurent*[635] », mais également, le cas échéant, aux exploitants de forums de discussion[636], par exemple.

Les articles 93-2 et 93-3 de la loi du 29 juillet 1982 sont applicables aux services en ligne

La loi dite LCEN n° 2004-575 du 21 juin 2004 prévoit désormais que les articles 93-2 et 93-3 de la loi du 29 juillet 1982 s'appliquent aux services de « *communication au public par voie électronique* ». Ces services doivent ainsi être dotés d'un directeur de publication dont le nom devra être mentionné au sein des mentions légales du site conformément à l'article 6-III de la loi LCEN. Il existe cependant une particularité pour les innombrables sites édités à titre non professionnel. Ceux-ci peuvent s'abstenir d'une telle mention, mais celui qui édite un tel service doit obligatoirement fournir ces éléments d'identification à son hébergeur[637].

La combinaison des responsabilités

Il faut distinguer sur ce point deux cas de figure distincts. Selon le premier cas, le plus simple, le directeur de publication et celui qui a pris la décision de rendre public le contenu litigieux ne font qu'un, car le directeur de la publication a la maîtrise éditoriale de la partie du site dans laquelle sont localisés les propos poursuivis. En ce cas, le directeur de la publication est responsable de plein droit comme auteur principal, et l'auteur du texte peut être poursuivi comme complice, selon un schéma classique qui rejoint celui de la presse écrite.

Dans le deuxième cas, plus complexe, les propos incriminés sont tenus dans une partie du site qui n'est pas sous la maîtrise éditoriale du directeur de publication, mais sous celle d'un tiers, généralement un particulier. Blogs, forums, commentaires sous articles, *tweets,* et messages en tous genres sont concernés par ce schéma. En ce cas, la responsabilité du directeur de la publication relève pour l'essentiel du régime de responsabilité allégée créée par la loi Hadopi 1 **(a)**, et si ce régime n'est

---

635 TGI Paris, 17e chambre, *Licra c/ Myard,* 31 octobre 2002, *Légipresse* 2002-I, p. 87, n° 197-16.

636 Voir, à cet égard, affaire *Père-Noël.fr* : TGI Lyon, 28 mai 2002, *Légipresse* 2002-III, p. 154 note Hugot.

637 Voir plus haut, pp. 28-29.

pas applicable pour une raison ou une autre, à titre résiduel, pourront s'appliquer les limitations générales de responsabilité des hébergeurs prévues par l'article 6 de la loi LCEN (**b**).

a. Les limitations de responsabilité applicables pour les propos tenus dans les espaces de contribution personnelle du public

Le régime général mis en place par la loi Hadopi I

Pour résoudre l'incertitude qui pesait sur la responsabilité des éditeurs de sites, concernant les commentaires des internautes et les forums, la loi du 12 juin 2009 dite Hadopi I a tenté de clarifier le régime de responsabilité applicable aux espaces de contributions personnelles délimités comme tels offerts par un service de communication au public en ligne, en prévoyant expressément un régime de responsabilité allégée sensiblement identique au régime général des hébergeurs prévu par la loi LCEN. Ainsi, selon le dernier alinéa de l'article 93-3 modifié de la loi du 29 juillet 1982 *« lorsque l'infraction résulte du contenu d'un message adressé par un internaute à un service de communication au public en ligne et mis par ce service à la disposition du public dans un espace de contributions personnelles identifié comme tel, le directeur ou le codirecteur de publication ne peut pas voir sa responsabilité pénale engagée comme auteur principal s'il est établi qu'il n'avait pas effectivement connaissance du message avant sa mise en ligne ou si, dès le moment où il en a eu connaissance, il a agi promptement pour retirer ce message. »*

Ce régime est donc peu ou prou celui de l'hébergeur prévu par l'article 6-I-2 de la loi LCEN, qui ne peut voir sa responsabilité civile ou pénale engagée du fait de son activité que s'il se trouve dans l'un des deux cas de figure suivants :

– Soit il avait effectivement connaissance du caractère illicite ou de faits et circonstances faisant apparaître ce caractère, et cette connaissance doit être démontrée ;
– Soit, dès le moment où il en a eu connaissance, il n'a pas « *agi promptement pour retirer* » le contenu illicite.

Le régime s'identifie pleinement à celui des hébergeurs en limitant la responsabilité aux cas de connaissance effective, ou d'absence de prompt retrait. En principe, il évince celui de l'hébergeur dans son champ d'application. Malheureusement, il ne règle pas toutes les difficultés, car ce régime comporte lui aussi des interrogations et des imprécisions qui nuisent ici encore à la sécurité juridique.

Les incertitudes concernant la portée du nouveau régime

On doit relever tout d'abord que le nouvel article 93-3 de la loi du 29 juillet 1982 ne vise que la responsabilité pénale du directeur de la publication à titre d'auteur principal, laissant incertains les autres cas de responsabilité. Ainsi, il ne concerne pas expressément le "producteur" visé par ailleurs au sein de l'article 93-3 de la loi du 29 juillet 1982, si bien que la chambre criminelle de la Cour de cassation a jugé dans un premier temps que cette responsabilité allégée ne pouvait être appliquée qu'au directeur de publication *stricto sensu*, mais pas aux "producteurs" d'un site ayant pris l'initiative d'ouvrir une zone de commentaires ou un forum. Cette solution revenait à permettre, grâce à une qualification alternative, de neutraliser l'effet de la responsabilité allégée et d'instituer une présomption irréfragable de responsabilité, même en l'absence de fixation préalable du message, le producteur ne pouvant opposer un défaut de surveillance[638].

Cette situation peu satisfaisante a conduit finalement la chambre criminelle à saisir sur QPC le Conseil constitutionnel. Ce dernier a considéré qu'il n'était pas possible d'instituer une présomption irréfragable de responsabilité pénale aux dépens du producteur qui devait pouvoir invoquer son absence de connaissance effective avant la mise en ligne[639]. La chambre criminelle a donc modifié sa position et aligné la situation du producteur sur celle du directeur de publication. Elle considère désormais « *qu'il s'évince de ce texte (article 93-3 de la loi du 29 juillet 1982) que la responsabilité pénale du producteur d'un site de communication au public en ligne mettant à la disposition du public des messages adressés par des internautes, n'est engagée, à raison du contenu de ces messages, que s'il est établi qu'il en avait connaissance avant leur mise en ligne ou que, dans le cas contraire, il s'est abstenu d'agir promptement pour les retirer dès le moment où il en a eu connaissance*[640] ». Les approximations du législateur ont donc été réparées et il y a désormais un alignement parfait de la responsabilité du producteur et du directeur de publication.

Les conditions permettant de réputer la connaissance effective des contenus illicites

Le nouvel article 93-3 ne précise pas à quelles conditions le directeur de publication est réputé avoir connaissance des infractions, ce qui est regrettable, et constitue un recul par rapport au régime des hébergeurs, pour lesquels il a été prévu des dispositions précises dans l'article 6-I-5 de la loi LCEN. Il serait à cet égard incohérent de ne pas exiger *a minima*, que les éléments devant figurer dans les mises en demeure de la LCEN évoquées plus bas[641] soient aussi notifiés personnellement aux directeurs de publication ou producteurs pour établir leur connaissance effective sur le terrain de l'article 93-3 dernier alinéa de la loi du 29 juillet 1982. N'oublions pas, en effet, que cette connaissance personnelle effective conditionne une responsabilité pénale personnelle.

---

638 Cass. Crim. 16 février 2010, pourvois n° 08-86301 et n° 09-81064, *Légipresse* n° 274, juillet 2010, p. 152, note A. Fourlon. Sur l'ensemble de la question : E. Dreyer, « Les nouvelles responsabilités sur internet », *AJ Pénal* 2013, p. 15.

639 Conseil. Const. 16 septembre 2011, QPC n° 2011-164 ; *CCE* 2011, comm. 106, obs. A. Lepage, *JCP* 2011, p. 1247, note E. Dreyer, *Légipresse* n° 289, déc. 2011, p. 688, note A. Fourlon.

640 Cass. Crim. 31 janvier 2012, pourvoi n° 11-80010. *CCE* 2012 comm.43, obs. A. Lepage. La Cour de cassation se rallie donc finalement à la position adoptée par la 17e chambre du TGI de Paris au lendemain de l'adoption de la loi : voir TGI Paris, 9 octobre 2009, *Chazal c/ Zephir*, *Légipresse* n° 266, I, 164 ; *CCE* 2010, comm. 6, obs. A. Lepage.

641 Voir ci-après, p. 228.

La jurisprudence s'engage sur cette question dans une voie médiane. Elle considère que les exigences de l'article 6-I-5 n'ont pas *stricto sensu* à être respectées, mais le tribunal de Paris a considéré qu'il lui appartenait de « *vérifier que le directeur de la publication a eu une connaissance effective du message concerné, dans des conditions qui lui permettent d'en connaître l'entier texte, de l'identifier précisément et de vérifier sa présence sur le site, s'il a été averti des griefs qui étaient adressés à ce message par le requérant, et s'il a effectivement et clairement été saisi d'une demande de retrait*[642] ». De telles exigences reviennent donc quasiment à celles qui figurent dans l'article 6-I-5 de la loi LCEN et cela paraît de bon sens.

De son côté, la chambre criminelle admet également que la connaissance des propos litigieux de la part du directeur de la publication et son absence de prompte réaction doivent être « *établies* ». Mais elle considère que cette connaissance peut résulter simplement de l'aveu du directeur de la publication selon lequel il prend connaissance des contenus à des intervalles précis pour les modérer *a posteriori*, approuvant une cour d'appel d'avoir considéré que le prévenu en avait donc « *nécessairement* » eu connaissance[643].

Les exigences relatives au délai de retrait

À l'image de l'hébergeur, dans le régime de responsabilité allégée du directeur de la publication pour les espaces de contribution personnelle du public, l'intéresse doit retirer « *promptement* » les contenus poursuivis pour ne pas engager sa responsabilité en qualité d'auteur principal. Mais on ne retrouve pas l'exigence stricte tenant à l'illicité « *manifeste* » du contenu en cause, calquée à l'évidence sur un concept hérité de l'article 809 du CPC, résultant d'une décision du Conseil constitutionnel, saisi à la suite de l'adoption de la loi LCEN[644]. Au demeurant, s'il est parfois possible d'apprécier le « *manifestement illicite* » en matière d'atteinte à la vie privée ou de copie servile de l'œuvre d'un tiers[645], cela s'avère beaucoup plus délicat en diffamation, car cela supposerait d'avoir accès aux éléments de preuve, et encore.

Quoi qu'il en soit, ce délai de réaction « *prompt* » est bien difficile à déterminer et la jurisprudence rendue sur ce point pour les hébergeurs, qui semble pouvoir être appliquée par analogie, est bien hétérogène. La promptitude implique un délai de réaction très rapide, et il a été considéré qu'un délai de 48 heures était excessif, l'hébergeur se devant de retirer dans la journée de la réception[646]. Toutefois, on ne

---

642 TGI Paris, 17e ch., 3 novembre 2009, *Légipresse* n° 270, mars 2010-III-58.

643 Cass. Crim. 30 octobre 2012, pourvoi n° 11-88562. Dans un sens proche, déduisant cette nécessaire connaissance d'une réponse du directeur de la publication à un message posté sur un forum à la même adresse URL : CA Montpellier ch. 1 sect. D, 14 novembre 2012, n° 12/02858, disponible sur LexisNexis.

644 CC, décision n° 2004-496 DC.

645 Encore que sur ces terrains aussi des difficultés sérieuses peuvent survenir. Par exemple pour une image dont il faut apprécier le contexte pour déterminer son illicéité, ou pour un auteur qui revendique sans l'établir la paternité d'une œuvre.

646 TGI Toulouse, ord. réf. 13 mars 2008, disponible sur legalis.net. Voir aussi pour un retard de 5 jours, jugé là encore trop long : TGI Paris, 3e ch. 1re sect., 29 mai 2011, *TF1 et LCI c/ You Tube*, *Légipresse* 2012 n° 296 p. 415.

peut déterminer ce délai de manière absolue et abstraite. Il faut tenir compte des difficultés de toutes sortes, juridiques ou techniques, qu'a pu rencontrer le directeur de publication, mais il reviendra certainement à ce dernier de les établir pour bénéficier d'un délai plus confortable.

Le directeur de la publication doit-il veiller à ce que les contenus illicites ne réapparaissent pas ?

Là encore, il s'agit d'une problématique commune au nouveau régime de l'article 93-3 de la loi du 29 juillet 1982, et à celui de l'hébergeur de la loi LCEN. Le raisonnement analogique apparaît donc possible. Or, mettant un terme à un courant de jurisprudence significatif, ayant étendu les obligations de l'hébergeur à la surveillance en vue d'empêcher toute réapparition des contenus illicites, un arrêt de la Cour de cassation du 12 juillet 2012 a condamné cette position en estimant que cela revenait à les soumettre « *à une obligation générale de surveillance des images qu'elles stockent et de recherche des reproductions illicites et à leur prescrire, de manière disproportionnée par rapport au but poursuivi, la mise en place d'un dispositif de blocage sans limitation dans le temps*[647] ». Cette solution retenue sur le terrain du droit d'auteur paraît pouvoir pleinement s'appliquer en matière d'infractions à la loi sur la presse.

b) L'application résiduelle du régime général de limitation de responsabilité applicable aux hébergeurs

Cette limitation s'appliquait fréquemment par le passé lorsqu'une infraction à la loi du 29 juillet 1881 avait été commise sur un service de communication au public en ligne. Mais le régime général de responsabilité des hébergeurs prévu par la loi LCEN est aujourd'hui très largement évincé, dans l'orbite de la loi du 29 juillet 1881, par le régime spécial mis en place par la loi Hadopi I en 2009 qui vient d'être décrit, et n'a plus qu'une vocation très résiduelle à s'appliquer.

Le champ d'application en matière de presse

Rappelons que le régime mis en place par la loi Hadopi I s'applique à l'unique hypothèse du « *message adressé par un internaute à un service de communication au public en ligne et mis par ce service à la disposition du public dans un espace de contributions personnelles identifié comme tel* ».

En dehors de ce cas de figure, le régime général de l'hébergeur a vocation à régir à titre résiduel la responsabilité du directeur de la publication en cas de mise en ligne par un tiers. Nous raisonnons là en grande partie sur un cas d'école, tant le nouvel article 93-3 de la loi du 29 juillet 1982 semble désormais avoir vocation à régir 99 % des hypothèses en pratique. Mais cette vocation résiduelle mérite d'être rappelée.

---

647 Cass. Civ. I, 12 juillet 2012, pourvoi n° 11-15165, *D.* 2012 p. 2071, concl. C. Petit, et note C. Castets-Renard ; *Légipresse* n° 298, p. 566, note P. Allaeys.

Le régime de responsabilité allégée des hébergeurs

Rappelons qu'après plusieurs années d'incertitude, l'article 6-I de la loi du 21 juin 2004 a clairement distingué le régime de responsabilité des intermédiaires techniques et hébergeurs, et celui des éditeurs de contenus. Cette distinction a conduit le législateur à fixer d'importantes limitations de responsabilité en ce qui concerne les hébergeurs[648]. De manière générale, cette responsabilité allégée se traduit par le fait que l'hébergeur n'a aucune obligation générale de :

– Surveiller des contenus mis en ligne sur son site par des tiers (article 6-1-7 alinéa 1er LCEN).
– Rechercher des faits ou des circonstances révélant des activités illicites (article 6-1-7 alinéa 1er LCEN).
– Procéder à l'analyse juridique des contenus mis en ligne sur son site pour déterminer s'ils enfreignent ou non la loi ou les droits des tiers.

L'hébergeur ne peut voir sa responsabilité civile ou pénale engagée du fait de son activité que s'il se trouve dans l'un des deux cas de figure suivants :
– Soit il est établi qu'il avait effectivement connaissance du caractère manifestement illicite des contenus en cause ;
– Soit, dès le moment où il en a eu connaissance, il n'a pas « *agi promptement pour retirer ces données ou rendre l'accès impossible* ».

Ces hébergeurs doivent en outre mettre en place un dispositif permettant à toute personne de porter à leur connaissance les données illicites. L'hébergeur est aussi tenu à une obligation générale de détention et de conservation des données d'identification qui lui ont été communiquées par les tiers ayant mis en ligne des contenus sur son site (article 6-II LCEN)[649].

Les critères de la distinction hébergeur/éditeur

La distinction entre hébergeur et éditeur suscite naturellement des difficultés, car les processus de diffusion sur le Net sont nombreux et ne se prêtent pas forcément à une catégorisation rigide. Ainsi, un site comporte souvent certains compartiments édités, et d'autres simplement hébergés. La jurisprudence a affiné au fil des ans la définition de l'hébergeur, comme tel soumis à une responsabilité allégée.

---

648 Cette distinction a fait couler beaucoup d'encre, tant dans le domaine du droit de la presse que dans celui de la propriété intellectuelle, et de nombreuses études lui sont consacrées. Les plus anciennes sont en général obsolètes compte tenu de l'abondante jurisprudence qui s'est developpée. À noter, récemment : C. Castets-Renard, « Le renouveau de la responsabilité délictuelle des intermédiaires de l'internet », *D.* 2012, p. 827 ; P.-Y. Gautier, « De l'éventuel "rôle actif" des opérateurs internet dans la réalisation du dommage », *D.* 2011 p. 2054 ; F. Terré, « Être ou ne pas être… responsable : à propos des prestataires de services par internet », *JCP* 2011.I.1175.

649 Après avoir longtemps attendu le décret précisant les catégories de données qui doivent être conservées, celui-ci est enfin intervenu le 25 février 2011 (décret n° 2011-219). Malheureusement, ce décret risque bien de rester mort-né du fait de son décalage total avec la réalité. Sur ce décret, voir étude de Mme Castets-Renard : *RLDI* 201/70, n° 2323.

À titre de principe, la qualité d'hébergeur repose sur un double critère :

– il agit comme simple intermédiaire technique offrant une plateforme se limitant à héberger des contenus pour leur diffusion sur le web ;
– ces contenus, par hypothèse s'il s'agit d'un hébergeur, sont fournis par les tiers, en toute indépendance, et, la plupart du temps, par les internautes eux-mêmes.

Entrer dans le détail de la distinction élaborée par une jurisprudence abondante, notamment dans le domaine du droit d'auteur, dépasserait le cadre de cet ouvrage.

Applications en matière de blogs, forums et pages personnelles

Avant l'entrée en vigueur de la loi Hadopi I, il a été jugé en matière de diffamation que les blogs mis en ligne sur le site d'un journal relevaient pour ce dernier d'une responsabilité d'hébergeur. Selon le tribunal de Paris, en effet : « *La société 20 Minutes France a la qualité d'hébergeur de ce blog dont le contenu ne résulte d'aucun choix éditorial de sa part et sur lequel elle n'effectue aucun contrôle* a priori *ou* a posteriori[650] ». En pareil cas, l'internaute avait donc la qualité d'éditeur du blog, et la responsabilité qui s'y attache. Une solution équivalente était retenue en matière de forums de discussion[651]. Désormais, la notion d'hébergeur devient sans application en ce domaine puisqu'elle est, en principe, totalement évincée par le nouveau régime de l'article 93-3 de la loi du 29 juillet 1982. Il reste que ce régime peut encore avoir du sens sur le terrain d'infractions situées hors de la loi sur la presse, ou pour l'application de l'article 9 du Code civil.

Pour mémoire, selon le dernier état de la jurisprudence résultant d'un arrêt du 17 février 2011 revenant sur les solutions de l'affaire dite *Tiscali*, la première chambre civile de la Cour de cassation a approuvé des juges du fond d'avoir jugé que « *la mise en place de cadres de présentation et la mise à disposition d'outils de classification des contenus sont justifiés par la seule nécessité, encore en cohérence avec la fonction de prestataire technique, de rationaliser l'organisation du service et d'en faciliter l'accès à l'utilisateur sans pour autant lui commander un quelconque choix quant au contenu qu'il entend mettre en ligne* », et que « *l'exploitation du site par la commercialisation d'espaces publicitaires n'induit pas une capacité d'action du service sur les contenus mis en ligne*[652] ». La diffusion de publicité sur un blog ou des pages personnelles ne donne donc pas à l'hébergeur la qualité d'éditeur.

---

650 TGI Paris, 17e ch., 13 octobre 2008, *20 minutes*, RG 08/08771, *Légipresse* novembre 2008-I-155.

651 CA Paris 14e ch. 14 novembre 2007, *Bourdin c/ Auféminin.com*, RG 07/09241, *JurisData* 2007-347230 ; CA Versailles, 14e ch. 12 décembre 2007, *Les arnaques.com*, RG 07/01120, *Légipresse* n° 248-janvier 2008-I-12.

652 Cass. Civ. I, 17 février 2011, pourvoi n° 09-67896. Voir aussi les différents épisodes de l'affaire *Tiscali* : CA Paris, 7 juin 2006, *Tiscali c/ Dargaud Lombard*, RG 03/00244, *Légipresse* septembre 2006-I-119 ; Cass. Civ. I, 14 janvier 2010, pourvoi n° 06-18855, *RLDI* 2010/58, n° 1934, note C. Castets-Renard ; *D.* 2010. 260, obs. C. Manara, et 2011. 2176, obs. P. Sirinelli.

Application en matière de liens hypertextes et d'agrégation de flux RSS

La question de la détermination de la responsabilité du fait d'un lien hypertexte ou d'un flux RSS émanant d'un site tiers se pose plus souvent dans des contentieux fondés sur l'atteinte à la vie privée prévue par l'article 9 du Code civil que sur le terrain de la loi sur la presse. Il n'en demeure pas moins qu'il pourrait parfaitement y avoir également à s'interroger sur ce point, dans un contentieux relevant de la loi du 29 juillet 1881. Or il n'apparaît pas que cette hypothèse soit toujours couverte par le nouveau régime de responsabilité allégée de l'article 93-3 de la loi du 29 juillet 1982. Dès lors, si un éditeur de site n'est pas l'auteur de la mise en place des liens, et ne détermine pas le contenu du site cible, il devrait conserver un rôle d'hébergeur au sens de l'article 6 de la loi LCEN en cas de poursuite fondée sur la loi du 29 juillet 1881[653].

S'agissant de l'agrégation de flux RSS, plusieurs ordonnances de référé ont estimé que le choix des flux devait orienter vers la qualification d'éditeur[654]. Mais par un jugement au fond en date du 25 juin 2009, concernant le site Wikio, le TGI de Nanterre a estimé que le créateur d'un site « *dont la seule démarche volontaire est de s'abonner à des flux RSS et d'en effectuer une catégorisation par nature du contenu (laquelle se fait de façon automatique) sans intervention sur celui-ci, qui n'effectue aucune modification, suppression ou mise en ligne des contenus, ne peut être considéré comme un éditeur au sens de la loi pour la confiance dans l'économie numérique, mais comme un agrégateur de flux RSS dont la responsabilité ne peut relever que du seul régime applicable aux hébergeurs*[655] ». Cette position devrait s'appliquer dans l'hypothèse où ledit flux RSS contiendrait des infractions à la loi sur la presse.

Critères de la connaissance effective par l'hébergeur des contenus illicites qu'il héberge

Pour engager la responsabilité pénale ou civile d'un hébergeur, il convient de porter à sa connaissance un certain nombre d'éléments précis, listés à l'article 6-I-5 de la loi dite LCEN. Ces éléments sont :

- Date
- Identification du requérant
- Identification du destinataire
- Description des faits et localisation précise (en général en mentionnant l'URL visée)
- Motifs conduisant à solliciter le retrait
- Mention des dispositions légales applicables
- Justification des faits allégués
- Copie de la demande adressée à l'auteur ou l'éditeur, ou à défaut justification que ce dernier n'a pu être contacté.

---

653 Voir en matière d'atteinte à la vie privée : CA Paris, 14e ch. 21 novembre 2008, RG 08/07801, *Légipresse* décembre 2008-I- p. 173, approuvé par la Cour de cassation : Civ. I, 17 février 2011, pourvoi n° 09-13202.

654 Voir not. Ord. réf. Paris, 28 février 2008, RG n° 08/00357 ; 15 décembre 2008.

655 TGI Nanterre, 1re ch. 25 juin 2009, RG 08/05405, *Légipresse* n° 264-17, septembre 2009-I-128.

Si tous les éléments sont indiqués, l'hébergeur est présumé avoir connaissance du caractère illicite des contenus qu'il héberge, et il doit agir promptement pour retirer les contenus, à défaut de quoi sa responsabilité peut être engagée.

L'un des principaux sujets d'interrogation résidait dans l'appréciation des notifications imparfaites, ne contenant pas tous les éléments listés ci-dessus. L'hébergeur pouvait-il s'abriter derrière cette imperfection pour se soustraire à son obligation de retrait ou, au contraire, fallait-il considérer que la preuve de la connaissance du caractère illicite du contenu par l'hébergeur pouvait être administrée par d'autres moyens ? Cette interrogation a été largement levée par un arrêt de la 1re chambre civile de la Cour de cassation rendu le 17 février 2011 selon lequel « *la notification délivrée au visa de la loi du 21 juin 2004 doit comporter l'ensemble des mentions prescrites par ce texte ; que la cour d'appel, qui a constaté que les informations énoncées à la mise en demeure étaient insuffisantes au sens de l'article 6-I-5 de cette loi à satisfaire à l'obligation de décrire et de localiser les faits litigieux mise à la charge du notifiant et que celui-ci n'avait pas joint à son envoi recommandé les constats d'huissier qu'il avait fait établir et qui auraient permis à l'opérateur de disposer de tous les éléments nécessaires à l'identification du contenu incriminé, a pu en déduire, sans encourir le grief du moyen, qu'aucun manquement à l'obligation de promptitude à retirer le contenu illicite ou à en interdire l'accès ne pouvait être reproché à la société D. qui n'avait eu connaissance effective du contenu litigieux qu'avec l'assignation à jour fixe et les pièces annexées*[656] ».

■ SECTION 2. LES IMMUNITÉS

Généralités sur les immunités de l'article 41 de la loi sur la presse

L'article 41 de la loi du 29 juillet 1881 contient deux grandes catégories d'immunités. La première est de nature à protéger la liberté d'expression parlementaire, la seconde vise à assurer la liberté d'expression judiciaire. Cela peut paraître simple en apparence, mais les cinq alinéas de l'article 41 sont d'une complexité assez effarante qui nuit au premier chef aux justiciables.

Précisons également que s'applique en la matière le principe selon lequel il n'est pas possible de contourner l'immunité prévue par la loi sur la presse, en utilisant l'article 1382 du Code civil[657].

■ SOUS-SECTION 1. DANS LE DOMAINE DE L'EXPRESSION PARLEMENTAIRE

L'expression directe au Parlement

Traditionnellement, l'expression au sein des assemblées est libre. On y a entendu dans l'histoire pas mal de noms d'oiseaux, dont certains sont passés à la postérité.

---

656 Cass. Civ.1, 17 février 2011, pourvoi n° 09-67896, *Légipresse* n° 283, p. 297, com. V. Varet.
657 Cass. Civ. 3, 3 mai 2012, pourvoi n° 11-14964.

C'est pour protéger cette liberté quasi absolue[658], que l'article 41 premier alinéa comporte une immunité générale visant toutes les actions judiciaires quelles qu'elles soient. On pourrait d'ailleurs s'interroger sur la validité d'une telle disposition au regard des critères modernes de la proportionnalité, mais cette immunité n'empêche pas dans certaines hypothèses que le bureau de l'Assemblée prononce des sanctions contre les parlementaires coupables de trop grands excès.

Pour le reste, le champ de cette immunité très politique est clairement circonscrit à deux types de modes d'expression, à savoir : l'expression directe « *dans le sein de l'Assemblée nationale et du Sénat* », et les « *rapports et toute autre pièce imprimée par ordre de l'une de ces deux assemblées* ». Ces catégories semblent assez bien délimitées, même s'il est toujours possible d'être confronté à des difficultés de frontières. Elle ne jouera notamment pas pour des propos tenus à un journaliste pour commenter un rapport d'enquête, ni peut-on le penser, pour des déclarations faites non pas en séance, mais à sa sortie, dans la fameuse salle des quatre colonnes, lieu prisé par certains députés pour délivrer à la presse leurs messages.

Enfin, il faut relever que ne sont pas concernés par une quelconque immunité les débats qui peuvent se tenir le cas échéant au sein des assemblées régionales ou départementales, des conseils municipaux, etc. Faut-il y voir la marque que l'article 41 n'est plus adaptée à la démocratie moderne, décentralisée, pour laquelle il convient de protéger l'expression démocratique non seulement au Parlement, mais aussi dans bien d'autres enceintes ; ou au contraire approuver une immunité limitée au cœur de la démocratie dans un régime parlementaire, c'est-à-dire au lieu où s'exprime la souveraineté populaire en matière législative ? La question mérite d'être posée, ce d'autant plus qu'une récente décision de la Cour EDH, concernant des propos tenus en conseil municipal, assimile le Parlement et ce type d'enceinte démocratique du point de vue de la liberté d'expression, ce qui renforce les doutes concernant l'adaptation du champ actuel de l'immunité avec les nécessités des démocraties modernes[659].

Les comptes rendus des séances publiques de l'Assemblée nationale ou du Sénat

Selon l'article 41 alinéa 2 de la loi du 29 juillet 1881, le compte rendu des séances publiques de l'Assemblée nationale ou du Sénat ne peut donner lieu à aucune action de quelque nature que ce soit, dès l'instant qu'il est effectué de bonne foi. Cette immunité comporte donc un certain nombre d'éléments constitutifs.

Tout d'abord, elle ne concerne que les séances de l'Assemblée nationale ou du Sénat, et comporte donc une restriction identique à celle qui concerne les élus eux-mêmes,

658 Le droit parlementaire lui-même permet toutefois certaines sanctions. Il s'apparente à une forme de droit disciplinaire.

659 Cour EDH, 12 avril 2012, *de Lesquen c/ France*, req. n° 09/54216 ; *Gaz. Pal.* 13 juin 2012, note P. Piot.

évoquée ci-dessus. Le compte rendu des séances de conseils municipaux, généraux ou régionaux n'est pas concerné.

En second lieu, l'immunité suppose d'être en présence d'une séance publique. Il conviendra donc de faire le partage entre les séances n'ayant pas ce caractère et les autres. L'immunité pourra ainsi ne pas s'appliquer au compte rendu de certaines séances en Commission, par exemple.

En troisième lieu, le compte rendu doit être fait de bonne foi, ce qui exclut la restitution non fidèle usant de termes approximatifs ou d'amalgames hâtifs[660].

Enfin, l'article 41 alinéa 2 vise seulement les comptes rendus effectués *« dans les journaux »*. Que faut-il entendre par là ? Cela vise assurément les écrits périodiques, mais on voit mal comment cette expression pourrait exclure les journaux audiovisuels[661], radio et télévision, ou l'information publiée sur les sites web. On peut aussi s'interroger sur la question de savoir si cette immunité pourrait profiter à un écrit non périodique, tel qu'un recueil de comptes rendus. La question demeure posée, mais il apparaît que l'exigence d'équité, sinon d'égalité de traitement, entre les supports d'expression qui fait partie intégrante de la liberté d'expression protégée constitutionnellement et internationalement, semble s'opposer à une telle distorsion. On pourrait imaginer sur ce point qu'une QPC trouve un certain écho.

Enfin, on remarquera que contrairement à l'immunité des comptes rendus de débats judiciaires, cette immunité vise toutes sortes d'actions quel que soit le fondement, et pas seulement les procédures de diffamation, injure ou outrage, ce qui pose à nouveau la question du défaut de proportionnalité de cette immunité.

Les immunités relatives au travail des commissions d'enquêtes parlementaires

En 2008, le législateur a ajouté une nouvelle cause d'immunité pour viser les commissions d'enquêtes parlementaires[662]. Il eut été facile de viser simplement les commissions d'enquêtes au sein des deux premiers alinéas de l'article 41, mais le législateur a préféré ajouter un paragraphe entier créant un cas d'immunité hybride se rapprochant plutôt du régime des comptes rendus judiciaires. Ce doit être le produit de sombres marchandages législatifs...

Cette immunité vise les propos tenus et les écrits produits devant une commission d'enquête parlementaire par une personne tenue de déposer. Mais elle est doublement limitée : quant aux actions, car elle ne s'applique qu'aux procédures en diffamation, injure ou outrage, et quant au sujet, puisque les propos ou écrits

---

660 Voir par exemple : Crim. 30 septembre 2003, *Bull.* n° 173.

661 Ce que semble confirmer l'article 41-1 de la loi du 29 juillet 1881.

662 Ces disposition pénales plus douces s'appliquent aux infractions commises avant l'entrée en vigueur de cette nouvelle loi n° 2008-1187 du 14 novembre 2008 : Crim. 8 juin 2010, pourvoi n° 09-86626.

ne doivent pas être étrangers à l'objet de l'enquête. Par ailleurs, cette immunité est étendue aux comptes rendus, si ceux-ci sont faits de bonne foi et si la réunion était publique[663].

■ SOUS-SECTION 2. DANS LE DOMAINE JUDICIAIRE

L'immunité des comptes rendus des débats judiciaires

La seconde grande cause d'immunité prévue par la loi du 29 juillet 1881 relative aux comptes rendus de presse concerne les débats judiciaires. Cette immunité a une portée moins large que celle des comptes rendus relatifs aux séances publiques des assemblées. En effet, elle ne concerne pas toutes les infractions à la loi du 29 juillet 1881, mais seulement les actions en « *diffamation, injure ou outrage* ». Cette disposition a toutefois fait l'objet de certaines décisions isolées qui en élargissaient le domaine ainsi qu'en témoigne un jugement rendu par le tribunal correctionnel de Paris[664] dans une affaire de recel qui fera plus tard l'objet d'une infirmation par la cour d'appel de Paris elle-même cassée par la Cour de cassation[665].

Pour que cette immunité puisse jouer, la première condition consiste à être en présence d'un compte rendu de « *débats judiciaires* ». Il doit donc s'agir de rendre compte des conditions dans lesquelles s'est poursuivie une audience. Un compte rendu peut avoir un objet large : reproduction des débats, énonciation des faits faisant l'objet de ce débat judiciaire, explication des positions des parties en présence, explicitation du jugement rendu. Selon la définition donnée par la Cour de cassation, le compte rendu « *consiste à mettre en regard les prétentions contraires des parties et permettre, par une narration générale ou partielle, d'apprécier l'ensemble des débats judiciaires, en s'abstenant de toute dénaturation des faits et de toute imputation malveillante*[666] ». Ce n'est donc pas toute l'information relative à l'activité des tribunaux qui bénéficie de l'immunité, mais seulement les articles qui peuvent revendiquer cette nature particulière.

La seconde condition requise par l'article 41 de la loi du 29 juillet 1881 est la « *fidélité* ». Ce sera naturellement au journaliste de démontrer que cette condition est remplie. Cela consiste à exiger la reproduction sans dénaturation des éléments pertinents du débat et l'immunité ne visera en principe que ces éléments-là. Il est donc impératif que les propos incriminés fassent état de toutes les thèses en présence. Faute de le faire, le bénéfice de l'article 41 de la loi du 29 juillet 1881 ne peut être revendiqué. L'auteur ne doit ni « *forcer le trait sans aucune délicatesse et en procédant*

663 La chambre criminelle de la Cour de cassation assimile la diffusion en direct des débats à un tel compte rendu : Crim. 8 juin 2010, précité. Il devrait en être de même pour des "tweets".

664 TGI Paris, 2 octobre 1998, *D.* 1999, IR, p.48 ; *JCP* 1998-II-10189, note Derieux.

665 Cass. Crim. 11 juin 2002, *Légipresse* n° 196, 2002-III, p. 181.

666 Cass. Crim. 10 mai 1994, *Bull. Crim.* n° 181 ; Cass. Crim. 22 octobre 1996, *Bull. Crim.* n° 369 ; Cass. Crim. 6 février 2007, pourvoi n° 06-80804, qui précise que cela vaut aussi pour la mise en cause des membres de la juridiction.

par voie d'affirmations péremptoires », ni donner « *une vision déformée du déroulement de l'audience*[667] ». Cette exigence d'objectivité est un élément essentiel de l'immunité[668], mais concerne surtout le contenu même du compte rendu, le titre pouvant être plus engagé[669].

Enfin, l'immunité suppose d'agir de bonne foi. Ce sera ici encore à l'auteur des propos de démontrer que cette condition est remplie, la mauvaise foi étant présumée, rappelons-le, sur le terrain de la diffamation ou de l'injure (voir *supra*).

L'immunité des discours et écrits judiciaires

En ce domaine, il existe tout d'abord un principe de liberté d'expression très fort destiné à préserver les droits de la défense. Il se traduit par une immunité judiciaire visant toutes les paroles prononcées à l'audience et tous les écrits soumis au juge, dont la portée est toutefois moindre que celle dont bénéficient les parlementaires puisqu'elle ne s'applique qu'aux diffamations, injures et outrages[670]. Cette disposition ne joue que pour les enceintes de justice et ne s'applique pas hors de celles-ci. La jurisprudence a sur ce point une vision large de ce que peut être une juridiction, et fait par exemple jouer l'article 41 devant une juridiction non étatique, notamment arbitrale[671], ou un juge d'instruction[672]. En revanche, elle refuse catégoriquement d'étendre l'immunité en dehors de l'enceinte de justice[673]. Les marches du Palais ou les abords de la salle d'audience ne sont donc pas couverts[674], ni la publication des pièces sur un support public quelconque[675].

Même dans son domaine, cette immunité n'est pas absolue, loin s'en faut. Elle comporte en effet des exceptions qui devraient être limitées aux procédures de diffamation[676], en fonction des faits diffamatoires imputés, selon qu'ils sont étrangers ou

---

667 Cass. Crim. 10 mai 1994, *Légipresse* 1995-III, p. 122.

668 Voir encore récemment, Cass. Civ, 2e, 8 mars 2001, *Légipresse* 2001-III, p. 72.

669 En ce sens, Cass. Civ. 2e, 21 juin 2001, pour un titre comportant l'expression « *couple incendiaire* », *Légipresse* 2001-I, p. 83, n° 184-22.

670 Mais cette immunité ne s'étend pas aux sanctions disciplinaires, voir pour un avocat : Civ. 1, 16 décembre 2003, pourvoi n° 03-13353.

671 TGI Paris 9 mai 2001, *Gaz. Pal.* 2002, 1, 632.

672 CA Paris, 27 janvier 1988, *D.* 1988, p . 480, note Mayer.

673 Y compris pour un avocat qui s'exprime dans le cadre de la défense de son client, Cass. Crim. 3 décembre 2002, pourvoi n° 01-85466 ; Cass. Crim. 6 mai 2003, pourvoi n° 02-82037, statuant sur le terrain du compte rendu, et Cass. Civ. 1, 5 avril 2012, pourvoi n° 11-11044. Voir également, plus ancien : Crim. 29 novembre 1994, pourvoi n° 93-83452.

674 TGI Paris, réf. 5 décembre 1997, *Gaz. Pal.* 1998, som. 1, 71 ; TGI Paris, 14 juin 1999, *D.* 1999, p. 566, note B. Beignier, confirmé par CA Paris, 9 mars 2000, *D.* 2000, IR 138 ; Crim. 27 février 2001, pourvoi n° 00-82557.

675 Crim. 26 mars 2008, pourvoi n° 07-86406.

676 Encore qu'on puisse imaginer à s'en tenir à la lettre du texte, bien que cela soit très acrobatique, que l'article 41 puisse couvrir aussi une action pour offense ou outrage, si celle-ci est constituée de faits diffamatoires. Mais la jurisprudence semble singulièrement manquer de rigueur sur ce point, car elle a pu sporadiquement étendre les exceptions même à des actions pour injure, alors que cette qualification est rigoureusement incompatible avec l'imputation de faits. Au surplus, il convient aussi de faire jouer le principe d'interprétation stricte de la loi pénale qui devrait exclure une appréciation extensive des exceptions à l'immunité.

non à la cause judiciaire débattue. Les magistrats du siège ou du parquet ne sont pas concernés par ces exceptions et jouissent quant à eux semble-t-il d'une immunité absolue du seul fait de leur statut[677]. Ce principe pourrait toutefois mériter réflexion au regard de l'exigence moderne d'égalité des armes s'agissant du parquet, dès lors que l'avocat est quant à lui soumis aux exceptions[678].

Lorsque les faits diffamatoires imputés oralement ou dans une pièce produite devant un tribunal sont étrangers à la cause, le dernier alinéa de l'article 41 de la loi sur la presse précise qu'une action redevient possible, mais à des conditions différentes selon que la victime est une partie ou un tiers à la cause judiciaire dans laquelle les accusations ont été portées.

Les parties ont l'obligation, pour engager une telle procédure, de faire réserver leur action par le tribunal devant lequel les propos ont été tenus, et de faire juger par ce même tribunal que les faits diffamatoires étaient bien étrangers à la cause. La juridiction ultérieurement saisie de la procédure de diffamation ne sera pas compétente pour apprécier ce dernier point, et toute omission initiale paralysera une action ultérieure[679].

Pour ce qui concerne les tiers, il suffit que les faits soient étrangers à la cause, et que leur teneur ait pu être établie, sans qu'il soit nécessaire de faire acter une quelconque réserve préalable[680]. Quant au parquet, l'article 41 lui ouvre l'action publique pour les faits étrangers à la cause, mais on voit mal comment il pourrait prendre l'initiative de l'action, sauf quand l'article 48 lui permet d'agir d'office en diffamation. Dans tous les cas de figure, rien ne permet d'exclure l'application de l'ensemble des contraintes procédurales pesant sur le demandeur dans le cadre d'une action en diffamation.

Si les faits diffamatoires imputés ne sont pas étrangers à la cause, toute action en diffamation est exclue, aussi bien de la part de tiers que des parties. Il est important d'insister sur ce point, car le dernier alinéa de l'article 41 peut contenir une ambiguïté. La condition d'extranéité à la cause pour agir s'applique aux deux catégories : parties et tiers[681]. Il reste que, dans ce cas de figure, il convient d'apprécier si l'avant-dernier alinéa de l'article 41 a éventuellement vocation à s'appliquer. Ce texte permet au juge de prononcer la suppression de passages injurieux ou diffamatoires figurant dans des conclusions ou une pièce, et de condamner à des dommages-intérêts. Mais comment peut-on imaginer que ces pouvoirs puissent être utilisés quand les faits diffamatoires sont dans la cause, circonstance caractérisée dans toutes les affaires

---

677 Voir pour le parquet un vieil arrêt de 1950, Crim. 23 novembre 1950, *Bull.* n° 259 ; et pour le siège : Crim. 23 juin 1980, *Bull.* n° 201.

678 En ce sens également : N. Bonnal, in *Traité de droit de la presse et des médias*, Litec 2009, § 1156.

679 C'est une solution constante. Voir encore récemment : Cass. Crim. 23 décembre 1986, *Bull.* n° 391, Cass. Crim. 14 novembre 2006, *Bull.* n° 283. Voir aussi, CA Versailles, 20 mai 1999, *D.* 1999, IR 172.

680 CA Paris, 30 mars 1995, *Dr. Pén.* 1995, 152, note Véron.

681 Cass. Crim. 9 octobre 1978, *Bull.* n° 262.

puisque par hypothèse, en justice, on accuse toujours son adversaire de ne pas respecter le droit, de sorte qu'on lui impute par nature des faits diffamatoires ! On devrait donc avoir une jurisprudence précisant clairement que la condition d'extranéité s'applique aussi aux pouvoirs que le juge tient de l'avant-dernier alinéa de l'article 41. Or sur ce point, la jurisprudence manque quelque peu de rigueur.

La Cour de cassation semble cependant avoir abondé en ce sens dans deux arrêts récents. Ainsi, tout d'abord, dans un arrêt du 14 juin 2000, la chambre criminelle a rejeté une demande de suppression de passages diffamatoires contenus dans les mémoires d'un avocat aux Conseils aux motifs notamment « *que les propos incriminés ne sont pas étrangers à la cause*[682] ». Plus récemment, la 1re chambre civile de la Cour de cassation a repris ce principe dans un arrêt du 28 mars 2008[683]. Statuant sur une condamnation à des dommages et intérêts prononcés par un juge du fond sur le terrain de l'article 41 alinéa 4 de la loi du 29 juillet 1881, la 1re chambre civile a en effet cassé la décision qui lui était soumise aux motifs que : « *Les juges du fond, qui n'ont pas pris en compte le but poursuivi dont il découlait que le fait diffamatoire allégué n'était pas étranger à la cause, ont violé le texte susvisé.* » Ainsi, par cet arrêt au pedigree respectable pris pour violation de la loi, publié au *Bulletin*, la 1re chambre civile admet clairement que les pouvoirs accordés aux juges saisis de la cause, sur le fondement de l'article 41 alinéa 4 (aujourd'hui 5) de la loi sur la presse, ne peuvent être exercés que pour des propos étrangers à la cause. Elle adopte ainsi une solution convergente avec celle de la chambre criminelle de la Cour de cassation. En revanche, trois arrêts rédigés de manière imprécise peuvent semer le trouble si on les lit rapidement, mais ils sont en réalité non pertinents, soit parce que rendus par une chambre qui ne statue plus sur le contentieux de presse ou n'a jamais statué sur cette matière[684], soit parce que dépourvu de toute autorité et statuant en réalité sur une autre question[685].

Enfin, quant aux pouvoirs accordés au juge saisi de la cause, si la suppression de passages est une sorte de pouvoir de police destiné à maintenir une certaine dignité au débat judiciaire qui peut se comprendre, celui de condamner à des dommages-intérêts semble aujourd'hui paralysé par la nécessité de respecter l'article 53 dans toutes les procédures fondées sur une infraction de presse, les condamnations ne pouvant en aucune manière être prononcées sur le fondement de la responsabilité civile, évincée par principe dans l'hypothèse d'imputation de faits diffamatoires[686].

682 Cass. Crim. 14 juin 2000, pourvoi n° 99-80043.

683 Cass. Civ. I 28 mars 2008, pourvoi n° 06-12996.

684 Sont visés à ce titre : Civ. 2, 21 décembre 2006, pourvoi n° 04-18174, et Cass. Soc. 13 avril 2010, pourvoi n° 09-41136.

685 Civ. 1, 11 février 2010, pourvoi n° 08-21742, simple inédit de rejet statuant sur l'application de l'article 41 à une attestation.

686 Cette position vient d'être confortée par un arrêt de la troisième chambre civile de la Cour de cassation, cassant une décision qui avait accordé des dommages-intérêts en se fondant sur l'article 1382 du Code civil : Civ. 3, 3 mai 2012, pourvoi n° 11-14964.

SECTION 3. LA PRESCRIPTION

Le délai de prescription de trois mois

La prescription de trois mois éditée à l'article 65 de la loi du 29 juillet 1881 est la disposition de procédure la plus emblématique figurant dans la loi sur la presse, connue de tous les praticiens. Le rapporteur de la loi du 29 juillet 1881 à l'Assemblée nationale la justifiait en ces termes : « *Elle serait tyrannique la loi qui, après un long intervalle, punirait une publication à raison de tous ses effets possibles les plus éloignés, lorsque la disposition toute nouvelle des esprits peut changer du tout au tout les impressions que l'auteur lui-même se serait proposé de produire dans l'origine*[687] ». Une actualité chasse l'autre. Cette courte prescription était donc destinée à protéger la liberté d'information en évitant que la presse puisse, pendant trop longtemps, répondre d'une responsabilité à raison de son contenu. Elle a toujours été considérée comme une garantie fondamentale de la liberté d'expression.

Le droit français n'est pas le seul à avoir instauré une telle prescription, même si elle est critiquée par certains qui y voient un privilège des médias[688], au nom de ce qui est en réalité un combat idéologique se parant de quelques atours juridiques. Mais, dans la pratique, les juridictions françaises n'ont cessé de réaffirmer la force et la pertinence de cette courte prescription, même si l'on peut regretter que la première chambre civile de la Cour de cassation ait élargi le champ des événements interruptifs au point de dénaturer en partie cette prescription.

Ainsi, cette prescription s'applique aussi bien devant la juridiction pénale que devant la juridiction civile[689]. Elle est même d'ordre public et doit être relevée d'office devant les deux ordres de juridiction[690], ce qui pour la juridiction civile est une dérogation au régime édicté par le nouvel article 2247 du Code civil.

Cette prescription a été jugée conforme à l'article 6 de la Convention EDH[691] et aux droits et principes constitutionnels. Sur ce dernier point, la Cour de cassation a refusé de renvoyer une QPC, par un arrêt du 5 avril 2012 en considérant que « *le délai de prescription institué par l'article 65, alinéa 1er, de la loi du 29 juillet 1881, ne porte pas au droit à un recours effectif une atteinte excessive dans la mesure où il procède d'un*

---

687 Serres, lors de la discussion de la loi de 1819, cité par Barbier, T. II n° 1008, p. 498.

688 Voir par exemple les critiques de : E. Derieux, « La loi de 1881 », *Rev. Dr. Public* 1981, p. 1532 ; B. Beignier, *L'honneur et le droit*, éd. *LGDJ* 1995, ou E. Dreyer, *Responsabilités civile et pénale des médias*, éd. Litec, coll. Litec professionnels, 2011, n° 824.

689 Cass. 2e civ., 20 avr. 1983 : *Bull. Civ.* II, n° 97 ; Cass. Crim. 11 déc. 1984 : *Bull. Crim.*, n° 398 ; Cass. 2e civ., 17 févr. 1993 : *Bull. Civ.* II, n° 66 ; Cass. 2e civ., 17 mai 1995 : *Bull. Civ.* II, n° 141 ; *D.* 1997, somm. p. 67, note C. Bigot.

690 Solution classique en matière pénale. Voir par exemple : Cass. Crim. 6 mai 2003, n° 02-84.348 ; *Bull. Crim.* 2003, n° 92. Mais c'est beaucoup plus original en matière civile : Cass. 2e civ., 24 juin 1998 : *Bull. Civ.* II n° 211, *D.* 1999, somm., p. 164, obs. C. Bigot. - Cass. 2e civ., 29 novembre 2001, n° 99-18.559 ; *Bull. Civ.* 2001, II, n° 180. Et même devant le juge des référés : Cass. Civ. 2, 24 avril 2003, pourvois n° 00-12965 et 99-21503.

691 Cass. Crim. 2 octobre 2001, pourvoi n° 01-81951, *CCE* 2002, com. n° 66, obs. A. Lepage ; CEDH 29 avril 2008, *Clinique Sainte-Marie et autres c/ France*, req. 24562/03 ; CEDH, 17 juin 2008, *Vally et autres c/ France*, req. 39141/04.

juste équilibre entre le droit d'accès au juge et les exigences de conservation des preuves propres aux faits que réprime cette loi[692] ». Pour autant, c'est bien à celui qui se prévaut de la prescription d'établir qu'elle est acquise[693].

Pour sa part, le législateur rogne volontiers sur le champ de cette prescription quand il le peut, et n'est certainement pas loin de partager parfois le combat idéologique contre les médias évoqué plus haut, tout en évitant de se mettre à dos la presse par calcul politique. Il procède ainsi par petites touches, passant à un an la prescription pour certaines infractions, ou prévoyant des causes de réouverture de la prescription dans certains cas.

En pratique, si la plupart du temps le responsable sera destinataire d'un acte dans ce délai de prescription, l'informant qu'une procédure est engagée, tel n'est pas toujours le cas. En effet, lorsque la victime a engagé sa procédure soit sur plainte simple auprès du parquet, soit sur plainte avec constitution de partie civile, l'organe de presse visé peut ne pas en avoir connaissance immédiatement, mais bien plus tard, lorsqu'il sera destinataire d'un acte d'instruction ou de poursuite effectué soit par le juge, soit par un service de police sur commission rogatoire. Il faut donc se garder de penser que l'absence de réaction judiciaire visible dans le délai de trois mois exclut radicalement toute poursuite. Il peut exister une procédure pénale, engagée dans un délai de trois mois, dont l'organe de presse aura connaissance plusieurs semaines après. Cette éventualité doit donc inciter les journalistes à conserver leurs preuves pendant un délai qui va bien au-delà de ce délai trimestriel de prescription.

Le champ d'application de la prescription trimestrielle

Jusqu'en 2004, la prescription s'appliquait à toutes les infractions prévues par la loi sur la presse, sans exception, ainsi qu'aux contraventions assimilées des articles R. 621-1 et suivants du Code pénal[694]. Mais la loi dite Perben II du 9 mars 2004[695] a mis un terme à cette cohérence en soumettant certaines infractions à une prescription d'un an aux termes du nouvel article 65-3 de la loi sur la presse. Les infractions concernées sont les provocations à la discrimination et à la haine raciale de l'article 24, alinéa 8, les infractions de négationnisme de l'article 24 *bis*, et les diffamations et injures raciales des articles 32, alinéas 2 et 33, alinéa 3 de la loi du 29 juillet 1881. Cette énumération s'est enrichie et englobe désormais les apologies de terrorisme depuis une loi du 21 décembre 2012. Mais cette liste est limitative et ne s'étend pas aux contraventions assimilées des articles R. 624-3 et R. 624-4 du Code pénal[696]. Récemment, une initiative législative tendant à étendre cette prescription annuelle

692 Cass. Civ. I, 5 avril 2012, pourvoi n° 11-25290, *Légipresse* 2012, p. 371, note P. Guerder ; *D.* 2012, p. 1584 note C. Bigot ; *Gaz. Pal.* 5-9 août 2012, p. 10 note critique E. Dreyer.

693 Crim. 25 janvier 2000, pourvoi n° 99-81708. Et implicitement, Crim. 30 janvier 2001, pourvoi n° 00-83004.

694 Cass. Crim. 11 mars 2003, pourvoi n° 02-86902, *Bull. Crim.* n° 62.

695 Loi n° 2004-204, 9 mars 2004, art. 45.

696 Voir en ce sens, pour l'injure raciale non publique prévue par l'article R. 624-4 du Code pénal, Cass. Crim. 23 mai 2006, n° 06-80.820; *Bull. Crim.* n° 144, *CCE* 2006, com. n° 161 obs. A. Lepage ; Cass. Crim. 7 juin 2006, n° 05-83.812 : *Bull. Crim.* n° 162, *CCE* 2007, com. n° 13 obs. A. Lepage.

aux délits à caractère sexiste ou homophobe a abouti à un vote quasi conforme des deux chambres, acté au Sénat le 7 février 2013. Cette extension est donc imminente. Toutefois, dans le même temps, une décision sur QPC du Conseil constitutionnel sur la validité de cette prescription d'un an est attendue au printemps 2013. Enfin, classiquement les contraventions d'injures et diffamations non publiques prévues par les articles R. 621-1 et R. 621-2 du Code pénal se prescrivent aussi par trois mois[697].

Il convient d'évoquer également les actions ayant un fondement mixte, en particulier fondées à la fois sur la loi du 29 juillet 1881 et sur la loi LCEN n° 2004-575 du 21 juin 2004, non négligeables en pratique. La Cour de cassation leur applique logiquement la courte prescription. Ainsi en est-il de l'action en cessation prévue par l'article 6, I, 8, de la loi n° 2004-575 du 21 juin 2004 sur l'économie numérique[698]. Cette solution permet d'éviter de donner à l'action fondée sur la loi du 21 juin 2004 une autonomie purement fictive dans le seul but de contourner une prescription d'ordre public. La même solution s'applique bien évidemment pour toute procédure de référé fondée sur les articles 808 ou 809 du CPC lorsque le trouble invoqué est une infraction à la loi du 29 juillet 1881.

■ SOUS-SECTION 1. LE RÉGIME DE COMPUTATION DU DÉLAI

Une prescription qui continue à courir pendant toute la durée de la procédure

Selon l'article 65 alinéa 1 de la loi sur la presse, la prescription court « *à compter du jour où ils auront été commis ou du jour du dernier acte d'instruction ou de poursuite s'il en a été fait* ». Cela signifie non seulement qu'il faut agir dans les trois mois de la publication, mais également qu'il faut interrompre la prescription tous les trois mois pendant toute la durée de la procédure, le délai repartant à compter de chaque acte, tant au civil qu'au pénal. Il ne se produit jamais ce qu'on appelle une « interversion » de la prescription. Cette exigence fondamentale est l'occasion de bien des déconvenues pour les plaideurs distraits... La façon de gérer cette interruption périodique de la prescription pendant le cours de l'instance sera évoquée plus loin à l'occasion de l'analyse des différentes phases de la procédure.

Un délai dit « de rigueur »

Le délai de l'article 65 est dit « de rigueur ». Cela signifie que les dispositions des articles 801 du Code de procédure pénale, et 642 du Code de procédure civile qui permettent de proroger un délai expirant un samedi, un dimanche ou un jour férié ou chômé au premier jour ouvrable suivant ne s'appliquent pas. Cela est vrai aussi bien au civil[699], qu'au pénal[700]. Il faut décompter « *de quantième à quantième* ».

---

697 Cass. Civ. II, 14 janvier 1999, pourvoi n° 97-12157 ; 20 janvier 2000, pourvoi n° 97-21.912 ; Cass. Crim. 11 mars 2003, pourvoi n° 02-86902.

698 Cass. Civ. I, 19 juin 2008, n° 07-15.430.

699 Cass. Civ. 2, 5 février 2004, pourvoi n° 02-14217, *Bull.* n° 43.

700 Cass. Crim. 17 février 2004, pourvoi n° 03-82149.

Comment décompter ?

La prescription s'accomplit par mois et se calcule de date à date, seul le nombre de mois entre en ligne de compte, et il n'y a pas de conversion par un décompte de trois fois trente jours. Ainsi, pour un délit commis le 15 janvier, le délai de prescription expirera le 15 avril à minuit, quel que soit le nombre de jours écoulé entre ces deux dates. Par voie de conséquence, le délit commis le 31 janvier serait tardivement poursuivi le 1er mai, jour suivant l'expiration du délai, bien que les mois de février et avril n'aient que 28 et 30 jours.

▪ SOUS-SECTION 2. LE POINT DE DÉPART DE LA PRESCRIPTION

Une règle fondamentale : les infractions à la loi sur la presse ont un caractère instantané

L'intérêt pratique de la distinction entre les infractions à caractère continu et instantané est particulièrement mis en lumière dans le droit de la presse du fait de la courte prescription. Les infractions à la loi sur la presse ont un caractère instantané de sorte que le fait de publication consomme le délit, quel que soit le temps pendant lequel l'écrit est resté diffusé, publié ou disponible à la vente. C'est pourquoi une jurisprudence constante déduit de ce caractère instantané que les infractions commises par voie de presse sont réputées commises et consommées le jour de la publication, au moment où l'écrit est mis à la disposition du public[701].

Cette règle fondamentale du caractère instantané de l'infraction de presse mérite de ne jamais être perdue de vue. Elle peut provoquer certaines difficultés pour certains types de médias.

Corollaire du caractère instantané : la prescription part de la date de la première publication

Dès lors que l'infraction de presse est un délit dit « instantané », le délai pour agir ne commence pas à courir à compter de la date à laquelle l'écrit visé n'est plus mis à disposition du public, mais à compter de la date de sa première mise à disposition du public, c'est-à-dire en général de sa date de publication. Ce principe s'applique aussi au complice, même si les faits de complicité ont été commis à une date antérieure[702].

Cette règle bénéficie au prévenu lorsqu'il fait l'objet d'une procédure tardive, mais elle peut aussi lui préjudicier, s'il cherche à faire juger que la prescription doit être décomptée avant la date effective de diffusion au public. Ainsi, les ventes en gros, aux libraires, sans mise à disposition du public, ne sont pas, en elles-mêmes, des faits

---

701 Cass. Crim. 13 oct. 1987 : *Bull. Crim.*, n° 349 ; 8 janv. 1991 : *Bull. Crim.*, n° 13 ; 31 janv. 1995 : *Bull. Crim.*, n° 39 ; *Légipresse* 1995, III, p. 113.

702 Cass. Crim. 8 janv. 1991 : *Bull. Crim.*, n° 15 ; *Gaz. Pal.* 1991, 2, somm., p. 288.

de publication[703], ni l'accomplissement des formalités de dépôt légal ou judiciaire[704], ni des distributions opérées clandestinement, avant la diffusion régulière[705].

Dans ce contexte, il est fondamental d'apprécier sur qui repose la charge de la preuve de cette fameuse date de première publication, qui va déterminer si l'action est prescrite. Les cas de figure sont nombreux, et il revient parfois au juge d'instruction d'établir ce point de départ, par exemple pour les écrits sans date, dont on ignore précisément la date de mise à disposition du public. En général, le juge ne peut se contenter de retenir la prescription au bénéfice du doute en présence d'éléments contradictoires[706], de sorte que le doute profiterait à la partie poursuivante. Mais chaque support a ses propres règles.

Les écrits périodiques mentionnant une période

Il existe souvent des difficultés pour les écrits mentionnant une période. On voit en effet fréquemment des magazines indiquant une période, spécialement les mensuels, qui peuvent être publiés, soit quelques jours avant le début de la période visée, soit quelques jours après. En ce cas, faut-il s'attacher par principe au premier jour du mois mentionné, ou faut-il rechercher concrètement quelle est la date de mise à disposition effective au public ? La jurisprudence a tranché. Le premier jour de la période est présumé être le jour de mise à disposition du public, mais c'est une présomption simple. Rien n'empêche les parties d'établir que la mise à disposition n'a pas été effectuée à cette date. Ainsi, la partie poursuivante pourra démontrer que l'écrit a été publié quelques jours plus tard, afin d'échapper à la prescription et l'éditeur pourra tenter d'apporter la preuve que l'écrit visé a été publié quelques jours auparavant[707].

Les écrits périodiques mentionnant un jour de parution précis

En revanche, lorsqu'un organe de presse mentionne un jour précis de parution, la jurisprudence considère que ce jour pose une présomption dite « *irréfragable* » de parution au jour mentionné. Le demandeur peut donc se fonder sur cette indication, sous réserve d'un éventuel revirement de jurisprudence. C'est ce jour de parution qui détermine ensuite le point de départ et l'expiration du délai de trois mois pour agir[708].

---

703 Cass. Crim. 5 janv. 1974 : *Bull. Crim.*, n° 4. - *Gaz. Pal.* 1974, 1, p. 276 ; *D.* 1974, jurispr. p. 295, note Chapar. - 13 oct. 1987 : *Bull. Crim.*, n° 349 ; *Rev. Sc. Crim.* 1988, p. 528, obs. Levasseur

704 Cass. Crim. 2 octobre 2001, pourvoi n° 01-81951

705 Cass. Crim. 31 mars 1960 : *D.* 1960, jurispr. p. 651 ; *S.* 1960, p. 327 ; *Gaz. Pal.* 1960, 2, p. 33

706 Cass. Crim. 25 janvier 2000, pourvoi n° 99-81708. V. aussi, implicitement : Crim. 30 janvier 2001, pourvoi n° 00-83004

707 Voir récemment en ce sens : Cass. Crim. 19 mai 1998 : *Dr. Pén.* 1998, comm. 132, obs. M. Véron ; *Légipresse* 1998, I, p. 150 ; *JCP* G 1998, IV, 3140 ; Cass. Crim. 5 septembre 2006, pourvoi n° 05-83541 : *CCE* 2007, chron. 3, n° 14, obs. C. Bigot ; CA Paris, 2e chambre, 2e chambre de l'instruction , 16 décembre 2002, *Légipresse* n° 204-I, p. 119, n° 204-18

708 Voir encore récemment : Cass. Crim. 29 juin 1993 : *Bull. Crim.*, 1993, n° 230 ; Cass. 2e civ., 25 janv. 1995, pourvoi n° 93-13658 : *Bull. Civ.* II, n° 28 ; *D.* 1997, somm., p. 69, obs. T. Massis ; Cass. Crim. 27 avril 2004, pourvoi n° 03-84682. - V. également CA Versailles 1re ch. A, 9 septembre 2004, n° 03/07101. - CA Paris 11e ch. A, 18 juin 2003, n° 01/02960, *Légipresse* n° 204-I, p. 119, n° 204-20

Le point de départ de la prescription en matière d'édition

Naturellement, la date de première publication d'un ouvrage constitue en principe le point de départ de la prescription trimestrielle, même si l'ouvrage reste à disposition du public dans les librairies pendant de longs mois.

Mais, le domaine de l'édition pose une difficulté spécifique liée aux réimpressions et rééditions. En effet, par plusieurs arrêts, la Cour de cassation a jugé que le délai de prescription ne remonte pas au jour de la première édition, mais au jour de chacune des éditions nouvelles[709]. Cette solution a encore été retenue par un jugement rendu par le tribunal de grande instance de Paris le 18 décembre 2001 pour un simple retirage[710]. Il en résulte que, pour une part, l'édition se trouve purement et simplement exclue du bénéfice du délai de prescription trimestrielle. Chaque fois qu'un retirage simplement technique a été effectué, celui-ci serait susceptible faire courir un nouveau délai. Cette solution a semble-t-il été confirmée par la Cour de cassation en 2006, mais à l'occasion d'un pourvoi qui portait sur le point de départ de la prescription dans le cadre d'un envoi postal, de sorte que la solution n'est affirmée qu'indirectement[711]. Cette situation est très contestable, car les procédés d'impression numérique ont induit de nouvelles pratiques qui tendent à multiplier les tirages pour des raisons purement techniques et de gestion de stocks. Par aillleurs, se développent des techniques d'impression à la demande. Il n'est pas normal que le droit ne s'y adapte pas et les traite comme des actes de volonté de commettre un nouveau délit, cette solution est déconnectée de toute réalité.

Le point de départ de la prescription pour les infractions commises sur internet

S'agissant de la diffusion sur internet, après des variations de jurisprudence, la Cour de cassation a définitivement tranché : le point de départ de la prescription est constitué de la première mise en ligne des propos litigieux et non de leur suppression du site[712]. C'est là faire application du principe selon lequel l'infraction de diffamation est un délit instantané, et non une infraction dite « *continue* ». Il conviendra donc de s'attacher à la date de première mise en ligne pour le calcul de la prescription trimestrielle. Et le seul fait de maintenir l'information à disposition du public n'est pas caractéristique d'une publication réitérée. Il faut se fonder en principe sur la date effective du premier jour de publication, les mentions de date figurant sur le site, même constatées par huissier, n'ayant pas à cet égard de valeur probante[713].

---

709 Cass. Crim. 16 déc. 1910 : *Bull. Crim.*, n° 640. - 2 mars 1954 : *Bull. Crim.*, n° 94. - 27 avr. 1982 : *Bull. Crim.*, n° 102. - 8 janv. 1991 : *Bull. Crim.*, n° 13.

710 Voir également : CA Versailles 19 mai 2011, *Légipresse* 2011 n° 284-05, p. 333.

711 Crim. 12 décembre 2006, pourvoi n° 06-82884 ; *CCE* 2007, comm. 44, obs. A. Lepage.

712 Cass. Crim. 30 janvier 2001, pourvoi n° 00-83004 ; 16 octobre 2001, pourvoi n° 00-85728 ; 27 novembre 2001, pourvoi n° 01-80134 et 80135, y compris lorsque le support de la diffamation a fait l'objet d'une mise à jour : Cass. Crim. 19 septembre 2006, pourvoi n° 05-87230; *CCE* 2007 chr. 3, n° 15, obs. C. Bigot, ou en cas d'adjonction d'une nouvelle adresse URL : Cass. Crim. 6 janvier 2009, pourvoi n° 05-83.491; *CCE* 2009, comm. 28, obs. A. Lepage ; *CCE* 2010 chron. 3, n° 16, obs. C. Bigot.

713 Cass. Civ. I, 5 juillet 2005, pourvoi n° 04-11971.

En général, en cas de doute, une instruction sera nécessaire afin de rechercher dans les logs de connexion.

Cette solution a ses détracteurs pour qui un tel système peut avoir pour effet d'assurer l'impunité sur internet[714]. En réalité, pratiquement, il est plus facile d'avoir connaissance de la mention de son nom sur un site internet que dans un journal ou un livre, grâce aux moteurs de recherches particulièrement puissants qui comportent différents systèmes d'alertes. Il n'y a pas, en revanche, une telle centralisation pour les supports papier traditionnels.

Il convient enfin de préciser que lorsqu'un organe de presse dispose à la fois d'une version papier et d'une version en ligne, il s'agit de deux modes de publication distincts, et donc de deux infractions indépendantes pouvant le cas échéant suivre un régime différent.

Le point de départ de la prescription en matière audiovisuelle

Sur ce point, il n'y a pas de difficulté pratique. La date de l'émission télévisée ou radiophonique au cours de laquelle ont été tenus les propos querellés constituera le point de départ de la prescription de trois mois.

Tout juste est-il nécessaire de préciser qu'en cas de multidiffusion, chaque émission constitue une nouvelle publication faisant démarrer un nouveau délai de trois mois.

Le point de départ en matière de refus d'insertion de droit de réponse

En matière d'action pour un refus d'insertion du droit de réponse, le point de départ de la prescription est le jour de la publication du numéro où devait figurer légalement la réponse, car le refus est consommé à cette date. La solution est constante et a été réaffirmée encore récemment[715].

■ SOUS-SECTION 3. LA RÉOUVERTURE DU DÉLAI DE PRESCRIPTION

Le texte applicable

L'article 65-2 de la loi du 29 juillet 1881 prévoit que :

« En cas d'imputation portant sur un fait susceptible de revêtir une qualification pénale, le délai de prescription prévu par l'article 65 est réouvert ou court à nouveau, au profit de la personne visée, à compter du jour où est devenue définitive une décision pénale intervenue sur ces faits et ne la mettant pas en cause. »

---

714 Ch. Charrière-Bounazel, « Propos autour d'internet : l'histoire et l'oubli », *Gaz. Pal.* 20 et 21 avril 2011, p. 6 et la réponse de B. Ader : « De la chimérique imprescriptibilité des diffamations sur internet », *Légipresse* 2011, n° 283, p. 263.

715 Cass. Crim. 4 décembre 2007, pourvoi n° 06-87345 ; *CCE* 2009 chron. 3, n° 9, obs. C. Bigot.

Les cas de réouverture du délai de prescription

Le seul cas dans lequel le délai de prescription de trois mois peut faire l'objet d'une réouverture est celui d'une imputation portant sur un fait susceptible de revêtir une qualification pénale. Cette catégorie est particulièrement large et doit s'appliquer même si la personne n'a pas été formellement mise en cause dans la procédure pénale visant le fait litigieux.

L'utilisation du terme « *imputation* », incompatible avec la définition de l'injure, signifie-t-il que la réouverture du délai ne concerne que le délit de diffamation ? L'article 65-2 ne comporte pas expressément cette limitation, mais on voit mal comment une injure pourrait être concernée par cette définition de la réouverture. Il y a là en tout cas une incertitude qui méritera d'être levée.

Les journalistes doivent avoir à l'esprit que ces cas de réouverture sont théoriquement très larges même si, en opportunité, la victime aura rarement intérêt à revenir à la charge afin de susciter un débat public sur des accusations qui la visaient. Cette remarque, qui ne résulte que de considérations d'opportunité, doit toutefois inciter la presse à la plus grande prudence dans la conservation des éléments de preuve.

Le point de départ de la réouverture du délai de prescription

L'article 65-2 prévoit expressément le point de départ de la réouverture du délai de prescription. Il s'agit du jour où une décision pénale intervenue sur les faits imputés à la victime est devenue définitive. Il conviendra donc de tenir compte, à notre sens, de la date à laquelle les délais de recours ont expiré, lorsque la décision était susceptible d'un tel recours.

Ce sera assurément à la victime de démontrer l'existence d'une décision pénale définitive ne la mettant pas en cause pour justifier de cette réouverture de la prescription.

■ SECTION 4. LA COMPÉTENCE

Une matière transversale transcendant la séparation juridictionnelle entre le pénal et le civil

À l'origine, la loi du 29 juillet 1881 était assurément une loi pénale, dont certaines infractions relevaient même de la cour d'assises. Mais au fil du temps, la pratique s'est profondément réorientée vers la juridiction civile, de sorte que le contentieux se répartit aujourd'hui quasiment de manière équilibrée entre les deux ordres de juridictions.

Si la voie civile a longtemps séduit par sa simplicité, qui permettait au demandeur d'éluder une grande partie des embûches de la voie correctionnelle, cette anomalie a été supprimée à l'aube des années 1990. La Cour de cassation a en effet entrepris à compter de 1992, et surtout de 1994, d'unifier les procédures civiles et pénales de presse, non sans susciter des critiques.

Lorsque l'option est ouverte, il n'existe pas de critères objectifs permettant de choisir la juridiction civile ou la voie répressive, chacune ayant des avantages et des inconvénients selon les situations et les buts poursuivis. La gamme des options tactiques est donc très étendue. Incidemment, le contentieux de presse montre à cet égard l'inadaptation totale des distinctions académiques toujours opérées à l'université entre les matières civiles et pénales. Il faudra en prendre un jour conscience.

La question de la dépénalisation

Le 30 juin 2008, la commission présidée par le recteur Serge Guinchard remettait un rapport au garde des Sceaux en formulant 65 propositions[716]. L'une d'elles préconisait « *la dépénalisation de la diffamation à l'exception des diffamations présentant un caractère discriminant (raciste, sexiste...)* ». Il s'agissait de « *donner un signal fort de la France au Conseil de l'Europe* » et « *de protéger néanmoins les personnes victimes de diffamations ou d'injures autrement que par le recours au droit répressif, dont les pièges procéduraux ont été mis en place précisément pour éviter que l'on aboutisse trop aisément à la condamnation des journalistes*[717] ». Cette proposition procédait d'une double erreur d'analyse flagrante pour tous les spécialistes, d'une part car ni le Conseil de l'Europe[718], ni la Cour EDH[719] ne préconisait une telle réforme, d'autre part, car les dispositions de procédure s'appliquent aussi bien devant les juridictions civile que pénale. Devant la levée de boucliers suscitée[720], le projet est semble-t-il abandonné.

Les particularités de l'exception d'incompétence

Selon l'article 59 de la loi du 29 juillet 1881, le tribunal doit statuer par jugement séparé sur la compétence. Ainsi, c'est la disjonction de l'incident et du fond qui est la règle en matière correctionnelle. En matière civile, l'incompétence relèvera classiquement de la compétence du juge de la mise en état. Le deuxième alinéa de l'article 59 prévoit également une règle spécifique en matière de voie de recours. Les appels contre les jugements et les pourvois contre les arrêts, distincts de la décision sur le fond, ayant statué sur des exceptions d'incompétence, sont immédiatement recevables. Il est ainsi dérogé à la règle générale posée pour les autres décisions sur incidents et exceptions.

---

716 Rapport intégral disponible sur le site du ministère de la Justice. Voir spécialement p. 289 à 293.

717 *D.* 2008, p. 1751.

718 La résolution 1577 du 4 octobre 2007 ne vise que l'éradication d'une protection renforcée des personnalités publiques et la suppression des peines de prison.

719 La Cour EDH admet au contraire que l'existence d'une sanction pénale ne constitue pas en soit une atteinte disproportionnée à la liberté d'expression (CEDH, 8 juillet 2008, n° 24261/05, *Backes c/ Luxembourg,* §51) et a formulé un simple vœu général, concernant l'instauration de procédures purement civiles dans le domaine de la diffamation (cf. CEDH, 11 octobre 2007, n° 28504/05 *Kanelloupoulou c/ Grèce.* - CEDH, 6 décembre 2007, n° 19331/05, *Katrami c/ Grèce*). Voir cependant, plus ambiguë : CEDH, 5 avril 2011, *Fatih Tas c/ Turquie,* req. n° 36635/08.

720 Voir C. Bigot, « Contentieux de presse : les errements de la Commission Guinchard », *Légipresse* 2008, n° 254, p.109.

SOUS-SECTION 1. LA COMPÉTENCE D'ATTRIBUTION

a. L'option de compétence : principe et exceptions

Le principe d'une option de compétence entre les juridictions civile et pénale n'est en réalité qu'une règle résiduelle qui supporte plusieurs exceptions importantes.

Les exceptions prévues par l'article 46 de la loi du 29 juillet 1881

Selon l'article 46, « *l'action civile résultant des délits de diffamation prévus et punis par les articles 30 et 31 ne pourra, sauf dans les cas de décès de l'auteur du fait incriminé ou d'amnistie, être poursuivie séparément de l'action publique* ». Il s'agit là assurément de la dérogation la plus connue. Pour toutes ces diffamations publiques[721], la victime ne peut agir devant la juridiction civile. La jurisprudence a par ailleurs étendu cette règle au cas où une personne est diffamée de manière indivisible comme citoyen protégé par l'article 31 et comme simple particulier de l'article 32[722]. Cette limitation ne s'applique pas en matière d'injure.

L'interdiction d'agir devant le juge civil édictée par l'article 46 supporte elle-même trois exceptions. La première s'applique en cas d'amnistie du délit de diffamation dont on poursuit la réparation. Situation récurrente par le passé, lorsqu'une amnistie présidentielle revenait tous les sept ans, cette tradition semble toutefois aujourd'hui mise entre parenthèses. La seconde exception, d'origine jurisprudentielle, concerne le juge des référés. En effet, selon la Cour de cassation, l'interdiction de la voie civile prévue par l'article 46 ne met pas obstacle à ce que le juge des référés prenne des mesures provisoires pour faire cesser le trouble manifestement illicite qui résulterait des faits incriminés, par application de l'article 809 du CPC[723]. Enfin, plus anecdotique, la dernière exception concerne l'action en diffamation contre un ministre, pour des raisons tenant aux règles de saisine de la Cour de justice de la République[724].

Une question de pur droit processuel intéressera également les praticiens s'agissant des modalités de contestation de la compétence de la juridiction civile saisie à tort, en vertu de l'article 46. S'agit il d'une fin de non-recevoir ou d'une exception d'incompétence, ces deux moyens suivant un régime processuel fort différent ? La jurisprudence n'est pas d'une grande clarté sur ce point. La tendance la plus récente de la première chambre civile semble consister à qualifier l'exception tirée de l'ar-

721 Selon Cass. 2e civ., 29 nov. 1972 : *Bull. Civ.* II, n° 302 ; *Gaz. Pal.* 1972, 1, 282. La diffamation non publique envers les personnes visées aux articles 30 et 31 devrait pouvoir faire l'objet d'une action séparée devant la juridiction civile.

722 Voir Cass. Crim. 2 mai 2003, n° 02-86.743 ; Cass. Crim. 11 mai 2007, n° 07-80.754; *Comm. Com. Électr.* mars 2008, chron. 3, n° 4, obs. C. Bigot.

723 Cass. 2e civ., 12 oct. 1988, *Bull. Civ.* II, n° 194 ; Cass. 2e civ., 27 janvier 1993, *Bull.* II n° 31, *D.* 1993, p. 190 note J.F. Burgelin ; Cass. 2e civ., 14 novembre 2002 : *Bull.* II n° 253.

724 Cass. ass. plén., 12 juillet 2000, n° 00-83.577.

ticle 46 d'exception d'incompétence[725] qui devrait donc en principe, à peine d'irrecevabilité, être soulevée devant le juge de la mise en état et avant toute défense au fond. Mais d'autres décisions paraissent s'orienter vers la qualification de fin de non-recevoir qui peut être soulevée en tout état de cause[726] et les juges du fond, à Paris, ne voient pas forcément d'un mauvais œil cette dernière qualification. Il reste que l'incompétence de la juridiction civile, dans les cas prévus par l'article 46, doit être relevée d'office, car elle est d'ordre public et revêt un caractère absolu[727]. Enfin, rappelons que la saisine à tort de la juridiction civile n'aura aucun effet interruptif de prescription concernant l'action publique. Dès lors, la reprise de l'instance devant la juridiction pénale se heurtera le plus souvent à la prescription trimestrielle prévue par l'article 65 de la loi sur la presse[728].

Les infractions de presse commises par un agent public ou un élu

En règle générale, la vénérable loi des 16 et 24 août 1790 sur l'organisation judiciaire[729] et la loi du 16 fructidor An IV interdisent aux tribunaux judiciaires de connaître des actes administratifs. Or l'hypothèse d'une infraction de presse commise par un agent public ou un élu dans le cadre de ses fonctions est loin d'être une hypothèse d'école. Mais pendant longtemps, il n'y a eu sur cette question que des décisions sporadiques. Une succession d'arrêts récents permet de préciser aujourd'hui les limites de la compétence des juridictions judiciaires en ce domaine.

Si l'infraction est commise en dehors de la fonction, il s'agit d'une faute communément appelée « *détachable* » et l'option de compétence est ouverte pour la victime dans les conditions du droit commun. En revanche, si l'infraction est commise dans le cadre des fonctions, la compétence de la juridiction civile est écartée, car l'agent n'encourt aucune responsabilité personnelle, si bien que l'indemnisation doit être poursuivie devant le juge administratif selon les formes du contentieux administratif. Mais la juridiction pénale conserve sa compétence pour statuer sur l'action publique, sans pouvoir statuer sur l'action civile engagée à l'encontre de l'agent. C'est une incompétence d'ordre public qui peut être soulevée en tout état de cause, même si le prévenu lui-même ne l'a pas opposée[730]. Et la jurisprudence a manifestement une vision très large de la faute dite « *de service* », non détachable des fonctions[731]. Il

---

725 En ce sens : Cass. 1re civ., 21 février 2006, n° 04-17.740; *Bull.*, I, n° 88. - V. déjà, s'agissant de la deuxième chambre civile, Cass. 2e civ., 30 janv. 1991 : *Bull. Civ.* 1991, II, n° 39. - Cass. 2e civ., 27 janv. 1993 : *Bull. Civ.* 1993, II, n° 31.

726 Cass. 2e civ., 29 mars 2001, pourvoi n° 99-10.332 ; *Bull.* II, n° 67 ; Cass. 2e civ., 13 décembre 2001, pourvoi n° 99-20.204 ; Cass. 2e civ., 29 avril 2004, pourvoi n° 01-14.108, *Bull. Civ.* II, n° 200, particulièrement net. Mais la deuxième chambre civile, auteur de ces décisions, ne statue plus aujourd'hui sur les infractions de presse.

727 Cass. 2e civ., 27 janvier 1993, *Bull.* II, n° 31. - Cass. 2e civ., 3 mars 1993, *Bull.* II, n° 83. - Cass. 2e civ., 18 juin 1997 : *JurisData* n° 1997-002894.

728 CA Paris, 8 avril 1993 : *D.* 1994 somm. p. 193, obs. J.-Y. Dupeux.

729 Lois et actes du gouvernement, T. I, p. 376.

730 Cass. Crim. 20 juin 2006, pourvoi n° 05-87.415, *Comm. Com. Électr.* mars 2007 chron. 3, n° 3, obs. C. Bigot ; Cass. Crim. 25 septembre 2007, pourvoi n° 06-88.462, *Comm. Com. Électr.* mars 2008, chron. 3, n° 2, obs. C. Bigot.

731 Cass. 1re civ., 23 février 2011, pourvoi n° 09-72.059 ; *D.* 2011, p. 1386 note E. Dreyer ; *JCP* 2011, 682, note M. Cornu et N. Mallet-Poujol.

reste qu'on ne voit pas très bien comment concilier devant le juge de l'indemnisation qui serait alors la juridiction administrative, les dispositions processuelles de la loi sur la presse et les règles du contentieux administratif.

b. Les juridictions compétentes

En matière pénale

Il n'y a pas de règles dérogatoires de compétence dans la loi sur la presse. Les délits relèveront donc de la compétence du tribunal correctionnel, lequel doit obligatoirement statuer sur les infractions à la loi sur la presse dans sa composition collégiale (art 398-1 du Code de procédure pénale), et le cas échéant de situations dérogatoires prévues en droit commun pour des cas particuliers[732]. Les provocations criminelles de l'article 23 seront quant à elles de la compétence de la Cour d'assises, et les contraventions relèveront soit du tribunal de police, soit de la juridiction de proximité en fonction de leur classe.

En revanche, il existe une règle spéciale de compétence pour les diffamations et injures non publiques des articles R. 621-1 à R 624-4 du Code pénal, qui suivent un régime dérogatoire prévu par l'article R. 41-11 du Code de procédure pénale donnant compétence au tribunal de police, bien qu'il ne s'agisse pas de contraventions de cinquième classe. Mais si le tribunal de police constate qu'il a été saisi à tort d'une diffamation ou d'une injure ayant en réalité un caractère public et constituant comme telle un délit, il doit se déclarer incompétent et renvoyer le ministère public ou la partie civile à se pourvoir ainsi qu'il/elle avisera (article 540 CPP). À l'inverse, si un tribunal correctionnel saisi sur le terrain de la diffamation ou de l'injure publique constate que la condition de publicité fait défaut, il restera compétent en vertu de l'article 466 du CPP pour disqualifier en contravention et statuer au fond[733].

En matière civile

Depuis l'entrée en vigueur du décret n° 2009-1693 du 29 décembre 2009, toutes les actions en diffamations et injures ont été regroupées au tribunal de grande instance en vertu de l'article R. 211-4 du Code de l'organisation judiciaire, applicable pour les actions engagées depuis le 1er janvier 2010, y compris lorsqu'il s'agit de simples contraventions, ou lorsqu'elles sont commises à raison de l'appartenance à une race ou à une religion. Selon ce texte : « *Le tribunal de grande instance a compétence exclusive dans les matières déterminées par les lois et règlements, au nombre desquelles figurent* (…) *13° Actions civiles pour diffamation ou pour injures publiques ou non publiques, verbales*

---

732 Voir ainsi les hypothèses marginales de compétence résiduelle du tribunal pour enfants, des juridictions des forces armées ou de la Cour de justice de la République. Sur ces points : voir notre fascicule « Compétence », *Jurisclasseur Pénal* annexes v° Presse, fasc. 130.

733 Cass. Crim. 22 mai 1974 : *Bull. Crim.*, n° 196 ; *Rev. Sc. Crim.* 1974, p. 877, obs. Levasseur ; Cass. Crim. 7 mai 1975 : *Bull. Crim.*, n° 119 ; Cass. Crim. 7 juin 1983 : *Bull. Crim.*, n° 171 ; Cass. Crim. 17 oct. 1989 : *Bull. Crim.*, n° 366.

ou écrites ». Cette simplification est évidemment heureuse, mais on se demande bien pourquoi elle n'a pas été étendue à l'ensemble des infractions à la loi sur la presse. Pour les autres infractions en effet, la compétence civile paraît régie par le droit commun, faute de dispositions spéciales prévoyant une compétence d'attribution à raison de la matière. Dès lors, hors les cas particuliers de diffamations et d'injures, l'action relève du tribunal de grande instance, du tribunal d'instance ou de la juridiction de proximité, en fonction du *quantum* des demandes.

■ SOUS-SECTION 2. LA COMPÉTENCE TERRITORIALE

Application de principe du droit commun

Là encore, comme en matière de compétence d'attribution, le droit commun s'applique pour l'essentiel. Il faut donc se reporter aux articles 43, 52, 382 et 522 du Code de procédure pénale devant une juridiction pénale, et 42 à 48 du Code de procédure civile devant la juridiction civile.

Dans tous les cas de figure, ces règles renvoient à une compétence de principe du tribunal du lieu de résidence du prévenu ou du défendeur. Mais cette compétence n'est pas exclusive et s'y ajoute celle des tribunaux dans le ressort desquels l'infraction a été commise, ou en matière civile *« la juridiction du lieu du fait dommageable ou celle dans le ressort de laquelle le dommage a été subi »* (article 46 alinéa 3 CPC). C'est sur ce point que certaines règles de localisation d'un délit de presse, qui produit ses effets la plupart du temps sur un territoire dépassant le ressort d'un tribunal, sont originales et méritent d'être connues. Elles sont applicables au civil et au pénal.

Distinctions selon les supports

La règle générale est toujours la même et s'applique également aux poursuites engagées contre le seul complice[734] : tous les ressorts dans lesquels les propos poursuivis ont été rendus publics pourront se déclarer compétents. Cette règle a amené la jurisprudence à retenir les solutions suivantes.

Pour les transmissions par voies postales ou téléphoniques, on pourra saisir à la fois le tribunal du lieu où les propos ont été tenus, et celui du lieu où ils ont été reçus[735]. Pour les publications d'écrits, quels qu'ils soient, livres ou périodiques notamment, le délit est classiquement réputé commis partout où l'écrit a été publié[736], même si ce ressort n'est ni celui de la résidence de la victime, ni celui de la résidence du prévenu. Cela permet à la partie poursuivante ou au demandeur de choisir son tribunal pour

---

734 Sur ce point particulier, voir : Cass. Crim. 5 décembre 2000, pourvoi n° 99-85.361.

735 Cass. Crim. 22 mai 1984 : *Bull. Crim.*, n° 188, pour le téléphone ; Cass. Crim. 1er oct. 1980 : *Bull. Crim.*, n° 238, Cass. Crim. 15 mars 1983 : *Bull. Crim.*, n° 81, pour les envois postaux ; Cass. Crim. 28 mai 1991 : *Bull. Crim.*, n° 224, pour les télécopies.

736 La règle date du XIXe siècle. Elle a été appliquée récemment par : Cass. Crim. 28 juin 1994 : pourvoi n° 94-81.435, *Bull. Crim.*, n° 257, déclarant suffisante une distribution régulière du journal à Paris ; Cass. Crim. 5 décembre 2000, pourvoi n° 99-85.361 ; Cass. Crim. 28 nov. 2006, pourvoi n° 05-85.085, par exemple.

des raisons d'opportunité, ce qui n'est pas forcément très sain… Mais, selon la Cour de cassation, peu importe que ce choix soit artificiel[737].

Naturellement, appliqué à la communication audiovisuelle, radio et télévision, ce critère conduit également à retenir la compétence de tous les ressorts dans lesquels le programme poursuivi a été diffusé. Ainsi, selon la Cour de cassation « *la diffamation réalisée par la voie de la télévision est accomplie en tous lieux où les émissions télévisées ont pu être reçues*[738] ». Là encore, un choix arbitraire devrait en principe être admis sauf fraude manifeste.

Enfin, pour l'internet et les communications électroniques, tous les ressorts dans lesquels il a pu être accédé au message litigieux seront compétents. Il a même été admis à plusieurs reprises qu'un site internet était un média ayant par nature une diffusion nationale, de sorte que l'on pouvait saisir un autre tribunal que celui dans le ressort duquel a été réalisé le constat d'huissier[739].

Le cas particulier du refus d'insertion de droit de réponse

Ce délit devrait mériter à notre sens un raisonnement spécifique. En effet, il peut être soutenu qu'il s'agit principalement du non-accomplissement d'une obligation de faire localisée par définition au domicile du directeur de publication, ce qui devrait entraîner la compétence exclusive du ressort dans lequel ce dernier est établi. Mais la Cour de cassation a finalement considéré que l'infraction est constituée par la publication du numéro qui aurait dû légalement contenir la réponse, si bien que le délit est commis partout où ce numéro a été publié[740]. Cette solution nous semble contestable.

Les litiges internationaux

Là encore, c'est avec les instruments processuels du droit commun que les tribunaux vont devoir arbitrer leur compétence pour déterminer s'ils sont compétents et dans quelles proportions, pour statuer sur des actions fondées sur la loi sur la presse engagées à l'encontre de médias étrangers. Bien évidemment, l'abolition des frontières dans le domaine de la communication audiovisuelle et de l'internet a donné à cette question un intérêt pratique qu'elle n'avait pas auparavant, lorsqu'était seule en cause la distribution transfrontière des périodiques papier. Encore une fois, si les textes applicables sont différents selon les ordres de juridictions[741], les règles de compétence établies sont relativement homogènes.

---

737 Cass. Crim. 28 novembre 2006, précité note précédente.

738 Cass. Crim. 5 décembre 2000, préc.

739 CA Paris 30 septembre 2009, n° 09/09773 : *Comm. Com. Électr.* mars 2010 chron., 3, n° 3, obs. C. Bigot.

740 Cass. 1re civ., 16 janvier 2007, pourvoi n° 05-21.858 ; *JCP G* 2007, II, 10101, note D. Dassa-Le Deist ; *Comm. Com. Électr.* 2007, comm. n° 62, obs. A. Lepage.

741 Sont applicable les articles 43, 52, 382, 522 complétés par les articles 113-1 à 113-12 du Code pénal devant les juridictions répressives, et les articles 42 et 46 du Code de procédure civile complétés principalement par le règlement (CE) du Conseil n° 44/2001 du 22 décembre 2000 (*JOCE* n° L 12, 16 janv. 2001) devant les juridictions civiles.

En matière pénale, les juridictions françaises seront compétentes si le prévenu réside en France ou si l'un des éléments constitutifs de l'infraction est situé en France, c'est-à-dire notamment si la publicité y a été constatée. Par ailleurs, selon l'article 113-2 du Code pénal, la loi française s'applique aux infractions commises sur le territoire de la République, qui sont réputées telles *« dès lors qu'un de ses faits constitutifs a eu lieu sur ce territoire »*.

En matière civile, il faut distinguer selon qu'il existe une convention internationale applicable ou non. En l'absence de convention, l'article 46 trouvera application comme en droit interne. Il en résulte que la diffusion dans un ressort français fonde la compétence du tribunal concerné, même si le défendeur est domicilié hors de France. Toutefois, dans ce cas, le tribunal saisi ne se voit pas attribuer compétence pour réparer l'intégralité du dommage subi, mais seulement le préjudice résultant de la diffusion en France, qui est bien souvent marginale, s'agissant d'un titre de presse ou d'un ouvrage étrangers[742].

Dans les rapports avec les autres pays de l'Union européenne il convient d'appliquer le règlement (CE) du Conseil n° 44/2001 du 22 décembre 2000[743]. Or, au-delà de la compétence toujours possible de l'État dans lequel est établi le défendeur, l'article 5-3 comporte également un chef de compétence dérogatoire en matière de responsabilité délictuelle. Selon un important arrêt *Shevill* rendu par la Cour de justice des Communautés européennes (devenue depuis lors CJUE) le 3 mars 1995[744], si la juridiction saisie n'est pas celle dans le ressort duquel réside le défendeur, elle n'est compétente que *« pour connaître des seuls dommages causés dans l'État de la juridiction saisie »*, et non pour réparer l'intégralité du préjudice subi sur l'ensemble des territoires concernés par la publicité (§ 33). En revanche, les tribunaux du lieu d'établissement du défendeur ont compétence, quant à eux, pour réparer l'intégralité du dommage tant national qu'étranger.

Une règle différente a été posée par une récente décision rendue dans le domaine de la diffusion sur internet[745]. En effet, saisie sur question préjudicielle émanant du TGI de Paris, la CJUE a retenu également la compétence générale, pour tous les dommages, du tribunal situé dans le pays dans lequel la victime a le *« centre de ses*

742 TGI Paris 30 juin 1984 : *Rev. Crit. DIP* 1985, p. 141.

743 *JOCE* n° L 12, 16 janv. 2001.
Avec la Suisse, on applique la Convention dite de Lugano du 16 septembre 1988 qui contient strictement les mêmes règles que le règlement CE n° 44/2001 en matière de compétence internationale. Pour une application : CA Paris 6 octobre 1999 : *D.* 1999, inf. rap. p. 270

744 CJCE 7 mars 1995 *Shevill*, aff. C-68/93 : D. 1996. 61, note G. Parleani ; *JDI* 1996. 543, obs. A. Huet; *Rev. Crit. DIP* 1996. 487, note P. Lagarde ; *RTD* eur. 1995. 605, note M. Gardeñes Santiago.

745 CJUE, grd. ch., 25 oct. 2011, affaires jointes n° C-509/09 et C-161-10, *eDate Advertising GmbH c/ X* et *M. c/ MGN Limited, Légipresse* n° 291, p. 95, note J.-S. Bergé ; *RTD* eur. 2011. 847, obs. E. Treppoz ; *D.* 2012. 1233, obs. H. Gaudemet-Tallon, et 1279, chron. T. Azzi. Sur cette décision, voir l'article de S. Bollée et B. Haftel, « Les nouveaux déséquilibres de la compétence internationale en matière de cyverdélits après l'arrêt *eDate Advertising et Martinez* », *D.* 2012 chr. p. 1285.

intérêts ». Ainsi, elle affirme que « *l'article 5, point 3, du règlement doit être interprété en ce sens que, en cas d'atteinte alléguée aux droits de la personnalité au moyen de contenus mis en ligne sur un site Internet, la personne qui s'estime lésée a la faculté de saisir d'une action en responsabilité, au titre de l'intégralité du dommage causé, soit les juridictions de l'État membre du lieu d'établissement de l'émetteur de ces contenus, soit les juridictions de l'État membre dans lequel se trouve le centre de ses intérêts. Cette personne peut également, en lieu et place d'une action en responsabilité au titre de l'intégralité du dommage causé, introduire son action devant les juridictions de chaque État membre sur le territoire duquel un contenu mis en ligne est accessible ou l'a été. Celles-ci sont compétentes pour connaître du seul dommage causé sur le territoire de l'État membre de la juridiction saisie* » (considérant 52). Ainsi, alors que les effets de la décision *Shevill* devraient être plutôt limités pour éviter les pratiques trop criantes de « *forum shopping* » concernant les infractions commises sur internet, la Cour de Luxembourg étend au contraire les dérogations à la compétence générale de principe du lieu d'établissement du défendeur, portant ainsi à notre sens une atteinte aux exigences de prévisibilité qui devraient gouverner l'activité des médias.

■ **SECTION 5**. LES PROCÉDURES AU FOND

■ **SOUS-SECTION 1**. L'INTRODUCTION DE LA PROCÉDURE

Avertissement concernant l'initiative de l'action : les articles 47 et 48

Les articles 47 et 48 de la loi du 29 juillet 1881 déterminent qui peut prendre l'initiative de l'action pour chaque infraction. Cet article 48 est assurément le texte le plus complexe de la loi du 29 juillet 1881. Il comprend en outre des incertitudes récurrentes. Selon ce texte, il existe trois catégories distinctes : les infractions pour lesquelles la victime dispose de la maîtrise de son action ; celles pour lesquelles le ministère public et la victime disposent de ce pouvoir conjointement, et enfin celles qui relèvent d'un pouvoir exclusif du ministère public. Il faut donc, avant d'agir, vérifier la catégorie correspondant à l'infraction sur le fondement de laquelle l'action est envisagée[746].

Si l'infraction en cause est l'objet d'une disposition spéciale dans l'article 48, la situation est relativement simple, car un régime de poursuite précis a été édicté par le législateur et il convient donc de le suivre. Mais, la principale difficulté consiste à déterminer le régime des infractions qui ne sont l'objet d'aucune mention particulière dans l'article 48, notamment dans son dernier alinéa. Pour ces dernières, la victime a-t-elle un droit d'agir propre, et dans l'affirmative quelle en est la portée ? Il n'y a guère qu'un seul arrêt de la Cour de cassation qui tranche clairement cette question. En effet, aux termes d'un arrêt rendu le 25 novembre 2004[747], la Cour de cassation s'est exprimée en ces termes : « *Mais attendu qu'il résulte des articles 47 et 48*

746 Il convient de se reporter à la section concernant chaque infraction pour vérifier le régime de poursuite qui lui est applicable.

747 Cass. Civ. 2, 25 novembre 2004, pourvoi n° 02-20424, publié au *Bulletin*.

de la loi du 29 juillet 1881 que l'infraction prévue par l'article 39 bis *de cette loi ne peut être poursuivie à la seule requête de la partie lésée qui n'a donc pas le droit d'exercer l'action civile séparément de l'action publique, que par ce motif de pur droit, substitué à ceux critiqués par le moyen, l'arrêt se trouve légalement justifié* ». Cette décision, publiée au *Bulletin*, soulevant d'office un moyen de pur droit, devrait continuer à faire autorité, mais il faut bien dire que la première chambre civile a depuis lors jeté le trouble, en admettant la recevabilité d'actions en référé fondées sur des infractions de presse pour lesquelles le dernier alinéa de l'article 48 ne prévoyait pas un droit de poursuite propre de la victime[748]. Selon nous, ces décisions de référé ne remettent pas en cause le principe retenu en 2004. En effet, d'une part, le fondement de l'action était techniquement l'article 809 du CPC et, d'autre part, la première chambre civile n'était saisie d'aucun moyen visant le dernier alinéa de l'article 48. On ne saurait donc donner à ces arrêts de 2011 une portée qu'ils ne peuvent avoir. Mais les juridictions du fond semblent s'orienter, dans leurs dernières décisions, vers l'ouverture de la voie civile[749]. Et la chambre criminelle a elle-même introduit un doute aux termes d'un arrêt en date du 5 juin 2012[750].

L'interdiction d'agir par voie d'intervention

Une particularité du procès de presse tient au fait que l'acte initial fige irrévocablement la nature et l'étendue de la poursuite, en vertu des articles 50 ou 53 de la loi du 29 juillet 1881, selon les cas. La jurisprudence en a déduit logiquement qu'il convenait donc par principe d'écarter toute possibilité d'intervention volontaire[751]. La règle a été affirmée à plusieurs reprises, et s'applique aussi bien dans les procédures civiles que pénales. Ainsi, « *en matière de presse, aucune personne physique ou morale ne saurait être admise à intervenir dans la procédure engagée par une autre partie*[752] ».

Mais ce principe supporte aussi des limites et des exceptions. Ainsi, pour les infractions poursuivies sur plainte simple préalable de la victime, cette dernière est tout à fait recevable à se constituer ensuite partie civile par voie d'intervention dans le cours de la procédure, devant la juridiction d'instruction ou devant la juridiction de jugement, cela est logique et ne remet pas en cause l'intangibilité de la poursuite, puisqu'elle est la victime originaire. Ensuite, les associations mentionnées aux articles 48-1 à 48-6 de la loi du 29 juillet 1881 peuvent quant à elles agir par voie d'intervention dans les procédures en cours[753].

---

748 Cass. Civ. 1, 28 avril 2011, pourvoi n° 10-17909.

749 TGI Paris 17e ch. Presse-civile, 2 juillet 2012, *Le Figaro c/ Servier, Légipresse* 2012, n° 297, p. 478, confirmé sur ce point par CA Paris pôle 2-7, 24 octobre 2012, *Légipresse* 2012, p. 700, note H. Leclerc ; *Contra* : TGI Toulouse, plusieurs espèces, 13 novembre 2012, sur le fondement de l'article 39 *bis*, concernant la publication de l'image des victimes mineures de Mohamed Merah.

750 Cass. Crim. 5 juin 2012, pourvoi n° 11-83650.

751 Cass. Crim. 31 janvier 1989, n° 87-90947 ; Cass. Crim. 7 mars 2000, n° 99-82.713.

752 Cass. Crim. 12 nov. 2008, n° 08-81.269 ; *CCE* 2009 chr. 3, n° 5, obs. C. Bigot.

753 C'est un revirement récent de jurisprudence : TGI Paris 17e, 19 février 2009, n° 07/28408017 : *CCE* 2010 chr. 3, n° 9, obs. C. Bigot ; CA Paris 21 janvier 2010 RG 09/02927 ; Cass. Crim. 12 octobre 2010, n° 10-80.825; *CCE* 2011 chr. 3, n° 9, obs. C. Bigot.

§1. Ouverture d'une enquête préliminaire

a) Les plaintes simples

La loi du 29 juillet 1881 n'édicte aucune règle spécifique concernant les plaintes simples. La Cour de cassation se borne à exiger une articulation des faits, rejetant toute analogie formelle avec les exigences de l'article 50[754]. Mais toute équivoque, dès ce stade, peut en réalité fragiliser la procédure si le parquet prend des réquisitions qui étendent la poursuite, lorsqu'il ne peut pas agir d'office. Enfin, rappelons qu'une plainte simple entre les mains du parquet n'est pas interruptive de prescription.

b) Les réquisitions d'enquête

La forme des réquisitions d'enquête est réglementée par l'article 65 alinéa 2 de la loi du 29 juillet 1881[755] qui contient certaines exigences impératives pour leur donner un effet interruptif de prescription. Selon ce texte : « *avant l'engagement des poursuites, seules les réquisitions aux fins d'enquête seront interruptives de prescription. Ces réquisitions devront, à peine de nullité, articuler et qualifier les provocations, outrages, diffamations et injures à raison desquels l'enquête est ordonnée* ». Ainsi, ces réquisitions doivent à peine de nullité « *articuler et qualifier* » les provocations, injures ou outrages à raison desquels l'enquête est ordonnée. Cette exigence s'applique même lorsque la plainte simple contient déjà ces indications, le parquet ne pouvant se borner à viser la plainte[756].

Ces contraintes sont très proches de celles de l'article 50, évoqué plus loin, même s'il n'y est pas mentionné l'exigence d'indication du texte de répression, il est évident que la qualification doit être dépourvue d'ambiguïté. Et toutes les réquisitions contenant une équivoque sur l'étendue ou le fondement de la poursuite encourent l'annulation et seraient dépourvues d'effet interruptif de prescription. Il reste que la chambre criminelle de la Cour de cassation s'en tient strictement à la lettre de l'article 65 alinéa 2 de la loi sur la presse qui n'exige pas l'indication d'un texte de loi[757].

Bien que l'article 65 alinéa 2 ne vise que certaines catégories d'infractions, la règle qu'il pose s'applique logiquement à toutes les infractions relevant de la loi sur la presse[758]. Enfin, précisons que lorsque l'enquête a été suivie d'une instruction, la nullité des

---

754 Cass. Crim. 5 juillet 1983, *Bull.* n° 217 ; 24 février 1987, *Bull.* n° 95.

755 Modifié par la loi n° 93-2 du 4 janvier 1993, à la suite de plusieurs arrêts sanctionnant les pratiques antérieures du parquet. Voir : Crim. 10 décembre 1991, n° 90-85.068 et n° 90-85.259, *Bull. Crim.* 1991 n° 469. *Adde* : Cass. Crim. 20 oct. 1992 : *Bull. Crim.*, n° 330 ; 14 févr. 1995 : *Bull. Crim.*, n° 66.

756 Cass. Crim. 22 mai 2012, pourvoi n° 11-82416.

757 Ainsi, un visa erroné n'est pas en soi une cause de nullité des réquisitions d'enquête : Cass. Crim. 20 juin 2006, n° 05-86690, *CCE* 2007 chr. 3, n° 4, obs. C. Bigot.

758 En ce sens, V. CA Paris, 11e ch., 18 sept. 1997 : *Gaz. Pal.* 1997, 2, p. 697, note J.-G. Moore.

réquisitions d'enquête est couverte par l'ordonnance de renvoi et ne peut être invoquée devant le tribunal correctionnel[759], contrairement à la nullité de l'article 50.

§2. Saisine du juge d'instruction

Avertissement

Depuis son entrée en vigueur, la loi n° 2007-291 du 5 mars 2007 exige désormais en droit commun que toute plainte avec constitution de partie civile soit précédée d'une plainte simple, mais le régime antérieur perdure en matière de presse, par l'effet d'une dérogation figurant dans l'article 85 du CPP. Une plainte avec constitution de partie civile est donc recevable pour les infractions de presse, sans plainte simple préalable.

Généralités concernant l'article 50

Selon l'article 50 de la loi sur la presse, le réquisitoire introductif se doit « *d'articuler et de qualifier les provocations, outrages, diffamations et injures à raison desquels la poursuite est intentée, avec indication des textes dont l'application est demandée, à peine de nullité du réquisitoire de ladite poursuite* ». Le but de cette règle est de permettre à la personne mise en cause de connaître, dès l'engagement des poursuites et sans équivoque, la nature et l'étendue de celles-ci, pour la mettre ainsi en mesure de préparer utilement sa défense. Cet objectif guide l'ensemble des exigences déduites de cet article 50 par la jurisprudence. Quand elle est prononcée, la nullité du réquisitoire et celle de la procédure n'éteignent pas l'action, mais les actes nuls sont alors dépourvus d'effet interruptif de prescription, ce qui empêche généralement d'engager une nouvelle poursuite, atteinte par la prescription trimestrielle.

Même si, textuellement, l'article 50 ne vise que trois catégories d'infractions, il est admis depuis l'origine que ce formalisme s'applique à toutes les infractions édictées par la loi du 29 juillet 1881[760]. Mais, si le champ d'application a ainsi été étendu, il reste que les contraintes de l'article 50 sont limitativement énumérées[761].

Par ailleurs, si la règle vise littéralement le réquisitoire, il s'applique en réalité au bloc procédural plainte avec constitution de partie civile/réquisitoire introductif, de sorte que si la première contient les indications de l'article 50, le second peut se borner à y renvoyer. On procède à une appréciation globale de la validité de la poursuite, aux termes d'une jurisprudence tout à fait ancienne et constante admettant ce rapport de complémentarité[762]. Ainsi, dans la pratique, l'article 50 est au premier chef une règle à respecter au titre de la rédaction des plaintes avec constitutions de parties

759 Cass. Crim. 16 septembre 2003, *Bull.* n° 162.

760 Cass. Crim. 14 août 1913 : *DP* 1914, 5, p. 27.

761 Cass. Crim. 14 juin 1994 : *Bull. Crim.*, n° 236.

762 Voir par ex. : Cass. Crim. 9 janv. 1974 : *Bull. Crim.*, n° 12 ; 27 janv. 1976 : *Bull. Crim.*, n° 32 ; 17 mars 1981 : *Bull. Crim.*, n° 97 ; 28 févr. 1984 : *Bull. Crim.*, n° 80 ; 6 nov. 1984 : *Bull. Crim.*, n° 338 ; 20 janv. 1986 : *JCP G* 1986, IV, 94.

civiles. Cela entraîne deux conséquences : d'une part, si la plainte est valide au regard de l'article 50, le réquisitoire peut se borner à un simple visa de la plainte ; d'autre part, si la plainte contient des omissions au regard de l'article 50, le réquisitoire introductif peut les réparer pour parfaire la plainte. Mais attention, dans ce dernier cas, il faut que le réquisitoire intervienne lui-même dans les trois mois de la date de publication des propos visés, car la plainte avec constitution de partie civile ne contenant pas les indications de l'article 50 n'a pas pu interrompre la prescription[763]. Enfin, dans le même ordre d'idée, le plaignant lui-même peut compléter une plainte incomplète ou irrégulière à la condition que cela soit effectué à l'intérieur du délai de prescription, et avant l'intervention du réquisitoire[764].

a) Le contenu des exigences de l'article 50

L'articulation

Lorsqu'on compare les exigences des articles 53 applicable aux citations, et 50 applicable au réquisitoire et/ou à la plainte avec CPC, on relève que, selon le premier de ces textes, il faut « *préciser* » les faits, alors que pour le second il faut « *articuler* ». Ces divergences textuelles sont regrettables et peu compréhensibles. On en conclut généralement que l'opération d'articulation ne se réduit pas à une simple identification des propos incriminés. Elle s'entend aussi de l'indication des éléments jugés constitutifs de l'infraction par la partie poursuivante, au moins de manière sommaire. Il faut donc que la partie poursuivie ne puisse se méprendre sur l'étendue de la poursuite et les raisons de celle-ci. Ensuite, c'est essentiellement une question d'espèce. Si plusieurs lectures de l'acte initial de poursuite sont possibles ou s'il en résulte des interrogations, quelles qu'elles soient, la nullité est en principe encourue.

Ainsi, s'il n'est pas formellement indispensable d'indiquer la date du délit[765], cela peut être nécessaire si un doute est possible[766]. De même, s'il n'est pas indispensable de reproduire *in extenso* les textes incriminés, dès l'instant que l'écrit est désigné avec précision[767], viser par exemple un article dans son entier est risqué s'il contient plusieurs allégations et s'il peut en résulter pour le prévenu une incertitude quant aux faits poursuivis[768]. Une simple erreur de retranscription des propos poursuivis peut aussi remettre en cause la validité de l'acte initial[769].

---

763 Cass. Crim. 19 mai 1987 : *Bull. Crim.*, n° 205. - 19 janv. 1988 : *Bull. Crim.*, n° 28. - 7 avr. 1992 : *Bull. Crim.*, n° 149, p. 389. – 16 septembre 2003, n° 02-87163.- 30 septembre 2003, n° 02-86712.- 20 janvier 2004, n° 03-80608.- 8 novembre 2005, n° 05-83598, *CCE* 2006 chron. 2, n° 22, et nos obs.

764 CA Amiens 17 décembre 2008, *CCE* 2009 chr. 3, n° 10, obs. C. Bigot, à l'encontre duquel le pourvoi a été rejeté : Cass. Crim. 2 février 2010, n° 09-80.371. V. déjà : Cass. Crim. 2 déc. 1980 : *Bull. Crim.* n° 327.

765 Cass. Crim. 15 déc. 1992 : *JCP G* 1993, IV, 752.

766 Cass. Crim. 18 déc. 1990 : *Bull. Crim.*, n° 442 ; *Légipresse* n° 91, 1992, I, p. 55.

767 Cass. Crim. 17 mars 1981 : *Bull. Crim.*, n° 97 ; voir aussi : Cass. Crim. 20 déc. 1889 : *Bull. Crim.*, n° 398.

768 En ce sens CA Paris, 11e ch., 3 mars 1993 : *Légipresse* n° 107, 1993, I, p. 149.

769 Cass. Crim. 17 juin 2008, n° 07-87; *CCE* 2009 chr. 3, n° 2, obs. C. Bigot.

La qualification

La qualification est également requise à peine de nullité. Il s'agit de la dénomination légale attribuée aux faits par l'acte initial de poursuite. Là encore, toute équivoque quant au fondement de la procédure engagée est contraire à l'article 50 de la loi du 29 juillet 1881[770]. L'infraction reprochée doit donc être indiquée soit de manière littérale, soit par renvoi au texte applicable.

Par dérogation au droit commun de la procédure pénale, il est admis que sur le fondement de la loi du 29 juillet 1881, toute qualification cumulative ou alternative pour un même passage entraîne l'annulation de l'acte en vertu de l'article 50[771]. Mais si l'acte distingue clairement les propos poursuivis au titre de chacun des délits, le prévenu ne pouvant se méprendre sur les faits qui lui sont reprochés au titre de chaque qualification, une même plainte pourra viser plusieurs qualifications dès lors qu'elles se rapportent à des propos distinctes et divisibles[772].

L'indication des textes dont l'application est requise

L'exigence de l'art. 50 à cet égard porte sur le texte édictant la peine, avec indication de l'alinéa si nécessaire lorsque l'article de loi en cause comporte plusieurs infractions de nature et de gravité différente[773]. Là encore, il faut impérativement éviter tout visa cumulatif ou alternatif, qui entraînerait l'annulation, car il engendre une équivoque sur l'infraction sur laquelle le prévenu doit se défendre[774]. Il n'est pas possible de contourner cette règle en engageant deux procédures distinctives sur deux fondements différents[775].

En revanche, des visas inutiles ou surabondants n'affectent pas la régularité de l'acte initial de poursuite s'ils n'ajoutent pas une nouvelle qualification et n'entraînent aucune équivoque. Ainsi en est-il par exemple du visa de l'article 42. Précisons enfin que classiquement, la mention du mode de participation à l'infraction (auteur principal ou complice) n'est pas exigée par l'article 50 de la loi du 29 juillet 1881.

b) Le régime de la nullité de l'article 50

Une nullité d'ordre public

Contrairement à la nullité de l'article 53, qui ne doit pas être soulevée d'office par le juge, celle de l'article 50 est d'ordre public, et doit être prononcée d'office. La

---

770 La règle est ancienne et constante. V. récemment Cass. Crim. 1er sept. 2010, n° 09-88.005, *CCE* 2011 chr. 3, n° 5, obs. C. Bigot. - Cass. Crim. 1er sept. 2010, n° 09-88.036 : *CCE* 2011 chr. 3, n° 5, obs. C. Bigot.

771 Voir par exemple pour une application récente : Crim. 30 octobre 2012, pourvoi n° 11-88853.

772 Cass. Crim. 19 décembre 2000, n° 00-81.853 ; Cass. Crim, 2 septembre 2008, n° 07-84.095; *CCE* 2009 chr. 3, n° 2, obs. C. Bigot. - Cass. Crim. 14 octobre 2008, n° 08-80192, *CCE* 2009 chr. 3, n° 2, obs. C. Bigot.

773 Cass. Crim. 23 juin 1987 : *Bull. Crim.*, n° 260, Cass. Crim. 22 septembre 2010, n° 09-88.278.

774 Voir récemment : Cass. Crim. 5 juill. 1983 : *Bull. Crim.*, n° 217 ; Cass. Crim. 14 mai 1991 sans renvoi : *Bull. Crim.*, n° 204 ; Cass. Crim. 2 sept. 1997 : *Dr. Pén.* 1998, comm. n° 4, obs. M. Véron ; Cass. Crim. 7 novembre 2000, n° 00-81278 ; Cass. Crim. 17 décembre 2002, n° 01-86645. Pour les visas alternatifs : Cass. Crim. 12 juin 1987 : *Bull. Crim.*, n° 244.

775 Cass. Crim. 7 avr. 1992 : *Bull. Crim.*, n° 149 ; *D.* 1992, inf. rap. p. 228 ; Cass. Crim. 28 novembre 2006, n° 05-83492 ; *CCE* mars 2007 chr. 3, n° 5, obs. C. Bigot.

jurisprudence est sur ce point constante et ancienne[776]. Il semble même que le juge d'instruction doive vérifier lui-même la validité de l'acte initial de poursuite au regard de l'article 50 de la loi du 29 juillet 1881, et peut refuser d'informer s'il constate une irrégularité[777].

Une nullité qui peut être invoquée en tout état de cause

La nouvelle règle exprimée à l'article 179 CPP depuis 1993, selon laquelle l'ordonnance de renvoi devant le tribunal correctionnel « *couvre, s'il en existe, les vices de la procédure* » a conduit à s'interroger sur la possibilité d'invoquer la nullité de l'article 50 pour la première fois devant le tribunal correctionnel. Après une période de flottement à la suite des contradictions entre les juridictions du fond, la chambre criminelle a définitivement tranché la question par un arrêt du 16 novembre 1999[778], en considérant que le tribunal correctionnel doit apprécier la validité de l'acte initial de poursuite au regard de l'article 50 de la loi du 29 juillet 1881, sans qu'il soit possible d'opposer une irrecevabilité tirée de l'application du dernier alinéa de l'article 179 du Code de procédure pénale. Cette solution est réaffirmée depuis lors, de manière constante[779]. Cette possibilité n'interdit pas de soulever la nullité de l'article 50 dans le cadre de l'information elle-même, en saisissant la chambre de l'instruction dans les conditions du droit commun de la procédure pénale. La personne mise en cause dispose ainsi d'une option.

§3. Procédure de citation directe

L'impossibilité d'utiliser les procédures de comparution simplifiée prévues par le Code de procédure pénale

La comparution devant le tribunal pour répondre d'une infraction de presse ne peut se faire qu'aux termes d'une citation devant le tribunal selon la procédure de saisine ordinaire. L'article 397-6 du Code de procédure pénale écarte expressément l'application « *en matière de délits de presse* » des procédures de convocation par procès-verbal ou de comparution immédiate. De même, il est interdit d'utiliser la procédure de comparution sur reconnaissance préalable de culpabilité (CRPC) introduite par la loi n° 2004-204 du 9 mars 2004. En effet, le nouvel article 495-16 CPP écarte là encore expressément la CRPC « *en matière de délits de presse*[780] ».

---

776 Cass. Crim. 5 juill. 1983 : *Bull. Crim.*, n° 217 ; 19 mai 1987 : *Bull. Crim.*, n° 205 ; 12 juin 1987 : *Bull. Crim.*, n° 244 ; 23 juin 1987 : *Bull. Crim.*, n° 260. Et la jurisprudence citée plus bas.

777 Cass. Crim. 26 juill. 1988 : *Bull. Crim.*, 1988, n° 309 ; Cass. Crim. 30 oct. 2012, pourvoi n° 11-88.853.

778 *Bull. Crim.*, n° 261 ; *D.* 2000, inf. rap. p. 44 ; *Légipresse* n° 170, 2000, III, p. 48, note M.-N. Louvet.

779 Cass. Crim. 19 mars 2002, n° 01-82.509 ; 24 septembre 2002, pourvois n° 01-88.597 et 01-88.674 ; 2 mai 2007, n° 06-84.829, *CCE* mars 2008 chr. 3, n° 8 obs. C. Bigot. - 2 février 2010, n° 09-80.371, *CCE* mars 2011 chr. 3, n° 11, obs. C. Bigot.

780 La circulaire prise en application de la loi du 2 septembre 2004 (circulaire CRIM 2004-12 E8/02-09-2004, 2 septembre 2004) va plus loin et admet d'ailleurs que cette exclusion s'étend à tous les délits, même situés hors de la loi du 29 juillet 1881, pour lesquels s'applique le régime de responsabilité de la loi sur la presse.

Quelques rappels de droit commun de la procédure pénale concernant les infractions à la loi sur la presse

Il ne s'agit pas ici de digresser sur l'application du droit commun de la procédure pénale, mais de rappeler que la citation devant le tribunal correctionnel doit respecter un certain nombre de formes, essentiellement précisées aux articles 550 à 566 du CPP, et qu'une irrégularité sans incidence en droit commun peut avoir des conséquences irrémédiables en droit de la presse en raison de la courte prescription.

Dans ce cadre, il y a lieu de préciser que toute citation délivrée à un journaliste au siège du journal est nulle si elle n'est pas délivrée à personne, même si l'intéressé est salarié permanent figurant comme tel dans "l'ours" du journal[781]. La solution est différente pour les directeurs de publication, qui peuvent quant à eux être valablement cités au siège de la société éditrice[782], ce qui est à notre sens une solution d'opportunité, dont la justification juridique est critiquable. Cette solution dérogatoire est d'application restrictive[783] et la Cour de cassation a notamment été amenée à l'écarter pour l'éditeur d'ouvrages littéraires[784]. S'agissant d'une nullité fondée sur le droit commun de la procédure pénale, elle ne peut être prononcée que si elle a porté atteinte aux intérêts de la personne visée par la citation. Cette atteinte est généralement constituée par l'impossibilité pour le prévenu de rapporter la preuve de la vérité des faits dans le délai très court de dix jours, d'ordre public, prévu à l'article 55 de la loi du 29 juillet 1881.

a) Les règles de forme posées par l'article 53 de la loi du 29 juillet 1881

Économie générale de l'article 53

Le but de l'article 53 est le même que celui de l'article 50. Il s'agit pour l'essentiel d'éviter que l'acte initial de poursuite contienne une quelconque équivoque susceptible de porter atteinte aux droits de la défense, aussi bien s'agissant des faits qui fondent la poursuite, des moyens de défense à mettre en œuvre ou des sanctions encourues. C'est pourquoi la citation doit préciser le fait incriminé, le qualifier et indiquer le texte de loi applicable à la poursuite. On considère que ce formalisme rigoureux est une garantie de la liberté d'expression. Par ailleurs, pour certaines citations, délivrées à la requête de la partie civile, s'y ajoutent deux contraintes supplémentaires tenant à une élection de domicile spéciale, et à une notification au parquet.

---

781 Solution archi-constante depuis Cass. Crim. 2 mai 1990, *Bull. Crim.*, n° 165 ; et surtout : Cass. Crim. 12 janvier 1993, *Bull. Crim.*, n° 14. Voir récemment : Cass. Crim. 18 avril 2000, n° 99-80.629. Solution pleinement appliquée par les juges du fond : cf. par exemple CA Paris, 11e ch. B, 24 févr. 2000 : *Légipresse* n° 171, 2000, I, p. 59. En revanche, pour les citations délivrées à l'issue d'une instruction, le prévenu pourra être cité au domicile élu par lui lors de l'instruction, peu importe qu'il s'agisse du siège du journal.

782 Cass. Crim. 29 sept. 1992 : *Bull. Crim.*, n° 291 ; Cass. Crim. 21 janv. 1997 : *Bull. Crim.*, n° 20 ; Cass. Crim. 11 déc. 2001, n° 00-83.838; *Légipresse* n° 191-mai 2002-III-91 ; Cass. 2e civ.,24 janv. 2002 : *Légipresse* n° 191-mai 2002-III-90.

783 Elle ne s'applique pas pour une directrice d'association : CA Paris, 22 juin 1994 : *Légipresse* n° 119, 1995, III, p. 37 ; ou un simple directeur de rédaction : Cass. Crim. 6 mars 2007, n° 06-82.258.

784 Cass. Civ. II, 25 nov. 2004, n° 02-12829.

Champ d'application de l'article 53

L'article 53 de la loi du 29 juillet 1881 ne s'applique qu'aux citations directes introductives de l'instance délivrées dans les conditions des articles 390 et 392 du Code de procédure pénale. Cela exclut donc les citations délivrées sur et aux fins d'une première citation[785] ou les citations à comparaître devant la cour d'appel[786], car elles n'introduisent pas l'instance. Mais cela exclut aussi et surtout les citations devant le tribunal correctionnel délivrées par le ministère public à la suite d'une ordonnance de renvoi du juge d'instruction[787], alors même que, pour ces dernières, la problématique d'exercice des droits de la défense notamment au regard de la nécessité de notifier une offre de preuves est identique aux citations directes introductrices de l'instance. Cette dernière exclusion est donc très critiquable au regard de l'exigence d'un procès équitable.

Ces contraintes sont applicables également devant le tribunal de police, comme l'ensemble du chapitre procédure de la loi sur la presse[788].

Le régime de la nullité de l'article 53

Contrairement à la nullité de l'article 50, la nullité résultant de l'inobservation de l'article 53 n'est que relative aux termes d'une jurisprudence ancienne et constante[789]. Mais, si les juges du fond ne peuvent la relever d'office[790], le parquet peut quant à lui la soulever[791], et la Cour de cassation se réserve aussi le droit de la relever d'office même si aucune violation de ce texte n'a été soulevée par le prévenu « *in limine litis* »[792]. C'est ainsi une forme de nullité de nature hybride qui échappe au droit commun des nullités de procédure pénale[793], et notamment aux articles 385 et 802 du CPP.

Cette exception de nullité doit impérativement être soulevée avant toute défense au fond, à défaut de quoi elle sera couverte[794]. Mais c'est la seule condition à remplir. La Cour de cassation déduit du caractère dérogatoire de cette nullité au droit commun de la procédure pénale que la démonstration d'une atteinte au sens des articles 565

---

785 Cass. Crim. 6 juin 1990 : *Bull. Crim.*, n° 229 ; Cass. Crim. 24 octobre 2000, n° 00-82673.

786 Cass. Crim. 9 janv. 1996 : *Bull. Crim.*, n° 8. - 27 mai 1997 : *Légipresse* n° 151, 1998 I, p. 56.

787 Cass. Crim. 22 déc. 1987 : *Bull. Crim.*, n° 483 ; Cass. Crim. 14 avr. 1992 : *JCP G* 1992, IV, 2659 ; Cass. Crim. 12 oct. 1993 : *Bull. Crim.*, n° 289 ; Cass. Crim. 14 octobre 2003, n° 02-87994.

788 Cass. 2e civ., 20 janv. 2000 : *Légipresse* 2000 n° 171, I, p. 53 ; Cass. Crim. 14 septembre 2004, n° 03-82806.

789 Voir encore récemment : Cass. Crim. 25 juill. 1979 : *JCP G* 1979, IV, 33 ; Cass. Crim. 26 mars 1985 : *JCP* 1985, IV, 207.

790 Cass. Crim. 6 janvier 2009, n° 08-80826.

791 Cass. Crim. 5 mars 1970 ; *Bull. Crim.*, n° 93 ; *D.* 1971, jurispr. p. 207.

792 Cass. Crim. 16 avr. 1985 : *Bull. Crim.*, n° 141 ; 6 mai 1986 : *Bull. Crim.*, n° 154 ; 22 mai 2001, n° 00-84623 ; 6 janvier 2009, n° 08-80826 ; 20 janvier 2009, n° 08-80825 ; 3 mars 2009, n° 08-82349.

793 Il existe cependant quelques arrêts contraires isolés, voir : Cass. Crim. 21 mai 1985 : *Bull. Crim.*, n° 196. - Voir également Cass. Crim. 26 avr. 1994 : *Bull. Crim.*, n° 151.

794 Jurisprudence très ancienne. Pour des applications récentes : Cass. Crim. 26 mars 1985 : *Bull. Crim.*, n° 128 ; Cass. Crim. 26 avr. 1994 : *Bull. Crim.*, n° 151 ; Cass. Crim. 12 mars 1996 : *Bull. Crim.*, n° 110 ; Crim. 7 mars 2000, n° 99-84797 ; Crim. 19 décembre 2000, n° 00-81118.

ou 802 du CPP n'est pas nécessaire[795], car l'article 53 tend à la fois à garantir les droits de la défense et la liberté d'expression. Il reste que l'existence d'une équivoque dans l'esprit du prévenu est souvent intrinsèque à l'exception tirée de l'article 53. Précisons enfin que la nullité résultant de l'inobservation de l'article 53 vicie la poursuite à la racine et s'étend à toute la procédure, le tribunal n'étant pas valablement saisi. Mais, si la poursuite est divisible, la nullité a parfois été appliquée de manière distributive, lorsqu'une citation apparaissait valable pour certains faits, mais insuffisante pour d'autres[796]. Toutefois, cette possibilité semble désormais compromise au regard de la décision d'Assemblée plénière rendue le 15 février 2013, évoquée plus loin. De même, la nullité affectant la citation de l'auteur principal ne s'étend pas nécessairement au complice[797].

Première contrainte : la précision du fait incriminé

Cette contrainte consiste à désigner et identifier clairement les propos ou images visés par la poursuite. L'article 53 n'énumère pas les éléments à mentionner dans la citation, mais il faut que le prévenu ne puisse avoir aucun doute, aussi minime soit-il, sur la personne qui se plaint et l'objet de la procédure[798]. Il est bien certain que, sur ce point, il sera toujours prudent d'identifier précisément le champ exact de la poursuite, par la reproduction des passages visés, mais ce n'est pas une règle absolue. Pour le reste, c'est essentiellement une question d'espèce[799]. En matière de refus d'insertion de droit de réponse, l'acte introductif d'instance devra reproduire littéralement le texte de la réponse[800].

Deuxième contrainte : la qualification du fait incriminé

La contrainte est ici strictement identique à celle qui résulte de l'application de l'article 50 pour les réquisitoires introductifs et plaintes avec CPC. Il s'agit de désigner l'infraction poursuivie dans des conditions de nature à écarter toute possibilité de doute dans l'esprit du prévenu.

Selon cette règle, sont également prohibées, en application de l'article 53, toutes qualifications cumulatives ou alternatives pour les mêmes faits[801]. Cette dernière contrainte est exprimée par la Cour de cassation dans les termes suivants : « *est nulle une citation visant, pour un fait unique, des qualifications cumulatives ou alternatives de*

---

795 Tranché par la Cour de cassation immédiatement après l'adjonction de l'article 802 dans le CPP : Cass. Crim. 25 févr. 1980 : *Bull. Crim.*, n° 70 ; Cass. Crim. 17 févr. 1981 : *Bull. Crim.*, n° 65 ; Cass. Crim. 17 mars 1981 : *Bull. Crim.*, n° 96.

796 Cass. Crim. 28 mai 1979 : *JCP G* 1979, IV, 256.

797 Cass. Crim. 4 oct. 1983 : *JCP G* 1983, IV, 339.

798 Voir par exemple, approuvant une annulation, car « *la citation, qui reproduit des passages de l'article incriminé, tout en se référant, à plusieurs reprises, à un autre passage non visé par la poursuite, a pour conséquence de créer une incertitude dans l'esprit des prévenus quant à l'étendue des faits dont ils ont à répondre, et ne satisfait pas aux exigences de l'article 53* » : Crim. 17 janvier 2012, pourvoi n° 11-81306.

799 Pour des exemples, voir notre fascicule n° 150 précité.

800 Cass. 2e civ., 11 févr. 1999 : *Légipresse* n° 164, 1999, I, p. 102.

801 La jurisprudence est pléthorique. Voir par exemple : Cass. Crim. 16 janv. 1990 : *Bull. Crim.*, n° 26 ; Cass. Crim. 22 oct. 1991 : *Légipresse* n° 92, 1992, I, p. 71 ; Cass. Crim. 31 janv. 1995 : *Bull. Crim.*, n° 39.

nature à créer, dans l'esprit du prévenu, une incertitude quant à l'objet de la poursuite[802] ». Il peut exister des cas d'indivisibilité compliqués à trancher. Il semble alors nécessaire de retenir la qualification la plus haute, en fonction de la gravité de la peine encourue[803]. Il existe toutefois quelques hypothèses exceptionnelles de cumul idéal d'infractions, notamment dans le domaine des infractions à caractère racial[804].

Enfin, précisons que, comme sur le terrain de l'article 50, la mention du mode de participation du prévenu n'est en principe pas requise. Aux termes d'une jurisprudence constante, la citation qui n'a pas spécifié la qualité d'auteur principal ou de complice du prévenu n'est pas nulle, si la qualification légale est par ailleurs suffisante[805].

Troisième contrainte : l'indication du texte de loi applicable

Là encore, la contrainte est identique à celle dérivant de l'article 50. Cette exigence oblige à spécifier le texte indicatif de la peine encourue, au besoin en précisant l'alinéa lorsqu'un article comporte plusieurs alinéas édictant des infractions différentes[806]. Cette exigence entraîne bien évidemment une prohibition des visas alternatifs ou cumulatifs, c'est-à-dire le visa global d'un ensemble d'articles de la loi de 1881, se rapportant à des infractions de nature et de gravité différentes[807]. Elle entraîne également la nullité d'une citation comportant tout visa qui serait contradictoire avec la qualification mentionnée. En revanche, ne sont exigés ni le visa du texte mentionnant le mode de participation[808], ni le visa du texte sur la publicité, ni la reproduction *in extenso* du texte de loi lui-même. Ce type de visas dits "surabondants" n'entraîne pas la nullité dès l'instant qu'ils ne génèrent pas en eux-mêmes d'équivoque[809]. Précisons, enfin, qu'il arrive parfois aux tribunaux de "sauver" des citations avec bienveillance en qualifiant de simple « *erreur de plume* », des erreurs qualifiées de strictement matérielles n'ayant pas d'incidence fondamentale[810]. Mais ce filet de protection est très aléatoire.

---

802 Cass. Crim. 30 mars 2005, n° 04-84.976, *Bull. Crim.* 2005, n° 111. Cette règle s'applique aussi à deux qualifications différentes d'injure ou de diffamation, et bien évidemment à une qualification cumulative d'injure et de diffamation.

803 Ainsi en a t-il été jugé en cas d'indivisibilité entre des diffamations touchant une personne à la fois comme simple particulier, et comme personne relevant de l'article 31 de la loi du 29 juillet 1881. La partie poursuivante doit régler ce concours de qualifications en visant l'article 31 pour le tout (Cass. Crim. 18 avril 2000, n° 98-83112 ; Cass. Crim. 6 mai 2003, n° 02-86.743; Cass. Crim. 11 septembre 2007 n° 07-80.754, *CCE* 2008, chr. 3, n° 4, obs. C. Bigot).

804 Voir pour une poursuite visant les infractions de diffamation raciale et de provocation raciale : TGI Paris, 20 janv. 1998 : *Légipresse* 1998, I, p. 104, et Cass. Crim. 30 octobre 2012, pourvoi n° 11-88562 selon lequel *« dès lors que les intérêts protégés par l'incrimination de diffamation raciale, et ceux protégés par celle de provocation à la discrimination ou à la haine à raison de l'origine ou de la race, sont différents, que ces qualifications ne sont pas inconciliables entre elles, et qu'elles sont susceptibles d'être appliquées concurremment »*.

805 Cass. Crim. 19 février 2002, n° 00-83.791; Cass. Crim. 12 novembre 2003, n° 02-88.466.

806 Voir, pour un tableau plus détaillé des applications : notre fascicule jurisclasseur n° 150, précité.

807 Voir par exemple, récemment : Cass. Crim. 3 juin 1982 : *Bull. Crim.*, n° 142 ; Cass. Crim. 22 oct. 1991 : *Bull. Crim.*, n° 366 ; Cass. Crim. 23 avril 2003, n° 02-84435.

808 Régulièrement rappelé : V. Cass. Crim. 12 novembre 2003, n° 02-88466 ; Cass. Crim. 7 décembre 2004, n° 03-87459.

809 Par exemple : Cass. Crim. 24 novembre 2009, n° 09-80.841; *CCE* 2010 chr. 3, n° 6, obs. C. Bigot, pour le visa surabondant de l'article 23, alinéa 1.

810 Voir par exemple : Cass. Crim. 5 mars 2002, n° 01-82785.

Quatrième contrainte : l'élection de domicile expresse dans la ville du tribunal saisi

Il s'agit là d'une contrainte spécifique aux citations délivrées à la requête d'une partie civile qui s'applique aussi bien devant le tribunal de police que devant le tribunal correctionnel[811], sans nécessité de vérifier l'existence d'une atteinte effective aux intérêts du prévenu[812]. L'exigence d'une élection de domicile s'explique facilement au moins pour les diffamations puisque l'offre de preuves de l'article 55 de la loi sur la presse doit être notifiée « *à domicile élu* ». Cette élection de domicile expresse, doit être effectuée dans la ville du tribunal saisi et non simplement dans le ressort, et est exigée même si la partie civile y a son domicile physique[813]. Elle est en général effectuée au domicile de l'avocat, ou de l'huissier, mais ne peut être faite ni à une boîte postale[814], ni au greffe de la juridiction saisie[815].

Cinquième contrainte : une notification spéciale au ministère public

Là encore, il s'agit d'une contrainte spécifique aux citations délivrées à la requête d'une partie civile qui s'applique à la fois aux délits et aux contraventions[816]. Cela consiste à notifier la citation introductive de l'instance[817] par voie d'huissier au ministère public[818]. À défaut, la citation ne peut mettre en mouvement l'action publique et son effet interruptif ne se produit que si la notification au ministère public intervient avant la date à laquelle le prévenu est appelé à comparaître. En effet, selon une position constamment réaffirmée depuis 1965 par la chambre criminelle, cette notification doit impérativement être effectuée avant la date de comparution du prévenu à la première audience, généralement dite de consignation[819]. Désormais, après un moment de flottement, la notification est valablement effectuée à un fonctionnaire du parquet habilité[820].

b) Les délais de comparution spéciaux prévus par l'article 54 de la loi du 29 juillet 1881

Le délai spécial de distance applicable aux infractions à la loi sur la presse

Par exception à la règle générale posée par l'article 552 du Code de procédure pénale, qui prévoit un délai de comparution de dix jours en matière pénale, l'article 54 alinéa 1 de la loi sur la presse exige que le délai entre la citation et la comparution soit

811 Cass. Crim. 26 juin 1984 : *Bull. Crim.*, n° 244 ; Cass. Crim. 15 oct. 1985 : *Bull. Crim.*, n° 316.

812 Cass. Crim. 25 févr. 1980 : *Bull. Crim.*, n° 70.

813 Cass. Crim. 15 oct. 1985 : *Bull. Crim.*, n° 316 ; Cass. Crim. 8 juin 1993, *Dr. Pén.* 1993, comm. n° 234 ; Cass. Crim. 12 mars 1996, pourvoi n° 94-83453.

814 Cass. Crim. 7 juin 2005 n° 04-87073; *CCE* 2006 chron. 2, n° 5, et nos obs.

815 Cass. Crim. 14 mars 2006 n° 05-87303; *CCE* 2007 chr. 3, n° 8, obs. C. Bigot.

816 Dans ce dernier cas, la notification est valablement faite au commissaire de police qui exerce ces fonctions auprès du tribunal de police saisi : Cass. Crim. 18 janv. 2005, n° 04-80776 ; Cass. Crim. 18 janv. 2005, n° 04-80777.

817 La formalité n'est exigée que pour la première citation, et non pour les exploits ultérieurs.

818 Cette notification par exploit d'huissier ne peut être suppléée par un quelconque autre moyen, notamment pas par une simple remise : Cass. Crim. 26 juin 1952 : *Bull. Crim.*, n° 167 ; *JCP G* 1952, IV, 125 ; *Gaz. Pal.* 1952, 2, p. 266.

819 Cf. par exemple Cass. Crim. 18 févr. 1986 : *Bull. Crim.*, n° 64 ; Cass. Crim. 27 novembre 2001, n° 00-87928.

820 Arrêt de principe après des divergences des juges du fond : Cass. Crim. 7 mars 2000, n° 98-87.353; *JCP G* 2000, IV, 2041 ; voir encore parmi d'autres : Cass. Crim. 18 septembre 2001, n° 00-86649.

de vingt jours, outre un jour pour chaque portion de cinq myriamètres de distance séparant le lieu de citation du siège du tribunal saisi. Précisons que le myriamètre, mesure un peu désuète, équivaut à 10 000 mètres, soit dix kilomètres.

Champ d'application de l'article 54

À l'instar de l'article 53, l'article 54 ne s'applique qu'à la citation introductive de l'instance et non aux exploits ultérieurs, devant le tribunal ou devant la cour d'appel, qui sont pour leur part soumis au droit commun[821]. Ce texte ne s'applique pas non plus à la citation à comparaître délivrée à la suite d'une ordonnance de renvoi prononcée par un juge d'instruction[822].

Régime de la nullité prévue par l'article 54

Depuis un arrêt de principe du 9 novembre 1992, la chambre criminelle de la Cour de cassation admet que, lorsque la partie citée ne se présente pas, la citation délivrée en violation de l'article 54 est entachée de nullité. Dès lors, deux cas de figure sont possibles : si le prévenu ne se présente pas, le tribunal n'étant pas valablement saisi, il ne peut prononcer une décision de renvoi et doit prononcer la nullité de l'acte[823]. En revanche, si le prévenu se présente, la nullité est couverte, mais le tribunal doit renvoyer pour plaidoirie à une nouvelle audience à une date située postérieurement à l'expiration du délai spécial de distance.

Délai dérogatoire de distance en période électorale

L'article 54 alinéa 2 réduit le délai de comparution à vingt-quatre heures en cas de diffamation ou d'injure pendant la période électorale contre un candidat à une fonction élective, pour les poursuites engagées par ce candidat entre sa déclaration de candidature et le jour du scrutin[824]. C'est un délai qui se compte d'heure en heure et qui s'applique à toutes les fonctions électorales.

§4. Introduction de l'action devant la juridiction civile

L'unification des procédures civiles et pénales en matière de presse

Jusqu'en 1992, tant les règles d'introduction de l'instance devant la juridiction civile que les droits de la défense s'exerçaient simplement en appliquant le droit commun de la procédure civile, la seule disposition dérogatoire issue de la loi sur la presse s'appliquant au civil était la prescription de trois mois prévue à l'article 65 de la loi du 29 juillet 1881. Mais en 1992[825], puis en 1994[826] la Cour de cassation allait

821 Cass. Crim. 30 avr. 1952 : *Bull. Crim.*, n° 114 ; Cass. Crim. 4 mars 1971 : *Bull. Crim.*, n° 77.

822 Cass. Crim. 12 oct. 2004, n° 03-83306 ; *CCE* 2006, Chr. 2, n° 11 et nos obs.

823 Cass. Crim. 9 nov. 1992 : *Bull. Crim.*, n° 362 ; *Gaz. Pal.* 1993, 1, somm. p. 157, note J.-P. Doucet ; *D.* 1994, somm. p. 190, obs. C. Bigot.

824 La « *période électorale* » commence, pour les élections législatives, à compter du jour où sont reçues les candidatures en préfecture :Cass. Crim. 16 févr. 1999 : *Bull. Crim.*, n° 22.

825 Cass. Civ. II, 5 fév. 1992, *Bull. Civ.* II, n° 164 ; *D.* 1992, p. 442 note J. Fr. Burgelin ; *D.* 1993 p. 41 note P. Wachsmann.

826 Cass. Civ. II, 22 juin 1994, *JCP G* 1994, IV, 2125.

prendre une nouvelle orientation, en appliquant le mécanisme d'offre de preuves de l'article 55, puis en décidant logiquement en 1997[827] que l'application de la loi sur la presse devait s'étendre à l'article 53. Toutes les contraintes procédurales s'appliquant aux citations directes devaient donc être respectées aussi dans les assignations civiles.

Mais cette homogénéité n'a pas duré. À partir de 2005, et surtout 2009[828], puis dans un arrêt du 8 avril 2010[829], la 1re chambre civile allait s'engager dans un mouvement de recul, auquel résistent les juges du fond[830], ouvrant une période d'incertitude qui a suscité de grandes controverses[831]. Au cours de cette période en quelque sorte transitoire, la 1re chambre civile de la Cour de cassation a cherché à imposer des contraintes allégées, qui vident en réalité le texte de sa substance, sans éradiquer clairement l'article 53 devant les juridictions civiles. Cet "entre-deux" était irréaliste à terme.

L'Assemblée plénière de la Cour de cassation a refermé cette parenthèse malheureuse par un arrêt du 15 février 2013[832] selon lequel : « *L'article 53 doit recevoir application devant la juridiction civile* ». Ce qui implique, selon l'Assemblée plénière, que « *l'assignation doit à peine de nullité, préciser et qualifier le fait incriminé et énoncer le texte de loi applicable* », si bien « *qu'est nulle une assignation retenant pour le même fait la double qualification d'injure et de diffamation* ».

Elle réaffirme ainsi l'alignement du régime de l'article 53 devant les juridictions civile et pénale et met un terme aux errements de la première chambre. Même si certaines incertitudes demeurent, telles que les exigences précises de visas des textes applicables, il est aujourd'hui clairement impératif de s'astreindre à respecter les contraintes de l'article 53 telles qu'elles ont été exposées plus haut pour les citations directes devant le tribunal correctionnel. Cette nécessité s'applique également en

---

827 Cass. Civ. 2, 19 février 1997, n° 94-13.877, *JCP G* 1997, II, 22900 note M. Pierchon ; *Bull. Civ.* II, n° 44 ; *D.* 1998, somm. p. 80, obs. C. Bigot ; *Légipresse* n° 142, juin 1997 p. 72 note C. Bigot.

828 Cass. 1re civ. 24 septembre 2009, n° 08-17.315 ; *Bull. Civ.* n° 180, *Dr. Pén.* 2009 com. 132, obs. M. Veron ; *CCE* 2010 chr. 3, n° 7, obs. C. Bigot ; Cass. Civ. I, 24 septembre 2009, n° 08-12.381.

829 Cass. Civ. I, 8 mars 2010, n° 09-14.399; *Légipresse* 2010 n° 273 p. 93 note P. Guerder, *D.* 2010 p. 1673 note C. Bigot ; E. Dreyer, « Où va la Cour de cassation en matière de presse? », *JCP G* 2010, act. 833.

830 CA Paris, pôle 1, chambre 3, 15 février 2011, n° 10/09473.

831 Sur l'ensemble de cette évolution, V. notamment P. Guerder, « L'harmonisation des règles de procédure dans les procès de presse », in *Le droit de la presse de l'an 2000*, éd. Victoires 2000, p. 55 et s. ; C. Bigot : « Le point sur l'application des articles 53 et 55 de la loi du 29 juillet 1881 devant les juridictions civiles », *Gaz. Pal.* 1996, 2, doctr. 828 ; B. Gizardin, « Évolution de la jurisprudence civile, les tribulations de l'article 53 de la loi du 29 juillet 1881 sur la liberté de la presse », *Gaz. Pal.* 1998, 2, doctr. 1215 ; P. Guerder, « L'évolution récente de la jurisprudence civile en matière de presse », *Rapport annuel de la Cour de cassation* pour 1999 : Doc. Fr. 2000, p. 165 et s. ; C. Bigot : « Diffamation et procédure civile : un état des lieux... toujours provisoire », *Légipresse* juillet/août 1998-II-77 ; N. Bonnal, « Les règles processuelles de la loi de 1881 sont-elles toujours applicables devant le juge civil ? », *Légipresse* n° 272-mai 2010, p. 19 ; Actes du Forum Légipresse du 7 octobre 2010, Table ronde "Vers une remise en cause de l'unicité du procès de presse ? », *Légicom* n° 46- 2011, p. 5 à 43.

832 Cass. AP, 15 février 2013, pourvoi n° 11-14637.

référé[833], ou pour les procédures de diffamation ou injures non publiques, prévues par les articles R. 621 et suivants du Code pénal[834].

Exigences de précision et qualification devant le juge civil

En principe, la règle applicable en matière civile est identique à celle qu'on applique devant la juridiction pénale : l'assignation, comme la citation, ne doit entraîner aucune équivoque dans l'esprit du défendeur sur les faits et qualifications dont il a à répondre. Mais à plusieurs reprises, la 1re chambre civile a cherché à alléger ces contraintes. Ainsi, s'agissant du visa du texte applicable, la Cour de cassation a plusieurs fois considéré qu'il fallait viser le texte indicatif de la peine, même si le juge civil n'en prononce aucune[835]. Mais la 1re chambre civile a estimé dans un arrêt du 24 septembre 2009 que ce visa spécifique n'était plus nécessaire[836]. Cette position a été réitérée dans un arrêt du 26 septembre 2012[837]. Bien plus, dans son arrêt du 8 avril 2010 la première chambre civile de la Cour de cassation a validé une assignation ambiguë sur le point de savoir si les faits étaient poursuivis au titre de l'injure ou de la diffamation, qui sont pourtant des infractions incompatibles. Puis l'année suivante, revenant encore une fois sur la règle antérieure résultant de plusieurs arrêts rendus en 2002[838], la première chambre civile de la Cour de cassation a estimé qu'il n'était pas interdit d'invoquer l'article 1382 du Code civil à titre subsidiaire dans une assignation[839].

L'arbitrage rendu par l'assemblée plénière de la Cour de cassation dans son arrêt du 15 février 2013 condamne la solution retenue dans l'arrêt du 8 avril 2010. Pour le reste, cette décision devrait également en bonne logique conduire à terme à une remise en cause des dernières solutions concernant le cumul de qualification avec l'article 1382 du Code civil et l'absence de nécessité de viser le texte indicatif de la peine et nous ramener à une application orthodoxe de l'article 53 équivalente à celle qui a cours devant la juridiction pénale. Mais la première chambre civile pourrait tenter de maintenir sa jurisprudence sur les points non impactés spécialement par l'arrêt d'assemblée plénière, voire réagir par une fuite en avant.

L'élection de domicile

Là encore, la contrainte d'élection de domicile de l'article 53 alinéa 2 a été l'objet d'une volte-face de la Cour de cassation. Après avoir jugé l'inverse[840], elle admet désormais qu'une simple constitution d'avocat, valant élection de domicile en vertu

---

833 Cass. 2e civ., 7 mai 2002, *Légipresse* 2002 n° 193, III, 121, et nos obs.

834 Cass. Civ. II, 10 juin 2004, n° 02-18.590.

835 Cass. 2e civ., 26 octobre 2000, *Bull. Civ.* II n° 147. - 12 décembre 2002, n° 00-20770 ; 10 juin 2004, n° 02-18590.

836 Cass. 1re civ., 24 septembre 2009, n° 08-17.315; *Bull. Civ.* n° 180 ; *CCE* 2010 chr. 3, n° 7, obs. C. Bigot. Voir aussi en ce sens : Civ. I, 26 septembre 2012, pourvoi n° 11-20406.

837 Cass. Civ. 1, 26 septembre 2012, pourvoi n° 11-20406, *D.* 2012 p. 2636 note E. Dreyer.

838 Cass. Civ. II, 14 mars 2002, 3 arrêts, n° 00-13917, n° 00-13918 et n° 00-13919. Voir également quoique ambigu : Civ. II, 25 novembre 2004, *Légipresse* n° 218 janvier 2005-III, p. 1, note B. Ader.

839 Cass. Civ. I, 3 février 2011, n° 09-71.711 ; Civ. I, 26 janvier 2012, pourvoi n° 10-27107.

840 Cass. Civ. II, 10 juin 2004, n° 02-21.515 ; *D.* 2004, inf. rap. p. 2086.

des articles 751 et 752 du Code de procédure civile, suffit à respecter l'article 53 alinéa 2, y compris si l'avocat n'a pas sa résidence dans la ville même du tribunal pourvu qu'il soit admis à postuler devant le tribunal saisi[841].

La notification spéciale au parquet

Cette notification spéciale, exigée par l'article 53 alinéa 2 de la loi du 29 juillet 1881, a elle aussi été étendue à la procédure civile. La Cour de cassation a statué en ce sens en 1999[842], et cette solution qui s'applique aussi aux procédures de référé, n'a pas été remise en cause depuis lors. Cette notification peut être faite par le biais d'une assignation unique délivrée tant au défendeur qu'au ministère public[843]. Mais la Cour de cassation n'a jamais statué sur la date à laquelle cette notification doit être effectuée. En l'état, les juges du fond estiment que cette formalité doit être réalisée avant la première audience tenue par le tribunal[844], dans un souci d'uniformisation avec les solutions admises en matière pénale.

Régime de la nullité de l'article 53 devant la juridiction civile

S'agissant d'une nullité, celle-ci doit absolument être soulevée *in limine litis*, et relèvera en principe de la juridiction du juge de la mise en état, devant le TGI[845].

Le respect du délai de distance spécial de l'article 54

Rien ne permet d'écarter ce délai dans les procédures civiles, et en particulier dans les procédures à jour fixe qui donnent assignation pour une date de comparution précise. Si la Cour de cassation n'a jamais statué sur ce point, les juridictions parisiennes appliquent le délai de distance spécial et lui font suivre le même régime que devant la juridiction pénale : si le défendeur comparaît, il couvre la nullité, mais a le droit de solliciter le renvoi en dehors du délai. En revanche, s'il fait défaut, l'assignation doit être annulée et aucun renvoi ne peut être ordonné[846].

■ SOUS-SECTION 2. LE DÉROULEMENT DE LA PROCÉDURE

Observations générales

À tous les stades de la procédure, tant devant la juridiction pénale que civile, les instances fondées sur la loi du 29 juillet 1881 obéissent à un certain nombre de dis-

841 Cass. 1re civ., 15 mai 2007, n° 06-10.464; *CCE* mars 2008, chr. 3, n° 5, obs. C. Bigot.

842 Cass. 2e civ., 9 décembre 1999, n° 98-12.543 : *JurisData* n° 1999-004346 ; *Bull. Civ.* II n° 186. - Cass. 2e civ., 9 décembre 1999, n° 98-15.816; *Bull. Civ.* II n° 187, arrêt n° 1. - Cass. 2e civ., 9 décembre 1999, n° 98-21.074; *Bull. Civ.* II n° 187, arrêt n° 2 ; *D.* 2000 p. 727 note Beignier, Passera et Tavieaux-Moro, *D.* 2000 som. 400 obs. C. Bigot ; *Gaz. Pal.* 2001-1-somm 974, obs. P. Guerder ; Civ. 2, 13 juillet 2000, n° 98-17448.

843 Cass. Civ. I, 20 décembre 2007, n° 06-19628 : *JurisData* n° 2008-041979 ; *CCE* 2009, chr. 3, n° 4, obs. C. Bigot.

844 CA Paris 11e ch, 21 novembre 2007 : *CCE* 2008 chr. 3, n° 6, obs. C. Bigot ; *Légipresse* 2008 n° 248-III- p. 17 note C. Bigot.

845 Cass. 2e civ., 26 octobre 2000, n° 98-19291. - Cass. 2e civ., 14 décembre 2000, n° 98-21900. - Cass. 2e civ., 14 décembre 2000, n° 98-20959. - Cass. 2e civ., 23 mai 2001, n° 99-13263. Y compris pour l'omission de notifier au parquet : voir les arrêts de Civ. 2, 9 décembre 1999, cités plus haut.

846 TGI Paris, 20 avril 2005, *CCE* 2006 chr. 2, n° 10, et nos obs.

positions dérogatoires qui sont le plus souvent d'ordre public. Ces règles spéciales évincent le droit commun processuel qui ne s'applique qu'à titre résiduel, et à la condition de ne contenir aucune règle contraire à celles – impératives – de la loi sur la presse. Mais au-delà de ces dispositions spéciales et dérogatoires qu'il faut connaître, il est indispensable de respecter aussi à la lettre tout le corpus des codes de procédure, car si une irrégularité peut en général être réparée dans la plupart des matières, il peut ne pas en être ainsi dans une instance fondée sur la loi sur la presse, pendant laquelle court en permanence la prescription de trois mois de l'article 65. Ainsi, une régularisation peut-être facilement tardive, et par conséquent inefficace.

La nécessité d'interrompre la prescription trimestriellement

Rappelons-le à nouveau : la prescription trimestrielle court pendant toute la durée de la procédure et impose qu'un délai de plus de trois mois ne s'écoule pas entre deux actes interruptifs, sauf cas exceptionnels de suspension de la prescription. Cette exigence impose un suivi très rigoureux aussi bien devant la juridiction civile que devant la juridiction pénale, et contrairement aux idées parfois reçues, la situation n'est à notre sens pas plus confortable devant l'un ou l'autre des ordres de juridiction. Le lecteur retrouvera, dans la section consacrée à chaque type de procédure, les indications permettant de remplir cette exigence.

§1. L'enquête préliminaire

Présentation générale

De manière générale, l'enquête suit le droit commun, y compris en matière de garde à vue, l'article 52 de la loi sur la presse n'ayant pas vocation à régir ce type de mesure, comme il est mentionné plus loin. Les principales spécificités touchent aux pouvoirs d'enquête sur le fond, et à la gestion de la prescription.

Limitation des pouvoirs d'enquête en matière de diffamation

La règle de base en matière de diffamation consiste à réserver aux parties, devant la juridiction de jugement, le débat sur le fond concernant la vérité des faits diffamatoires et la bonne foi. La règle est posée de longue date sur le terrain de la vérité[847]. Par deux arrêts rendus en 2012, la chambre criminelle a rappelé de manière très claire que la règle s'appliquait aussi pour la bonne foi. Dans son arrêt du 11 avril 2012, la Cour de cassation lève ainsi toutes les incertitudes en affirmant que « *si la présomption d'intention de nuire, résultant des imputations diffamatoires elles-mêmes, peut être combattue et éventuellement détruite par la preuve de l'existence de faits justificatifs suffisants de nature à faire admettre la bonne foi, c'est à la personne poursuivie et à elle seule qu'incombe cette preuve devant la juridiction de jugement*[848] ». Ainsi, ni

847 Pour le juge d'instruction : voir Cass. Crim. 4 nov. 1986 : *Bull. Crim.*, n° 323 ; Cass. Crim. 24 oct. 1989 : *Bull. Crim.*, n° 379 ; Cass. Crim. 26 mai 1992 : *Bull. Crim.*, n° 212 ; *D.* 1994, somm. p. 191, obs. Th. Massis.

848 Cass. Crim. 28 février 2012, pourvoi n° 08-83926, *CCE* 2012 n° 53 p. 37 obs. A. Lepage ; Cass. Crim. 11 avril 2012, pourvoi n° 11-86331.

le parquet, ni les services d'enquête ne disposent d'un quelconque pouvoir sur ce point, et s'ils venaient à accomplir un acte enfreignant cette règle, ce dernier serait assurément susceptible d'être annulé, faisant courir un risque d'acquisition de la prescription, voire d'annulation de toute la procédure subséquente.

L'interruption de la prescription au cours de la phase d'enquête préliminaire

Depuis l'entrée en vigueur de la loi 4 janvier 1993, l'article 65 alinéa 2 de la loi sur la presse prévoit expressément les conditions d'interruption de la prescription au cours de la phase d'enquête préliminaire dans les termes suivants : *« avant l'engagement des poursuites, seules les réquisitions aux fins d'enquête seront interruptives de prescription »*. Ainsi ces réquisitions, si elles remplissent les conditions de forme évoquées plus haut, interrompront incontestablement la prescription. En revanche, les plaintes simples de la victime elle-même, soit auprès du procureur de la République, soit auprès d'un officier de police judiciaire, ne constituent pas des actes interruptifs de la prescription[849]. Qu'en est-il ensuite au cours de la phase d'enquête elle-même ?

La règle posée par l'article 65 alinéa 2 paraît simple et limpide. Elle devrait exclure radicalement d'attribuer un effet interruptif de prescription à tout autre acte et notamment un simple procès-verbal d'enquête. Pourtant, de manière incompréhensible selon nous, la chambre criminelle de la Cour de cassation a affirmé dans un arrêt du 7 décembre 2004[850] que *« les procès-verbaux, dressés en exécution de réquisitions d'enquête articulant et qualifiant les faits, sont interruptifs de prescription »*, ce qui semble être en contradiction formelle avec le texte même de l'article 65, alinéa 2, de la loi du 29 juillet. Cela est d'autant plus incompréhensible qu'avant l'entrée en vigueur de la loi du 4 janvier 1993, la solution inverse était retenue[851]. C'est pourquoi, à notre sens, cet arrêt isolé de décembre 2004 est à prendre avec précautions, et pourrait bien être une sorte "d'accident judiciaire". Il apparaît beaucoup plus sûr de gérer la prescription en réitérant les réquisitions d'enquête tous les trois mois[852]. Cela étant, en pratique, dans la majorité des cas, l'enquête préliminaire est utilisée pour les infractions en matière de racisme et d'antisémitisme, désormais soumises à une prescription annuelle, ce qui réduit la portée de l'exigence régulière d'interruption de la prescription.

---

849 V. par exemple, Cass. Crim. 10 mai 1972 : *Bull. Crim.*, n° 167 ; Cass. Crim. 20 oct. 1992 : *Bull. Crim.*, n° 330.

850 Cass. Crim. 7 déc. 2004, n° 03-87.459.

851 Cass. Crim. 20 oct. 1992 : *Bull. Crim.*, n° 33 ; Cass. Crim. 18 mai 1993 : *Bull. Crim.* n° 184 ; Cass. Crim. 5 juill. 1995 : *Bull. Crim.*, n° 249.

852 Encore qu'à notre connaissance il n'existe pas de jurisprudence claire sur la possibilité de réitération des réquisitions d'enquête, mais on ne voit pas vraiment ce qui pourrait l'empêcher.

§2. L'instruction

a. Spécificités concernant les pouvoirs du juge d'instruction

Limitations des pouvoirs de coercition

L'article 52 de la loi du 29 juillet 1881 prévoit tout d'abord des limites spécifiques en matière de détention provisoire de la personne mise en examen, celle-ci n'étant autorisée qu'en l'absence de domicile connu en France. À cette condition s'ajoutent, bien entendu, celles qui résultent des principes généraux du Code de procédure pénale, selon lesquels la détention provisoire ne peut être ordonnée qu'à titre exceptionnel (CPP, art. 137) si la peine encourue est de nature criminelle, ou égale ou supérieure à trois ans d'emprisonnement et si le contrôle judiciaire est insuffisant (CPP, art. 143-1), et enfin pour l'un des motifs visés à l'article 144 du Code de procédure pénale. Autant dire que la détention provisoire en matière de presse n'est heureusement qu'une hypothèse d'école.

Ce même article 52 a limité également pendant longtemps les possibilités *« d'arrestation préventive »*. Dans un arrêt du 14 février 2012, la chambre criminelle a eu l'occasion de préciser le champ d'application de cette notion d'arrestation préventive, et a précisé qu'elle « *s'entend de la détention provisoire, autorisée pour les seuls délits prévus par la loi sur la liberté de la presse qu'il énumère, et non de la garde à vue, mesure prise, pour une courte durée, par un officier de police judiciaire, pour les nécessités de l'enquête ou de l'exécution d'une commission rogatoire, à l'encontre d'une personne suspectée d'avoir commis une infraction punie d'un emprisonnement, telle en l'espèce la provocation à la haine raciale*[853] ». Depuis, une loi du 18 décembre 2012 a modifié l'article 52 qui ne fait plus référence à cette notion d'arrestation préventive, mais seulement à la détention provisoire.

Sur ce dernier point, c'est la possibilité de délivrer des mandats de comparution ou d'amener qui retient l'intérêt en pratique. À la suite d'un mandat d'amener exécuté contre le directeur de la publication du journal *Libération* dans des conditions qui ont soulevé l'indignation générale, la cour d'appel de Paris a rappelé utilement qu'un tel mandat peut être annulé sur le fondement des articles 122 et 171 du Code de procédure pénale s'il est exercé dans des conditions de contrainte qui « *n'étaient pas strictement nécessaires à la poursuite de l'instruction ni proportionnées à la gravité de l'infraction*[854] ». Enfin, l'article 51 de la loi sur la presse prévoit aussi des dispositions spéciales anciennes concernant les saisies qui sont très largement inadaptées et d'ailleurs inutilisées[855].

---

853 Crim. 14 février 2012, pourvoi n° 11-81954.

854 CA Paris, ch. instr., 15 mai 2009, n° 2008/06790, *CCE* 2010 chr. 3, n° 12, obs. C. Bigot.

855 Voir sur le détail de ce pouvoir, notre fascicule Jurisclasseur n° 150 précité.

Interdiction de toute disqualification, requalification ou modification de l'étendue de la poursuite

Il s'agit là d'une règle absolument fondamentale et originale de la procédure en matière d'infraction de presse : le réquisitoire introductif combiné avec la plainte avec constitution de partie civile fixent de manière irrévocable la nature et l'étendue de la poursuite. La règle s'applique au fait et au droit. Le juge d'instruction ne peut donc pas apprécier le bien-fondé de la qualification invoquée devant lui[856] et donner aux faits une qualification différente de celle qui leur a été attribuée par le réquisitoire introductif[857]. Il ne peut davantage se saisir de propos ou de faits qui n'auraient pas été visés dans le réquisitoire introductif, car ce serait modifier l'étendue de la poursuite.

Ce principe comporte cependant des limites. Par exception, le juge d'instruction pourra disqualifier en une infraction de droit commun, à condition de n'introduire aucun fait nouveau[858]. Il est admis également que le magistrat instructeur puisse opérer un changement entre la qualification d'auteur principal et de complice. Comme la juridiction correctionnelle, il a ainsi « *le pouvoir d'apprécier le mode de participation du prévenu aux faits spécifiés et qualifiés dans ladite poursuite*[859] ». De même, malgré la règle d'intangibilité de la poursuite résultant de l'acte initial, le juge d'instruction reste saisi *"in rem"*. Ainsi, selon la Cour de cassation, le juge d'instruction peut étendre la poursuite à tous coauteurs ou participants à l'infraction et en particulier au directeur de la publication, auteur principal du délit, même lorsqu'il est saisi d'une plainte dirigée contre personne dénommée, en général une personne interviewée dans un journal[860]. Il s'agit là d'une entorse incompréhensible à l'intangibilité, car seule la victime peut apprécier les éléments d'opportunité et de fond, justifiant de limiter la poursuite à l'un ou l'autre des participants à l'infraction. Enfin, traditionnellement, le juge d'instruction, saisi d'une poursuite en diffamation ou en injure publiques, doit disqualifier les faits en contravention de diffamation ou injure non publique, lorsqu'il apparaît au vu de l'information, que les conditions de la publicité ne se trouvent pas réunies, et ordonner alors le renvoi devant le tribunal de police (CPP, art. 178)[861].

Interdiction d'instruire la vérité et la bonne foi en matière de diffamation

Selon une règle fondamentale et ancienne, les juges d'instruction ne peuvent rechercher si le fait imputé est vrai, car la seule procédure destinée à établir la vérité des faits diffamatoires est celle des articles 55 et 56 de la loi du 29 juillet 1881, laquelle est d'ordre public. Le juge d'instruction qui enfreindrait cette règle commettrait un

856 Cass. Crim. 14 juin 1994 : *Bull. Crim.*, n° 233.
857 Cass. Crim. 22 juin 1982 : *Bull. Crim.*, n° 169; Cass. Crim. 16 févr. 1988 : *Bull. Crim.*, n° 78.
858 Cass. Crim. 24 janv. 1967 : *JCP G* 1967, IV 35 ; Cass. Crim. 25 sept. 1991 ; *Bull. Crim.*, n° 319.
859 Cass. Crim. 18 juin 1985 : *Bull. Crim.*, n° 234.
860 Cass. Crim. 2 juillet 1992, n° 92-81185.
861 Cass. Crim. 2 oct. 1985 : *Bull. Crim.*, n° 293 ; Cass. Crim. 14 janv. 1992 : *Bull. Crim.*, n° 14.

excès de pouvoir[862]. Bien que la démonstration de la bonne foi ne soit pas soumise aux dispositions des articles 55 et 56 de la loi sur la presse, cette règle a été étendue aux actes d'instruction destinés à établir la bonne ou la mauvaise foi du mis en examen[863]. Il reste que la portée de la nullité est incertaine. Faut-il la limiter à l'annulation de l'acte irrégulier, ou considérer que le fait d'avoir mis à jour des éléments de fond, vicie irrémédiablement la poursuite et doit entraîner non pas la seule cancellation de l'acte nul, mais aussi l'annulation de la procédure subséquente ? Les deux méthodes ont été utilisées et cela dépendra des faits de l'espèce et de la nature de l'acte en cause, bien souvent.

b. Spécificités concernant le régime des nullités de l'instruction

La nullité des actes pris au cours de l'instruction

La spécificité de la nullité de l'article 50, qui peut être invoquée pour la première fois devant la juridiction de jugement, a été rappelée plus haut à l'occasion de l'analyse des règles gouvernant le réquisitoire introductif et les plaintes avec constitution de parties civiles. On s'est évidemment demandé si ce régime dérogatoire, qui écarte l'effet de purge des nullités antérieures attribué à l'ordonnance de renvoi en droit commun, devait aussi s'appliquer aux autres nullités liées à l'application d'une disposition de la loi sur la presse survenues au cours de l'instruction. Après des contradictions de jurisprudence de la part des juges du fond, la chambre criminelle de la Cour de cassation a tranché, de manière contestable selon nous, en limitant expressément les dérogations à la purge aux seules nullités de l'article 50 de la loi sur la presse[864]. Or d'autres nullités telles que celles résultant du non-respect de l'article 48 ou de l'accomplissement d'un acte d'instruction sur la vérité des faits, sont absolument fondamentales et il paraît impensable qu'une procédure puisse se poursuivre en contenant des actes viciés sur ces points. Rappelons que la prescription, pour sa part, peut être invoquée « *en tout état de la procédure* » selon la Cour de cassation et n'est donc pas couverte par le règlement de l'instruction[865].

La nullité de l'ordonnance de règlement

La règle de l'intangibilité de la poursuite fixée définitivement par l'acte de poursuite initial a conditionné aussi le traitement à réserver à une ordonnance de renvoi ne respectant pas cette intangibilité. Pour la Cour de cassation, le tribunal étant "saisi" par la plainte avec constitution de partie civile, et non par l'ordonnance de renvoi, il doit donc tout simplement statuer sur la poursuite telle qu'elle est fixée irrévoca-

---

862 Cass. Crim. 4 nov. 1986 : *Bull. Crim.*, n° 323 ; 24 oct. 1989 : *Bull. Crim.*, n° 379 ; 26 mai 1992 : *Bull. Crim.*, n° 212 ; *D.* 1994, somm. p. 191, obs. Th. Massis.

863 Cass. Crim. 28 février 2012 et 11 avril 2012 précités.

864 Cass. Crim. 24 septembre 2002, n° 01-88597 ; Cass. Crim. 2 mai 2007, n° 06-84829, *CCE* 2008 chr. 3, n° 8, obs. C. Bigot ; Cass. Crim. 2 février 2010, n° 09-80371, *CCE* mars 2011 chr. 3, n° 11, obs. C. Bigot.

865 Cass. Crim. 20 janvier 2009, pourvoi n° 08-80021.

blement par ladite plainte (combinée le cas échéant avec le réquisitoire)[866]. Cette jurisprudence, très contestable selon nous, conduit à dépouiller largement le prévenu des garanties prévues par la loi sur la presse, car il n'est pas à même d'apprécier avec une prévisibilité suffisante les points sur lesquels il doit se défendre à la seule lecture de sa citation à comparaître dans le délai très court de dix jours, prévu par l'article 55 de la loi du 29 juillet 1881 pour notifier une offre de preuves.

c. La gestion de la prescription au cours de la phase d'instruction

L'interruption de la prescription

De manière générale, en matière pénale, la prescription est interrompue par tout acte d'instruction ou de poursuite, mais pas par des actes assimilables à des actes d'administration judiciaire, et à condition bien évidemment que l'acte en cause ne soit pas frappé de nullité, pour quelque cause que ce soit. Ce principe, de droit commun, s'applique en matière de presse.

Contrairement à la plainte simple, non interruptive de prescription, la plainte avec constitution de partie civile est interruptive au jour de son dépôt, à condition que la consignation ait bien été versée ensuite dans le délai fixé par le juge d'instruction[867], et même si ce versement se situe en dehors du délai de prescription initial ayant commencé à courir à compter de la publication des propos incriminés[868].

De leurs côtés, tous les réquisitoires du ministère public, qu'ils soient introductifs, supplétifs, ou définitifs, interrompent évidemment la prescription. C'est d'ailleurs la plupart du temps en transmettant au parquet pour des réquisitions supplétives tous les trois mois que les juges d'instruction habitués de ces procédures ont de tout temps géré la prescription, quand aucun acte d'instruction n'avait été accompli pendant trois mois. De la même manière, tous les actes d'instruction (y compris ceux qui émanent de la chambre de l'instruction), ou les actes d'un service d'enquête agissant sur commission rogatoire[869] du magistrat instructeur, sont interruptifs dès lors qu'ils visent bien à instruire les faits et ne constituent pas des actes d'administration[870]. Enfin, l'avis de fin d'information visé à l'article 175 du Code de procédure pénale est lui aussi interruptif[871].

---

866 Cass. Crim. 24 nov. 1992, *JCP G* 1993, IV, 605 ; Cass. Crim. 11 juill. 1995 : *Bull. Crim.*, 1995, n° 256 ; *D.* 1997, somm. p. 66, note C. Bigot ; 23 janv. 1996 : *Bull. Crim.*, 1996, n° 36 ; *D.* 1997, somm. p. 65, obs. C. Bigot ; 18 décembre 2007, n° 07-80504, *CCE* 2008 chr. 3, n° 9, obs. C. Bigot ; 20 mai 2008, n° 06-89424 ; *CCE* 2009 chr. 3, n° 7, obs. C. Bigot. Crim. 7 juin 2011, pourvoi n° 11-90043 semble revenir à la terminologie classique selon laquelle l'ordonnance de renvoi saisit le tribunal, même si c'est l'acte initial qui fixe les termes de la poursuite. Cela semble effectivement plus orthodoxe.

867 À défaut de respecter ce délai, l'interruption de prescription sera considérée comme nulle et non avenue : Cass. Crim. 18 déc. 1990 : *Bull. Crim.*, n° 441.

868 Cass. Crim. 5 janvier 2010, n° 09-80.204, *Comm. Com. Électr.* 2011 chron. 3, n° 18, obs. C. Bigot.

869 Sur ce point précis : Cass. Crim. 17 février 2004, pourvoi n° 03-8059.

870 Ainsi, par exemple, un simple rappel adressé à un service enquêteur n'est pas interruptif : Cass. Crim. 18 septembre 2001, pourvoi n° 01-80726.

871 Cass. Crim. 11 janvier 2000, pourvoi n° 98-86269.

Quant à la partie civile, elle se doit de prendre les initiatives afin de pallier l'inaction éventuelle du magistrat instructeur, car la prescription n'est plus suspendue à son profit pendant le cours de l'instruction depuis l'entrée en vigueur de la loi du 4 janvier 1993[872]. Ainsi, dans le cours de cette phase d'information judiciaire, si la partie civile s'aperçoit qu'en raison de la passivité du juge il existe un risque de prescription, sa situation n'est jamais confortable. Il lui appartient alors de formaliser une demande d'acte afin d'interrompre la prescription. Il semble que cette demande soit en elle-même interruptive[873].

La suspension de la prescription

La loi n° 2007-291 du 5 mars 2007 introduit désormais un délai incompressible de quatre mois entre l'avis de fin d'instruction et le prononcé de l'ordonnance de règlement. À la suite de différents jugements convergents rendus par les juges du fond[874], la chambre criminelle de la Cour de cassation a admis que la prescription était suspendue pendant ce délai dit de l'article 175 du Code de procédure pénale[875]. Elle a ainsi levé une interrogation de nature à peser sur de nombreuses procédures. À compter de l'ordonnance de renvoi en revanche, la jurisprudence manque à notre connaissance. S'il n'y a aucune suspension, il faut donc surveiller que le parquet saisisse bien le tribunal correctionnel dans un délai de 3 mois.

§3. La procédure devant la juridiction de jugement en matière pénale

Le délai spécial pour statuer

Selon l'article 57 de la loi sur la presse, le tribunal correctionnel et le tribunal de police sont tenus de statuer au fond dans le délai maximum d'un mois à compter de la première audience. Mais à défaut de toute sanction, la jurisprudence a considéré depuis bien longtemps que ce délai n'était qu'indicatif. Son inobservation n'entraîne aucune nullité, ni déchéance[876].

L'interdiction de modifier la nature et l'étendue de la poursuite

En matière de presse, l'acte initial de poursuite fixe toujours de manière irrévocable la nature et l'étendue de celle-ci. Ainsi, le tribunal est lié quant à l'étendue de la poursuite et ne peut condamner le prévenu pour d'autres propos que ceux précisés, dans l'acte initial de poursuite[877]. Le tribunal saisi est tout autant lié quant aux qualifications retenues par l'acte initial de poursuite, et ne peut modifier la qualifi-

---

872 Cass. Crim. 8 janv. 1997 : *Bull. Crim.*, n° 6 ; *D.* 1997, inf. rap. p. 64 ; Cass. Crim. 9 juin 1998 : *D.* 1998, inf. rap. p. 202 ; Cass. Crim. 18 avril 2000, pourvoi n° 99-83758 ; Cass. Crim. 18 septembre 2001, pourvoi n° 01-80726.

873 Cass. Crim. 16 janvier 2001, n° 00-81.946.

874 TGI Paris, 17e ch., 27 novembre 2008, *CCE* 2009, Chronique 3, n° 11 et nos observations ; TGI Paris, 17e ch., 10 septembre 2009, *CCE* 2010, Chronique 3, n° 18 et nos observations ; TGI Lyon, 27 avril 2010, *CCE* 2011 Chronique 3, n° 17 et nos observations.

875 Cass. Crim. 25 octobre 2011, pourvoi n° 11-80.017.

876 Cass. Crim. 7 mai 1951 : *Bull. Crim.*, n° 133 ; Cass. Crim. 16 mars 1954 : *Bull. Crim.*, n° 111.

877 Cass. Crim. 16 févr. 1988 : *Bull. Crim.*, n° 78.

cation, soit en requalifiant, soit en disqualifiant en une autre infraction prévue par la loi sur la presse. Si la qualification retenue par l'acte de poursuite est inappropriée, le tribunal doit prononcer une relaxe, car c'est une question de fond et non une question de validité[878].

Mais cette règle connaît des limites identiques à celles qui s'appliquent au juge d'instruction, déjà évoquées. Ainsi, non seulement le tribunal peut, mais il doit disqualifier en un délit de droit commun si une telle qualification s'applique[879]. De même, il doit apprécier le mode de participation à l'infraction et peut procéder aux requalifications auteur principal/complice et vice-versa[880]. Enfin, traditionnellement, le tribunal correctionnel doit examiner si la condition de publicité est établie, et à défaut il doit disqualifier en contravention et statuer par application de l'article 466 du Code de procédure pénale[881]. Mais rappelons qu'à l'inverse, le tribunal de police saisi d'une contravention ne peut requalifier et statuer s'il constate que l'infraction poursuivie est un délit.

La gestion de la prescription trimestrielle durant la phase de jugement

Traditionnellement en matière pénale, l'interruption de prescription vaut *erga omnes*, à l'égard de tous auteurs et complices de l'infraction. Naturellement la citation à comparaître est interruptive de prescription, à la condition qu'elle soit valide[882], ce qui implique notamment d'avoir bien été notifiée ensuite au ministère public avant la première audience, s'agissant des citations délivrées à la requête d'une partie civile. À cet égard, une citation à comparaître du parquet interrompt la prescription de l'action civile même si l'action publique est déjà éteinte par l'effet de l'amnistie[883] ou d'un jugement de relaxe définitif[884]. Quand il y a lieu à consignation, ce qui est le cas sur citation directe, celle-ci n'est pas recevable en l'absence de consignation[885]. Si le versement n'est pas effectué dans le délai imparti par le tribunal, la citation ne conservera pas son caractère interruptif de la prescription. Au cours de cette phase initiale, il y a lieu de préciser que ni la simple tentative de citation[886], ni le versement de la consignation[887], ne sont interruptifs.

---

878 Cass. Crim. 7 avr. 1994 : *Bull. Crim.*, n° 142 ; *Gaz. Pal.* 1994, 2, somm. p. 417 ; Cass. Crim. 30 mars 2005, n° 04-85610 ; Cass. Crim. 25 octobre 2005, n° 05-81252, *CCE* 2006 chr. 2, n° 4, et nos obs.

879 Cass. Crim. 25 sept. 1991 : *Bull. Crim.*, n° 319.

880 Cass. Crim. 11 mai 1960 : *Bull. Crim.*, n° 254 ; Cass. Crim. 11 mai 1971 : *Bull. Crim.*, n° 147 ; Cass. Crim. 18 juin 1985 : *Bull. Crim.*, n° 234.

881 Règle encore une fois très ancienne, applicable aux diffamations et injures. Voir récemment : Cass. Crim. 7 juin 1983 : *Bull. Crim.*, n° 171 ; Cass. Crim. 15 juin 1984 : *Bull. Crim.*, n° 227 ; Cass. Crim. 2 oct. 1985 : *Bull. Crim.*, n° 293 ; Cass. Crim. 12 septembre 2000, n° 99-86650.

882 Une citation nulle au regard de l'article 53 n'interrompt pas la prescription. Solution constante : voir par exemple : Cass. Crim. 4 nov. 1986 : *Gaz. Pal.* 1987, 1, somm., p. 201 ; Cass. Crim. 7 mai 1991 : *Bull. Crim.*, n° 195 ; *Gaz. Pal.* 1991, 2, somm. p. 479.

883 Cass. Crim. 11 mai 2004, pourvoi n° 03-83364.

884 Cass. Crim. 30 mars 2004, pourvoi n° 03-84085.

885 Cass. Crim. 21 janv. 1997 : *Bull. Crim.*, n° 20.

886 Cass. Crim. 29 septembre 2009, n° 09-81.424, *Bull. Crim.* 2009, n° 161 ; *Comm. Com. Électr.* 2010 chron. 3, n° 17, obs. C. Bigot.

887 Cass. Crim. 4 mars 1971 : *Bull. Crim.*, n° 77.

Ensuite, dans le cours de la procédure devant la juridiction de jugement, il faut continuer à s'assurer que la prescription est bien interrompue tous les trois mois si l'audience de plaidoiries n'a pas lieu à l'intérieur de ce délai, ce qui est fréquent. Traditionnellement, cette interruption s'effectue au moyen d'audiences dites « *relais* » aux termes desquelles l'affaire est rappelée tous les trois mois pour fixation et interruption de la prescription. Ces jugements ou arrêts de remise en cause, lorsqu'ils sont constatés sur la feuille d'audience ou le plumitif, signé par le président et le greffier, ont un caractère interruptif de la prescription[888]. Et de manière générale, toute remise de cause en présence du ministère public, même en l'absence des parties, est un acte interruptif de la prescription[889], dès lors qu'elle est mentionnée aux notes d'audiences, et même en l'absence d'un jugement ou d'un arrêt de remise de cause[890]. Si, par négligence, de telles audiences n'ont pas été fixées, il appartient alors à la partie civile ou au parquet, selon les cas, de délivrer une nouvelle citation « *sur et aux fins* » du premier exploit, pour interrompre la prescription. Mais le simple dépôt de conclusions ne suffit pas devant la juridiction pénale[891].

La suspension de la prescription au cours de la phase de jugement

Au cours de la phase de jugement, les événements de nature à suspendre la prescription sont rares. Ce peut être le cas dans les hypothèses de sursis à statuer. Ainsi en est-il pour les cas de sursis à statuer obligatoires prévus par l'article 35 de la loi du 29 juillet 1881, notamment quand des témoins notifiés au titre d'une offre de preuves sont mis en examen pour des faits connexes[892]. Mais lorsque le tribunal prononce un sursis à statuer facultatif, la question de la suspension de la prescription est indécise[893]. Par ailleurs, la prescription se trouve classiquement suspendue lorsque le tribunal sursoit à statuer jusqu'au jugement d'une question préjudicielle renvoyée à une autre juridiction.

Il apparaît également que la prescription devrait être suspendue pendant la durée du délibéré, car la partie civile n'a aucun moyen de contraindre le tribunal à statuer dans un délai de trois mois à compter de la date à laquelle l'affaire a été plaidée. Enfin, la gestion de la phase suivant l'appel donne parfois lieu à des déconvenues, car elle n'entraîne aucune suspension de la prescription. La partie civile se doit donc de surveiller la procédure et au besoin de citer elle-même devant la cour d'appel en cas d'inaction du ministère public, à défaut de quoi la prescription pourrait être acquise[894].

---

888 Cass. Crim. 28 novembre 2006, n° 05-85.085.

889 Cass. Crim. 21 mars 1995 : *Bull. Crim.*, n° 116 ; *Gaz. Pal.* 1995, 2, somm. p. 362, note J.-P. Doucet. - Cass. Crim. 4 mai 1995 : *Bull. Crim.*, n° 164 ; Cass. Crim. 7 mars 2000, pourvoi n° 98-88196. - Cass. Crim. 30 janvier 2001, pourvoi n° 00-84556. - Cass. Crim. 13 mars 2001, pourvoi n° 00-84337. - Cass. Crim. 20 février 2007, n° 06-81.362 ; Comm. Com. Électr. 2008 chron. 3, n° 14, obs. C. Bigot. - Cass. Crim. 9 novembre 2010, n° 10-84.345.

890 Cass. Crim. 16 octobre 2012, pourvoi n° 11-85366.

891 Cass. Crim. 17 juin 2008, n° 07-86.330 ; *Bull. Crim.* 2008, n° 152 ; *CCE* 2009 chron. 3, n° 12, obs. C. Bigot.

892 Cass. Crim. 11 mai 1993 : *Bull. Crim.*, n° 172 ; *D.* 1994, somm. p. 191 obs. C. Bigot. Sur ce cas de sursis : p. 111.

893 Pour la suspension : TGI Paris, 17e ch. corr., 9 mai 1997 : *D.* 1998, somm. p. 82 obs. C. Bigot. *Contra* : CA Aix-en-Provence, 4 juin 1992 : *Légipresse*, 1992, I, p. 113, faisant la distinction entre les deux causes de sursis du point de vue de la suspension de la prescription.

894 Cass. Crim. 27 avr. 1982 : *Bull. Crim.*, n° 103 ; Cass. Crim. 11 déc. 1984 : *Bull. Crim.*, n° 398 ; Cass. Crim. 2 déc. 1986 : *Bull. Crim.*, n° 364.

§4. Le cours de l'instance civile

Particularités de l'instance civile

De manière générale, le juge civil applique le Code de procédure civile à l'instance engagée devant lui. Il a dû toutefois adapter son déroulement pour tenir compte de certaines particularités du droit de la presse, particulièrement dans le domaine de la preuve. Ainsi, le tribunal est nécessairement limité dans ses pouvoirs concernant la production et la communication forcée de pièces de fond car, comme le juge pénal, il ne peut interférer dans le débat relatif à la preuve des faits diffamatoires et à la bonne foi, qui sont des règles spéciales d'ordre public de la loi du 29 juillet 1881. Surtout, la juridiction civile a dû s'adapter afin de mettre en œuvre le dispositif de l'offre de preuves et de preuves contraires des articles 55 et 56 de la loi du 29 juillet 1881, reconnu d'ordre public devant la juridiction civile, qui permet de citer des témoins, sans aucune condition. Il lui a donc fallu écarter l'application des règles de l'enquête civile, afin de procéder aux auditions de façon souple. La jurisprudence considère ainsi que les articles 222 et suivants du Code de procédure civile ne sont pas applicables, et les témoins peuvent être entendus hors le cadre de l'enquête civile dite ordinaire, y compris lorsqu'il s'agit de témoins cités au titre de la bonne foi[895]. Cette pratique originale peut à notre sens entrer dans le cadre de l'article 231 du Code de procédure civile qui prévoit l'enquête « *sur-le-champ* » permettant au juge civil d'entendre en tout lieu « *les personnes dont l'audition lui paraît utile à la manifestation de la vérité* ».

L'application de la règle de l'intangibilité de l'instance devant la juridiction civile

La règle déjà évoquée interdisant au juge de modifier la nature et l'étendue de la poursuite est intégralement transposable à l'instance civile, ce qui est parfaitement logique dès lors que cette règle découle de l'article 53 de la loi du 29 juillet 1881, applicable en matière civile depuis 1997. Il en résulte, selon la Cour de cassation, que « *l'action en diffamation ne peut être étendue par voie de conclusions à des faits postérieurs à l'acte introductif d'instance qui a fixé irrévocablement la nature et l'étendue de la poursuite quant aux faits et à leur qualification*[896] ». Ainsi, le pouvoir de requalification attribué en droit commun par l'article 12 du CPC est neutralisé.

L'interruption de la prescription au cours de l'instance civile

Dans le cadre de l'instance civile, la prescription est régie exclusivement par les dispositions de l'article 65 de la loi du 29 juillet 1881 sur la presse, de sorte que les dispositions du Code civil sur la prescription n'ont en principe pas vocation à s'appliquer[897]. L'interruption de la prescription suit donc un régime qui lui est propre. Dans

---

895 TGI Paris, 17e ch., 1er octobre 2003, *Légipresse* 2003, n° 207-III-206.

896 Cass. Civ. II, 6 février 2003, n° 00-13167, *Bull.* II n° 31.

897 Cass. Civ. 2, 12 mai 1999, *Bull. Civ.* II n° 91. Cf, pour un rappel récent de cette règle, TGI Paris, 27 juin 2012, inédit RG n° 12/02327.

son dernier état issu d'un arrêt sur QPC en date du 5 avril 2012, la Cour de cassation estime que « *constitue un acte interruptif de la prescription tout acte régulier de procédure par lequel le demandeur manifeste son intention de continuer l'action engagée, même si cet acte n'est pas porté à la connaissance de la partie adverse elle-même*[898] ». Il reste qu'en partant de cette définition stricte, la 1re chambre civile allonge depuis quelques années sans désemparer la liste des événements interruptifs, de sorte qu'à notre sens, il n'y a pas d'adéquation entre sa définition, et l'énumération des actes interruptifs.

La prescription sera tout d'abord interrompue par une assignation valide visant la loi sur la presse[899], puis ensuite par des conclusions, elles aussi valides notifiées au cours de l'instance par acte du palais, et aujourd'hui par voie électronique, pour manifester son intention de poursuivre l'action. Mais si ces conclusions sont nulles ou irrégulières, elles n'auront pas de caractère interruptif de prescription[900]. Au-delà de ces purs actes de poursuite, la Cour de cassation a été amenée à considérer comme interruptives d'autres diligences procédurales du demandeur, comme l'enrôlement de l'assignation[901], la signification du jugement à avocat[902], ou à partie[903], ou la déclaration d'appel du demandeur[904]. La question de la communication des pièces, en revanche, est plus délicate, car il faut absolument qu'elle ait date certaine pour avoir un effet interruptif[905]. En revanche, de simples sommations[906], ou des lettres d'avocats adressées à l'adversaire[907] ou au juge[908] devraient être dépourvues d'effet interruptif. Toutefois, sur ce dernier point, un arrêt du 8 avril 2010[909] est venu semer un certain trouble en admettant le caractère interruptif d'une lettre annonçant la production de nouvelles pièces.

---

898 Cass. Civ. 1, 5 avril 2012 précité, *D.* 2012.1584. obs. C. Bigot.

899 Mais pas une assignation fondée sur l'article 1382 du Code civil : Cass. Civ. II, 9 décembre 2004, pourvoi n° 02-18350. - Cass. Civ. I, 31 janvier 2008, n° 07-12.643 : *JurisData* n° 2008-042510 ; *Bull. Civ.* 2008, I n° 33 ; *Comm. Com. Électr.* 2009 chron. 3, n° 13, obs. C. Bigot.

900 Voir par exemple, pour un simple dépôt au greffe de conclusions non notifiées : CA Versailles, ch. réunies, 13 mars 2002 : *Légipresse* 2002, III, p. 135. - V. aussi Cass. Civ. II, 8 avril 2004, pourvoi n° 02-19072. - 29 avril 2004, pourvoi n° 02-14970. - Cass. Civ. I, 16 octobre 2008, n° 07-19.161; *Bull. Civ.* 2008, I, n° 228 ; *Comm. Com. Électr.* 2009, chron. 3, n° 14, obs. C. Bigot. Ou pour des conclusions signifiées mais non signées : Cass. Civ. II, 13 décembre 2001, pourvoi n° 99-18692.

901 Cass. Civ. 2, 23 mai 2001, *Bull. Civ.* II n° 106.

902 Cass. Civ. II, 26 juin 1996, pourvoi n° 94-17379, *Bull.* II n° 181, *D.* 1998 somm. p. 81 obs. C. Bigot.

903 Cass. Civ. II, 11 juin 1998, *Bull.* II n° 184.

904 Cass. Civ. II, 19 mars 1997, pourvoi n° 95-12641, *Bull.* II n° 81, *D.* 1998 som. p. 81 obs. C. Bigot.

905 Déduit de Cass. Civ. II, 24 novembre 1999, *Bull. Civ.* II n° 172. - 22 janvier 2004, pourvoi n° 00-16764 : *Bull. Civ.* II n° 23.

906 Cass. Civ. II, 29 avril 2004, pourvoi n° 02-16909.

907 Cass. Civ. II, 10 avril 1991, *Bull.* II n° 118, *JCP G* 1992, II, 21869, note M. Pierchon. - CA Paris, 23 avril 1990, *Gaz. Pal.* 1991 som. p. 221.

908 CA Versailles 13 mars 2002, renvoi après Cass,. *Légipresse* 2002, III, p. 135.

909 Civ. 1re, 8 avril 2010, n° 09-65.032 ; *Bull. Civ.* 2010, I, n° 88 ; voir P. Guerder, note sous Cass. Civ. 1, 8 avril 2010, *Légipresse* 2010 n° 273 p. 93 ; et C. Bigot, note sous le même arrêt, *D.* 2010 p. 1673.

Au-delà des diligences du demandeur, il faut aussi s'interroger sur l'éventuel effet interruptif de certains événements qui interviennent au cours de l'instance. Ainsi l'ordonnance de clôture[910] et le prononcé d'un jugement[911] sont interruptifs, mais pas une injonction de conclure de la part du président[912], ou l'envoi d'un bulletin de procédure[913]. Et par analogie, une simple audience de procédure n'est pas interruptive de prescription, même si elle est mentionnée sur la cote du dossier du tribunal, l'éventuelle présence de l'avocat à l'audience ne pouvant valoir manifestation d'intention du demandeur de continuer l'action. C'est ce qu'a confirmé le TGI de Paris par plusieurs jugements récents[914].

Enfin, de manière incompréhensible à notre sens, la Cour de cassation a attribué un effet interruptif à certains actes du défendeur lui-même devant la cour d'appel, quand le défendeur déjà condamné est appelant, de sorte que celui-ci peut interrompre la prescription contre lui-même[915] ! Cette jurisprudence ne s'applique pas devant le juge du premier degré[916].

La suspension de la prescription au cours de l'instance civile

La question de la suspension de la prescription peut aussi se poser devant la juridiction civile, car la maxime « *contra non valentem agere, non currit praescriptio* » a une portée générale. On sait ainsi que certains événements tels que le décès d'une partie suspend la prescription. Mais c'est la question du caractère suspensif de l'ordonnance de clôture qui a le plus retenu l'attention dans le domaine de la presse. Après des tergiversations, la jurisprudence considère désormais que la prescription est suspendue à compter de l'ordonnance de clôture et jusqu'au prononcé du jugement[917]. On peut estimer aussi que comme en matière pénale, un jugement de sursis à statuer obligatoire devrait être suspensif de la prescription.

---

910 Cass. Civ. II, 29 avril 2004, pourvoi n° 01-14108, *Bull.* II n° 200.

911 Soit sur un incident de procédure : Cass. Civ. II, 24 novembre 1999, pourvoi n° 96-16416, soit sur le fond : Cass. Civ. II, 24 novembre 1999, pourvoi n° 97-13548, *Bull. Civ.* II n° 171 ; Cass. Civ. 29 avril 2004, pourvoi n° 01-14108.

912 Cass.Civ. II, 18 décembre 1995, *Bull.* II n° 312, *D.* 1997 som.67, note C. Bigot.

913 TGI Paris 17e ch., 26 janvier 2000, *Légipresse* 2000, I, 75. Voir également en ce sens, TGI 15 juin 2011 cité plus bas, selon lequel « *les bulletins de procédure et les mentions portées au dossier par le juge ou le greffe ne constituent que des actes d'administration judiciaire, qui sont en principe dépourvus de caractère interruptif, sauf circonstance particulière, notamment s'il est fait état de l'intention du demandeur de poursuivre l'action* ».

914 TGI Paris, 17e ch. civ., 18 mai 2011 RG : 10/12188 inédit ; TGI Paris, 17e ch. civ., 15 juin 2011, RG n° 09/17959 ; CA Montpellier, 1re ch.A, 17 mai 2011, n° 09/8778, commentés in *CCE* 2011, chr. 3 avec nos obs.

915 Cass. Civ. II, 16 décembre 1999, *Bull.* n° 191 ; 6 février 2003, pourvoi n° 00-20147, *Bull.* II n° 29, pour la déclaration d'appel ; Cass.1re civ., 8 novembre 2007, n° 06-12.906; *Légipresse* 2008, III, p. 31 note B. Ader, *Comm. Com. Électr.* 2008 chron. 3, n° 16, obs. C. Bigot. - sur renvoi après cassation, CA Paris, 9 avril 2009, *Comm. Com. Électr.* 2010, chron. 3, n° 19, obs. C. Bigot, *Légipresse* 2009, III, 176 note J.-Y. Dupeux, pour les conclusions du défendeur-appelant. Cette solution a été critiquée de toutes parts.

916 TGI Paris, 17e ch., 6 octobre 2010, n° 09/03708 : *Comm. Com. Électr.* 2011, chron. 20, obs. C. Bigot.

917 Cass. 1re civ. 20 mars 2007, n° 06-10.352; *Comm. Com. Électr.* 2008 chron. 3, n° 15, obs. C. Bigot, cassant CA Paris, 11e ch. B, 3 novembre 2005, n° 04/09759 : *Comm. Com. Électr.* 2006, chron. 2, n° 23 et 24 et nos obs.

SOUS-SECTION 3. LE DÉNOUEMENT DE LA PROCÉDURE

§1. LES DÉSISTEMENTS

Le régime spécifique du désistement prévu par l'article 49 de la loi sur la presse

Selon l'article 49 de la loi du 29 juillet 1881, le désistement du plaignant produit effet « *in rem* » et non « *in personam* ». Il met donc fin aux poursuites à l'égard de tous les auteurs, coauteurs et complices, sans que le plaignant puisse limiter son désistement à certaines personnes[918]. De même, si la poursuite vise différents groupes de propos, il n'est pas possible de limiter la portée du désistement à certains des propos poursuivis[919]. Cet effet général concerne bien entendu à la fois l'action civile et l'action publique[920] et vaut même à l'égard d'une instance en référé engagée antérieurement à la saisine du juge du fond, en raison de son caractère absolu[921]. Enfin, il est jugé que l'article 49 s'applique pleinement aux désistements devant la juridiction civile[922].

L'article 49 s'applique à la condition que le désistement ait été acté

Pour produire l'effet général décrit plus haut, le désistement du plaignant doit avoir été acté. Ainsi, tant qu'il n'en a pas été donné acte, le désistement peut être rétracté[923] pour éviter des conséquences définitives mal appréciées par méconnaissance de l'article 49 de la loi, ce qui n'est pas si rare. Enfin, ce désistement doit être acté par jugement et non par de simples énonciations des notes d'audience qui ne suppléent pas à l'absence d'un jugement[924].

§2. LES SANCTIONS

L'application du principe de proportionnalité

En règle générale, l'ensemble de la matière se situant dans l'orbite de l'article 10 de la Convention européenne des droits de l'homme, toutes les sanctions ou restrictions à la liberté d'expression susceptibles d'être ordonnées par le juge doivent respecter le grand principe de la proportionnalité. Mais au-delà de cette affirmation de principe, il est bien difficile de dégager de la jurisprudence de la Cour de Strasbourg des lignes claires et cohérentes permettant de déterminer ce qu'est une sanction disproportionnée.

---

918 Cass. Crim. 17 févr. 1955 : *Bull. Crim.*, n° 113 ; *Dr. Pén.* 1955, 186 ; *D.* 1955, 419. – Cass. Crim. 27 janv. 1959 : *Bull. Crim.*, n° 69. – Cass. Crim. 5 nov. 1959 : *Bull. Crim.*, n° 471, Cass. Crim. 22 mai 1986 : *Bull. Crim.*, n° 168.

919 Cass. Crim. 28 mars 1995 : *Bull. Crim.*, n° 129 ; *JCP G* 1995, IV, n° 1629 ; *D.* 1995, inf. rap. p. 147.

920 Cass. Crim. 26 mai 1981 : *Bull. Crim.*, n° 172.

921 Civ. 2, 15 juin 2000, n° 98-18665.

922 CA Paris, 1re chambre B, 10 novembre 2000, *Légipresse* n° 179 mars 2001, p. 37.

923 Jurisprudence un peu ancienne mais non démentie : Cass. Crim. 23 juin 1964 : *Bull. Crim.*, n° 213. – Cass. Crim. 29 avr. 1969 : *Bull. Crim.*, n° 147.

924 Cass. Crim. 26 avr. 1994 : *Dr. Pén.* 1994, comm. 208 ; *Bull. Crim.*, n° 150.

S'agissant des peines de prison, qui demeurent dans la loi sur la presse pour certaines infractions, la Cour de Strasbourg considère « *qu'une peine de prison infligée pour une infraction commise dans le domaine de la presse n'est compatible avec la liberté d'expression journalistique, garantie par l'article 10 de la Convention, que dans des circonstances exceptionnelles, notamment lorsque d'autres droits fondamentaux ont été gravement atteints comme dans l'hypothèse, par exemple, de la diffusion d'un discours de haine, ou d'incitation à la violence*[925] ». Cette ligne de fracture entre les infractions susceptibles de faire l'objet de peines de prison et les autres infractions de presse apparaît dans ses grandes lignes conforme avec le droit français puisque depuis la loi du 15 juin 2000, les peines de prison n'ont été maintenues quasiment que dans le domaine de la lutte contre le racisme et l'antisémitisme. D'ailleurs, en ce dernier domaine, la Cour européenne a bien marqué qu'elle est favorable à des sanctions sévères. Dans son affaire *Feret c/ Belgique* déjà citée, les juridictions belges avaient infligé à l'homme politique condamné pour discrimination raciale 250 heures de travaux généraux au bénéfice d'une œuvre d'intégration des personnes de nationalité étrangère, ainsi qu'une inéligibilité de dix ans. Pour bien marquer l'importance de la lutte contre le racisme, la Cour admet que de telles sanctions ne sont pas disproportionnées[926].

Dans le domaine des amendes, la Cour européenne entre dans une casuistique totalement illisible. Si l'on s'en tient aux décisions mettant en cause la France, on peut ainsi relever les contradictions entre les décisions *Dupuy et Pontault* du 7 juin 2007 et *Tourancheau et July* du 24 novembre 2005[927]. Dans un cas, elle estime qu'une amende de 10 000 francs n'est pas une sanction excessive, ni de nature à emporter un effet dissuasif pour l'exercice de la liberté des médias, mais dans l'autre, elle considère que le caractère relativement modéré de l'amende ne suffit pas à faire disparaître l'effet dissuasif de la condamnation. On cherche, à la vérité, le fil conducteur véritable de ces décisions.

Cette incohérence se retrouve dans le champ des indemnisations pécuniaires. Dans certaines hypothèses, la Cour de Strasbourg a admis des montants de plusieurs milliers d'euros. Mais dans ses arrêts *Brasilier et Paturel*, rendus contre la France[928], la Cour européenne considère que même une condamnation à un franc symbolique de dommages et intérêts peut constituer une sanction disproportionnée ne paraissant pas justifiée au regard des circonstances de la cause. Cela montre, en tout cas, qu'une simple condamnation à l'euro symbolique n'est pas rédhibitoire dans le cadre d'une saisine de la Cour EDH.

---

925 CEDH, 6 décembre 2007 *Katrami c/ Grèce*, req. n° 19331/05, § 39.

926 CEDH, 16 juillet 2009, *Feret c/ Belgique*, req. n° 15615/07.

927 Référencées annexe n° 10.

928 *Id.*

a. Spécificités de la sanction pénale

Peines complémentaires

En matière pénale, le régime général de la peine s'appliquera sous quelques exceptions[929]. Les articles 61 à 63 de la loi sur la presse prévoient tout d'abord une série de peines complémentaires facultatives qui sont totalement tombées en désuétude. Il est évident que ces peines auraient bien de mal à passer aujourd'hui l'examen de proportionnalité exigé par l'application de l'article 10 de Convention européenne des droits de l'homme. Rappelons également qu'à l'exception de quelques infractions précises prévoyant expressément la publication du jugement à titre de peine complémentaire, celle-ci ne peut relever que de mesures civiles de réparation.

La contrainte judiciaire

Il existe en revanche une spécificité qui ne cesse de susciter du contentieux de cassation. Il s'agit de la contrainte judiciaire, autrefois appelée *« contrainte par corps »*, que certaines cours d'appel continuaient à prononcer par négligence pour des infractions de presse alors que la Cour de cassation a toujours décidé que les infractions de presse étaient assimilées aux infractions politiques, et échappaient par conséquent à la contrainte par corps sous l'empire de l'ancien article 749 du CPP[930]. Mais l'entrée en vigueur le 1er janvier 2005 de la loi n° 2004-204 du 9 mars 2004 transformant la contrainte par corps en *« contrainte judiciaire »* suscite des interrogations. En effet, à cette occasion, l'exclusion des délits politiques qui figurait dans l'ancien article 749 du CPP a été supprimée.

b. Spécificités quant aux sanctions civiles

Réparations pécuniaires

De manière générale, les infractions en matière de presse n'engendrent que des préjudices de nature morale, dont l'évaluation est la plupart du temps subjective et arbitraire, sans que le juge ne puisse s'égarer en principe sur le terrain de la peine privée. Il n'y a pas de barèmes ! L'ensemble des éléments de la cause entreront en ligne de compte : gravité des faits, ampleur de la diffusion, comportement de la victime sont les paramètres principaux à la disposition du juge. On voit souvent des demandes totalement exorbitantes. En réalité, dans 99 % du contentieux, le montant des dommages-intérêts se situe dans une fourchette allant de l'euro symbolique – qui reste très fréquent – à 15 000 euros.

Publications judiciaires

Les publications de décisions judiciaires dans la presse, par extraits ou sous forme de communiqués, sont des modalités de réparation complémentaires à la disposition

---

929 Pour mémoire, ces peines ne peuvent être prononcées à l'encontre de personnes morales en vertu d'une disposition expresse de la loi sur la presse : article 43-1.

930 Voir encore : Cass. Crim. 22 juin 1993 : *Bull. Crim.*, n° 218; Cass. Crim. 11 avr. 1995 : *D.* 1995, inf. rap. p. 152, Cass. Crim. 24 octobre 2000, n° 00-80422.

du juge en matière d'infractions de presse. Elles sont loin d'être systématiques ou généralisées, mais peuvent utilement compléter une réparation pécuniaire dans certains cas. Il reste que ces publications ne peuvent pas relever d'une logique de peine privée et doivent réellement avoir un effet de réparation[931]. Si l'on conçoit cet effet en matière de diffamation, lorsqu'il s'agit de réparer une atteinte à la réputation, cela est beaucoup plus contestable pour d'autres infractions. Par exemple, on cherche vainement en quoi une publication judiciaire réparerait une infraction à l'une des interdictions d'informer prévues par la loi sur la presse. En effet, en pareil cas, la publication ne peut en aucune manière redonner un caractère secret à une information illicitement révélée, bien au contraire ! On peut se poser également cette question sur le terrain de l'injure. En toute hypothèse, si le juge décide d'ordonner une telle publication, il devra impérativement en fixer le coût, si elle doit être effectuée dans un autre organe de presse que le support de l'infraction commise, faute de quoi il risque d'encourir une cassation[932].

Enfin, rappelons qu'en matière pénale, le juge ne peut assortir une publication judiciaire de l'exécution provisoire, en application de l'article 464 CPP. Ce texte réserve en effet la possibilité de prononcer l'exécution provisoire aux seules condamnations pécuniaires de nature civile.

Mesures d'interdiction

De manière générale, les mesures d'interdiction assimilables à des mesures de censure ne peuvent être prononcées que dans des hypothèses exceptionnelles, et doivent relever d'un véritable besoin social impérieux pour respecter les termes de l'article 10 de la Convention EDH[933]. Il reste qu'une fois par décennie environ, le juge estime devoir y recourir, la plupart du temps dans le domaine de l'atteinte aux droits de la personnalité.

Évoquons tout d'abord sur ce point l'hypothèse d'une interdiction purement préventive, préalable à toute publication. Dans ce cas de figure, il ne fait guère de doute que s'appliqueraient, dans le cadre d'un contentieux relatif à l'application de la loi du 29 juillet 1881, les mêmes principes que ceux posés, semble-t-il une bonne fois pour toutes, par le tribunal de grande instance de Paris dans l'affaire *Delon*. Ainsi, selon le jugement rendu dans cette affaire le 18 novembre 1998[934] : *« Le principe à valeur constitutionnelle de la liberté d'expression s'oppose à ce que le tribunal, qui ne dispose pas d'un pouvoir de contrôle préalable des publications,*

---

931 À ce titre, la Cour de cassation a rappelé à plusieurs reprises que la réparation ne peut en aucun cas excéder le préjudice avéré (2e civ., 16 décembre 2004, pourvoi n° 03-15.595), ni revêtir un caractère vexatoire (Cass., com., 13 nov. 2007, pourvoi n° 06-18.823).

932 Voir sur ce point Cass. Crim. 11 avril 2012, pourvoi n° 11-83007 ; Cass. Com. 9 octobre 2012, pourvoi n° 11-20725.

933 Des interdictions générales visant un média sont quant à elles par nature inenvisageables. Voir, par exemple, pour des interdictions d'émettre visant soit des stations de radio, soit des chaînes de télévision, jugées disproportionnées (cf. CEDH, 4 décembre 2007, req. n° 11369/03 ; CEDH, 27 novembre 2007, req. n° 6687/03).

934 TGI Paris, 1re ch. 1re sect. 18 novembre 1998, RG 16943/98, *D.* 1999 p. 462 note D. Rebut.

interdise la mise en vente d'un ouvrage non encore écrit dont la teneur réelle demeure incertaine ou détermine les faits qui, dans une éventuelle biographie d'Alain D., ne devraient pas être évoqués. »

Quant aux interdictions sollicitées après publication, les juges considèrent qu'elles sont en principe dépourvues de proportionnalité. Il faut toutefois faire une place à part aux interdictions concernant de nouveaux tirages d'ouvrages condamnés. En ce cas, le juge admet à l'occasion la possibilité d'interdire la reproduction des propos condamnés dans les nouveaux tirages ou nouvelles éditions à paraître postérieurement à sa décision. De même, s'agissant des publications sur le net, il arrive que le tribunal ordonne la suppression des propos jugés contraires à la loi du 29 juillet 1881 qui sont demeurés en ligne. En revanche, les restrictions générales d'accès à un site internet sont vues d'un mauvais œil par la Cour de Strasbourg au regard de l'article 10 de la Convention EDH[935].

Mais hors ces cas de figure, de telles mesures se heurtent concrètement à des obstacles juridiques et pratiques la plupart du temps insolubles, lorsqu'elles visent des exemplaires de livres ou de journaux qui sont déjà dans les circuits de distribution ou diffusion. En effet, l'éditeur n'a plus la garde de ces exemplaires qui sont entre les mains de tiers juridiquement indépendants, et il n'a donc pas le pouvoir de leur donner des instructions contraignantes. Bien plus, dans le domaine du livre, le système de la distribution fait que les libraires qui ont commandé un ouvrage et le détiennent dans leurs stocks sont juridiquement propriétaires des volumes, et ont tous les attributs de cette propriété, même s'ils disposent d'un droit de retour. Une interdiction visant les livres en circulation imposée à un éditeur qui n'en est plus propriétaire se heurte donc à des obstacles juridiques majeurs et, à notre sens, insurmontables.

Autres mesures

On peut enfin évoquer certaines mesures de restriction ou d'aménagement de la diffusion, telles que des injonctions d'apposer des caches ou des bandeaux, ou encore des mesures visant à l'insertion d'un communiqué ou d'un avertissement sur des supports déjà en circulation, généralement des livres. Ce type de mesure est ordonné sporadiquement dans des affaires d'une exceptionnelle gravité, mais en règle générale, les juges retiennent leur caractère disproportionné et refusent d'y recourir[936]. En toute hypothèse, en ce qu'elles viseraient des exemplaires déjà dans les circuits de diffusion, ces mesures se heurteraient aux mêmes obstacles juridiques et pratiques que les interdictions évoquées plus haut[937].

---

935 CEDH, 18 décembre 2012, Yildrim/Turquie, req. n° 3111/10.

936 Pour un exemple récent de refus, TGI Paris 11 janvier 2012, *Lacan c/ Roudinesco*, *Légipresse* 2012, p. 71

937 Ainsi, dans ce jugement du 11 janvier 2012 cité note précédente, le tribunal a estimé que l'insertion d'un encart dans le livre « *apparaissait irréalisable sur un plan pratique* ».

§3. LES DEMANDES RECONVENTIONNELLES

Cadre juridique

Lorsqu'une partie a engagé sans succès une action fondée sur une disposition de la loi sur la presse, la personne poursuivie ou assignée peut à certaines conditions former des demandes reconventionnelles.

En matière pénale, c'est en général l'article 472 du Code de procédure pénale qui est appelé à jouer. Il permet de demander des dommages-intérêts pour abus de constitution de partie civile.

En matière civile, la demande reconventionnelle pour procédure abusive peut relever tout d'abord de la théorie générale de l'abus de droit et est en ce cas fondée sur l'article 1382 du Code civil. Elle permet alors de demander une indemnisation contre le demandeur. Une prétention peut aussi être formée sur le terrain de l'article 32-1 du Code de procédure civile, ce qui permet de solliciter une amende civile. On se rapportera utilement aux bons ouvrages de procédure civile pour connaître la jurisprudence habituelle en la matière.

Conditions de l'abus de procédure

Depuis un arrêt de principe de la chambre criminelle de la Cour de cassation en date du 1er mars 2005, il est acquis qu'une demande d'indemnité pour abus de constitution de partie civile fondée sur l'article 472 du Code de procédure pénale ne peut prospérer lorsque la qualification pénale a été reconnue, même si le prévenu est relaxé. Selon cet arrêt, « *la partie civile qui a mis en mouvement l'action publique ne peut être condamnée à des dommages-intérêts que s'il est constaté qu'elle a agi de mauvaise foi ou témérairement ; que tel ne peut être le cas lorsque l'action est fondée sur des faits reconnus diffamatoires*[938] ». La jurisprudence ne s'est jamais départie de cette position[939].

■ SOUS-SECTION 4. LES VOIES DE RECOURS

a. Les particularités de l'instance en cassation

La loi sur la presse contient un certain nombre de particularités concernant l'instance en cassation, accentuées par la jurisprudence. En premier lieu, le délai de pourvoi, en matière pénale, est dérogatoire et doit être formé dans les trois jours non francs[940] du prononcé de la décision attaquée en vertu de l'article 59 de la loi sur la presse,

938 Cass. Crim. 1er mars 2005, pourvoi n° 04-81981, *Bull.* n° 72.

939 Voir récemment : CA Paris, chambre 2-7, 25 janvier 2012, n° 11/03554.

940 Jurisprudence constante, V. notamment, Cass. Crim. 23 juin 1964 : *Bull. Crim.*, n° 209. - 14 janv. 1971 : *Bull. Crim.*, n° 14 ; *JCP G* 1971, II, 16943, note Chambon. - 10 oct. 1974 : *Bull. Crim.*, n° 290. - 19 sept. 1981 : *Bull. Crim.*, n° 255. - 29 nov. 1983 : *Bull. Crim.*, n° 324. - 2 mars 1999 : *Bull. Crim.*, n° 28.

au lieu des cinq jours francs du droit commun de l'article 568 CPP, y compris lorsque la décision frappée de pourvoi n'a statué que sur l'action civile[941]. Précisons que ce délai dérogatoire s'applique aussi aux pourvois contre les arrêts de la chambre de l'instruction[942]. La brièveté de ce délai est aujourd'hui tempérée par le revirement de la Cour de cassation, laquelle considère désormais que la prorogation de délai prévue par l'article 801 du Code de procédure pénale s'applique à l'article 59 de la loi du 29 juillet 1881[943]. La Cour de cassation a par ailleurs été amenée à valider ce délai sur QPC[944].

Enfin, une autre règle particulièrement importante s'applique devant la Cour de cassation. Celle-ci considère en effet que la prescription de l'article 65 est suspendue pendant l'instance en cassation et jusqu'à la notification de l'arrêt[945]. Voici une solution confortable, applicable tant devant les chambres civiles que devant la chambre criminelle, dont on cherche la justification objective…

b. Particularité des voies de recours contre les décisions sur incidents et exceptions

Après avoir pendant des années décidé du contraire par un raisonnement qui n'a plus d'autre intérêt aujourd'hui qu'historique, la Cour de cassation donne pleinement effet, depuis 2000, à la règle de l'article 59 alinéa 2 de la loi sur la presse en limitant les possibilités de recours contre les décisions rendues sur incidents. En effet, depuis une décision du 21 mars 2000[946], le pourvoi formé contre un arrêt ayant rejeté une exception ne peut être déclaré recevable lorsqu'il ne met pas fin à l'instance. La chambre criminelle n'a pas varié depuis[947]. Cette solution s'applique aussi aux pourvois à l'encontre des arrêts de chambres de l'instruction statuant sur une exception n'éteignant pas l'instance[948].

Après hésitations, la règle a également été étendue aux instances civiles par deux arrêts de la cour d'appel de Paris en date des 6 septembre et 7 novembre 2007[949]. Appel et pourvoi en cassation sont donc irrecevables à l'encontre non seulement des ordonnances du juge de la mise en état statuant sur une exception ou un incident

---

941 Cass. Crim. 15 déc. 1987 : *Gaz. Pal.* 1988, 1, somm., p. 189.

942 Cass. Crim. 19 sept. 1981, préc ; Cass. Crim. 8 avr. 1986 : *Bull. Crim.*, n° 118 ; Cass. Crim. 6 janv. 1987 : *Bull. Crim.*, n° 4.

943 Cass. Crim. 27 janv. 1992 *Bull. Crim.* n° 30 ; *Légipresse* n° 97, 1992, I, p. 140 ; Cass. Crim. 2 mars 1999 : *Bull. Crim.*, n° 28.

944 Cass. Crim. 7 décembre 2010, n° 10-83698 QPC.

945 Voir not. Cass. Crim. 19 avril 1983, *Bull. Crim.* 1983 n° 111.

946 Cass. Crim. 21 mars 2000 : *D.* 2000, inf. rap. p. 123.

947 Cf. par exemple parmi d'autres : Cass. Crim. 21 novembre 2000, n° 00-81803 ; Cass. Crim. 19 décembre 2000, n° 00-82147; Cass. Crim. 6 décembre 2005, n° 05-981.

948 Cass. Crim. 3 juin 2003, *Bull. Crim.* n° 115 ; Cass. Crim. 26 octobre 2004, n° 04-84685; *CCE* 2006 chr. 2, n° 19, obs. C. Bigot.

949 *CCE* mars 2008, chr. 3, n° 12, obs. C. Bigot.

et ne mettant pas fin à l'instance, mais aussi contre un jugement avant dire droit au fond statuant sur une question de procédure ne relevant pas de la compétence du juge de la mise en état.

c. Particularités des voies de recours en matière de compétence

Les voies de recours en matière d'incompétence ne suivent pas le régime décrit plus haut pour les autres exceptions et incidents, car elles relèvent de l'article 59 alinéa 3 et non de l'article 59 alinéa 2 de la loi sur la presse. Ainsi est toujours immédiatement recevable l'appel d'un jugement distinct de la décision sur le fond, qui statue sur une exception d'incompétence, qu'il s'agisse d'une décision mettant fin, ou non, à la procédure.

■ SECTION 6. LES PROCÉDURES DE RÉFÉRÉ[950]

Contexte général

S'il existe des textes spécifiques concernant le référé en matière d'atteinte à la vie privée (article 9 C. Civ.) ou d'atteinte à la présomption d'innocence (article 9-1 C. Civ.), il n'en est pas prévu dans l'orbite de la loi du 29 juillet 1881[951]. Mais certaines victimes soucieuses d'une réparation rapide, ou désireuses d'obtenir une mesure d'interdiction, tentent d'engager des procédures de référé fondées sur les textes généraux du Code de procédure civile, et spécialement l'article 809 de ce code, pour obtenir une gamme de mesures variables, allant de l'allocation d'une provision sur dommages et intérêts, à l'interdiction pure et simple, en passant par un communiqué judiciaire. Ce fut dans les années 1990 un important sujet de réflexion et de débat, mais il est aujourd'hui derrière nous. Ces tentatives sont très rarement couronnées de succès, car de manière générale le juge saisi est soucieux d'éviter toute mesure de contrôle préalable ou de censure, et n'accepte d'intervenir que lorsque le préjudice subi est tellement intolérable qu'il ne serait pas possible de laisser le juge du fond trancher le litige.

---

950 De manière générale, sur le référé en matière de presse : D. Boccara, « Légitimité du « référé-diffamation » et conditions de légalité de ses prescriptions » : *Gaz. Pal.* 1995, 1, doctr. p. 271 ; J.-F. Burgelin, J.-M. Coulon et M.-A. Frison-Roche, « Le juge des référés au regard des principes procéduraux », *D.* 1995, chron., p. 71 ; Ch. Choucroy, « Le juge des référés et la religion », *Mélanges Drai* : éd. Dalloz 2000, p. 523 ; E. Derieux, « Référé et liberté d'expression », *JCP* 1997-I-4053 ; E. Dezeuze, « La procédure de référé à l'épreuve de la diffamation », *Légipresse* 1998, n° 151, II, p. 55 ; E. Dreyer, « La perversion du référé en matière de presse », *JCP* 2007-I-171 ; « Référé en matière de presse », *JurisClasseur communication* fasc.3710 (2007) ; M.-T. Feydeau, « Le référé de presse : une procédure hors la loi ? », in *Le droit de la presse de l'an 2000*, Victoires Éd., p. 71 ; P. Kayser : « Les pouvoirs du juge des référés civil à l'égard de la liberté de communication et d'expression », *D.* 1989 chr. p. 11 ; A. Lacabarats, « Les compétences du juge civil des référés en matière pénale », *Justices*, n° 10, avr.-juin 1998, p. 162 ; A. Lacabarats, « L'intervention du juge des référés est-elle justifiée en droit de la presse ? », *Gaz. Pal.* 2006. Doctr. 7. ; M.-N. Louvet, « La pratique du référé en droit de la presse », *Légipresse* 1994 n° 116-II-p 85 ; et « Le référé en droit de la presse », *Légipresse* 1997, n° 146, II, p. 145 ; Th. Massis, « Le juge des référés et la liberté d'expression », *Légipresse* 1991 n° 84-II-p 67 ; J. Normand, « Le référé-diffamation à la recherche de son point d'équilibre », *RTD civ.* 1998, p. 972.

951 A l'exception de la compétence donnée au président statuant en référé dans le domaine du droit de réponse audiovisuel de la loi du 29 juillet 1982. Voir plus haut, pp. 63-64.

Toutefois, comme pour l'application de l'article 1382 du Code civil, des voix s'élèvent contre la spécificité de l'approche du référé en matière de presse, et voudraient voir appliqués les articles 808 et 809 du CPC dans les conditions du droit commun, au nom d'un parti pris idéologique évident[952]. À l'inverse, l'utilisation des procédures générales de référé suscite également dans son principe une difficulté qui n'a jamais été véritablement tranchée de manière satisfaisante, tenant au caractère réglementaire du Code de procédure civile. Or la liberté d'expression ressort du domaine de la loi, de manière expresse à la suite des dernières modifications constitutionnelles, aux termes desquelles selon l'article 34 de la Constitution, la loi « *fixe les règles concernant* (...) *les garanties fondamentales accordées aux citoyens pour l'exercice des libertés publiques ; la liberté, le pluralisme et l'indépendance des médias* ». Le texte constitutionnel évoque bien la fixation des règles, et non seulement les principes fondamentaux, comme l'article 34 se contente de le faire pour d'autres matières. Comment admettre dans ce cadre que le juge s'appuie sur un simple texte réglementaire, l'article 809 CPC, pour s'octroyer des pouvoirs particulièrement contraignants pouvant aller jusqu'à l'interdiction de la diffusion d'un support d'expression ? Sous cet angle, la pratique apparaît ainsi en elle-même contraire aux intentions du pouvoir constituant. On a proposé diverses justifications juridiques pour contourner cette difficulté[953] et, pour ce qui nous concerne, aucune ne nous convainc.

Procédure de référé et respect de l'article 10 de la Convention EDH

Dès l'instant qu'en vertu de l'article 10 de la Convention, la liberté d'expression ne peut être l'objet d'une ingérence, ou d'une sanction, qu'à la condition d'être strictement nécessaires, c'est-à-dire justifiées par un *besoin social impérieux*, se pose nécessairement la question de la compatibilité d'une procédure d'urgence avec le texte européen. Dans le domaine de la révélation d'informations à caractère secret, la Cour de Strasbourg a estimé, notamment dans son affaire *Bluf !*, qu'une mesure de retrait n'est pas compatible avec l'article 10 de la Convention lorsqu'elle a pour but d'empêcher la divulgation d'informations à caractère confidentiel qui ont déjà été rendues publiques et auxquelles un grand nombre de personnes a pu accéder pour les communiquer à d'autres[954].

Mais la question de la compatibilité de la procédure de référé fondée sur les textes généraux des articles 808 et 809 du CPC se pose aussi sous l'angle de l'exigence de prévisibilité. Si la Cour européenne n'a rien trouvé à redire sur ce point dans sa décision *Hachette Filipacchi c/ France* du 14 juin 2007[955], admettant le recours à l'article 809 du CPC à la suite de la publication d'une image de la dépouille mortelle du préfet Érignac, l'arrêt *RTBF c/ Belgique*[956] donne à cette question un regain d'intérêt,

952 Voir en ce sens, E. Dreyer, études précitées, qui parle de « *perversion* » du référé.

953 Voir l'énumération de ces justifications par E. Dreyer, fasc. précité, n° 54 et suivants.

954 CEDH, 9 février 1995, *Vereniging Weekblad Bluf c/ Pays-Bas*, req. n° 16616/90.

955 *Hachette Filipacchi c/ France*, 14 juin 2007, req. 71111/01.

956 CEDH, 29 mars 2011, *RTBF c/ Belgique*, req. n° 5084/06, *Légipresse* n° 284, p. 332.

d'autant que les textes belges en cause sont très proches des nôtres. Dans cette dernière affaire, la Cour de Strasbourg a relevé que le fondement de la condamnation (préventive en l'occurrence), à savoir les textes de procédure sur le référé et l'article 1382 du Code civil belge étaient des textes généraux ne contenant pas de précisions « *quant au type de restriction autorisée, leur but, leur durée, leur étendue et le contrôle dont elle pourrait faire l'objet* », de sorte que les différents articles visés à l'appui de la condamnation, ne pouvaient s'inscrire « *dans un cadre légal suffisamment précis quant à la délimitation de l'interdiction* ». Mais cette décision est malaisée à interpréter car, selon nous, il est difficile d'apprécier si la solution retenue doit être cantonnée au prononcé de mesures préventives, ou s'il faut l'étendre à des mesures prononcées par le juge des référés après publication[957].

Restrictions générales à l'admission du référé

Si le juge des référés, se déclare volontiers compétent en matière d'atteinte à la vie privée, cela fait bien longtemps qu'il a au contraire une vision estrictive de ses pouvoirs, lorsqu'il s'agit de statuer sur des troubles ou dommages dont le caractère illicite procède d'une violation de la loi du 29 juillet 1881. En règle générale, la juridiction des référés ne peut et ne veut être instituée juge du droit commun de la loi sur la presse.

Dès les années 1970, des décisions ont posé d'importantes restrictions à l'utilisation de cette voie procédurale en matière de presse. Ainsi, un arrêt de référé parisien du 14 mai 1975 édictait le principe selon lequel des mesures d'interdiction « ... *ne se justifient que si les descriptions ou divulgations incriminées revêtent, en raison de leur gravité, un caractère intolérable ; qu'en outre, le juge des référés ne peut les ordonner qu'au cas où l'urgence est caractérisée, c'est-à-dire lorsque les écrits incriminés sont de nature à engendrer un préjudice irréparable à défaut d'une rapide intervention*[958] ». Cette position limitant l'intervention aux cas dans lesquels le préjudice serait irréparable faute d'intervention du juge de l'urgence ne s'est pas démentie depuis chez les juges de première instance et d'appel, au moins dans le contentieux de référé de diffamation[959].

Dans un premier temps, la Cour de cassation a toutefois affirmé de son côté qu'il n'était pas possible d'ajouter aux conditions d'intervention du juge des référés, telles que prévues par l'article 809 du CPC[960]. Cette position, prise à une époque où l'article 10 de la Convention EDH n'était que rarement invoqué, est aujourd'hui dépassée, au regard du principe de proportionnalité. D'ailleurs, dès 1989 la Cour de cassation a

---

957 Voir, par exemple, le § 109 de cette décision.

958 CA Paris, réf., 14 mai 1975 : *D.* 1975, p. 688 note R. Lindon.

959 Voir par exemple, pour le refus d'interdire un hebdomadaire : TGI Paris, réf., 4 nov. 1992 : *Légipresse* 1992, n° 96, III, p. 117. Voir également la jurisprudence abondante dans les années 1990 sur ce point, citée dans notre article : Ch. Bigot, « Regards sur l'interdiction préventive de publier », *Légicom* n° 20-1999 p. 35.

960 Cass. Civ. I, 21 juillet 1987, *Gaz. Pal.* 1987-II-576, *Bull. Civ.* I n° 236. Voir également dans le même esprit, Cass. Civ. I, 31 mai 1988, *Bull. Civ.* I n° 167.

rectifié le tir dans son très important arrêt *Laborde* précisant que les juridictions des référés prononçant des mesures restrictives de publication devaient caractériser en quoi la mesure était adéquate et « *nécessaire*[961] ». Cette décision est rendue au visa exprès de l'article 10 de la Convention EDH, et son approche n'a jamais été remise en cause selon nous depuis lors.

Dans leurs ordonnances les plus récentes, les juges des référés continuent à s'en tenir à une vision très restrictive de leurs pouvoirs notamment, par exemple, aux motifs suivants : « *Lorsqu'est en jeu le principe à valeur constitutionnelle de la liberté d'expression, ce texte (article 809 CPC) ne trouve à s'appliquer que dans la limite de ce qui est strictement indispensable à la cessation du trouble constaté ou à la prévention du dommage allégué, le contrôle préalable d'une information n'étant envisageable que si la violation invoquée des droits des tiers n'est pas purement éventuelle et si le péril est suffisamment caractérisé et manifeste pour constituer un commencement de preuve d'un abus de la liberté d'expression*[962] ». Sur renvoi après cassation, la Cour d'appel de Paris a de son côté considéré dans un arrêt du 19 septembre 2012 « *qu'est constitutive d'un trouble manifestement illicite l'atteinte intolérable à la personne, de nature, si la diffusion est poursuivie, à causer à cette personne un préjudice actuel, sans rapport avec les faits allégués, qui ne pourra être réparé par l'octroi ultérieur de dommages-intérêts*[963] ».

Les référés avant publication ou diffusion[964]

Selon Roger Pinto[965], « *la censure préalable – administrative ou judiciaire – est une mesure si destructrice de la liberté d'expression qu'elle ne peut être envisagée que pour prévenir les troubles les plus graves* ». Sur le plan purement théorique, le contrôle préventif nous semble poser également une difficulté au regard des termes de l'article 11 de la Déclaration des droits de l'homme et du citoyen de 1789, intégrée au bloc de constitutionnalité. Selon ce texte, on ne peut porter atteinte à la liberté d'expression qu'en cas d'abus, et dans les cas déterminés par la loi. Ce terme d'abus semble difficilement compatible avec un contrôle préalable du juge, car par hypothèse, il ne peut y avoir d'abus là où il n'y a pas encore divulgation. Ce terme devrait donc supposer que le stade de l'élaboration et *a fortiori* celui de l'intention soient dépassés, pour se situer dans un processus de publication ou de diffusion déjà engagé. L'article 11 de la Déclaration ne donne aucune possibilité d'agir au juge en cas de simple risque d'abus[966].

---

961 Cass. Civ. I, 31 janvier 1989, pourvoi n° 87-15139 ; *Bull.* I n° 47. Ce pourrait d'ailleurs bien être la première décision de la Cour de cassation visant ainsi expressément l'article 10 de la Convention.

962 Motivation tirée de : Ord. réf. TGI Paris, 15 juin 2011, *Quick c/ France Télévisions*, RG 11/55040.

963 CA Paris, pôle 1-2, n° 11/20438, *Jurisdata* n° 021160.

964 Ch. Bigot, « Regards sur l'interdiction préventive de publier », *Légicom* n° 20-1999, p. 35.

965 R. Pinto, *La liberté d'information et d'opinion en droit international*, Economica 1984, p. 133.

966 Pour une opinion radicalement contraire à celle qui vient d'être développée : E. Derieux, « Référé et liberté d'expression », *JCP* 1997-I-4053. Cet auteur conclut à la « *nécessité du contrôle préalable* ».

Sous l'angle de l'article 10 de la Conv. EDH, la Cour de Strasbourg a eu à statuer sur la licité des ingérences préventives dans la liberté d'expression. Dans deux arrêts rendus le 26 novembre 1991[967], elle a considéré qu'une restriction préalable à la publication n'était pas interdite par elle-même[968], mais elle a rappelé que de telles demandes appelaient un examen particulièrement scrupuleux, notamment en matière de presse, un retard de publication étant de nature à priver l'information de tout intérêt. Cette directive s'ajoute à celle selon laquelle toute ingérence du juge dans la liberté d'expression doit procéder d'un *besoin social impérieux*. Mais tout récemment, la Cour de Strasbourg a signifié clairement sa très grande réticence concernant toutes les formes de mesures préventives à l'encontre des organes de presse, compte tenu de leurs dangers intrinsèques. En particulier, dans l'affaire *RTBF c/ Belgique* déjà évoquée[969], elle a bien précisé qu'une mesure de référé préventif à l'encontre d'un média ne pouvait se concevoir si les textes constitutionnels internes n'autorisaient que la répression ou la sanction des abus, qui constituent des mesures *a posteriori*, et non *a priori* (§ 108). Or, comme il a déjà été observé, l'article 11 de la Déclaration des droits de l'homme et du citoyen de 1789 intégrée à la Constitution française n'évoque pas la possibilité de mesures *a priori*.

Il existe une jurisprudence pléthorique, notamment dans le domaine de la communication audiovisuelle, refusant l'instauration de mesures préalables à la diffusion par le juge des référés, qu'il s'agisse de demandes de visionnage[970], de communication préalable[971] d'œuvres telles que des enregistrements ou des manuscrits, d'incrustation de mesures d'avertissements, de communiqués judiciaires préventifs[972] ou *a fortiori* de mesures d'interdiction pure et simple[973]. De manière générale, les juridictions des référés considèrent qu'il excède leurs pouvoirs d'ordonner de telles mesures de contrôle préalable des publications de presse. Cette jurisprudence est généralement fondée sur le caractère fondamental de liberté d'expression, et sur les dispositions de l'article 10 de la Conv. EDH.

---

967 CEDH, 26 novembre 1991, *Sunday Times, Rec.* série A n° 216; *Observer et Guardian, Rec.* série A n° 217.

968 Voir également en ce sens, CEDH, 9 février 1995, précité, § 32.

969 CEDH, 29 mars 2011, *RTBF c/ Belgique*, req. n° 5084/06.

970 TGI Paris, réf., 20 sept. 1989 : *Légipresse* 1990, n° 70, I, p. 19. – TGI Paris, réf., 5 déc. 1991 : *Légipresse* 1992, n° 92, I, p. 74. – TGI Paris, réf., 8 janv. 1992 : *Légipresse* 1992, n° 90, I, p. 41. – CA Paris, réf., 26 févr. 1992 : *Légipresse* 1992, n° 97, I, p. 143. – TGI Paris, réf., 27 avr. 1994 : *Légipresse* 1994, n° 112, I, p. 71. – TGI Paris, réf., 8 janv. 1996 : *Légipresse* 1996, n° 130, I, p. 42 ; TGI Paris, ord. réf. 6 septembre 2001, *Gaz. Pal.* 2002-I- Somm. p. 64. Et récemment encore : TGI Paris, ord. réf. 23 juin 2011, RG 11/54566.

971 TGI Paris, réf., 8 juin 1989 : *Légipresse* 1989, n° 65, I, p. 62. – TGI Paris, réf., 27 sept. 1999 : *Légipresse* 2000, n° 168, I, p. 13. Cette remise n'est pas plus envisageable sur le terrain de l'article 145 CPC : TGI Paris, ord. réf. 19 septembre 2008 inédit, *Bothorel c/ France Télévisions*, RG n° 08/57257.

972 Voir par exemple : TGI Paris, ord. réf. 17 mai 2010, *Veolia Eau c/ France Télévisions*, RG 10/54249.

973 TGI Paris, ord. réf. 10 février 2006, *Bolle c/ France Television Interactive, Légipresse* n° 232-juin 2006-III-126 ; TGI Paris, ord. réf. 19 septembre 2008, inédit, *Bothorel c/ France Télévisions*, RG n° 08/57257 ; TGI Paris ord. réf. 30 mars 2012, de *Villiers c/ Elephant & Cie, Légipresse* 2012 n° 295 p. 349.

La jurisprudence à cet égard nous semble s'être fixée au début des années 1990, notamment à l'occasion de l'affaire *Touvier*. La cour d'appel de Paris a alors posé le principe selon lequel « *le respect du principe à valeur constitutionnelle de la liberté d'expression limite le pouvoir du juge des référés d'apporter des restrictions à ce principe par une mesure d'interdiction de publication ou de diffusion aux seuls cas, exceptionnels, où aucune autre disposition n'apparaît de nature à protéger la personne visée contre une agression dont les conséquences seraient, sans cette mesure, au moins en partie irrémédiables* »[974]. Puis, rappelant qu'aucune disposition légale ne donne au juge un pouvoir général de contrôle préalable des publications, la cour de Paris a considéré que « *la faculté de recourir à un tel contrôle doit être limitée aux seuls cas où le péril est suffisamment constitué et manifeste au regard des droits d'une personne pour caractériser un commencement de preuve d'un abus dans l'exercice de la liberté d'expression et, en conséquence, autoriser qu'il soit, à titre provisoire, porté atteinte à la liberté reconnue aux organes de presse de publier et de transmettre les informations ou les idées*[975] ». Cette position ne s'est plus démentie[976].

Dans son état le plus récent et le plus abouti, la motivation utilisée par les juges des référés, notamment à Paris, pour refuser de faire droit à des demandes de communication préalable d'enregistrement ou de visionnage, rappelle que l'admission d'un droit de regard *a priori* sur un reportage futur susceptible d'évoquer un sujet d'actualité ou d'intérêt général ferait peser sur une chaîne de télévision « *une contrainte contraire à l'équilibre que le législateur a souhaité instituer, dans le respect des principes constitutionnels, entre la liberté de l'information et la protection des droits d'autrui sauf à la presse à devoir répondre* a posteriori *des abus de cette liberté*[977] ».

Quant aux demandes préventives de diffusion d'un communiqué, il est admis que « *la mesure consistant à ordonner que la diffusion d'un film documentaire soit précédée de la diffusion d'un communiqué exprimant le point de vue d'une personne qui s'estime diffamée dans le film qui suit caractérise une immixtion dans l'exercice des libertés constitutionnellement et conventionnellement garanties d'expression et de création, suppose pour être ordonnée que la réalité et la gravité du péril soient suffisamment démontrées, et que la personne concernée se soit d'ores et déjà trouvée dans l'incapacité de faire valoir son point de vue et de le voir pris en compte*[978] ».

974 CA Paris, 1re ch.C, 24 octobre 1991, *D.* 1992 p. 244, note approbative Ch. Debbasch.

975 CA Paris 1re ch. C, 26 février 1992, *Touvier c/ France 2*, *JCP* 1993-II-22022, note J.-Ch. Galloux; *D.* 1993 Som. p. 246 obs. Th. Hassler. Voir également en ce sens, pour une émission radiophonique : TGI Paris, ord. réf. 30 avril 1992, inédit.

976 On relèvera toutefois un arrêt de référé isolé ayant admis un visionnage préalable, uniquement destiné à vérifier que l'image d'une personne était bien floutée : CA Paris 14e ch. 2 février 2006, *Légipresse* n° 232-juin 2006-III-125. Cette espèce isolée, au contexte particulier, n'est pas de nature à remettre en cause la position de principe général refusant le visionnage préalable ou communication préalable de l'enregistrement.

977 TGI Paris, ord. réf. 15 juin 2011, *Syndicat nat. restaur. rapide c/ France Télévisions*, RG 11/55053. Voir aussi, dans le même sens, pour une demande de communication de l'émission et de remise des rushes : TGI Paris, ord. réf. 15 décembre 2008, *Canin et autres c/ CAPA et France 2*, RG 08/59939.

978 TGI Paris, ord. réf. 17 mai 2010, précitée.

Respect des dispositions de procédure de la loi sur la presse

Comme dans toutes les procédures civiles relevant de la loi sur la presse, les procédures de référé dans lesquelles sont invoqués des faits ou troubles caractérisant des infractions à la loi du 29 juillet 1881 rendent les dispositions de procédure de la loi du 29 juillet 1881 applicables, à peine de nullité. Il en est notamment ainsi des dispositions de l'article 53 de la loi sur la presse, qui exigent de préciser et qualifier la demande, de notifier au ministère Public et d'élire domicile dans la ville du tribunal saisi[979]. Toutefois, par une sorte de réaction au désaveu qui lui a été infligé par l'assemblée plénière dans son arrêt du 15 février 2013, la 1re chambre civile de la Cour de cassation a saisi le 20 février 2013 le Conseil constitutionnel d'une QPC concernant l'application de l'article 53 en référé, au regard du droit d'accès à la justice[980]. Pour notre part, on ne voit pas très bien en quoi la nécessité de délimiter l'objet de l'instance et la notification au parquet aurait un tel effet. Cette QPC n'a guère de sens.

Procédures de référé en matière de diffamation

Dans quelques hypothèses sporadiques, le juge des référés a pu prendre certaines mesures. Il doit toutefois, lorsque le trouble invoqué devant lui consiste en un délit de diffamation, respecter les prérogatives du diffamateur, qui consistent essentiellement à bénéficier d'un délai de dix jours pour rapporter la preuve de la vérité. Il y a ainsi deux catégories de procédures de référé. Les premières dans lesquelles le délit invoqué est constitutif d'une diffamation visant des faits pour lesquels la preuve n'est pas possible en vertu de l'article 35 de la loi sur la presse, qui peuvent être jugés immédiatement par le juge. Les autres concernent des délits de diffamation pour lesquels la preuve de la vérité est recevable, et pour lesquelles par deux arrêts fondamentaux rendus les 5 février 1992, et le 14 novembre 2002, la 2e chambre civile de la Cour de cassation a précisé que le journaliste devait en toutes hypothèses bénéficier d'un délai de dix jours pour offrir la preuve de la vérité des accusations portées à l'encontre de la victime[981], qu'il s'agisse d'un référé-provision ou d'un référé-communiqué. Et, dans cet intervalle de dix jours, le juge des référés ne peut pas prendre une mesure provisoire, comme il l'avait fait en son temps dans certaines espèces particulièrement retentissantes[982], ainsi que la Cour de cassation l'a exprimé de manière très claire dans son arrêt du 14 novembre 2002, déjà cité[983].

979 Voir l'arrêt de principe en la matière : Cass. 2e civ., 7 mai 2002 : *Bull. Civ.* 2002, II, n° 91 ; *Légipresse* n° 193, III, juill. 2002, p. 121, note Ch. Bigot ; *Gaz. Pal.* 2003, p. 3849, obs. P. Guerder. *Adde :* Cass. 2e civ., 6 févr. 2003 : *Bull. Civ.* 2003, II, n° 30 ; Cass. 1re civ., 27 sept. 2005 : *Bull. Civ.* 2005, I, n° 345 ; *Gaz. Pal.* 2005, somm. p. 4301, note F. Bourg.

980 Cass. Civ. 1re, 20 février 2013, pourvoi n° 12-20544.

981 Cass. Civ. II, 5 février 1992, *D.* 1992 p. 442 note J.-F. Burgelin, *D.* 1993 p. 41 note P. Waschmann. Cass. Civ. II 14 novembre 2002, *Légipresse* 2003 n° 198-III- p. 1 note B. Ader ; *Gaz. Pal.* 2003 p. 3841 note P. Guerder. Voir également : Cass. Civ. II, 24 avril 2003, *Bull.* II n°113, *Gaz. Pal.* 2003 p. 3849 note P. Guerder.

982 TGI Paris, réf. 13 octobre 1997, *Léotard c/ A. Rougeot et J.M. Verne, Légipresse* n° 147, p. 153, relatif à un ouvrage retentissant concernant l'assassinat de la députée Yann Piat mettant en cause deux hommes politiques sous les sobriquets de « L'encornet » et « Trottinette ».

983 Cass. Civ. 2, 14 novembre 2002, pourvoi n° 00-16808.

Cette mesure de sauvegarde à laquelle les juridictions inférieures se sont ralliées, parfois en traînant les pieds, est de nature à éliminer la quasi-totalité des procédures de référé visant à l'interdiction d'un journal, à l'exception peut-être des mensuels. En revanche, l'édition elle-même n'est pas à l'abri de demandes intempestives, mais celles-ci n'aboutissent que très rarement.

La procédure spécifique de suspension d'exécution provisoire de l'article 64 de la loi du 29 juillet 1881

On sait qu'en principe, en droit commun de la procédure civile, les ordonnances de référé sont exécutoires de droit, de sorte que les pouvoirs de suspension ou d'aménagement de l'exécution provisoire attribués au premier président de la cour d'appel lorsque les conséquences de l'exécution provisoire sont manifestement excessives, ne sont pas applicables. Mais cette situation a eu dans certaines circonstances des conséquences particulièrement fâcheuses, lorsqu'un juge des référés prenait des mesures d'interdiction, par exemple à l'encontre d'un ouvrage, sous astreinte. C'est pourquoi la loi du 15 juin 2000 a introduit dans la loi du 29 juillet 1881 un article 64 selon lequel :
« Lorsqu'ont été ordonnées en référé des mesures limitant par quelque moyen que ce soit la diffusion de l'information, le premier président de la cour d'appel statuant en référé peut, en cas d'appel, arrêter l'exécution provisoire de la décision si celle-ci risque d'entraîner des conséquences manifestement excessives. »

Cela permet ainsi de neutraliser les effets d'une décision de référé qui ordonnerait des mesures particulièrement attentatoires à la liberté fondamentale d'expression, dans l'attente de l'appel. C'est une disposition tout à fait originale.

Bibliographie subjective

Étonnante rubrique, plutôt iconoclaste dans un livre qui se veut juridique ! Mais pourquoi s'interdirait-on de donner son opinion et ses préférences ? Pourquoi citer des références que l'on juge inutiles au risque de faire perdre son temps à des lecteurs pour lesquels c'est une denrée précieuse ? N'étant tenu par aucun impératif académique me faisant redouter un quelconque ostracisme de mes pairs, rien ne l'empêche. Ceux qui n'apprécient pas le politiquement incorrect passeront leur chemin, mais gageons que cette rubrique sera lue... Elle reflète en tout cas un avis purement subjectif, et par définition injuste.

Ouvrages généraux sur le droit de la presse

Il n'existe que très peu d'ouvrages consacrés au droit de la presse. C'est la conséquence du peu d'intérêt suscité par cette matière dans les universités, qui ne l'abordent en général que très rapidement au cours des quatre premières années des études de droit, à l'occasion des cours de droit pénal spécial et/ou de libertés publiques. Ce n'est pas le lieu de se perdre en conjectures sur ce point.

Quoi qu'il en soit, il n'existe aujourd'hui que deux livres récents et à peu près à jour traitant de manière approfondie du droit de la presse. Il s'agit, d'une part, du *Traité de droit de la presse et des médias*, publié en 2009 aux éditions Litec sous la direction de MM. B. Beignier, B. de Lamy et E. Dreyer, et d'autre part du livre de M. E. Dreyer intitulé *Responsabilités civile et pénale des médias*, dont la troisième édition a été publiée en 2011 chez le même éditeur. Le premier est un ouvrage collectif qui n'échappe pas à la règle commune à ce type de livre. Ses parties sont très inégales et dépendent des contributeurs. Certaines sont excellentes, d'autres médiocres, inutiles ou guère fiables pour un praticien. Quant au second ouvrage, il est assurément le plus complet et le plus sérieux actuellement sur le marché, mais il développe une vision résolument répressive du droit de l'information, et s'enferme dans une critique systématique des médias et de la pratique judiciaire de la loi sur la presse.

D'autres livres sont trop anciens pour être utilisés et mériteraient une refonte complète. Citons sur ce point :

P. Auvret, *Les journalistes, Statut, Responsabilités*, éd. Delmas 1997
P. Bilger, *Le droit de la presse*, Que Sais-Je n° 2469, éd. PUF, 2003

Enfin, certains ouvrages généraux traitent le droit de la presse intégré dans une perspective beaucoup plus vaste, couvrant tout le spectre du droit de la communication. De par leur généralité, ils sont certainement d'excellents outils éducatifs ou d'introduction à la matière, mais ils sont insuffisamment approfondis pour servir véritablement aux praticiens. Citons à ce sujet :

Ch. Debbasch (sous la direction de) : *Droit de la communication*, éd. Dalloz 2001
E. Derieux et A. Granchet : *Droit des médias*, Manuel LGDJ, 6e édition 2010
D. de Bellescize et L. Franceschini, *Droit de la communication*, PUF Thémis 2011

Le droit de la presse dans les grandes collections et encyclopédies juridiques

Des générations de juristes ont appris et pratiqué le droit de la presse grâce à l'emblématique *Traité de droit de la presse*, ouvrage de référence ayant dans son dernier état pour auteurs MM. Blin, Chavanne, Drago et Boinet. Mais ce traité a été transformé dans les années 2000 par les éditions Lexis Nexis en un *Jurisclasseur Communication*. Il a perdu à cette occasion son reste d'âme pour devenir un Jurisclasseur comme un autre, qui comprend un tome entier consacré à la loi sur la presse, sous la plume d'auteurs divers. Les fascicules ont une fiabilité variable, et sont plus ou moins à jour, selon les auteurs et les sujets, mais il s'agit aujourd'hui de la collection la plus approfondie en droit de la presse. Le *Jurisclasseur Pénal Annexes* comprend lui aussi une série de fascicules – différents – consacrée à la loi du 29 juillet 1881 au *Verbo* « Presse », dans lequel l'auteur de ces lignes a rédigé les trois fascicules sur la procédure, la prescription et la compétence. Là encore, cette série de fascicules est inégale, mais en général toujours approfondie. Il ne fait aucun doute que pour les praticiens, ces deux Jurisclasseurs sont aujourd'hui ce qui se fait de plus fiable, quand le fascicule est à jour.

Quant au *Répertoire Dalloz Droit Pénal*, il est peu utilisé, et la loi du 29 juillet 1881 y est traitée de manière incomplète. On notera toutefois l'étude reprise par le Doyen P. Guerder sur la procédure en matière de presse.

Enfin, l'ouvrage collectif des éditions Lamy, intitulé *Droit des médias*, comporte une partie consacrée au droit de la presse, mais elle est insuffisante en pratique et sa mise à jour irrégulière nuit à sa fiabilité.

Les rubriques régulières dans les revues juridiques généralistes

On peut aimer ou ne pas aimer ce type d'étude qui s'est développé et permet de faire un tour d'horizon sur une période donnée. Par définition, ces productions sont superficielles et se bornent à une mise en perspective. Mais c'est un instrument précieux pour ceux qui ne peuvent pas se tenir informés au jour le jour.

Au *Recueil Dalloz*, nous avions assuré avec nos confrères Jean-Yves Dupeux et Thierry Massis la chronique annuelle des sommaires commentés en droit de la presse de 1994 à 2002. Après une interruption de quelques années, cette chronique annuelle est aujourd'hui confiée au professeur E. Dreyer. Il s'agit d'une chronique fiable pour la jurisprudence de la Cour de cassation, mais beaucoup moins pour suivre celle des juges du fond. L'auteur y développe, dès qu'il le peut, sa vision critique de la loi sur la presse et des conditions de son application.

Un autre rendez-vous annuel de ce type est tenu au *JCP* (Semaine Juridique Édition Générale) sous l'intitulé « *Droit de la presse et des médias* », par MM. Beignier, Dreyer, de Lamy, Tavieaux-Moro et Tricoire. Il inspire les mêmes commentaires que la rubrique des sommaires commentés du *Dalloz*. Cette chronique comporte des actualités bibliographiques utiles sur l'année.

Enfin, la *Gazette du Palais* propose deux fois par an un numéro spécial de droit de la presse, réalisé aujourd'hui sous la direction de MM. Fourment, Michalski et Piot. Le panorama proposé se limite aux décisions les plus importantes et comprend en général un important volet, précieux et réactif, consacré à la jurisprudence de la Cour de Strasbourg.

Moins généralistes, les revues de droit pénal proposent aussi des rendez-vous réguliers en droit de la presse. Dans la vénérable *Revue de Sciences Criminelles*, quelques grands arrêts de droit de la presse sont commentés par le professeur J. Francillon deux fois l'an, dans une rubrique consacrée au droit pénal de l'information et de la communication. Ils le furent pendant des années par le professeur Chavanne. À la revue *Droit Pénal*, une chronique annuelle « *Un an de...* » consacrée au droit de la presse est publiée chaque année sous la signature de O. Mouysset. Et dans chaque livraison mensuelle de cette revue, le professeur Michel Véron assure de très longue date une veille l'amenant à évoquer quelques arrêts importants en les remettant brièvement en perspective.

Le droit de la presse dans les revues spécialisées

Il n'y a longtemps eu qu'une seule revue spécialisée : *Légipresse*, créée en 1979 par M. Manuel Molina, très artisanale dans un premier temps, et essentiellement tenue par des praticiens. À partir des années 1990 cette revue a connu une diffusion bien plus large et s'est imposée comme la revue de référence en la matière. Seul bémol, certains au Palais ou à l'Université la boudent, et considèrent qu'elle fait la part trop belle aux opinions proches des milieux de la presse. C'est un tort, la revue accueille absolument toutes les sensibilités dans ses colonnes. Au-delà du suivi mensuel très complet de la jurisprudence, soit en sommaires, soit sous forme de jurisprudence commentée, la revue publie deux chroniques générales annuelles dites « *Synthèse* » consacrées spécifiquement à la loi du 29 juillet 1881, la première sur les aspects de procédure sous la signature de maître Basile Ader, et la seconde sur les questions de fond sous la signature de Pierre Guerder, doyen honoraire de la Cour de cassation. Par ailleurs, dans chaque numéro de septembre, une synthèse annuelle consacrée spécifiquement à la jurisprudence de la Cour de Strasbourg en matière de presse est publiée sous notre signature.

Une seconde revue en partie spécialisée sur le droit de la presse a vu le jour dans les années 2000. Il s'agit du mensuel *Communication Commerce Électronique*, publié par les éditions Lexis Nexis, sous la direction du professeur Christophe Caron. Le droit de la presse est essentiellement traité dans cette revue sous la forme d'une veille mensuelle de Mme le professeur Agathe Lepage, qui commente ou signale chaque mois les décisions importantes en cette matière. Par ailleurs, chaque année depuis 2006 (en principe en mars), nous assurons pour notre part une chronique « *Un an de* » consacrée au *droit processuel de la presse*, où ne sont traitées que les questions de procédure relatives à l'application de la loi du 29 juillet 1881.

Enfin, une nouvelle revue mensuelle intitulée *Revue Lamy Droit de l'Immatériel* (RLDI) publiée sous la direction des professeurs Sirinelli et Vivant, couvre le droit de la presse, mais elle reste quand même essentiellement tournée vers le droit du numérique et la propriété intellectuelle.

Les actes de colloques et ouvrages collectifs

Depuis les années 1990, de nombreux colloques consacrés au droit de la presse se sont tenus et ont donné lieu à la publication d'actes, souvent riches, et comportant des interventions sur des points de droit très pointus. On retiendra notamment, par ordre chronologique :

- *Les rapports entre la presse et la justice*, actes du colloque du SPQR 14 et 14 juin 1991, Victoires Éd./SPQR 1991, coll. Légipresse ;
- *Liberté de la presse et droit pénal*, éd. PUAM 1994 ;
- *L'intérêt public, principe du droit de la communication*, Victoires Éditions 1996 ;
- *Liberté de la presse et droits de la personne*, éd. Dalloz 1997, collection Thèmes et Commentaires ;
- *Le droit de la presse de l'an 2000*, Victoires Éditions 2000, coll. : Légipresse
- *La loi de 1881 à l'aube du IIIe millénaire*, Numéro spécial Légicom, n° 28-2002 ;
- *Le droit de la communication à l'épreuve de l'Europe : construction et résistance*, Légicom, Numéro spécial, n° 30-2004 ;
- *Droit à l'information et secret de l'enquête et de l'instruction*, numéro spécial Légicom, n° 33-2005 ;
- *Le droit de la presse : une spécialité légitime ou dépassée ?* Légicom n° spécial, n° 35-2006 ;
- *Communication et libertés* : Dossier spécial de la revue « *Justice & cassation* », éd. Dalloz, 2006 ;
- *La liberté de critique*, éd. Lexis Nexis 2007, coll. Colloques et Débats ;
- *Les amateurs - Création et partage de contenus sur internet*, Légicom, numéro spécial, n° 41-2008 ;
- *Les médias et l'Europe*, éd. Larcier 2009 ;
- *La presse en ligne*, Numéro spécial Légicom, n° 46-2011/1 ;
- *Justice et médias – Où en est-on après 10 ans de loi Guigou ?*, numéro spécial Légicom, n° 48-2012/1.

Annexes

Avertissement : Les textes figurant en annexe sont à jour à la date du 31 décembre 2012.

■ ANNEXE 1

Déclaration des droits de l'homme et du citoyen de 1789

Article 11. La libre communication des pensées et des opinions est un des droits les plus précieux de l'homme ; tout citoyen peut donc parler, écrire, imprimer librement, sauf à répondre de l'abus de cette liberté dans les cas déterminés par la loi.

■ ANNEXE 2

Convention européenne de sauvegarde des droits de l'homme et des libertés fondamentales

Article 8 - Droit au respect de la vie privée et familiale

1. Toute personne a droit au respect de sa vie privée et familiale, de son domicile et de sa correspondance.
2. Il ne peut y avoir ingérence d'une autorité publique dans l'exercice de ce droit que pour autant que cette ingérence est prévue par la loi et qu'elle constitue une mesure qui, dans une société démocratique, est nécessaire à la sécurité nationale, à la sûreté publique, au bien-être économique du pays, à la défense de l'ordre et à la prévention des infractions pénales, à la protection de la santé ou de la morale, ou à la protection des droits et libertés d'autrui.

Article 9 - Liberté de pensée, de conscience et de religion

1. Toute personne a droit à la liberté de pensée, de conscience et de religion ; ce droit implique la liberté de changer de religion ou de conviction, ainsi que la liberté de manifester sa religion ou sa conviction individuellement ou collectivement, en public ou en privé, par le culte, l'enseignement, les pratiques et l'accomplissement des rites.
2. La liberté de manifester sa religion ou ses convictions ne peut faire l'objet d'autres restrictions que celles qui, prévues par la loi, constituent des mesures nécessaires, dans une société démocratique, à la sécurité publique, à la protection de l'ordre, de la santé ou de la morale publiques, ou à la protection des droits et libertés d'autrui.

Article 10 - Liberté d'expression

1. Toute personne a droit à la liberté d'expression. Ce droit comprend la liberté d'opinion et la liberté de recevoir ou de communiquer des informations ou des idées sans qu'il puisse y avoir ingérence d'autorités publiques et sans considération de frontière. Le présent article n'empêche pas les États de soumettre les entreprises de radiodiffusion, de cinéma ou de télévision à un régime d'autorisations.
2. L'exercice de ces libertés comportant des devoirs et des responsabilités peut être soumis à certaines formalités, conditions, restrictions ou sanctions prévues par la loi, qui constituent des mesures nécessaires, dans une société démocratique, à la sécurité nationale, à l'intégrité territoriale ou à la sûreté publique, à la défense de l'ordre et à la prévention du crime, à la protection de la santé ou de la morale, à la protection de la réputation ou des droits d'autrui, pour empêcher la divulgation d'informations confidentielles ou pour garantir l'autorité et l'impartialité du pouvoir judiciaire.

■ ANNEXE 3

Loi du 29 juillet 1881 sur la liberté de la presse

CHAPITRE Ier. DE L'IMPRIMERIE ET DE LA LIBRAIRIE

Article 1. L'imprimerie et la librairie sont libres.

Article 2. Le secret des sources des journalistes est protégé dans l'exercice de leur mission d'information du public.
Est considérée comme journaliste au sens du premier alinéa toute personne qui, exerçant sa profession dans une ou plusieurs entreprises de presse, de communication au public en ligne, de communication audiovisuelle ou une ou plusieurs agences de presse, y pratique, à titre régulier et rétribué, le recueil d'informations et leur diffusion au public.
Il ne peut être porté atteinte directement ou indirectement au secret des sources que si un impératif prépondérant d'intérêt public le justifie et si les mesures envisagées sont strictement nécessaires et proportionnées au but légitime poursuivi. Cette atteinte ne peut en aucun cas consister en une obligation pour le journaliste de révéler ses sources.
Est considéré comme une atteinte indirecte au secret des sources au sens du troisième alinéa le fait de chercher à découvrir les sources d'un journaliste au moyen d'investigations portant sur toute personne qui, en raison de ses relations habituelles avec un journaliste, peut détenir des renseignements permettant d'identifier ces sources.
Au cours d'une procédure pénale, il est tenu compte, pour apprécier la nécessité de l'atteinte, de la gravité du crime ou du délit, de l'importance de l'information recherchée pour la répression ou la prévention de cette infraction et du fait que les mesures d'investigation envisagées sont indispensables à la manifestation de la vérité.

Article 3. Tout écrit rendu public, à l'exception des ouvrages de ville ou bilboquets, portera l'indication du nom et du domicile de l'imprimeur, à peine, contre celui-ci, de 3 750 euros d'amende.
La distribution des imprimés qui ne porteraient pas la mention exigée au paragraphe précédent est interdite et la même peine est applicable à ceux qui contreviendraient à cette interdiction.
Une peine de six mois d'emprisonnement pourra être prononcée si, dans les douze mois précédents, l'imprimeur a été condamné pour contravention de même nature.
Toutefois, si l'imprimé fait appel à des techniques différentes et nécessite le concours de plusieurs imprimeurs, l'indication du nom et du domicile de l'un d'entre eux est suffisante.

Article 4. (abrogé)

CHAPITRE II. DE LA PRESSE PÉRIODIQUE

Paragraphe 1er. Du droit de publication, de la gérance, de la déclaration et du dépôt au parquet

Article 5. Tout journal ou écrit périodique peut être publié sans déclaration ni autorisation préalable, ni dépôt de cautionnement.

Article 6. Toute publication de presse doit avoir un directeur de la publication.
Lorsqu'une personne physique est propriétaire ou locataire-gérant d'une entreprise éditrice au sens de la loi n° 86-897 du 1er août 1986 portant réforme du régime juridique de la presse ou en détient la majorité du capital ou des droits de vote, cette personne est directeur de la publication. Dans les autres cas, le directeur de la publication est le représentant légal de l'entreprise éditrice. Toutefois, dans les sociétés anonymes régies par les articles L. 225-57 à L. 225-93 du Code de commerce, le directeur de la publication est le président du directoire ou le directeur général unique.

Si le directeur de la publication jouit de l'immunité parlementaire dans les conditions prévues à l'article 26 de la Constitution et aux articles 9 et 10 du Protocole du 8 avril 1965 sur les privilèges et immunités des communautés européennes, l'entreprise éditrice doit nommer un codirecteur de la publication choisi parmi les personnes ne bénéficiant pas de l'immunité parlementaire et, lorsque l'entreprise éditrice est une personne morale, parmi les membres du conseil d'administration, du directoire ou les gérants suivant la forme de ladite personne morale.
Le codirecteur de la publication doit être nommé dans le délai d'un mois à compter de la date à partir de laquelle le directeur de la publication bénéficie de l'immunité visée à l'alinéa précédent.
Le directeur et, éventuellement, le codirecteur de la publication doivent être majeurs, avoir la jouissance de leurs droits civils et n'être privés de leurs droits civiques par aucune condamnation judiciaire.
Toutes les obligations légales imposées au directeur de la publication sont applicables au codirecteur de la publication.

Article 7. (abrogé)

Article 8. (abrogé)

Article 9. En cas de contravention à l'article 6, le propriétaire, le directeur de la publication et, dans le cas prévu au troisième alinéa du même article 6, le codirecteur de la publication sont punis de l'amende prévue pour les contraventions de la cinquième classe. La peine sera applicable à l'imprimeur à défaut du propriétaire ou du directeur ou, dans le cas prévu au troisième alinéa de l'article 6, du codirecteur de la publication.

Le journal ou écrit périodique ne pourra continuer sa publication qu'après avoir rempli les formalités ci-dessus prescrites, à peine, si la publication irrégulière continue, de l'amende prévue pour les contraventions de la 4° classe prononcée solidairement contre les mêmes personnes, pour chaque numéro publié à partir du jour de la prononciation du jugement de condamnation, si ce jugement est contradictoire, et du troisième jour qui suivra sa notification, s'il a été rendu par défaut ; et ce, nonobstant opposition ou appel, si l'exécution provisoire est ordonnée.
Le condamné, même par défaut, peut interjeter appel. Il sera statué par la cour dans le délai de trois jours.

Article 10. Sont soumis à l'obligation de dépôt auprès du ministre chargé de la communication à la parution de chaque numéro les journaux et écrits périodiques à diffusion nationale. Un arrêté du ministre chargé de la Communication fixe les modalités de mise en œuvre de l'obligation de dépôt ainsi que le nombre d'exemplaires à déposer. Ce nombre ne peut être supérieur à dix et tient compte notamment du fait que la publication est ou non consacrée à l'information politique et générale.
Ce dépôt sera effectué sous peine de l'amende prévue pour les contraventions de la 4° classe contre le directeur de la publication.

Article 11. Le nom du directeur de la publication sera imprimé au bas de tous les exemplaires, à peine contre l'imprimeur de l'amende prévue pour les contraventions de la 4° classe par chaque numéro publié en contravention de la présente disposition.

Paragraphe 2. Des rectifications

Article 12. Le directeur de la publication sera tenu d'insérer gratuitement, en tête du prochain numéro du journal ou écrit périodique, toutes les rectifications qui lui seront adressées par un dépositaire de l'autorité publique, au sujet des actes de sa fonction qui auront été inexactement rapportés par ledit journal ou écrit périodique.
Toutefois, ces rectifications ne dépasseront pas le double de l'article auquel elles répondront.

En cas de contravention, le directeur de la publication sera puni de 3 750 euros d'amende.

Article 13. Le directeur de la publication sera tenu d'insérer dans les trois jours de leur réception, les réponses de toute personne nommée ou désignée dans le journal ou écrit périodique quotidien sous peine de 3 750 euros d'amende sans préjudice des autres peines et dommages-intérêts auxquels l'article pourrait donner lieu.
En ce qui concerne les journaux ou écrits périodiques non quotidiens, le directeur de la publication, sous les mêmes sanctions, sera tenu d'insérer la réponse dans le numéro qui suivra le surlendemain de la réception.
Cette insertion devra être faite à la même place et en mêmes caractères que l'article qui l'aura provoquée, et sans aucune intercalation.

Non compris l'adresse, les salutations, les réquisitions d'usage et la signature qui ne seront jamais comptées dans la réponse, celle-ci sera limitée à la longueur de l'article qui l'aura provoquée. Toutefois, elle pourra atteindre cinquante lignes, alors même que cet article serait d'une longueur moindre, et elle ne pourra dépasser deux cents lignes, alors même que cet article serait d'une longueur supérieure. Les dispositions ci-dessus s'appliquent aux répliques, lorsque le journaliste aura accompagné la réponse de nouveaux commentaires.
La réponse sera toujours gratuite. Le demandeur en insertion ne pourra excéder les limites fixées au paragraphe précédent en offrant de payer le surplus.
La réponse ne sera exigible que dans l'édition ou les éditions où aura paru l'article.
Sera assimilé au refus d'insertion, et puni des mêmes peines, sans préjudice de l'action en dommages-intérêts, le fait de publier, dans la région desservie par les éditions ou l'édition ci-dessus, une édition spéciale d'où serait retranchée la réponse que le numéro correspondant du journal était tenu de reproduire.
Le tribunal prononcera, dans les dix jours de la citation, sur la plainte en refus d'insertion. Il pourra décider que le jugement ordonnant l'insertion, mais en ce qui concerne l'insertion seulement, sera exécutoire sur minute, nonobstant opposition ou appel. S'il y a appel, il y sera statué dans les dix jours de la déclaration, faite au greffe.
Pendant toute période électorale, le délai de trois jours prévu pour l'insertion par le paragraphe 1er du présent article sera, pour les journaux quotidiens, réduit à vingt-quatre heures. La réponse devra être remise six heures au moins avant le tirage du journal dans lequel elle devra paraître. Dès ouverture de la période électorale, le directeur de la publication du journal sera tenu de déclarer au parquet, sous les peines édictées au paragraphe 1er, l'heure à laquelle, pendant cette période, il entend fixer le tirage de son journal. Le délai de citation sur refus d'insertion sera réduit à vingt-quatre heures, sans augmentation pour les distances, et la citation pourra même être délivrée d'heure à heure sur ordonnance spéciale rendue par le président du tribunal. Le jugement ordonnant l'insertion sera exécutoire, mais en ce qui concerne cette insertion seulement, sur minute, nonobstant opposition ou appel.
Si l'insertion ainsi ordonnée n'est pas faite dans le délai qui est fixé par le présent alinéa et qui prendra cours à compter du prononcé du jugement, le directeur de la publication sera passible de trois mois d'emprisonnement et de 3 750 euros d'amende.
L'action en insertion forcée se prescrira après trois mois révolus, à compter du jour où la publication aura eu lieu.
Sans préjudice de l'application de l'alinéa précédent, toute personne nommée ou désignée dans un journal ou écrit périodique à l'occasion de l'exercice de poursuites pénales peut également exercer l'action en insertion forcée, dans le délai de trois mois à compter du jour où la décision de non-lieu dont elle fait l'objet est intervenue ou celle de relaxe ou d'acquittement la mettant expressément ou non hors de cause est devenue définitive.

Article 13-1. Le droit de réponse prévu par l'article 13 pourra être exercé par les associations remplissant les conditions prévues par l'article 48-1, lorsqu'une personne ou un groupe de personnes auront, dans un journal ou écrit périodique, fait l'objet

d'imputations susceptibles de porter atteinte à leur honneur ou à leur réputation à raison de leur origine ou de leur appartenance ou de leur non-appartenance à une ethnie, une nation, une race ou une religion déterminée.
Toutefois, quand la mise en cause concernera des personnes considérées individuellement, l'association ne pourra exercer le droit de réponse que si elle justifie avoir reçu leur accord.
Aucune association ne pourra requérir l'insertion d'une réponse en application du présent article dès lors qu'aura été publiée une réponse à la demande d'une des associations remplissant les conditions prévues par l'article 48-1.

Article 14. (abrogé)

CHAPITRE III. DE L'AFFICHAGE

Paragraphe 1er. De l'affichage

Article 15. Dans chaque commune, le maire, désignera, par arrêté, les lieux exclusivement destinés à recevoir les affiches des lois et autres actes de l'autorité publique.
Il est interdit d'y placarder des affiches particulières.
Les affiches des actes émanés de l'autorité seront seules imprimées sur papier blanc.
Toutefois, est licite l'usage du papier blanc pour l'impression d'affiches publicitaires lorsque celles-ci sont recouvertes de caractères ou d'illustrations de couleur et lorsque toute confusion, soit dans le texte, soit dans la présentation matérielle, est impossible avec les affiches administratives.
Toute contravention aux dispositions du présent article sera punie des peines portées en l'article 2.

Article 16. (abrogé)

Article 17. Ceux qui auront enlevé, déchiré, recouvert ou altéré par un procédé quelconque, de manière à les travestir ou à les rendre illisibles, les affiches apposées par ordre de l'Administration dans les emplacements à ce réservés, seront punis de l'amende prévue pour les contraventions de la 3e classe.
Si le fait a été commis par un fonctionnaire ou un agent de l'autorité publique, la peine sera de l'amende prévue pour les contraventions de la 4e classe.
Seront punis de l'amende prévue pour les contraventions de la 3e classe ceux qui auront enlevé, déchiré, recouvert ou altéré par un procédé quelconque, de manière à les travestir ou à les rendre illisibles, des affiches électorales émanant de simples particuliers, apposées ailleurs que sur les propriétés de ceux qui auront commis cette lacération ou altération.
La peine sera de l'amende prévue pour les contraventions de la 4e classe, si le fait a été commis par un fonctionnaire ou agent de l'autorité publique, à moins que les affiches n'aient été apposées dans les emplacements réservés par l'article 15.

Article 18. (abrogé)

Article 19. (abrogé)

Article 20. (abrogé)

Article 21. (abrogé)

Article 22. (abrogé)

CHAPITRE IV : DES CRIMES ET DÉLITS COMMIS PAR LA VOIE DE LA PRESSE OU PAR TOUT AUTRE MOYEN DE PUBLICATION

Paragraphe 1er. Provocation aux crimes et délits

Article 23. Seront punis comme complices d'une action qualifiée crime ou délit ceux qui, soit par des discours, cris ou menaces proférés dans des lieux ou réunions publics, soit par des écrits, imprimés, dessins, gravures, peintures, emblèmes, images ou tout autre support de l'écrit, de la parole ou de l'image vendus ou distribués, mis en vente ou exposés dans des lieux ou réunions publics, soit par des placards ou des affiches exposés au regard du public, soit par tout moyen de communication au public par voie électronique, auront directement provoqué l'auteur ou les auteurs à commettre ladite action, si la provocation a été suivie d'effet.
Cette disposition sera également applicable lorsque la provocation n'aura été suivie que d'une tentative de crime prévue par l'article 2 du Code pénal.

Article 24. Seront punis de cinq ans d'emprisonnement et de 45 000 euros d'amende ceux qui, par l'un des moyens énoncés à l'article précédent, auront directement provoqué, dans le cas où cette provocation n'aurait pas été suivie d'effet, à commettre l'une des infractions suivantes :
1° Les atteintes volontaires à la vie, les atteintes volontaires à l'intégrité de la personne et les agressions sexuelles, définies par le livre II du Code pénal ;
2° Les vols, les extorsions et les destructions, dégradations et détériorations volontaires dangereuses pour les personnes, définis par le livre III du Code pénal.
Ceux qui, par les mêmes moyens, auront directement provoqué à l'un des crimes et délits portant atteinte aux intérêts fondamentaux de la nation prévus par le titre Ier du livre IV du Code pénal, seront punis des mêmes peines.
Seront punis de la même peine ceux qui, par l'un des moyens énoncés en l'article 23, auront fait l'apologie des crimes visés au premier alinéa, des crimes de guerre, des crimes contre l'humanité ou des crimes et délits de collaboration avec l'ennemi.
Seront punis des peines prévues par l'alinéa 1er ceux qui, par les mêmes moyens, auront provoqué directement aux actes de terrorisme prévus par le titre II du livre IV du Code pénal, ou qui en auront fait l'apologie.

Tous cris ou chants séditieux proférés dans les lieux ou réunions publics seront punis de l'amende prévue pour les contraventions de la 5e classe.
Ceux qui, par l'un des moyens énoncés à l'article 23, auront provoqué à la discrimination, à la haine ou à la violence à l'égard d'une personne ou d'un groupe de personnes à raison de leur origine ou de leur appartenance ou de leur non-appartenance à une ethnie, une nation, une race ou une religion déterminée, seront punis d'un an d'emprisonnement et de 45 000 euros d'amende ou de l'une de ces deux peines seulement.
Seront punis des peines prévues à l'alinéa précédent ceux qui, par ces mêmes moyens, auront provoqué à la haine ou à la violence à l'égard d'une personne ou d'un groupe de personnes à raison de leur sexe, de leur orientation ou identité sexuelle ou de leur handicap ou auront provoqué, à l'égard des mêmes personnes, aux discriminations prévues par les articles 225-2 et 432-7 du Code pénal.
En cas de condamnation pour l'un des faits prévus par les deux alinéas précédents, le tribunal pourra en outre ordonner :
1° Sauf lorsque la responsabilité de l'auteur de l'infraction est retenue sur le fondement de l'article 42 et du premier alinéa de l'article 43 de la présente loi ou des trois premiers alinéas de l'article 93-3 de la loi n° 82-652 du 29 juillet 1982 sur la communication audiovisuelle, la privation des droits énumérés aux 2° et 3° de l'article 131-26 du Code pénal pour une durée de cinq ans au plus ;
2° L'affichage ou la diffusion de la décision prononcée dans les conditions prévues par l'article 131-35 du Code pénal.

Article 24 *bis*. Seront punis des peines prévues par le sixième alinéa de l'article 24 ceux qui auront contesté, par un des moyens énoncés à l'article 23, l'existence d'un ou plusieurs crimes contre l'humanité tels qu'ils sont définis par l'article 6 du statut du tribunal militaire international annexé à l'accord de Londres du 8 août 1945 et qui ont été commis soit par les membres d'une organisation déclarée criminelle en application de l'article 9 dudit statut, soit par une personne reconnue coupable de tels crimes par une juridiction française ou internationale.
Le tribunal pourra en outre ordonner :
1° L'affichage ou la diffusion de la décision prononcée dans les conditions prévues par l'article 131-35 du Code pénal.

Paragraphe 2. Délits contre la chose publique

Article 26. L'offense au Président de la République par l'un des moyens énoncés dans l'article 23 est punie d'une amende de 45 000 euros.
Les peines prévues à l'alinéa précédent sont applicables à l'offense à la personne qui exerce tout ou partie des prérogatives du Président de la République.

Article 27. La publication, la diffusion ou la reproduction, par quelque moyen que ce soit, de nouvelles fausses, de pièces fabriquées, falsifiées ou mensongèrement attribuées à des tiers lorsque, faite de mauvaise foi, elle aura troublé la paix publique, ou aura été susceptible de la troubler, sera punie d'une amende de 45 000 euros. Les mêmes faits seront punis 135 000 euros d'amende, lorsque la publication, la diffusion ou la reproduction faite de mauvaise foi sera de nature à ébranler la discipline ou le moral des armées ou à entraver l'effort de guerre de la Nation.

Paragraphe 3. Délits contre les personnes

Article 29. Toute allégation ou imputation d'un fait qui porte atteinte à l'honneur ou à la considération de la personne ou du corps auquel le fait est imputé est une diffamation. La publication directe ou par voie de reproduction de cette allégation ou de cette imputation est punissable, même si elle est faite sous forme dubitative ou si elle vise une personne ou un corps non expressément nommés, mais dont l'identification est rendue possible par les termes des discours, cris, menaces, écrits ou imprimés, placards ou affiches incriminés.
Toute expression outrageante, termes de mépris ou invective qui ne renferme l'imputation d'aucun fait est une injure.

Article 30. La diffamation commise par l'un des moyens énoncés en l'article 23 envers les cours, les tribunaux, les armées de terre, de mer ou de l'air, les corps constitués et les administrations publiques, sera punie d'une amende de 45 000 euros.

Article 31. Sera punie de la même peine, la diffamation commise par les mêmes moyens, à raison de leurs fonctions ou de leur qualité, envers un ou plusieurs membres du ministère, un ou plusieurs membres de l'une ou de l'autre Chambre, un fonctionnaire public, un dépositaire ou agent de l'autorité publique, un ministre de l'un des cultes salariés par l'État, un citoyen chargé d'un service ou d'un mandat public temporaire ou permanent, un juré ou un témoin, à raison de sa déposition.
La diffamation contre les mêmes personnes concernant la vie privée relève de l'article 32 ci-après.

Article 32. La diffamation commise envers les particuliers par l'un des moyens énoncés en l'article 23 sera punie d'une amende de 12 000 euros.
La diffamation commise par les mêmes moyens envers une personne ou un groupe de personnes à raison de leur origine ou de leur appartenance ou de leur non-appartenance à une ethnie, une nation, une race ou une religion déterminée sera punie d'un an d'emprisonnement et de 45 000 euros d'amende ou de l'une de ces deux peines seulement.

Sera punie des peines prévues à l'alinéa précédent la diffamation commise par les mêmes moyens envers une personne ou un groupe de personnes à raison de leur sexe, de leur orientation ou identité sexuelle ou de leur handicap.
En cas de condamnation pour l'un des faits prévus par les deux alinéas précédents, le tribunal pourra en outre ordonner :
1° L'affichage ou la diffusion de la décision prononcée dans les conditions prévues par l'article 131-35 du Code pénal.

Article 33. L'injure commise par les mêmes moyens envers les corps ou les personnes désignés par les articles 30 et 31 de la présente loi sera punie d'une amende de 12 000 euros.
L'injure commise de la même manière envers les particuliers, lorsqu'elle n'aura pas été précédée de provocations, sera punie d'une amende de 12 000 euros.
Sera punie de six mois d'emprisonnement et de 22 500 euros d'amende l'injure commise, dans les conditions prévues à l'alinéa précédent, envers une personne ou un groupe de personnes à raison de leur origine ou de leur appartenance ou de leur non-appartenance à une ethnie, une nation, une race ou une religion déterminée.
Sera punie des peines prévues à l'alinéa précédent l'injure commise dans les mêmes conditions envers une personne ou un groupe de personnes à raison de leur sexe, de leur orientation ou identité sexuelle ou de leur handicap.
En cas de condamnation pour l'un des faits prévus par les deux alinéas précédents, le tribunal pourra en outre ordonner :
1° L'affichage ou la diffusion de la décision prononcée dans les conditions prévues par l'article 131-35 du Code pénal.

Article 34. Les articles 31, 32 et 33 ne seront applicables aux diffamations ou injures dirigées contre la mémoire des morts que dans le cas où les auteurs de ces diffamations ou injures auraient eu l'intention de porter atteinte à l'honneur ou à la considération des héritiers, époux ou légataires universels vivants.
Que les auteurs des diffamations ou injures aient eu ou non l'intention de porter atteinte à l'honneur ou à la considération des héritiers, époux ou légataires universels vivants, ceux-ci pourront user, dans les deux cas, du droit de réponse prévu par l'article 13.

Article 35. La vérité du fait diffamatoire, mais seulement quand il est relatif aux fonctions, pourra être établie par les voies ordinaires, dans le cas d'imputations contre les corps constitués, les armées de terre, de mer ou de l'air, les administrations publiques et contre toutes les personnes énumérées dans l'article 31.
La vérité des imputations diffamatoires et injurieuses pourra être également établie contre les directeurs ou administrateurs de toute entreprise industrielle, commerciale ou financière, dont les titres financiers sont admis aux négociations sur un marché réglementé ou offerts au public sur un système multilatéral de négociation ou au crédit.
La vérité des faits diffamatoires peut toujours être prouvée, sauf :
a) Lorsque l'imputation concerne la vie privée de la personne ;
b) (Abrogé)
c) Lorsque l'imputation se réfère à un fait constituant une infraction amnistiée ou prescrite, ou qui a donné lieu à une condamnation effacée par la réhabilitation ou la révision ;
Les deux alinéas a et b qui précèdent ne s'appliquent pas lorsque les faits sont prévus et réprimés par les articles 222-23 à 222-32 et 227-22 à 227-27 du Code pénal et ont été commis contre un mineur.

Dans les cas prévus aux deux paragraphes précédents, la preuve contraire est réservée. Si la preuve du fait diffamatoire est rapportée, le prévenu sera renvoyé des fins de la plainte.

Dans toute autre circonstance et envers toute autre personne non qualifiée, lorsque le fait imputé est l'objet de poursuites commencées à la requête du ministère public, ou d'une plainte de la part du prévenu, il sera, durant l'instruction qui devra avoir lieu, sursis à la poursuite et au jugement du délit de diffamation.
Le prévenu peut produire pour les nécessités de sa défense, sans que cette production puisse donner lieu à des poursuites pour recel, des éléments provenant d'une violation du secret de l'enquête ou de l'instruction ou de tout autre secret professionnel s'ils sont de nature à établir sa bonne foi ou la vérité des faits diffamatoires.

Article 35 *bis*. Toute reproduction d'une imputation qui a été jugée diffamatoire sera réputée faite de mauvaise foi, sauf preuve contraire par son auteur.

Article 35 *ter*.
I. - Lorsqu'elle est réalisée sans l'accord de l'intéressé, la diffusion, par quelque moyen que ce soit et quel qu'en soit le support, de l'image d'une personne identifiée ou identifiable mise en cause à l'occasion d'une procédure pénale mais n'ayant pas fait l'objet d'un jugement de condamnation et faisant apparaître, soit que cette personne porte des menottes ou entraves, soit qu'elle est placée en détention provisoire, est punie de 15 000 euros d'amende.
II. - Est puni de la même peine le fait :

- soit de réaliser, de publier ou de commenter un sondage d'opinion, ou toute autre consultation, portant sur la culpabilité d'une personne mise en cause à l'occasion d'une procédure pénale ou sur la peine susceptible d'être prononcée à son encontre ;
- soit de publier des indications permettant d'avoir accès à des sondages ou consultations visés à l'alinéa précédent.

Article 35 *quater*. La diffusion, par quelque moyen que ce soit et quel qu'en soit le support, de la reproduction des circonstances d'un crime ou d'un délit, lorsque cette reproduction porte gravement atteinte à la dignité d'une victime et qu'elle est réalisée sans l'accord de cette dernière, est punie de 15 000 euros d'amende.

Paragraphe 4. Délits contre les chefs d'État et agents diplomatiques étrangers

Article 36 (abrogé).

Article 37. L'outrage commis publiquement envers les ambassadeurs et ministres plénipotentiaires, envoyés, chargés d'affaires ou autres agents diplomatiques accrédités près du gouvernement de la République, sera puni d'une amende de 45 000 euros.

Paragraphe 5. Publications interdites, immunités de la défense

Article 38. Il est interdit de publier les actes d'accusation et tous autres actes de procédure criminelle ou correctionnelle avant qu'ils aient été lus en audience publique et ce, sous peine d'une amende de 3 750 euros.
Sans préjudice des dispositions de l'article 15 du Code pénal, il est interdit, sous la même peine, de publier aucune information relative aux travaux et délibérations du Conseil supérieur de la magistrature, à l'exception des informations concernant les audiences publiques et les décisions publiques rendues en matière disciplinaire à l'encontre des magistrats. Pourront toutefois être publiées les informations communiquées par le président d'une formation du Conseil supérieur.

Article 38 *ter*. Dès l'ouverture de l'audience des juridictions administratives ou judiciaires, l'emploi de tout appareil permettant d'enregistrer, de fixer ou de transmettre la parole ou l'image est interdit. Le président fait procéder à la saisie de tout appareil et du support de la parole ou de l'image utilisés en violation de cette interdiction.

Toutefois, sur demande présentée avant l'audience, le président peut autoriser des prises de vues quand les débats ne sont pas commencés et à la condition que les parties ou leurs représentants et le ministère public y consentent.
Toute infraction aux dispositions du présent article sera punie de 4 500 euros d'amende. Le tribunal pourra en outre prononcer la confiscation du matériel ayant servi à commettre l'infraction et du support de la parole ou de l'image utilisé.
Est interdite, sous les mêmes peines, la cession ou la publication, de quelque manière et par quelque moyen que ce soit, de tout enregistrement ou document obtenu en violation des dispositions du présent article.

Article 39. Il est interdit de rendre compte des procès en diffamation dans les cas prévus aux paragraphes a, b et c de l'article 35 de la présente loi. Il est pareillement interdit de rendre compte des débats et de publier des pièces de procédures concernant les questions de filiation, actions à fins de subsides, procès en divorce, séparation de corps et nullités de mariage, procès en matière d'avortement. Cette interdiction ne s'applique pas au dispositif des décisions, qui peut toujours être publié.
Les dispositions qui précèdent ne s'appliquent pas aux publications techniques à condition que soit respecté l'anonymat des parties.
Dans toutes affaires civiles, les cours et tribunaux pourront interdire le compte rendu du procès.
Il est également interdit de rendre compte des délibérations intérieures, soit des jurys, soit des cours et tribunaux.
Toute infraction à ces dispositions sera punie d'une amende de 18 000 euros.

Article 39 *bis*. Est puni de 15 000 euros d'amende le fait de diffuser, de quelque manière que ce soit, des informations relatives à l'identité ou permettant l'identification :

- d'un mineur ayant quitté ses parents, son tuteur, la personne ou l'institution qui était chargée de sa garde ou à laquelle il était confié ;
- d'un mineur délaissé dans les conditions mentionnées aux articles 227-1 et 227-2 du Code pénal ;
- d'un mineur qui s'est suicidé ;
- d'un mineur victime d'une infraction.

Les dispositions du présent article ne sont pas applicables lorsque la publication est réalisée à la demande des personnes ayant la garde du mineur ou des autorités administratives ou judiciaires.

Article 39 *ter*. (abrogé)

Article 39 *quater*. Il est interdit, moins de trente ans après la mort de l'adopté, de publier par le livre, la presse, la radiodiffusion, le cinématographe ou de quelque manière que ce soit, une information relative à la filiation d'origine d'une personne ayant fait l'objet d'une adoption plénière.
Les infractions à la disposition qui précède sont punies de 6 000 euros d'amende ; en cas de récidive un emprisonnement de deux ans pourra être prononcé.

Article 39 *quinquies*. Le fait de diffuser, par quelque moyen que ce soit et quel qu'en soit le support, des renseignements concernant l'identité d'une victime d'une agression ou d'une atteinte sexuelles ou l'image de cette victime lorsqu'elle est identifiable est puni de 15 000 euros d'amende.
Les dispositions du présent article ne sont pas applicables lorsque la victime a donné son accord écrit.

Article 39 *sexies*. Le fait de révéler, par quelque moyen d'expression que ce soit, l'identité des fonctionnaires de la police nationale, de militaires, de personnels civils du ministère de la Défense ou d'agents des douanes appartenant à des services ou unités désignés par arrêté du ministre intéressé et dont les missions exigent, pour des raisons de sécurité, le respect de l'anonymat, est puni d'une amende de 15 000 euros.

Article 40. Il est interdit d'ouvrir ou d'annoncer publiquement des souscriptions ayant pour objet d'indemniser des amendes, frais et dommages-intérêts prononcés par des condamnations judiciaires, en matière criminelle et correctionnelle, sous peine de six mois d'emprisonnement et de 45 000 euros d'amende, ou de l'une de ces deux peines seulement.

Article 41. Ne donneront ouverture à aucune action les discours tenus dans le sein de l'Assemblée nationale ou du Sénat ainsi que les rapports ou toute autre pièce imprimée par ordre de l'une de ces deux assemblées.
Ne donnera lieu à aucune action le compte rendu des séances publiques des assemblées visées à l'alinéa ci-dessus fait de bonne foi dans les journaux.

Ne donneront lieu à aucune action en diffamation, injure ou outrage ni les propos tenus ou les écrits produits devant une commission d'enquête créée, en leur sein, par l'Assemblée nationale ou le Sénat, par la personne tenue d'y déposer, sauf s'ils sont étrangers à l'objet de l'enquête, ni le compte rendu fidèle des réunions publiques de cette commission fait de bonne foi.
Ne donneront lieu à aucune action en diffamation, injure ou outrage, ni le compte rendu fidèle fait de bonne foi des débats judiciaires, ni les discours prononcés ou les écrits produits devant les tribunaux.
Pourront néanmoins les juges, saisis de la cause et statuant sur le fond, prononcer la suppression des discours injurieux, outrageants ou diffamatoires, et condamner qui il appartiendra à des dommages-intérêts.
Pourront toutefois les faits diffamatoires étrangers à la cause donner ouverture, soit à l'action publique, soit à l'action civile des parties, lorsque ces actions leur auront été réservées par les tribunaux, et, dans tous les cas, à l'action civile des tiers.

Article 41-1. Pour l'application des dispositions des paragraphes 4 et 5 du présent chapitre, la communication audiovisuelle est regardée comme un mode de publication.

CHAPITRE V. DES POURSUITES ET DE LA RÉPRESSION

Paragraphe 1er. Des personnes responsables de crimes et délits commis par la voie de la presse

Article 42. Seront passibles, comme auteurs principaux des peines qui constituent la répression des crimes et délits commis par la voie de la presse, dans l'ordre ci-après, savoir :
1° Les directeurs de publications ou éditeurs, quelles que soient leurs professions ou leurs dénominations, et, dans les cas prévus au deuxième alinéa de l'article 6, de les codirecteurs de la publication ;
2° À leur défaut, les auteurs ;
3° À défaut des auteurs, les imprimeurs ;
4° À défaut des imprimeurs, les vendeurs, les distributeurs et afficheurs.
Dans les cas prévus au deuxième alinéa de l'article 6, la responsabilité subsidiaire des personnes visées aux paragraphes 2°, 3° et 4° du présent article joue comme s'il n'y avait pas de directeur de la publication, lorsque, contrairement aux dispositions de la présente loi, un codirecteur de la publication n'a pas été désigné.

Article 43. Lorsque les directeurs ou codirecteurs de la publication ou les éditeurs seront en cause, les auteurs seront poursuivis comme complices.
Pourront l'être, au même titre et dans tous les cas, les personnes auxquelles l'article 121-7 du Code pénal pourrait s'appliquer. Ledit article ne pourra s'appliquer aux imprimeurs pour faits d'impression, sauf dans le cas et les conditions prévus par l'article 431-6 du Code pénal sur les attroupements ou, à défaut de codirecteur de la publication, dans le cas prévu au deuxième alinéa de l'article 6.

Toutefois, les imprimeurs pourront être poursuivis comme complices si l'irresponsabilité pénale du directeur ou du codirecteur de la publication était prononcée par les tribunaux. En ce cas, les poursuites sont engagées dans les trois mois du délit ou, au plus tard, dans les trois mois de la constatation judiciaire de l'irresponsabilité du directeur ou du codirecteur de la publication.

Article 43-1. Les dispositions de l'article 121-2 du Code pénal ne sont pas applicables aux infractions pour lesquelles les dispositions des articles 42 ou 43 de la présente loi sont applicables.

Article 44. Les propriétaires des journaux ou écrits périodiques sont responsables des condamnations pécuniaires prononcées au profit des tiers contre les personnes désignées dans les deux articles précédents, conformément aux dispositions des articles 1382, 1383, 1384 du Code civil.
Dans les cas prévus au deuxième alinéa de l'article 6, le recouvrement des amendes et dommages-intérêts pourra être poursuivi sur l'actif de l'entreprise.

Article 45. Les infractions aux lois sur la presse sont déférées aux tribunaux correctionnels sauf :
a) Dans les cas prévus par l'article 23 en cas de crime ;
b) Lorsqu'il s'agit de simples contraventions.

Article 46. L'action civile résultant des délits de diffamation prévus et punis par les articles 30 et 31 ne pourra, sauf dans les cas de décès de l'auteur du fait incriminé ou d'amnistie, être poursuivie séparément de l'action publique.

Paragraphe 2. De la procédure

Article 47. La poursuite des délits et contraventions de police commis par la voie de la presse ou par tout autre moyen de publication aura lieu d'office et à la requête du ministère public sous les modifications ci-après.

Article 48. 1° Dans le cas d'injure ou de diffamation envers les cours, tribunaux et autres corps indiqués en l'article 30, la poursuite n'aura lieu que sur une délibération prise par eux en assemblée générale et requérant les poursuites, ou, si le corps n'a pas d'assemblée générale, sur la plainte du chef du corps ou du ministre duquel ce corps relève ;
1° *bis* Dans les cas d'injure et de diffamation envers un membre du Gouvernement, la poursuite aura lieu sur sa demande adressée au ministre de la Justice ;
2° Dans le cas d'injure ou de diffamation envers un ou plusieurs membres de l'une ou de l'autre Chambre, la poursuite n'aura lieu que sur la plainte de la personne ou des personnes intéressées ;
3° Dans le cas d'injure ou de diffamation envers les fonctionnaires publics, les dépositaires ou agents de l'autorité publique autres que les ministres et envers les citoyens

chargés d'un service ou d'un mandat public, la poursuite aura lieu, soit sur leur plainte, soit d'office sur la plainte du ministre dont ils relèvent ;
4° Dans le cas de diffamation envers un juré ou un témoin, délit prévu par l'article 31, la poursuite n'aura lieu que sur la plainte du juré ou du témoin qui se prétendra diffamé ;
5° Dans le cas d'offense envers les chefs d'État ou d'outrage envers les agents diplomatiques étrangers, la poursuite aura lieu sur leur demande adressée au ministre des Affaires étrangères et par celui-ci au ministre de la Justice ;
6° Dans le cas de diffamation envers les particuliers prévu par l'article 32 et dans le cas d'injure prévu par l'article 33, paragraphe 2, la poursuite n'aura lieu que sur la plainte de la personne diffamée ou injuriée. Toutefois, la poursuite, pourra être exercée d'office par le ministère public lorsque la diffamation ou l'injure aura été commise envers une personne ou un groupe de personnes à raison de leur origine ou de leur appartenance ou de leur non-appartenance à une ethnie, une nation, une race ou une religion déterminée. La poursuite pourra également être exercée d'office par le ministère public lorsque la diffamation ou l'injure aura été commise envers un groupe de personnes à raison de leur sexe, de leur orientation sexuelle ou de leur handicap ; il en sera de même lorsque ces diffamations ou injures auront été commises envers des personnes considérées individuellement, à la condition que celles-ci aient donné leur accord ;
7° Dans le cas de diffusion de l'image d'une personne menottée ou entravée prévue par l'article 35 *ter*, la poursuite n'aura lieu que sur la plainte de la personne intéressée ;
8° Dans le cas d'atteinte à la dignité de la victime prévue par l'article 35 *quater*, la poursuite n'aura lieu que sur la plainte de la victime.
En outre, dans les cas prévus par les 2°, 3°, 4°, 5°, 6°, 7° et 8° ci-dessus, ainsi que dans les cas prévus aux articles 13 et 39 *quinquies* de la présente loi, la poursuite pourra être exercée à la requête de la partie lésée.

Article 48-1. Toute association régulièrement déclarée depuis au moins cinq ans à la date des faits, se proposant, par ses statuts, de défendre la mémoire des esclaves et l'honneur de leurs descendants, de combattre le racisme ou d'assister les victimes de discrimination fondée sur leur origine nationale, ethnique, raciale ou religieuse, peut exercer les droits reconnus à la partie civile en ce qui concerne les infractions prévues par les articles 24 (alinéa 8), 32 (alinéa 2) et 33 (alinéa 3), de la présente loi, ainsi que les délits de provocation prévus par le 1° de l'article 24, lorsque la provocation concerne des crimes ou délits commis avec la circonstance aggravante prévue par l'article 132-76 du Code pénal.
Toutefois, quand l'infraction aura été commise envers des personnes considérées individuellement, l'association ne sera recevable dans son action que si elle justifie avoir reçu l'accord de ces personnes.

Article 48-2. Toute association régulièrement déclarée depuis au moins cinq ans à la date des faits, qui se propose, par ses statuts, de défendre les intérêts moraux et l'honneur de la Résistance ou des déportés peut exercer les droits reconnus à la partie civile en ce qui concerne l'apologie des crimes de guerre, des crimes contre l'humanité ou des crimes ou délits de collaboration avec l'ennemi et en ce qui concerne l'infraction prévue par l'article 24 *bis*.

Article 48-3. Toute association régulièrement déclarée depuis au moins cinq ans à la date des faits et inscrite auprès de l'Office national des anciens combattants et victimes de guerre dans des conditions fixées par décret en Conseil d'État, qui se propose par ses statuts de défendre les intérêts moraux et l'honneur des anciens combattants et victimes de guerre et des morts pour la France, peut exercer les droits reconnus à la partie civile en ce qui concerne les délits de diffamation ou d'injures qui ont causé un préjudice direct ou indirect à la mission qu'elle remplit.
En cas de diffamation ou d'injure contre les armées prévues par l'article 30 et le premier alinéa de l'article 33, les dispositions du 1° de l'article 48 ne sont pas applicables.
En cas de diffamation ou d'injure commises envers des personnes considérées individuellement, l'association ne sera recevable dans son action que si elle justifie avoir reçu l'accord de ces personnes ou de leurs ayants droit.

Article 48-4. Toute association, régulièrement déclarée depuis au moins cinq ans à la date des faits, se proposant, par ses statuts, de combattre les violences ou les discriminations fondées sur l'orientation ou identité sexuelle ou d'assister les victimes de ces discriminations peut exercer les droits reconnus à la partie civile en ce qui concerne les délits prévus par le neuvième alinéa de l'article 24, le troisième alinéa de l'article 32 et le quatrième alinéa de l'article 33, ainsi que les délits de provocation prévus par le 1° de l'article 24, lorsque la provocation concerne des crimes ou délits commis avec la circonstance aggravante prévue par l'article 132-77 du Code pénal.

Toutefois, quand l'infraction aura été commise envers des personnes considérées individuellement, l'association ne sera recevable dans son action que si elle justifie avoir reçu l'accord de ces personnes.

Article 48-5. Toute association, régulièrement déclarée depuis au moins cinq ans à la date des faits, se proposant, par ses statuts, de combattre les violences ou les discriminations fondées sur le sexe ou d'assister les victimes de ces discriminations peut exercer les droits reconnus à la partie civile en ce qui concerne les délits prévus par le neuvième alinéa de l'article 24, le troisième alinéa de l'article 32 et le quatrième alinéa de l'article 33, ainsi que les délits de provocation prévus par le 1° de l'article 24, lorsque la provocation concerne des crimes ou délits d'agressions sexuelles ou commis avec la circonstance aggravante prévue par l'article 132-80 du Code pénal.
Toutefois, quand l'infraction aura été commise envers des personnes considérées individuellement, l'association ne sera recevable dans son action que si elle justifie avoir reçu l'accord de ces personnes.

Article 48-6. Toute association, régulièrement déclarée depuis au moins cinq ans à la date des faits, se proposant, par ses statuts, de combattre les violences ou les discriminations fondées sur le handicap ou d'assister les victimes de ces discriminations peut exercer les droits reconnus à la partie civile en ce qui concerne les délits prévus au neuvième alinéa de l'article 24, au troisième alinéa de l'article 32 et au quatrième alinéa de l'article 33, ainsi que les délits de provocation prévus par le 1° de l'article 24, lorsque la provocation concerne des crimes ou délits aggravés en raison du handicap de la victime.
Toutefois, quand l'infraction aura été commise envers des personnes considérées individuellement, l'association ne sera recevable dans son action que si elle justifie avoir reçu l'accord de ces personnes.

Article 49. Dans tous les cas de poursuites correctionnelles ou de simple police, le désistement du plaignant ou de la partie poursuivante arrêtera la poursuite commencée.

Article 50. Si le ministère public requiert une information, il sera tenu, dans son réquisitoire, d'articuler et de qualifier les provocations, outrages, diffamations et injures à raison desquels la poursuite est intentée, avec indication des textes dont l'application est demandée, à peine de nullité du réquisitoire de ladite poursuite.

Article 50-1. Lorsque les faits visés par les articles 24 et 24 *bis* résultent de messages ou informations mis à disposition du public par un service de communication au public en ligne et qu'ils constituent un trouble manifestement illicite, l'arrêt de ce service peut être prononcé par le juge des référés, à la demande du ministère public et de toute personne physique ou morale ayant intérêt à agir.

Article 51. Immédiatement après le réquisitoire, le juge d'instruction pourra ordonner la saisie de quatre exemplaires de l'écrit, du journal ou du dessin incriminé.
Toutefois, dans les cas prévus aux premier à troisième et cinquième alinéas de l'article 24 et à l'article 37, la saisie des écrits ou imprimés, des placards ou affiches, a lieu conformément aux règles édictées par le Code de procédure pénale.

Article 52. Si la personne mise en examen est domiciliée en France, elle ne pourra être placée en détention provisoire que dans les cas prévus à l'article 23 et aux deuxième à quatrième et sixième alinéas de l'article 24.

Article 53. La citation précisera et qualifiera le fait incriminé, elle indiquera le texte de loi applicable à la poursuite.
Si la citation est à la requête du plaignant, elle contiendra élection de domicile dans la ville où siège la juridiction saisie et sera notifiée tant au prévenu qu'au ministère public.
Toutes ces formalités seront observées à peine de nullité de la poursuite.

Article 54. Le délai entre la citation et la comparution sera de vingt jours outre un jour par cinq myriamètres de distance.
Toutefois, en cas de diffamation ou d'injure pendant la période électorale contre un candidat à une fonction électorale, ce délai sera réduit à vingt-quatre heures, outre le délai de distance, et les dispositions des articles 55 et 56 ne seront pas applicables.

Article 55. Quand le prévenu voudra être admis à prouver la vérité des faits diffamatoires, conformément aux dispositions de l'article 35 de la présente loi, il devra, dans le délai de dix jours après la signification de la citation, faire signifier au ministère public ou au plaignant au domicile par lui élu, suivant qu'il est assigné à la requête de l'un ou de l'autre :
2° La copie des pièces ;
3° Les noms, professions et demeures des témoins par lesquels il entend faire la preuve.
Cette signification contiendra élection de domicile près le tribunal correctionnel, le tout à peine d'être déchu du droit de faire la preuve.

Article 56. Dans les cinq jours suivants, en tous cas moins de trois jours francs avant l'audience, le plaignant ou le ministère public, suivant le cas, sera tenu de faire signifier au prévenu, au domicile par lui élu, les copies des pièces et les noms, professions et demeures des témoins par lesquels il entend faire la preuve du contraire sous peine d'être déchu de son droit.

Article 57. Le tribunal correctionnel et le tribunal de police seront tenus de statuer au fond dans le délai maximum d'un mois à compter de la date de la première audience.
Dans le cas prévu à l'alinéa 2 de l'article 54, la cause ne pourra être remise au-delà du jour fixé pour le scrutin.

Article 58. Le droit de se pourvoir en cassation appartiendra au prévenu et à la partie civile quant aux dispositions relatives à ses intérêts civils. Le prévenu sera dispensé de se mettre en état.
La partie civile pourra user du bénéfice de l'article 585 du Code de procédure pénale sans le ministère d'un avocat à la Cour de cassation.

Article 59. Le pourvoi devra être formé, dans les trois jours au greffe de la cour ou du tribunal qui aura rendu la décision. Dans les vingt-quatre heures qui suivront, les pièces seront envoyées à la Cour de cassation, qui jugera d'urgence dans les dix jours à partir de leur réception.
L'appel contre les jugements ou le pourvoi contre les arrêts des cours d'appel qui auront statué sur les incidents et exceptions autres que les exceptions d'incompétence ne sera formé, à peine de nullité, qu'après le jugement ou l'arrêt définitif et en même temps que l'appel ou le pourvoi contre ledit jugement ou arrêt.

Toutes les exceptions d'incompétence devront être proposées avant toute ouverture du débat sur le fond : faute de ce, elles seront jointes au fond et il sera statué sur le tout par le même jugement.

Article 60. Sous réserve des dispositions des articles 50, 51, et 52 ci-dessus, la poursuite des crimes [*commis par la voie de la presse*] aura lieu conformément au droit commun.

Paragraphe 3. Peines complémentaires, récidive, circonstances atténuantes, prescription

Article 61. S'il y a condamnation, l'arrêt pourra, dans les cas prévus aux articles 24 (par. 1er et 3), 25, 36 et 37, prononcer la confiscation des écrits ou imprimés, placards ou affiches saisis et, dans tous les cas, ordonner la saisie et la suppression ou la destruction de tous les exemplaires qui seraient mis en vente, distribués ou exposés aux regard du public. Toutefois, la suppression ou la destruction pourra ne s'appliquer qu'à certaines parties des exemplaires saisis.

Article 62. En cas de condamnation prononcée en application des articles 23, 24 (alinéas 1er et 2), 25 et 27, la suspension du journal ou du périodique pourra être prononcée par la même décision de justice pour une durée qui n'excédera pas trois mois. Cette suspension sera sans effet sur les contrats de travail qui liaient l'exploitant lequel reste tenu de toutes les obligations contractuelles ou légales en résultant.

Article 63. L'aggravation des peines résultant de la récidive ne sera applicable qu'aux infractions prévues par les articles 24 (alinéas 5, 6, 8 et 9), 32 (alinéas 2 et 3) et 33 (alinéas 3 et 4) de la présente loi.
En cas de conviction de plusieurs crimes ou délits prévus par la présente loi, les peines ne se cumuleront pas, et la plus forte sera seule prononcée.

Article 64. Lorsque ont été ordonnées en référé des mesures limitant par quelque moyen que ce soit la diffusion de l'information, le premier président de la cour d'appel statuant en référé peut, en cas d'appel, arrêter l'exécution provisoire de la décision si celle-ci risque d'entraîner des conséquences manifestement excessives.

Article 65. L'action publique et l'action civile résultant des crimes, délits et contraventions prévus par la présente loi se prescriront après trois mois révolus, à compter du jour où ils auront été commis ou du jour du dernier acte d'instruction ou de poursuite s'il en a été fait.
Toutefois, avant l'engagement des poursuites, seules les réquisitions aux fins d'enquête seront interruptives de prescription. Ces réquisitions devront, à peine de nullité, articuler et qualifier les provocations, outrages, diffamations et injures à raison desquels l'enquête est ordonnée.

Les prescriptions commencées à l'époque de la publication de la présente loi, et pour lesquelles il faudrait encore, suivant les lois existantes, plus de trois mois à compter de la même époque, seront, par ce laps de trois mois, définitivement accomplies.

Article 65-1. Les actions fondées sur une atteinte au respect de la présomption d'innocence commise par l'un des moyens visés à l'article 23 se prescriront après trois mois révolus à compter du jour de l'acte de publicité.

Article 65-2. En cas d'imputation portant sur un fait susceptible de revêtir une qualification pénale, le délai de prescription prévu par l'article 65 est réouvert ou court à nouveau, au profit de la personne visée, à compter du jour où est devenue définitive une décision pénale intervenue sur ces faits et ne la mettant pas en cause.

Article 65-3. Pour les délits prévus par les sixième et huitième alinéas de l'article 24, l'article 24 *bis*, le deuxième alinéa de l'article 32 et le troisième alinéa de l'article 33, le délai de prescription prévu par l'article 65 est porté à un an.

Article 68. Sont abrogés les édits, lois, décrets, ordonnances, arrêtés, règlements, déclarations généralement quelconques, relatifs à l'imprimerie, à la librairie, à la presse périodique ou non périodique, au colportage, à l'affichage, à la vente sur la voie publique et aux crimes et délits prévus par les lois sur la presse et les autres moyens de publication, sans que puissent revivre les dispositions abrogées par les lois antérieures.
Est également abrogé le second paragraphe de l'article 31 de la loi du 10 août 1871 sur les conseils généraux, relatif à l'appréciation de leurs discussions par les journaux.

Article 69. La présente loi est applicable dans les territoires d'outre-mer et dans la collectivité territoriale de Mayotte.

■ ANNEXE 4

Loi n° 82-652 du 29 juillet 1982 sur la communication audiovisuelle

(Articles maintenus en vigueur par la loi n° 86-1067 du 30 septembre 1986)

Article 6 (Loi 21 juin 2004).
I. Toute personne physique ou morale dispose d'un droit de réponse dans le cas où les imputations susceptibles de porter atteinte à son honneur ou à sa réputation auraient été diffusées dans le cadre d'une activité de communication audiovisuelle.
Le demandeur doit préciser les imputations sur lesquelles il souhaite répondre et la teneur de la réponse qu'il se propose d'y faire.
La réponse doit être diffusée dans des conditions techniques équivalentes à celles dans lesquelles a été diffusé le message contenant l'imputation invoquée.
Elle doit également être diffusée de manière que lui soit assurée une audience équivalente à celle du message précité.
La demande d'exercice du droit de réponse doit être présentée dans le délai de trois mois suivant celui de la diffusion du message contenant l'imputation qui la fonde. Toutefois, lorsque, à l'occasion de l'exercice de poursuites pénales, ont été diffusées dans le cadre d'une activité de communication audiovisuelle des imputations susceptibles de porter atteinte à l'honneur ou à la réputation d'une personne physique ou morale, ce délai est réouvert à son profit pour la même durée à compter du jour où la décision de non-lieu dont elle fait l'objet est intervenue ou celle de relaxe ou d'acquittement la mettant expressément ou non hors de cause est devenue définitive.
En cas de refus ou de silence gardé sur la demande par son destinataire dans les huit jours suivant celui de sa réception, le demandeur peut saisir le président du tribunal de grande instance, statuant en matière de référés, par la mise en cause de la personne visée au neuvième alinéa du présent article.
Le président du tribunal peut ordonner sous astreinte la diffusion de la réponse ; il peut déclarer son ordonnance exécutoire sur minute nonobstant appel.
Pendant toute campagne électorale, lorsqu'un candidat est mis en cause, le délai de huit jours prévu au sixième alinéa est réduit à vingt-quatre heures.
Pour l'application des dispositions du présent article, dans toute personne morale qui assure, à quelque titre et sous quelque forme que ce soit, un service de communication audiovisuelle, il doit être désigné un responsable chargé d'assurer l'exécution des obligations se rattachant à l'exercice du droit de réponse.
Un décret en Conseil d'État fixe les modalités d'application du présent article.
Il précise notamment les modalités et le délai de conservation des documents audiovisuels nécessaires à l'administration de la preuve des imputations visées au premier alinéa du présent article, sans préjudice de l'application des dispositions de la loi n° 79-18 du 3 janvier 1979 sur les archives.
Les dispositions du présent article sont applicables à tout service de communication mis à la disposition du public sous forme de phonogrammes ou de vidéogrammes paraissant à intervalles réguliers.

II. Les associations remplissant les conditions fixées par l'article 48-1 de la loi du 29 juillet 1881 sur la liberté de la presse peuvent également exercer le droit de réponse prévu par le présent article dans le cas où des imputations susceptibles de porter atteinte à l'honneur ou à la réputation d'une personne ou d'un groupe de personnes à raison de leur origine, de leur appartenance ou de leur non-appartenance à une ethnie, une nation, une race ou une religion déterminée auraient été diffusées dans le cadre d'une activité de communication audiovisuelle.
Toutefois, quand les imputations concerneront des personnes considérées individuellement, l'association ne pourra exercer le droit de réponse que si elle justifie avoir reçu leur accord.
Aucune association ne pourra requérir la diffusion d'une réponse en application du présent article dès lors qu'aura été diffusée une réponse à la demande d'une des associations remplissant les conditions prévues par l'article 48-1 précité.
(...)

Article 93-2. (Loi du 21 juin 2004). – Tout service de communication au public par voie électronique est tenu d'avoir un directeur de la publication.
Lorsque le directeur de la publication jouit de l'immunité parlementaire dans les conditions prévues par l'article 26 de la Constitution et par les articles 9 et 10 du protocole du 8 avril 1965 sur les privilèges et immunités des Communautés européennes, il désigne un codirecteur de la publication choisi parmi les personnes ne bénéficiant pas de l'immunité parlementaire et, lorsque le service de communication est assuré par une personne morale, parmi les membres de l'association, du conseil d'administration, du directoire ou les gérants suivant la forme de ladite personne morale.
Le codirecteur de la publication doit être nommé dans le délai d'un mois à compter de la date à partir de laquelle le directeur de la publication bénéficie de l'immunité mentionnée à l'alinéa précédent.
Le directeur et, éventuellement, le codirecteur de la publication doivent être majeurs, avoir la jouissance de leurs droits civils et n'être privés de leurs droits civiques par aucune condamnation judiciaire.
Toutes les obligations légales imposées au directeur de la publication sont applicables au codirecteur de la publication.
Lorsque le service est fourni par une personne morale, le directeur de la publication est le président du directoire ou du conseil d'administration, le gérant ou le représentant légal, suivant la forme de la personne morale. Lorsque le service est fourni par une personne physique, le directeur de la publication est cette personne physique.

Article 93-3 (Loi du 12 juin 2009). – Au cas où l'une des infractions prévues par le chapitre IV de la loi du 29 juillet 1881 sur la liberté de la presse est commise par un moyen de communication au public par voie électronique, le directeur de la publication ou, dans le cas prévu au deuxième alinéa de l'article 93-2 de la présente loi, le codirecteur de la publication sera poursuivi comme auteur principal, lorsque le message incriminé a fait l'objet d'une fixation préalable à sa communication au public.

À défaut, l'auteur, et à défaut de l'auteur, le producteur sera poursuivi comme auteur principal.
Lorsque le directeur ou le codirecteur de la publication sera mis en cause, l'auteur sera poursuivi comme complice.
Pourra également être poursuivie comme complice toute personne à laquelle l'article 121-7 du Code pénal sera applicable.
Lorsque l'infraction résulte du contenu d'un message adressé par un internaute à un service de communication au public en ligne et mis par ce service à la disposition du public dans un espace de contributions personnelles identifié comme tel, le directeur ou le codirecteur de publication ne peut pas voir sa responsabilité pénale engagée comme auteur principal s'il est établi qu'il n'avait pas effectivement connaissance du message avant sa mise en ligne ou si, dès le moment où il en a eu connaissance, il a agi promptement pour retirer ce message.

Article 93-4 (Loi du 9 mars 2004).- Les dispositions de l'article 121-2 du Code pénal ne sont pas applicables aux infractions pour lesquelles les dispositions de l'article 93-3 de la présente loi sont applicables.
(...)

Article 97 (Loi du 11 juillet 2001). – Les articles 6, 93-2 et 93-3 sont applicables dans les territoires d'outre-mer et Mayotte.

■ ANNEXE 5

Loi n° 86-897 du 1er août 1986 portant réforme du régime juridique de la presse

Article 1. Au sens de la présente loi, l'expression « publication de presse » désigne tout service utilisant un mode écrit de diffusion de la pensée mis à la disposition du public en général ou de catégories de publics et paraissant à intervalles réguliers.
On entend par service de presse en ligne tout service de communication au public en ligne édité à titre professionnel par une personne physique ou morale qui a la maîtrise éditoriale de son contenu, consistant en la production et la mise à disposition du public d'un contenu original, d'intérêt général, renouvelé régulièrement, composé d'informations présentant un lien avec l'actualité et ayant fait l'objet d'un traitement à caractère journalistique, qui ne constitue pas un outil de promotion ou un accessoire d'une activité industrielle ou commerciale.
Un décret précise les conditions dans lesquelles un service de presse en ligne peut être reconnu, en vue notamment de bénéficier des avantages qui s'y attachent. Pour les services de presse en ligne présentant un caractère d'information politique et générale, cette reconnaissance implique l'emploi, à titre régulier, d'au moins un journaliste professionnel au sens de l'article L. 7111-3 du Code du travail.

Article 2. Les dispositions de la présente loi s'appliquent aux entreprises éditrices.
Au sens de la présente loi, l'expression « entreprise éditrice » désigne toute personne physique ou morale ou groupement de droit éditant, en tant que propriétaire ou locataire-gérant, une publication de presse ou un service de presse en ligne.

Article 3. Il est interdit de prêter son nom à toute entreprise éditrice, en simulant la souscription d'actions ou de parts, l'acquisition ou la location-gérance d'un fonds de commerce ou d'un titre.

Article 4. Dans le cas de sociétés par actions, les actions doivent être nominatives. Toute cession est soumise à l'agrément du conseil d'administration ou du conseil de surveillance.

Article 5. Dans toute publication de presse, les informations suivantes sont portées, dans chaque numéro, à la connaissance des lecteurs :
1° si l'entreprise éditrice n'est pas dotée de la personnalité morale, les nom et prénom du propriétaire ou du principal copropriétaire ;
2° si l'entreprise éditrice est une personne morale, sa dénomination ou sa raison sociale, son siège social, sa forme juridique ainsi que le nom de son représentant légal et des personnes physiques ou morales détenant au moins 10 % de son capital ;
3° le nom du directeur de la publication et celui du responsable de la rédaction.
Ces informations sont également accessibles sur la page d'accueil de tout service de presse en ligne.

Article 6. Toute entreprise éditrice doit porter à la connaissance des lecteurs ou des internautes de la publication ou du service de presse en ligne, dans le délai d'un mois à compter de la date à laquelle elle en acquiert elle-même la connaissance, ou lors de la prochaine parution de la publication :
1° toute cession ou promesse de cession de droits sociaux ayant pour effet de donner à un cessionnaire au moins un tiers du capital social ou des droits de vote ;
2° tout transfert ou promesse de transfert de la propriété ou de l'exploitation d'un titre de publication de presse ou d'un service de presse en ligne.
Cette obligation incombe à l'entreprise cédante.

Article 7. Sous réserve des engagements internationaux souscrits par la France et comportant soit une clause d'assimilation au national, soit une clause de réciprocité dans le domaine de la presse, les étrangers ne pourront, à compter de la publication de la présente loi, procéder à une acquisition ayant effet de porter, directement ou indirectement, leur part à plus de vingt pour cent du capital social ou des droits de vote d'une entreprise éditant une publication de langue française.
Pour l'application du précédent alinéa, est étrangère toute société dont la majorité du capital social ou des droits de vote est détenue par des étrangers ainsi que toute association dont la majorité des dirigeants est étrangère.

Article 8. Il est interdit à toute entreprise éditrice, sous réserve des prestations qu'elle assure, ou à l'un de ses collaborateurs, de recevoir directement ou indirectement des fonds ou avantages d'un gouvernement étranger.

Article 9. (voir article 6 de la loi du 29 juillet 1881)

Article 10. Il est interdit à toute entreprise éditrice ou à l'un de ses collaborateurs de recevoir ou de se faire promettre une somme d'argent, ou tout autre avantage, aux fins de travestir en information de la publicité financière.
Tout article de publicité à présentation rédactionnelle doit être précédé de la mention « publicité » ou « communiqué ».

Article 11. Est interdite, à peine de nullité, l'acquisition, la prise de contrôle ou la prise en location-gérance d'une publication quotidienne imprimée d'information politique et générale lorsque cette opération a pour effet de permettre à une personne physique ou morale ou à un groupement de personnes physiques ou morales de posséder, de contrôler, directement ou indirectement ou d'éditer en location-gérance des publications quotidiennes imprimées d'information politique et générale dont le total de la diffusion excède 30 p. 100 de la diffusion sur le territoire national de toutes les publications quotidiennes imprimées de même nature.
Cette diffusion est appréciée sur les douze derniers mois connus précédant la date d'acquisition, de prise de contrôle ou de prise en location-gérance.
Le contrôle mentionné à l'alinéa précédent s'apprécie au regard des critères figurant à l'article L. 233-3 du Code de commerce ou s'entend de toute situation dans laquelle

une personne physique ou morale ou un groupement de personnes physiques ou morales aurait placé une publication sous son autorité ou sa dépendance.

Article 12. Seront punis d'une peine d'un an de prison et de 30 000 euros d'amende ou de l'une de ces deux peines seulement ceux qui, en leur nom personnel ou comme représentant d'une personne morale, auront :
1° prêté leur nom ou emprunté le nom d'autrui en violation des dispositions de l'alinéa 3 ;
2° été partie à une convention prohibée par les dispositions de l'article 7 ;
3° accepté de recevoir ou reçu un avantage en violation des dispositions de l'article 8 ;
4° promis ou versé, accepté de recevoir ou reçu une somme d'argent ou un avantage en violation des dispositions de l'alinéa premier de l'article 10 ;
5° enfreint l'interdiction édictée par l'article 11.

Article 13. Sera puni de 30 000 euros d'amende, quiconque aura manqué à l'obligation d'être le directeur de la publication en application du deuxième alinéa de l'article 6 de la loi du 29 juillet 1881 précitée.

Article 14. (Articles 7 et 9 de la loi du 29 juillet 1881).

Article 15. Seront punis de 6 000 euros d'amende :
1° les présidents, les directeurs généraux, les administrateurs, les membres de directoires ou de conseils de surveillance, les gérants ou les dirigeants de fait de sociétés qui auront émis des actions au porteur en violation des dispositions de l'article 4 ci-dessus ;
2° les dirigeants de toute entreprise éditrice qui n'auront pas fait procéder aux publications prévues aux articles 5 et 6 ci-dessus ;
3° les directeurs de publication qui auront enfreint les dispositions du second alinéa de l'article 10 ci-dessus.

Article 16. En cas de condamnation pour l'une des infractions définies dans la présente loi, le tribunal pourra ordonner que sa décision soit, aux frais du condamné, insérée intégralement ou par extraits dans les publications de presse qu'il désigne et affichée dans les conditions prévues à l'article 131-35 du Code pénal.

Article 17. (Articles 2, 5 et 6 de l'ordonnance n° 45-2646 du 2 novembre 1945)

Article 18. Pour l'application de la loi n° 82-652 du 29 juillet 1982 sur la communication audiovisuelle, la référence aux articles 3, 4 et 9 de la loi n° 84-937 du 23 octobre 1984 visant à limiter la concentration et à assurer la transparence financière et le pluralisme des entreprises de presse est remplacée par la référence aux articles 7 et 3 de la présente loi.

Article 19. (Ordon. 18 septembre 2000). Pour l'application de la loi n° 66-537 du 24 juillet 1966 sur les sociétés commerciales (abrogée par l'ordonnance n° 2000-912 du 18 septembre et codifiée dans le Code de commerce), la référence à l'article 2 de l'ordonnance du 26 août 1944 sur l'organisation de la presse française est remplacée par la référence à l'article 2 de la présente loi.

Article 20. Les sociétés éditrices, dont l'objet principal est la mise à la disposition du public ou de catégories de publics de services définis à l'article 77 de la loi n° 82-652 du 29 juillet 1982 précitée et dont les actions ne sont pas nominatives, sont tenues de publier un mois au plus après la promulgation de la présente loi, dans un journal d'annonces légales, un avis aux porteurs d'actions les invitant à mettre leurs titres sous la forme nominative selon les modalités prévues au I de l'article 94 de la loi de finances pour 1982, n° 81-1160 du 30 décembre 1981, modifié par l'article 111 de la loi de finances pour 1984, n° 83-1179 du 29 décembre 1983.

Article 21. Sont abrogées :
1° l'ordonnance du 26 août 1944 sur l'organisation de la presse française ;
2° la loi n° 84-937 du 23 octobre 1984 précitée.

Article 22. Dans tous les articles de la loi du 29 juillet 1881 précitée, les mots « directeur de la publication » sont substitués au mot « gérant ».

Article 23. La présente loi est applicable en Nouvelle-Calédonie, dans les territoires de la Polynésie française, des îles Wallis et Futuna et à Mayotte, à l'exception de l'article 17.

■ ANNEXE 6

Décret n° 87-246 du 6 avril 1987 relatif à l'exercice du droit de réponse dans les services de communication audiovisuelle

Article 1. Le droit de réponse reconnu aux personnes physiques par l'article 6 de la loi n° 82-652 du 29 juillet 1982 modifiée sur la communication audiovisuelle peut être exercé, en cas de décès, par les héritiers en ligne directe, les légataires universels ou par le conjoint de la personne atteinte dans son honneur ou sa réputation.
Les personnes morales exercent leur droit de réponse par l'intermédiaire de leur représentant légal.

Article 2. La demande d'exercice du droit de réponse est adressée au directeur de la publication par lettre recommandée avec demande d'avis de réception.
Le délai de huit jours (porté à trois mois par la loi du 15 juin 2000) fixé pour la demande d'exercice du droit de réponse, au cinquième alinéa de l'article 6 de la loi du 29 juillet 1982 précitée, est porté à quinze jours lorsque le message contesté a été exclusivement mis à disposition du public dans les départements, territoires ou collectivités territoriales d'outre-mer ou lorsque le demandeur réside outre-mer ou à l'étranger.
Pour les services de vidéographie, la demande d'exercice du droit de réponse est présentée dans les huit jours suivant la réception du message.

Article 3. La demande indique les références du message ainsi que les circonstances dans lesquelles le message a été mis à la disposition du public. Elle contient la mention des passages contestés et la teneur de la réponse souhaitée.
Pour les services de vidéographie, le demandeur peut, en outre, réclamer la correction ou la suppression du message pendant la période au cours de laquelle le message est encore accessible au public.

Article 4. Dans les délais prévus aux sixième et huitième alinéas de l'article 6 de la loi du 29 juillet 1982 précitée, le directeur de la publication fait connaître au demandeur, par lettre recommandée avec demande d'avis de réception, la suite qu'il entend donner à la demande.
Lorsque le message contesté émane d'une personne autre que celle qui fournit le service, la décision relative au droit de réponse est prise conjointement par cette personne et par le directeur de la publication.

Article 5. La réponse établie par le demandeur ou celle qui a été arrêtée avec son accord est mise à la disposition du public dans un délai maximum de trente jours à compter de la date du message contesté.
Pour les services de vidéographie, le délai est de vingt jours à compter de la date de contestation du message. Dans le cas prévu au deuxième alinéa de l'article 3, la correction ou la suppression du message est faite dans un délai maximum de dix jours à compter de la même date.

Ces délais peuvent être prolongés avec l'accord du demandeur.
Dans tous les cas, la réponse est gratuite.
L'absence de réponse ayant l'accord du demandeur est assimilée à un refus et ouvre au demandeur le droit de recours prévu au sixième alinéa de l'article 6 de la loi du 29 juillet 1982 précitée.

Article 6. Lorsque la demande tend à l'exercice du droit de réponse, la réponse est annoncée comme s'inscrivant dans le cadre de l'exercice du droit de réponse. Elle fait référence au titre de l'émission ou du message en cause et rappelle la date ou la période de la diffusion ou de la mise à la disposition du public.
Le texte de la réponse ne peut être supérieur à trente lignes dactylographiées. La durée totale du message ne peut excéder deux minutes. Pour les services de vidéographie, la réponse est accessible au public au minimum pendant vingt-quatre heures.
Les modalités selon lesquelles il est donné suite à la demande d'exercice du droit de réponse sont portées à la connaissance du demandeur.

Article 7. Les émissions sont enregistrées et conservées pendant une durée minimum de quinze jours après la date de leur diffusion.
En cas de demande d'exercice du droit de réponse, le délai de conservation prévu à l'alinéa précédent est prolongé jusqu'à l'intervention d'une décision définitive.

Article 8. Pour les services de vidéographie, la preuve du contenu du message peut être apportée par tout moyen.
Les messages et tous autres documents nécessaires à l'administration de la preuve des imputations de nature à porter atteinte à l'honneur ou à la réputation du demandeur doivent être conservés sous la responsabilité du directeur ou du codirecteur de la publication pendant huit jours à compter de la date à laquelle ils ont cessé d'être mis à la disposition du public.

Article 9. En cas de violation des dispositions des articles 7 et 8, le directeur ou le codirecteur de la publication est puni de la peine d'amende prévue pour les contraventions de la 5e classe.
En cas de récidive, il est puni de l'amende prévue pour la récidive des contraventions de la 5e classe.

Article 10. Le décret n° 83-419 du 25 mai 1983 fixant les modalités d'application de l'article 6 de la loi du 29 juillet 1982 sur la communication audiovisuelle et relatif au droit de réponse est abrogé.

■ ANNEXE 7

Article 6 de la loi n° 2004-575 du 21 juin 2004 sur l'économie numérique

Article 6.

I. 1. Les personnes dont l'activité est d'offrir un accès à des services de communication au public en ligne informent leurs abonnés de l'existence de moyens techniques permettant de restreindre l'accès à certains services ou de les sélectionner et leur proposent au moins un de ces moyens.

Les personnes visées à l'alinéa précédent les informent également de l'existence de moyens de sécurisation permettant de prévenir les manquements à l'obligation définie à l'article L. 336-3 du Code de la propriété intellectuelle et leur proposent au moins un des moyens figurant sur la liste prévue au deuxième alinéa de l'article L. 331-26 du même code.

2. Les personnes physiques ou morales qui assurent, même à titre gratuit, pour mise à disposition du public par des services de communication au public en ligne, le stockage de signaux, d'écrits, d'images, de sons ou de messages de toute nature fournis par des destinataires de ces services ne peuvent pas voir leur responsabilité civile engagée du fait des activités ou des informations stockées à la demande d'un destinataire de ces services si elles n'avaient pas effectivement connaissance de leur caractère illicite ou de faits et circonstances faisant apparaître ce caractère ou si, dès le moment où elles en ont eu cette connaissance, elles ont agi promptement pour retirer ces données ou en rendre l'accès impossible.

L'alinéa précédent ne s'applique pas lorsque le destinataire du service agit sous l'autorité ou le contrôle de la personne visée audit alinéa.

3. Les personnes visées au 2 ne peuvent voir leur responsabilité pénale engagée à raison des informations stockées à la demande d'un destinataire de ces services si elles n'avaient pas effectivement connaissance de l'activité ou de l'information illicites ou si, dès le moment où elles en ont eu connaissance, elles ont agi promptement pour retirer ces informations ou en rendre l'accès impossible.

L'alinéa précédent ne s'applique pas lorsque le destinataire du service agit sous l'autorité ou le contrôle de la personne visée audit alinéa.

4. Le fait, pour toute personne, de présenter aux personnes mentionnées au 2 un contenu ou une activité comme étant illicite dans le but d'en obtenir le retrait ou d'en faire cesser la diffusion, alors qu'elle sait cette information inexacte, est puni d'une peine d'un an d'emprisonnement et de 15 000 euros d'amende.

5. La connaissance des faits litigieux est présumée acquise par les personnes désignées au 2 lorsqu'il leur est notifié les éléments suivants :

- la date de la notification ;
- si le notifiant est une personne physique : ses nom, prénoms, profession, domicile, nationalité, date et lieu de naissance ; si le requérant est une personne morale : sa forme, sa dénomination, son siège social et l'organe qui la représente légalement ;

• les nom et domicile du destinataire ou, s'il s'agit d'une personne morale, sa dénomination et son siège social ;
• la description des faits litigieux et leur localisation précise ;
• les motifs pour lesquels le contenu doit être retiré, comprenant la mention des dispositions légales et des justifications de faits ;
• la copie de la correspondance adressée à l'auteur ou à l'éditeur des informations ou activités litigieuses demandant leur interruption, leur retrait ou leur modification, ou la justification de ce que l'auteur ou l'éditeur n'a pu être contacté.
6. Les personnes mentionnées aux 1 et 2 ne sont pas des producteurs au sens de l'article 93-3 de la loi n° 82-652 du 29 juillet 1982 sur la communication audiovisuelle.
7. Les personnes mentionnées aux 1 et 2 ne sont pas soumises à une obligation générale de surveiller les informations qu'elles transmettent ou stockent, ni à une obligation générale de rechercher des faits ou des circonstances révélant des activités illicites.
Le précédent alinéa est sans préjudice de toute activité de surveillance ciblée et temporaire demandée par l'autorité judiciaire.
Compte tenu de l'intérêt général attaché à la répression de l'apologie des crimes contre l'humanité, de l'incitation à la haine raciale ainsi que de la pornographie enfantine, de l'incitation à la violence, notamment l'incitation aux violences faites aux femmes, ainsi que des atteintes à la dignité humaine, les personnes mentionnées ci-dessus doivent concourir à la lutte contre la diffusion des infractions visées aux cinquième et huitième alinéas de l'article 24 de la loi du 29 juillet 1881 sur la liberté de la presse et aux articles 227-23 et 227-24 du Code pénal.
À ce titre, elles doivent mettre en place un dispositif facilement accessible et visible permettant à toute personne de porter à leur connaissance ce type de données. Elles ont également l'obligation, d'une part, d'informer promptement les autorités publiques compétentes de toutes activités illicites mentionnées à l'alinéa précédent qui leur seraient signalées et qu'exerceraient les destinataires de leurs services, et, d'autre part, de rendre publics les moyens qu'elles consacrent à la lutte contre ces activités illicites.
Lorsque les nécessités de la lutte contre la diffusion des images ou des représentations de mineurs relevant de l'article 227-23 du Code pénal le justifient, l'autorité administrative notifie aux personnes mentionnées au 1 du présent I les adresses électroniques des services de communication au public en ligne contrevenant aux dispositions de cet article, auxquelles ces personnes doivent empêcher l'accès sans délai (2).
Un décret fixe les modalités d'application de l'alinéa précédent, notamment celles selon lesquelles sont compensés, s'il y a lieu, les surcoûts résultant des obligations mises à la charge des opérateurs (2).
Compte tenu de l'intérêt général attaché à la répression des activités illégales de jeux d'argent, les personnes mentionnées aux 1 et 2 mettent en place, dans des conditions fixées par décret, un dispositif facilement accessible et visible permettant de signaler à leurs abonnés les services de communication au public en ligne tenus pour répréhensibles par les autorités publiques compétentes en la matière. Elles

informent également leurs abonnés des risques encourus par eux du fait d'actes de jeux réalisés en violation de la loi.
Tout manquement aux obligations définies aux quatrième, cinquième et septième alinéas est puni des peines prévues au 1 du VI.
8. L'autorité judiciaire peut prescrire en référé ou sur requête, à toute personne mentionnée au 2 ou, à défaut, à toute personne mentionnée au 1, toutes mesures propres à prévenir un dommage ou à faire cesser un dommage occasionné par le contenu d'un service de communication au public en ligne.

II. Les personnes mentionnées aux 1 et 2 du I détiennent et conservent les données de nature à permettre l'identification de quiconque a contribué à la création du contenu ou de l'un des contenus des services dont elles sont prestataires.
Elles fournissent aux personnes qui éditent un service de communication au public en ligne des moyens techniques permettant à celles-ci de satisfaire aux conditions d'identification prévues au III.
L'autorité judiciaire peut requérir communication auprès des prestataires mentionnés aux 1 et 2 du I des données mentionnées au premier alinéa.
Les dispositions des articles 226-17,226-21 et 226-22 du Code pénal sont applicables au traitement de ces données.
Un décret en Conseil d'État, pris après avis de la Commission nationale de l'informatique et des libertés, définit les données mentionnées au premier alinéa et détermine la durée et les modalités de leur conservation.

II *bis* (1). Afin de prévenir [Dispositions déclarées non conformes à la Constitution par la décision du Conseil constitutionnel n° 2005-532 DC du 19 janvier 2006] les actes de terrorisme, les agents individuellement désignés et dûment habilités des services de police et de gendarmerie nationales spécialement chargés de ces missions peuvent exiger des prestataires mentionnés aux 1 et 2 du I la communication des données conservées et traitées par ces derniers en application du présent article.
Les demandes des agents sont motivées et soumises à la décision de la personnalité qualifiée instituée par l'article L. 34-1-1 du Code des postes et des communications électroniques selon les modalités prévues par le même article. La Commission nationale de contrôle des interceptions de sécurité exerce son contrôle selon les modalités prévues par ce même article.
Les modalités d'application des dispositions du présent II *bis* sont fixées par décret en Conseil d'État, pris après avis de la Commission nationale de l'informatique et des libertés et de la Commission nationale de contrôle des interceptions de sécurité, qui précise notamment la procédure de suivi des demandes et les conditions et durée de conservation des données transmises.

III. 1. Les personnes dont l'activité est d'éditer un service de communication au public en ligne mettent à disposition du public, dans un standard ouvert :
a) S'il s'agit de personnes physiques, leurs nom, prénoms, domicile et numéro de télé-

phone et, si elles sont assujetties aux formalités d'inscription au registre du commerce et des sociétés ou au répertoire des métiers, le numéro de leur inscription ;
b) S'il s'agit de personnes morales, leur dénomination ou leur raison sociale et leur siège social, leur numéro de téléphone et, s'il s'agit d'entreprises assujetties aux formalités d'inscription au registre du commerce et des sociétés ou au répertoire des métiers, le numéro de leur inscription, leur capital social, l'adresse de leur siège social ;
c) Le nom du directeur ou du codirecteur de la publication et, le cas échéant, celui du responsable de la rédaction au sens de l'article 93-2 de la loi n° 82-652 du 29 juillet 1982 précitée ;
d) Le nom, la dénomination ou la raison sociale et l'adresse et le numéro de téléphone du prestataire mentionné au 2 du I.
2. Les personnes éditant à titre non professionnel un service de communication au public en ligne peuvent ne tenir à la disposition du public, pour préserver leur anonymat, que le nom, la dénomination ou la raison sociale et l'adresse du prestataire mentionné au 2 du I, sous réserve de lui avoir communiqué les éléments d'identification personnelle prévus au 1.
Les personnes mentionnées au 2 du I sont assujetties au secret professionnel dans les conditions prévues aux articles 226-13 et 226-14 du code pénal, pour tout ce qui concerne la divulgation de ces éléments d'identification personnelle ou de toute information permettant d'identifier la personne concernée. Ce secret professionnel n'est pas opposable à l'autorité judiciaire.

IV. Toute personne nommée ou désignée dans un service de communication au public en ligne dispose d'un droit de réponse, sans préjudice des demandes de correction ou de suppression du message qu'elle peut adresser au service, [Dispositions déclarées non conformes à la Constitution par décision du Conseil constitutionnel n° 2004-496 DC du 10 juin 2004].
La demande d'exercice du droit de réponse est adressée au directeur de la publication ou, lorsque la personne éditant à titre non professionnel a conservé l'anonymat, à la personne mentionnée au 2 du I qui la transmet sans délai au directeur de la publication. Elle est présentée au plus tard dans un délai de trois mois à compter de [Dispositions déclarées non conformes à la Constitution par décision du Conseil constitutionnel n° 2004-496 DC du 10 juin 2004] la mise à disposition du public du message justifiant cette demande.
Le directeur de la publication est tenu d'insérer dans les trois jours de leur réception les réponses de toute personne nommée ou désignée dans le service de communication au public en ligne sous peine d'une amende de 3 750 euros, sans préjudice des autres peines et dommages-intérêts auxquels l'article pourrait donner lieu.
Les conditions d'insertion de la réponse sont celles prévues par l'article 13 de la loi du 29 juillet 1881 précitée. La réponse sera toujours gratuite.
Un décret en Conseil d'État fixe les modalités d'application du présent IV.

V. Les dispositions des chapitres IV et V de la loi du 29 juillet 1881 précitée sont applicables aux services de communication au public en ligne et la prescription acquise

dans les conditions prévues par l'article 65 de ladite loi [Dispositions déclarées non conformes à la Constitution par décision du Conseil constitutionnel n° 2004-496 DC du 10 juin 2004].
[Dispositions déclarées non conformes à la Constitution par décision du Conseil constitutionnel n° 2004-496 DC du 10 juin 2004]

VI. 1. Est puni d'un an d'emprisonnement et de 75 000 euros d'amende le fait, pour une personne physique ou le dirigeant de droit ou de fait d'une personne morale exerçant l'une des activités définies aux 1 et 2 du I, de ne pas satisfaire aux obligations définies aux quatrième, cinquième et septième alinéas du 7 du I, de ne pas avoir conservé les éléments d'information visés au II ou de ne pas déférer à la demande d'une autorité judiciaire d'obtenir communication desdits éléments.
Les personnes morales peuvent être déclarées pénalement responsables de ces infractions dans les conditions prévues à l'article 121-2 du Code pénal. Elles encourent une peine d'amende, suivant les modalités prévues par l'article 131-38 du même code, ainsi que les peines mentionnées aux 2° et 9° de l'article 131-39 de ce code. L'interdiction mentionnée au 2° de cet article est prononcée pour une durée de cinq ans au plus et porte sur l'activité professionnelle dans l'exercice ou à l'occasion de laquelle l'infraction a été commise.
2. Est puni d'un an d'emprisonnement et de 75 000 euros d'amende le fait, pour une personne physique ou le dirigeant de droit ou de fait d'une personne morale exerçant l'activité définie au III, de ne pas avoir respecté les prescriptions de ce même article.
Les personnes morales peuvent être déclarées pénalement responsables de ces infractions dans les conditions prévues à l'article 121-2 du Code pénal. Elles encourent une peine d'amende, suivant les modalités prévues par l'article 131-38 du même code, ainsi que les peines mentionnées aux 2° et 9° de l'article 131-39 de ce code. L'interdiction mentionnée au 2° de cet article est prononcée pour une durée de cinq ans au plus et porte sur l'activité professionnelle dans l'exercice ou à l'occasion de laquelle l'infraction a été commise.

■ ANNEXE 8

Décret n° 2007-1527 du 24 octobre 2007 relatif au droit de réponse applicable aux services de communication au public en ligne

Article 1. La demande d'exercice du droit de réponse mentionné au IV de l'article 6 de la loi du 21 juin 2004 susvisée est adressée par lettre recommandée avec demande d'avis de réception ou par tout autre moyen garantissant l'identité du demandeur et apportant la preuve de la réception de la demande.
La procédure prévue par le présent décret ne peut être engagée lorsque les utilisateurs sont en mesure, du fait de la nature du service de communication au public en ligne, de formuler directement les observations qu'appelle de leur part un message qui les met en cause.

Article 2. La demande indique les références du message, ses conditions d'accès sur le service de communication au public en ligne et, s'il est mentionné, le nom de son auteur. Elle précise s'il s'agit d'un écrit, de sons ou d'images. Elle contient la mention des passages contestés et la teneur de la réponse sollicitée.

Article 3. La réponse sollicitée prend la forme d'un écrit quelle que soit la nature du message auquel elle se rapporte. Elle est limitée à la longueur du message qui l'a provoquée ou, lorsque celui-ci ne se présente pas sous une forme alphanumérique, à celle de sa transcription sous forme d'un texte. La réponse ne peut pas être supérieure à 200 lignes.

Article 4. La réponse est mise à la disposition du public par le directeur de publication dans des conditions similaires à celles du message en cause et présentée comme résultant de l'exercice du droit de réponse. Elle est soit publiée à la suite du message en cause, soit accessible à partir de celui-ci. Lorsque le message n'est plus mis à la disposition du public, la réponse est accompagnée d'une référence à celui-ci et d'un rappel de la date et de la durée de sa mise à disposition du public.
La réponse demeure accessible durant la même période que celle pendant laquelle l'article ou le message qui la fonde est mis à disposition du public par l'éditeur de service de communication au public en ligne. La durée pendant laquelle la réponse est accessible ne peut être inférieure à un jour.
Lorsque le message est mis à la disposition du public par le biais d'un courrier électronique périodique non quotidien, le directeur de la publication est tenu d'insérer la réponse dans la parution qui suit la réception de la demande.
Le directeur de publication fait connaître au demandeur la suite qu'il entend donner à sa demande dans le délai prévu au troisième alinéa du paragraphe IV de l'article 6 de la loi du 21 juin 2004 susvisée ainsi que, le cas échéant, les modalités selon lesquelles il y est donné suite.

Article 5. La personne qui adresse une demande d'exercice de droit de réponse peut préciser que sa demande deviendra sans objet si le directeur de publication accepte de supprimer ou de rectifier tout ou partie du message à l'origine de l'exercice de ce droit. La demande précise alors les passages du message dont la suppression est sollicitée ou la teneur de la rectification envisagée. Le directeur n'est pas tenu d'insérer la réponse s'il procède à la suppression ou à la rectification sollicitée dans un délai de trois jours à compter de la réception de la demande.

Article 6. Est puni de l'amende prévue pour les contraventions de la 4e classe le fait pour la personne mentionnée au 2 du I de l'article 6 de la loi du 21 juin 2004 susvisée de ne pas avoir transmis dans un délai de vingt-quatre heures la demande de droit de réponse conformément aux éléments d'identification personnelle que cette personne détient en vertu du III du même article.

Article 7. Les dispositions du présent décret s'appliquent à Mayotte, aux îles Wallis et Futuna, en Polynésie française et en Nouvelle-Calédonie.

■ ANNEXE 9

Articles L. 131-1 et suivants du Code du patrimoine (dépôt légal)

Chapitre 1er. Objectifs et champ d'application du dépôt légal

Article L. 131-1. Le dépôt légal est organisé en vue de permettre :
a) La collecte et la conservation des documents mentionnés à l'article L. 131-2 ;
b) La constitution et la diffusion de bibliographies nationales ;
c) La consultation des documents mentionnés à l'article L. 131-2, sous réserve des secrets protégés par la loi, dans les conditions conformes à la législation sur la propriété intellectuelle et compatibles avec leur conservation.
Les organismes dépositaires doivent se conformer à la législation sur la propriété intellectuelle sous réserve des dispositions particulières prévues par le présent titre.

Article L. 131-2. Les documents imprimés, graphiques, photographiques, sonores, audiovisuels, multimédias, quel que soit leur procédé technique de production, d'édition ou de diffusion, font l'objet d'un dépôt obligatoire, dénommé dépôt légal, dès lors qu'ils sont mis à la disposition d'un public. Toutefois, les documents destinés à une première exploitation en salles de spectacles cinématographiques sont soumis à l'obligation de dépôt légal dès lors qu'ils ont obtenu le visa d'exploitation cinématographique prévu à l'article L. 211-1 du Code du cinéma et de l'image animée.
Les logiciels et les bases de données sont soumis à l'obligation de dépôt légal dès lors qu'ils sont mis à disposition d'un public par la diffusion d'un support matériel, quelle que soit la nature de ce support.
Sont également soumis au dépôt légal les signes, signaux, écrits, images, sons ou messages de toute nature faisant l'objet d'une communication au public par voie électronique.

Chapitre 2. Modalités et organisation du dépôt légal

Article L. 132-1. Le dépôt légal consiste en la remise du document à l'organisme dépositaire ou en son envoi en franchise postale, en un nombre limité d'exemplaires.
Un décret en Conseil d'État fixe :
a) Les conditions dans lesquelles il peut être satisfait à l'obligation de dépôt légal par d'autres moyens, notamment par l'enregistrement des émissions faisant l'objet d'une radiodiffusion sonore ou d'une télédiffusion ;
b) Les modalités d'application particulières à chaque catégorie de personnes mentionnées à l'article L. 132-2, ainsi que les conditions dans lesquelles certaines de ces personnes peuvent être exemptées de l'obligation de dépôt légal ;
c) Les exceptions à l'obligation de dépôt pour les catégories de documents dont la collecte et la conservation ne présentent pas un intérêt suffisant au regard des objectifs définis à l'article L. 131-1 ;

d) Les modalités selon lesquelles une sélection des documents à déposer peut être faite lorsque les objectifs définis à l'article L. 131-1 peuvent être atteints sans que la collecte et la conservation de la totalité des documents soient nécessaires.

Article L.132-2. L'obligation de dépôt mentionnée à l'article L. 131-2 incombe aux personnes suivantes :
a) Celles qui éditent ou importent des documents imprimés, graphiques ou photographiques ;
b) Celles qui impriment les documents mentionnés au a ci-dessus ;
c) Celles qui éditent, produisent ou importent des logiciels ou des bases de données ;
d) Celles qui éditent ou, en l'absence d'éditeur, celles qui produisent ou qui commandent et celles qui importent des phonogrammes ;
e) Celles qui produisent des documents cinématographiques et, en ce qui concerne les documents cinématographiques importés, celles qui les distribuent, quelle que soit la nature du support sur lequel ils sont fixés, ainsi que celles qui éditent et importent des vidéogrammes destinés à l'usage privé du public consistant dans la reproduction de documents cinématographiques ;
f) Les services de radio et de télévision au sens de la loi n° 86-1067 du 30 septembre 1986 relative à la liberté de communication ;
g) Les personnes qui éditent ou, en l'absence d'éditeur, celles qui produisent ou qui commandent et celles qui importent des vidéogrammes autres que ceux qui sont mentionnés au e ci-dessus et que ceux qui sont télédiffusés sans faire l'objet par ailleurs d'une exploitation commerciale ;
h) Celles qui éditent ou, en l'absence d'éditeur, celles qui produisent et celles qui importent des documents multimédias ;
i) Celles qui éditent ou produisent en vue de la communication au public par voie électronique, au sens du deuxième alinéa de l'article 2 de la loi n° 86-1067 du 30 septembre 1986 précitée, des signes, signaux, écrits, images, sons ou messages de toute nature.
Sont réputés importateurs au sens du présent article ceux qui introduisent sur le territoire national des documents édités ou produits hors de ce territoire.

Article L.132-2-1. Les organismes dépositaires mentionnés à l'article L. 132-3 procèdent, conformément aux objectifs définis à l'article L. 131-1, auprès des personnes mentionnées au i de l'article L. 132-2, à la collecte des signes, signaux, écrits, images, sons ou messages de toute nature mis à la disposition du public ou de catégories de public.
Ces organismes informent les personnes mentionnées au i de l'article L. 132-2 des procédures de collecte qu'ils mettent en œuvre pour permettre l'accomplissement des obligations relatives au dépôt légal. Ils peuvent procéder eux-mêmes à cette collecte selon des procédures automatiques ou en déterminer les modalités en accord avec ces personnes. La mise en œuvre d'un code ou d'une restriction d'accès par ces personnes ne peut faire obstacle à la collecte par les organismes dépositaires précités.

Les organismes chargés de la gestion des noms de domaine et le Conseil supérieur de l'audiovisuel sont autorisés à communiquer aux organismes dépositaires les données d'identification fournies par les personnes mentionnées au i de l'article L. 132-2.
Les conditions de sélection et de consultation des informations collectées sont fixées par décret en Conseil d'État pris après avis de la Commission nationale de l'informatique et des libertés.

Article L. 132-3. Sont responsables du dépôt légal, qu'ils gèrent pour le compte de l'État, dans des conditions déterminées par décret en Conseil d'État : la Bibliothèque nationale de France, le Centre national du cinéma et de l'image animée et l'Institut national de l'audiovisuel.
Ce décret peut confier la responsabilité du dépôt légal à d'autres établissements ou services publics, nationaux ou locaux, à la condition qu'ils présentent les garanties statutaires et disposent des moyens, notamment scientifiques, propres à assurer le respect des objectifs définis à l'article L. 131-1.

Article L. 132-4. L'auteur ne peut interdire aux organismes dépositaires, pour l'application du présent titre :
1° La consultation de l'œuvre sur place par des chercheurs dûment accrédités par chaque organisme dépositaire sur des postes individuels de consultation dont l'usage est exclusivement réservé à ces chercheurs ;
2° La reproduction d'une œuvre, sur tout support et par tout procédé, lorsque cette reproduction est nécessaire à la collecte, à la conservation et à la consultation sur place dans les conditions prévues au 1°.

Article L. 132-5. L'artiste-interprète, le producteur de phonogrammes ou de vidéogrammes ou l'entreprise de communication audiovisuelle ne peut interdire la reproduction et la communication au public des documents mentionnés à l'article L. 131-2 dans les conditions prévues à l'article L. 132-4.

Article L. 132-6. Le producteur d'une base de données ne peut interdire l'extraction et la réutilisation par mise à disposition de la totalité ou d'une partie de la base dans les conditions prévues à l'article L. 132-4.

Chapitre 3. Dispositions pénales

Article L. 133-1. Le fait, pour toute personne mentionnée à l'article L. 132-2, de se soustraire volontairement à l'obligation de dépôt légal est puni d'une amende de 75 000 euros. La juridiction répressive peut, après avoir déclaré le prévenu coupable, ajourner le prononcé de la peine en lui enjoignant, sous astreinte le cas échéant, de se conformer, dans un délai fixé, aux prescriptions qu'elle détermine et qui ont pour objet de faire cesser l'agissement illicite et d'en réparer les conséquences.
Dans le cas où la juridiction répressive assortit l'ajournement d'une astreinte, elle

doit prévoir le taux et la date à compter de laquelle cette astreinte commencera à courir. L'ajournement, qui ne peut intervenir qu'une seule fois, peut être décidé même si le prévenu ne comparaît pas en personne.
Le juge peut ordonner l'exécution provisoire de la décision d'injonction.
À l'audience de renvoi, qui doit intervenir au plus tard dans le délai d'un an à compter de la décision d'ajournement, la juridiction statue sur la peine et liquide l'astreinte s'il y a lieu. Elle peut, le cas échéant, supprimer cette dernière ou en réduire le montant.
L'astreinte est recouvrée par le comptable public compétent comme une amende pénale. Elle ne peut donner lieu à contrainte judiciaire.

Annexe 10

Tableau des décisions au fond rendues par la Cour européenne des droits de l'homme à l'encontre de la France sur le terrain de l'article 10 de la CEDH

Date	Affaire	Contexte	Requête	Violation
27/04/1995	Piermont	Expulsion d'un opposant calédonien suite à une manifestation	15773/89	OUI
23/09/1998	Lehideux et Isorni	Condamnation d'un appel en faveur du maréchal Pétain	24662/94	OUI
21/01/1999	Fressoz et Roire	Condamnation du *Canard enchaîné* pour recel	29183/95	OUI
03/10/2000	Du Roy et Malaurie	Condamnation pour révélation d'une plainte avec constitution de partie civile	34000/96	OUI
17/07/2001	Association Ekin	Mise en œuvre du contrôle des publications étrangères	39288/98	OUI
25/06/2002	Colombani	Condamnation du *Monde* pour offense envers Hassan II	51279/99	OUI
24/06/2003	Garaudi	Condamnation pour publications révisionnistes	65831/01	NON
30/03/2004	Radio France et autres	Condamnation de Radio-France pour diffamation envers M. Junot dans le cadre d'une multi-diffusion	53984/00	NON
18/05/2004	Éditions Plon	Condamnation du livre « Le grand secret » pour atteinte à la vie privée de F. Mitterrand	58148/00	OUI (fond) / NON (référé)
29/06/2004	Chauvy et autres	Condamnation du livre mettant en cause le couple Aubrac	64915/01	NON
24/11/2005	Tourancheau et July	Condamnation de *Libération* au titre de l'article 38 de la loi sur la presse	53886/00	NON
22/12/2005	Paturel	Condamnation pour diffamation envers l'ADFI	54968/00	OUI
31/01/2006	Giniewski	Condamnation pour diffamation raciale à l'initiative de l'Agrif	64016/00	OUI
11/04/2006	Brasilier	Condamnation d'un militant politique pour diffamation envers Jean Tibéri	71343/01	OUI
07/11/2006	Mamère	Condamnation pour diffamation à la suite de l'accident de Tchernobyl	12697/03	OUI

Date	Affaire	Contexte	Requête	Violation
07/06/2007	Dupuis et autres	Condamnation pour recel de violation du secret de l'instruction	1914/02	OUI
14/06/2007	Hachette Filipacchi Associés	Condamnation de *Paris-Match* pour la publication d'une photo de la dépouille du préfet Érignac	71111/01	NON
22/10/2007	Lindon et autres	Condamnation pour diffamation d'une fiction mettant en cause J.M. Le Pen	21279/02 et 36448/02	NON
22/11/2007	Desjardin	Condamnation pour diffamation pour la publication d'un tract critiquant le maire d'une commune	22567/03	OUI
14/02/2008	July et SARL Libération	Condamnation pour diffamation envers la magistrate M.-P. Morrachini	20893/03	OUI
10/07/2008	Soulas et autres	Condamnation pour provocation à la haine raciale	15948/03	NON
18/09/2008	Chalabi	Condamnation pour diffamation envers le recteur de la Grande Mosquée de Lyon	35916/04	OUI
02/10/2008	Leroy	Condamnation d'un dessin pour apologie de terrorisme	36109/03	NON
20/11/2008	Brunet-Lecomte et Lyon Mag	Condamnation pour diffamation envers un professeur d'université	13327/04	OUI
15/01/2009	Orban et autres	Condamnation du livre du général Aussaresses pour apologie de la torture	20985/05	OUI
05/02/2009	Brunet-Lecomte et autres	Condamnation pour diffamation à l'encontre d'un banquier suisse	42117/04	NON
05/03/2009	Société de Conception de Presse et Ponson	Condamnation du magazine *Entrevue* pour publicité indirecte en faveur du tabac	26935/05	NON
05/03/2009	Hachette Filipacchi presse et Dupuy	Condamnation pour publicité indirecte en faveur du tabac	13353/05	NON
16/07/2009	Willem	Condamnation pour incitation au boycott des produits israéliens	10883/05	NON
23/07/2009	Hachette Filipacchi Associés (ICI Paris)	Condamnation pour atteinte à la vie privée et au droit à l'image de Johnny Halliday	12268/03	OUI

Date	Affaire	Contexte	Requête	Violation
08/10/2009	Brunet-Lecomte et Tanant	Condamnation pour diffamation	12662/06	OUI
18/02/2010	Taffin et Contribuables Associés	Condamnation pour diffamation envers un fonctionnaire du Fisc	42396/04	NON
25/02/2010	Renaud	Condamnation pour diffamation d'un militant politique	12290/07	OUI
22/04/2010	Haguenauer	Condamnation pour injures publiques envers un professeur d'université	34050/05	OUI
06/05/2010	Brunet-Lecomte et Lyon Mag	Condamnation pour diffamation envers les frères Ramadan	17265/05	OUI
11/05/2010	Fleury	Condamnation pour diffamation envers un élu dans un tract	29784/06	NON
15/07/2010	Roland Dumas	Condamnation de Roland Dumas pour diffamation envers un magistrat	34875/07	OUI
06/10/2011	Vellutini et Michel	Condamnation pour diffamation à l'encontre de militants syndicaux	06/10/2011	OUI
15/12/2011	Mor	Condamnation d'une avocate pour violation du secret professionnel	28198/09	OUI
12/04/2012	Martin et autres	Atteinte au secret des sources du journal *Midi-Libre*	30002/08	OUI
12/04/2012	De Lesquen	Condamnation pour diffamation à l'occasion d'un conseil municipal	54216/09	OUI
28/06/2012	Ressiot et autres	Perquisitions dans les locaux des journaux *L'Équipe* et *Le Point*	15054/07 et 15066/07	OUI

Table des matières

Index

(Les chiffres renvoient aux numéros de pages)

Correction, maquette et mise en page :
Victoires Éditions

Impression :
Corlet Numérique
14110 Condé-sur-Noireau
Imprimerie Imprim'Vert, certifiée PEFC
N° d'imprimeur : 95772

Achevé d'imprimer en mars 2013

Dépot légal à parution

ISBN : 978-2-35113-210-4

Victoires Éditions, Charles-Henry Dubail
38, rue Croix-des-Petits-Champs
75001 Paris - France
342 731 247 RCS PARIS
www.victoires-editions.fr